디지털
시대
미디어의
이해와 활용

일러두기

· 한글 표기를 원칙으로 하되, 필요에 따라 외국어와 한자를 병기하였다.

· 한글 맞춤법은 '한글 맞춤법' 및 '표준어 규정'(1988), '표준어 모음'(1990)을 적용하였으나 혼란
  이 있는 경우는 출판사의 원칙을 따랐다.

· 외국어의 우리말 표기는 개정된 '외래어 표기법'(1986)을 원칙으로 하되, 그중 일부는 현지 발음에
  따랐다.

· 사용된 기호는 다음과 같다.

신문, 잡지, 논문, 영화, 텔레비전 프로그램 등: 〈 〉

책 이름: 《 》

제4판

디지털
시대
미디어의
이해와 활용

강상현·채백 엮음

한·
나래

디지털 시대 미디어의 이해와 활용(제4판)

엮은이 | 강상현 · 채백
펴낸이 | 한기철
편집인 | 이리라
편집 | 이여진 · 이지은
마케팅 | 조광재

1993년 2월 20일 1판 1쇄 펴냄
1996년 8월 30일 2판 1쇄 펴냄
2002년 2월 25일 3판 1쇄 펴냄
2009년 2월 28일 4판 1쇄 펴냄
2015년 1월 15일 4판 5쇄 펴냄

펴낸곳 | 한나래출판사
등록 | 1991. 2. 25 제22-80호
주소 | 서울시 마포구 월드컵로3길 39, 2층 (합정동)
전화 | 02-738-5637 · 팩스 | 02-363-5637 · e-mail | hannarae91@naver.com
www.hannarae.net

ISBN 978-89-5566-084-5 94330
ISBN 978-89-5566-85367-77-6 (세트)

* 이 도서의 국립중앙도서관 출판시도서목록(CIP)은 e-CIP 홈페이지 (http://www.nl.go.kr/ecip)와
국가자료공동목록시스템 (http://www.nl.go.kr/kolisnet)에서 이용하실 수 있습니다.
(CIP제어번호: CIP2009000535)

차례

1부 디지털 시대와 미디어

2부 디지털 시대의 신문·출판에서 인터넷까지

《대중 매체의 이해와 활용》제1판이 나온 것이 1993년이니까 벌써 16년이라는 세월이 흘렀다. 물론 그 사이에 두 번에 걸쳐서 전면 개정판이 나왔다. 1996년에 제2판이, 그리고 2002년도에 제3판이 출간되었다. 전개정 3판이 나온 지도 이제 7년이 지난 셈이다.

그 사이 이 책은 독자들로부터 과분한 애호를 받았다. 척박한 출판 환경에서 쇄를 거듭하며 여러 차례 개정판을 내는 것이 흔치 않은 일임을 감안하면 이만해도 이 책은 충분하고도 남을 만큼 독자들의 사랑을 받았다고 자평할 수 있겠다.

언론 수용자 운동이 활성화되기 시작하는 때에 수용자 주권의 측면을 강조한다는 차원에서 우리 책에서 처음으로 사용한 '이해와 활용'이라는 제목이 이후 여러 단행본의 제목에 사용되기 시작하였다. 국회도서관 소장 자료를 검색해 보면 '이해와 활용'이라는 제목을 사용한 단행본이 우리 책을 필두로 해서 55종에 이르고 있다. 언론학 분야뿐만 아니라 경영이나 회계 관련 서적, 사회 복지, 컴퓨터 등 여러 분야의 책이 '이해와 활용'이라는 제목을 사용하고 있다. '이해와 활용' 신드롬이라고 이름 붙이면 지나칠까? 이외에도 이 책은 한때 중고등학생의 필독 도서 목록에도 올랐다.

이만하면 이 책은 우리나라 지성계에서 한몫을 했다고 해도 과언이 아닐 것이다. 그럼에도 불구하고 이 책의 또 다른 개정판을 내려 하는 이유는 미디어의 변화 속도와 폭이 그만큼 크기 때문이다. 최근 이명박 정부가 미디어 관련 법 개정을 몰아붙이면서 사회적으로 큰 쟁점이 되고 있지만 이러한 정치적 맥락을 배제하고 보더라도 미디어 분야는 전개정 3판이 나온 2002년 이후에도 여러 가지 변화들이 이루어지고 있다. 이러한 변화로 인해 기존 판의 내용이 구닥다리가 되어 버리기 때문에 개정이 불가피해진 것이다.

최근에 이루어지는 미디어계의 변화는 대부분 테크놀로지 발전에 의한 것이다. 자본주의 사회의 테크놀로지는 반드시 인간적 혹은 사회적 필요에 바탕하지 않고도 이윤을 추구하는 시장 논리에 의해 자체적으로 끊임없이 진보를 거듭하면서 새로운 상품을 만들어 내고 있다.

　　미디어 분야의 가장 큰 변화는 디지털화를 들 수 있다. 전통적인 아날로그 기술을 디지털이 대체하면서 미디어 면에서도 여러 가지 변화들이 이루어지고 있다. 지상파 방송도 2012년까지 디지털 전환을 완료한다는 일정표까지 나와 있는 상태이다. 이외에도 지난해부터 도입된 IPTV는 아직은 걸음마 단계이지만 머지않아 미디어계에 커다란 변화를 야기할 것으로 예상되고 있다. 대부분 현대인들이 단 하루라도 휴대폰이나 인터넷이 차단된다면 불편을 느끼는 정도를 넘어서 적지 않은 혼란이 야기될 것이다. 이는 디지털 기술이 이미 우리 생활에 깊숙이 들어와 있다는 것을 의미한다.

　　이러한 기술 발전과 함께 미디어 간 융합 시대가 도래하고 있다. 방송과 통신의 융합이 대표적이다. 이미 영상 미디어가 주도하는 포스트모던 시대부터 장르 간 경계가 무너지는 추세를 보여 주었지만 방송과 통신의 융합은 앞으로 미디어계에 커다란 변화를 가져 올 것이다. 오랜 산고 끝에 지난 해에 방송위원회와 정보통신부가 통합하여 방송통신위원회가 출범한 것도 이러한 경향을 집약적으로 보여 준다. 이미 보편화된 휴대폰은 더 이상 음성 통화만을 위한 미디어에 머물지 않는다. 문자 메시지와 연상 통화뿐만 아니라 인터넷, DMB, MP3, 전자책 등 여러 가지 복합적인 기능을 수행하고 있다.

이러한 미디어 분야의 변화들이 이 책의 개정 필요성을 더욱 절실하게 만든 셈이다. 이처럼 빠른 속도로 미디어 변화가 진행되면서 현대인들의 미디어 의존 역시 더욱 더 커져 가고 있다. 이와 함께 전통적인 사회 관계는 빠른 속도로 약화 내지는 해체되어 가면서 부분적으로는 온라인 관계와 활동이 이를 대체해 가고 있다. 그렇기에 이러한 미디어에 대한 심층적인 이해를 돕고 보다 효율적이고 주체적인 활용 방안을 제시해 줄 필요성은 더욱 커져 간다고 하겠다. 바로 이러한 맥락에서 새로운 개정판을 기획하게 된 것이다.

이번 개정의 가장 큰 특징은 앞서 지적한 두 가지 근본적 변화 즉 디지털 시대의 도래와 미디어 간 융합에 발맞추어 책의 체제와 내용을 개편한 데 있다.

전체 내용을 3부로 나눈 것은 기존 판의 형식을 그대로 따랐다. 1부에서는 미디어의 사회적 맥락을 이해하기 위해 필요한 제반 측면을 일곱 장으로 나누어 고찰하였다. 각 장의 고찰에서 디지털화에 따르는 변화와 그 의미를 새기는 데 중점을 두었다.

2부에서는 개별 미디어에 대한 이해를 돕고 주체적인 활용 방안을 제시하는 데 초점을 맞추었다. 여기서 미디어 간 융합 현상을 반영하여 기존 판에 비해서 장을 통합하여 서술하는 방식을 취했다. 신문과 출판을 구분하여 서술하던 것을 '신문 ㅣ 출판'으로, 라디오 / 텔레비전과 디지털 방송을 '방송'으로, 영화와 만화 / 애니메이션을 '영화와 애니메이션'으로 통합하였고, 미디어 융합이 갖는 의미를 총괄적으로 정리해 주면서 총 여섯 장으로 나누어 서술하였다.

3부는 미디어 교육과 미디어 운동에 관한 내용을 나누어 두 장으로 구성하였다. 디지털 시대 수용자 [혹은 이용자] 주권의 강화에 도움을 주고자 미디어 교육과 미디어 운동이 갖는 의미와 위상을 서술하는 데 역점을 두었다.

이렇게 개정판을 구성하면서 체제를 개편하다 보니 일부 필진이 바뀌었다. 기존 판에 참여하여 이 책의 평가를 높이는 데 큰 공헌을 해주신 분들께도 감사의 말씀을 전한다.

현실의 변화를 따라 잡느라 여러 차례 개정을 거듭하고는 있지만 아직도 부족한 점이 많다. 하지만 현대인들이 생활 속에서 늘상 접하면서 의존할 수밖에 없는 미디어를 보다 깊이 있고 정확하게 이해하고 그 미디어에 수동적으로 끌려다니기보다는 주체적으로 활용할 수 있는 방안을 제시하는 길이 우리 사회의 전반적인 발전에도 매우 중요한 역할을 할 수 있다는 판단에서 개정을 하게 된 것이다. 이 책이 이러한 목적대로 현대인들의 미디어에 대한 이해와 활용에 조금이라도 보탬이 될 수 있다면 더 이상 바랄 게 없다. 독자 여러분의 지속적인 관심과 애정 어린 비판을 부탁드린다.

바쁜 와중에도 이 책을 위해 소중한 원고를 써주신 필자 선생님들께 깊은 감사의 말씀을 드리고 싶다. 이 책이 그나마 장점이 있다면 그것은 전적으로 각 주제별로 최고의 전문성을 지닌 필자 선생님들 덕분이다. 끝으로 이 책에 대해서 편저자들보다도 더 큰 애정을 가지고 개정판의 출판을 독려해 주신 한나래출판사 한기철 사장님과 실무진에게도 진심으로 감사를 드린다.

2009년 2월

엮은이 강상현 · 채백

11

이 책의 초판이 나온 것은 1993년 초였다. 그러니까 10년 가까운 세월이 지난 셈이다. 초판을 다소 손질해서 제2판을 낸 것이 1996년 중반이었으니 그로부터도 5년 반이 지난 셈이다. 그 사이 우리 사회도 많은 변화를 겪었다.

정치적으로는 '문민 정부' 첫 해에 이 책의 초판이 나왔고, 이번에 내는 전개정全改正 제3판은 '국민의 정부'가 거의 마무리되는 시점에서 얼굴을 내미는 셈이다. 그 사이 경제적으로도 심한 부침이 있었다. 국제적으로는 WTO 체제가 출범한 이후 OECD 회원국이 될 만큼 잘 나가는 것 같던 나라 경제가 IMF 외환 위기의 직격탄에 곤두박질을 치기도 했다. 지난 10년은 사회·문화적으로도 격세지감을 느낄 만큼 다양한 변화들이 이어져 왔다.

그러한 변화 가운데서도 지난 10년간 이루어진 매체 환경의 변화는 실로 괄목할 만한 변화 가운데 하나였다. 미디어 기술의 급속한 발전은 기존의 신문과 방송, 통신을 전혀 다른 차원의 매체로 변모시켜 왔다. 기존 매체의 전반적인 '디지털화'와 인터넷의 급속한 확산 등은 매체 간의 전통적인 경계를 허물면서 매체 간의 융합과 함께 매체 산업의 범세계적 통합을 더욱 가속화시켜 왔다. 또한 매체 시장의 급속한 팽창 속에서 다종 다양한 미디어들과 그 이용 역시 폭발적으로 늘어나고 있다.

그런 가운데서 현대를 살아가는 우리들의 삶은 다종 다양한 미디어와 더욱 밀접하게 엮이고 얽혀진 삶이 되고 있다. 점차 네트워크화되는 매체들은 우리의 정치를 더욱 네트워크화하고 있고, 우리의 경제를 네트워크화할 뿐 아니라, 우리의 사회와 문화를 더욱 네트워크화하는 기반 구조 *infrastructure*가 되고 있다. 이제 우리들 생활의 많은 부분은 다양한 미디어에 의해 매개될 뿐 아니라 조정되고 여과되는 삶이 되고 있다. 그것은 작은 공동체에서부터 지역 사회와 국가, 그리고 범세계적인 수준에서도 마찬가지로 일어나고 있는 현상이다.

한 마디로 말해, 현대인의 삶은 미디어와 함께하는 삶이 되어 간다. 미디어를 통해 세상을 알고, 미디어를 통해 세상을 느끼며, 미디어로 인해 자신의 생각을 굳히고 행동하는 경우가 많아지기 때문이다. 따라서, 현대인의 삶은 미디어에 의해 지배될 수도 있는 환경에 처해 있다고 해도 과언이 아니다. 실제 현대인들은 잠자고 일하는 시간 외에 가장 많은 시간을 여러 가지 매체 이용에 할애한다. 심지어는 일하는 시간 속에서도 매체를 이용하는 시간이 점차 늘고 있다.

때문에 현대를 살아가는 우리들에게 대중 매체에 대한 이해는 더욱더 중요하다. 그것은 매체 자체의 특성에 대한 이해뿐 아니라 그러한 매체들이 사회적 삶의 다양한 부분들과 맺고 있는 역동적 관계에 대한 이해까지를 포함한다. 정보와 의견 심지어는 오락거리와 광고물을 제공하고 또 주고받는 대부분의 매체들은 언제나 정치·경제·문화적인 현실과 이해 관계를 노골적으로 혹은 은밀히 반영하고 있기 때문이다. 오늘날의 매체는 그것이 곧 정치의 한 단면이고, 그것이 곧 경제 흐름의 한 축이며, 문화의 한 양식이라는 인식에 기반해서 바라볼 필요가 있다는 것이다.

한 걸음 더 나아가 우리는 매체에 대한 그러한 이해를 바탕으로, 그리고 단순한 이해의 수준을 한 차원 넘어

보다 능동적이고 주체적인 입장에서 여러 가지 미디어를 자신의 보다 나은 삶을 위해 활용할 줄 아는 단계로까지 나아가야 한다. 매체의 특성과 매체 현실에 대한 정확하고도 비판적인 인식이 결여된 경우에는 매체가 우리의 삶을 지배하기가 쉽기 때문이다.

여러 가지 대중 매체의 특성과 오늘날의 매체 환경 및 매체 현실에 대한 독자들의 이해를 높이고 그러한 매체들을 독자의 입장에서 유용하고 적극적으로 활용할 수 있도록 도움을 주고자 하는 것이 이 책의 일관된 목적이다.

따라서, 이번 전개정 제3판에서는 그 동안 크게 변화되어 온 국내외 매체 환경을 크게 고려하고 또 반영하여 초판과 제2판에서의 형식적 구성과 내용을 대폭 손질하였다. 제2판까지의 책 구성과 내용에 대한 독자들의 조언도 이러한 변화에 일조를 했다. 그러한 과정에서 필진들도 많이 바뀌었다.

먼저 제3판의 구성은 제2판에서와 같이 모두 3부로 구성되어 있다. 그러나 제3판에서는 1부(대중 매체와 현대 사회의 제 국면)를 대폭 확대 보완하였으며, 2부(신문 · 출판 매체에서 인터넷까지)에서 다루는 매체들을 달라진 매체 환경에 부합되게 재구성하고, 3부(대중 매체의 올바른 수용과 이용)의 내용 역시 최신화하였다.

제2판의 1부에서는 "현대 사회와 대중 매체"라는 한 개의 장만을 총론으로 다루었으나 이번 전개정 제3판에서는 이를 "현대 사회와 대중 매체"(이효성), "대중 매체와 대중 문화"(원용진), "대중 매체와 정치"(윤영철), "대중 매체와 경제"(조항제), "대중 매체의 효과"(이준웅), "대중 매체의 법제와 윤리"(이재진) 등 6개 장으로 확대하여 독자들로 하여금 대중 매체가 현대 사회의 제 국면과 맺고 있는 관계를 다각적으로 그리고 보다 심층적으로 이해하는 데 도움을 주고자 했다.

2부는 각 매체별 각론에 해당하는 부분으로 주요 매체별 특성과 발전 과정, 제작 메커니즘과 서비스 내용, 그리고 그러한 매체가 갖는 사회적 의미와 수용자(이용자) 입장에서의 매체 이해 및 활용 방안 등을 다루고 있다. "신문"(임영호), "출판"(채백), "라디오 / 텔레비전"(손병우), "광고"(이혜갑), "영화"(곽한주), "만화 / 애니메이션"(정준영), "대중 음악 / 음반"(신현준) 등 기존의 각 장을 대폭 수정 보완하는 한편, 기존의 "뉴 미디어 / 멀티미디어"를 "디지털 방송"(강상현)과 "인터넷"(도준호)으로 분리하여 보다 최신화된 내용을 담고자 했다.

3부 "대중 매체의 올바른 수용과 이용"(김기태)은 이 책의 결론에 해당되는 부분으로 1부의 매체 현상에 대한 총론적 이해와 2부의 주요 매체별 각론적 분석을 바탕으로, 매체 수용자 또는 이용자들이 보다 비판적으로 미디어 현상을 이해할 수 있는 방안(미디어 교육론)과 보다 능동적인 입장에서 미디어 현상에 대응하거나 적극적으로 미디어를 활용할 수 있는 방안(미디어 운동론) 등을 제시하고 있다.

전개정 제3판의 이러한 책 구성 변화와 내용면의 최신화 과정에서 ── 제2판에 이어 제3판에서도 ── 석지 않은 씰신이 바뀌게 되었다. 변화된 선개성판의 집필 원직에 중실하고 아울러 각 장별 수제에 부합되는 전문적인 필자를 찾다 보니 그리 되었다. 판을 거듭할수록 보다 나은 책을 만들려는 과욕(?)이 결과적으로는 무례를 범한 셈이 되었다. 지면을 통해 진심으로 양해를 구한다.

그렇다고 해서 이 책이 보다 완전한 것이 되었다고 장담하는 것은 아니다. 변화를 반영하고 내용을 보다 최신화하는 과정에서 군데군데 허점도 있을 것이다. 통상 그러한 것처럼 여러 명의 필자가 참여하다 보니 책 구성이나 문장 전개 혹은 용어 사용에서 통일성이 결여되거나 논지의 일관성이 약한 부분도 있을 것이다. 그러한 점은 독자 여러분의 계속적인 조언과 비판을 바란다. 지적된 부분은 겸허하게 받아들여 거듭 수정하고 보완해 나갈 것이다.

다만 이 책의 엮은이와 필자들은 이미 우리들 삶의 일부가 되어 있는 오늘날의 복잡한 디지털 정보 문화 환경 속에서 독자 여러분들이 여러 가지 매체 현상에 대한 이해를 높이고, 자신에게 유용한 매체를 지혜롭게 활용함으로써 보다 나은 삶을 누리는 데 조금이라도 도움이 되기를 바랄 뿐이다.

끝으로, 전개정 제3판이 나오기까지 바쁜 와중에서도 시간을 내어 좋은 글을 만들어 보내 주신 필자들에게 감사를 드린다. 여러 가지 어려운 사정에도 불구하고 우리 나라 출판 문화 창달을 위해 언제나 정도를 걸으면서 이 책의 꾸준한 개정 출판을 허락해 주신 한나래출판사 한기철 사장님에게도 진심으로 감사를 드린다. 이 책의 초판 발행에서부터 지금까지 기획과 편집 및 제작 과정 전반에 걸쳐 늘 산모처럼 같이 한 이리라 편집장과 언제나 웃으면서 편집·교정 등 궂은 일을 마다 않고 협조해 준 이소영 씨를 비롯한 출판사 편집진에게도 감사를 드린다.

2002년 2월
엮은이 강상현·채백

이 책의 초판이 나온 지 3년 반이 흘렀다. 결코 긴 세월은 아니지만 그 동안 우리를 둘러싸고 있는 매체 환경이나 매체 상황은 격세지감이 들 정도로 많이 바뀌었다.

너댓 개의 텔레비전 채널이 이제는 수십 개로 늘어났다. 그 사이에 케이블 TV 시대가 열렸고, 무궁화 위성 발사 이후 위성 방송의 시대도 열렸다. 거기에 지역 민방이 여기저기서 새로 출범하는 변화도 있었다. 컴퓨터 통신이나 무선 호출기 혹은 휴대용 전화의 보급이 급증하였고 그 서비스도 다양해졌다. 멀티미디어 기술의 발전과 각종 매체의 디지털화는 여러 기존 대중 매체의 제작 및 서비스 방식에 많은 변화를 가져다 주었고, 사람들의 매체 이용 방식은 물론 서로 간의 의사 소통 양식에도 상당한 변화를 가져 왔다. 각종 대중 매체에서 일어난 다양한 변화들이 대중 문화의 존재 양식과 사람들의 문화 소비 패턴에도 적지 않은 영향을 미치고 있다.

다매체 다채널화, 매체 기술의 디지털화와 그에 따른 매체 융합화 추세, 멀티미디어의 발전 등으로 특징지어지는 이러한 변화들은 물론 기술의 논리에 의해서만 야기되고 있는 것은 아니다. 그러한 변화의 저변에는 다양한 이해 관계가 복합적으로 맞물려 있다. 그 배후에는 국내외 자본이나 시장의 논리가 깊숙이 개입되어 있고, 크고 작은 정책의 논리도 함께 연동하고 있다. 물론 매체 (하드웨어 및 소프트웨어) 제작진의 경쟁적인 문화 생산의 다양한 실천과 매체 이용자의 취향과 욕구에 기반한 문화 소비의 다양한 실천 역시 그러한 변화에 중요한 원인으로 개입하고 있다. 이러한 여러 요인들이 작용하면서 대중 매체의 전체적인 지형이 그 동안 많이 바뀐 셈이다.

그런 가운데서 현대인의 대중 매체에 대한 의존도는 날이 갈수록 더욱 커져 가고 있다. 현대인의 삶 속에서 대중 매체의 중요도가 그만큼 커졌기 때문이다. 삶을 영위하는 데 꼭 필요한 일하고 잠자는 시간 외에 현대인들이 가장 많이 할애하는 시간이 바로 여러 가지 대중 매체를 접촉하는 시간이라는 사실이 이를 잘 말해 준다. 현대인의 삶에 있어서 이미 대중 매체를 이용하는 것 자체가 필수적인 삶의 요건이 되고 있는 것이다. 따라서, 대중 매체를 바르게 이해하고 그것을 잘 활용할 줄 아는 것이야말로 현대 사회를 지혜롭게 살아가는 하나의 방편이 되는 셈이다.

이 책은 당초 대중 매체에 대한 올바른 이해와 대중 매체의 효과적인 활용을 위한 길잡이 역할을 하겠다는 취지에서 꾸며진 것이었다. 초판에서는 현대 사회와 대중 매체의 전반적인 특성을 조감할 수 있게 한 총론을 비롯해서 11가지의 중요한 대중 매체 (현상) 각각에 대한 각론을 다루었고, 결론으로 대중 매체 환경에서의 수용자의 올바른 대응 자세를 제안하는 글을 실었다. 신문, 잡지 출판, 보도 사진, 만화, TV, 라디오, 노래, 영화, 비디오, 광고, 뉴 미디어 등 매체별 특징과 현황 및 그것의 사회적 의미 등에 관한 집필은 각 매체와 관련된 전문가들을 엄선하여 자세하면서 알기 쉽게 서술하도록 의뢰한 바 있었다. 1993년 2월 이 책의 초판이 나왔을 때, 그에 대한 호응은 예상 밖으로 높았다. 3년 반 동안 같은 내용을 여러 차례 추가 인쇄하는 호황을 누렸나.

그러나 앞서 말한 바와 같이 그 사이에 매체 환경과 매체 상황은 크게 달라졌다. 개정판을 내는 것이 불가피했고, 또 당연히 그래야 했다. 그래서 지난 1년 반 동안 개정판 작업을 꾸준히 진행해 왔다. 초판 서문에서 약속했듯이 모자라는 부분을 대폭 수정하였고, 그 동안에 여러 독자들이 이런저런 경로를 통해 지적해 준 문제점을 많이 보완하였다. 각 장별 서술 방식이나 편집 체제에서도 전체적인 통일을 기하는 데 역점을 두었다. 이를 위해 필요한 경우에는 필진을 과감히 바꾸기도 하였으며, 변화된 대중 매체 환경에 대한 보다 폭넓은 이해를 위해 새로운 장을 추가하기도 했다. 늘어난 원고량을 적절히 소화하고, 편집 감각의 현대화를 위해 판형의 확대는 물론 그림이나 도표 등의 시각 자료를 크게 보완하기도 했다.

구체적으로 이번 개정판의 주된 특징을 간단히 요약하면 다음과 같다.

먼저 전체적인 구성의 틀은 그대로 유지했다. 현대 사회와 대중 매체에 관한 총론적 서설과 각 매체별 각론, 그리고 수용자의 대응 논리를 제시한 결론 부분이 이 책의 기본 골격을 이루고 있기 때문이다. 다만 전체적인 틀에서 변화를 준 것이 있다면, 초판 발행 이후 대중 매체와 대중 문화 전반의 상황 변화를 총괄적으로 기술하면서 대중 매체의 이해와 활용을 위한 포괄적 제언을 제시한 새로운 글을 모두冒頭 부분에 올려놓았다. 이는 후속하는 글들을 보다 실감나게, 그리고 보다 큰 그림 위에서 체계적으로 이해하는 데 도움을 주기 위한 배려에서였다.

두 번째는 초판 발행 이후의 변화들을 내용 속에 대거 수용하였다. 낡은 데이터나 사례들은 보다 새로운 자료들로 대체하였고, 문맥 속에서도 변화된 상황 논리를 수용하였다. 예컨대, 매체 기술의 급속한 발전에 따른 각 매체별 제작 관행이나 매체별 수용 환경의 변화 등을 적극적으로 반영하려고 애썼다. 그리고 매체 기술의 디지털화나 융합화 추세에 따른 매체 기능의 통합적 국면이나 그에 따른 매체 간의 경계 흐림 현상에도 유의하였다. 수용자 개념도 보다 능동적이고 적극적인 이용자 또는 사용자 개념으로 변화되고 있는 추세를 반영하면서 기술하였다.

세 번째는 각 매체별 서술 방식이나 내용 전개의 흐름을 가능한 한 통일하려고 했다. 초판에서는 다수의 필진이 참여함으로써 야기될 수 있는 불일치를 극복하는 데 상당한 한계가 있었다. 이번 개정판에서는 필자들에게 각 매체별 서술에 있어서 기본적인 개념 정의, 역사적인 발전 과정과 현황, 제작 유통 소비 과정의 주된 특징은 물론 각 매체가 갖는 여러 사회적 의미와 그에 대한 수용자 또는 이용자의 대응 방안이나 매체 활용 방안, 그리고 도움이 되는 문헌 등을 제시하는 순서를 밟도록 하였다. 물론 문장은 짧고 쉬우면서도 재미있게 전개할 것도 아울러 요구하였다. 여전히 미흡한 점은 있지만 전체적으로는 상당한 통일성을 확보한 것으로 보인다.

네 번째는 결례를 무릅쓰고 필진을 교체한 경우가 여럿 있었다. 초판의 필자 13명 중 4명(TV, 라디오, 영화, 광고)이 새로운 필자로 바뀌었고, 한 명의 필자가 새로 추가되었다. 개인적인 사정으로 필자가 바뀐 경우도 있었지만 개정판 집필의 기본 원칙에 보다 충실할 수 있는 적절한 필자를 선택하는 과정에서 그런 변화가 있었다. 필자 교체에 대한 책임은 전적으로 엮은이에게 있다. 좀더 나은 개정판을 만들려는 과욕(?)이 결과적으로는 무례를 범한 셈이 되었다. 지면을 통해 양해를 구한다.

이 책은 대중 매체에 관한 많은 책들 가운데 일상 속에서 늘상 접하는 중요한 매체들을 중심으로 각 매체와 관련된 핵심적인 내용들을 압축하여 한 권으로 묶어 놓은 데 가장 큰 특징이 있다. 대중 매체에 관한 다른 책들과 차별화되는 근거도 거기에 있다. 때문에 책의 구성은 대중 매체 일반에 관한 내용을 배경으로 다양한 여러 매체들의 특성이나 메커니즘, 그리고 그것이 사회의 다양한 측면들과 갖는 의미를 알기 쉽게 이해하고 그러한 이해를 바탕으로 각각의 매체를 보다 적절하고도 효과적으로 활용할 수 있는 방안들을 제시하거나 암시하는 데 주안점을 두었다.

그럼에도 불구하고 여전히 군데군데 허점이 많을 것이다. 아직도 아쉬움이 남아 있다. 다만 좀더 알찬 내용을 채우고 보다 나은 모양새를 갖추기 위해 더욱 노력해 나가는 과정을 보여 주고 싶을 따름이다. 물론 그러한 노력은 앞으로도 계속해 나갈 것이다. 초판 발행 이후에 그랬던 것과 마찬가지로 독자 여러분의 지속적인 관심과 애정 어린 질정이 계속되기를 바란다.

끝으로 개정판이 나오기까지 예정보다 늦은 작업을 단지 좋은 책을 만들겠다는 일념으로 인내하면서 성원해 준 한나래출판사 한기철 사장과 기획 단계에서부터 편집, 교정 과정에서 궂은 일을 도맡아 해 준 출판사 편집진에게 감사를 드린다. 그리고 개정판을 위한 여러 가지 까다로운 주문에도 불구하고 열과 성을 다해 새롭게 갈고 다듬은 원고들을 주신 필자들에게도 지면을 통해 감사의 말씀을 드린다.

1996년 8월

엮은이 강상현 · 채백

대중 매체로부터 자유로울 수 있는 사람은 아무도 없다. 현대인들의 하루하루는 대중 매체와 함께 시작해서 대중 매체와 함께 끝난다고 해도 과언이 아닐 것이다. 그만큼 대중 매체는 우리들의 일상 생활 속에 깊숙이 자리잡고 있다.

아침에 눈을 뜨면 많은 사람들은 거의 습관적으로 텔레비전을 켜거나 조간 신문을 챙겨 우선 제목과 사진, 만화만이라도 훑어볼 것이다. 직장이나 학교로 향하는 길에서도 자가 운전자들은 라디오를 통해 흘러 나오는 교통 정보에 귀를 기울일 것이며, 버스나 택시를 이용하는 사람들은 운전 기사가 틀어 놓은 라디오를 싫어도 들을 수밖에 없다. 지하철을 이용하는 사람들은 최소한의 공간만이라도 확보된다면 집에서 제대로 챙겨 보지 못한 조간 신문이나 잡지, 책 등을 읽을 것이다. 일과를 마치고 집에 돌아와서도 마찬가지이다. 집에서의 저녁 시간은 대개 석간 신문을 읽거나 텔레비전을 시청하는 것으로 채워질 것이다. 또한, FM 라디오의 조용한 음악과 함께 잠을 청하는 사람들도 있을 것이다. 한가로운 주말이면 많은 사람들은 극장에 가거나 혹은 집에서 VTR로 영화를 볼 것이며, 또 밀린 잡지를 읽거나 또다시 텔레비전과 함께 주말을 보내는 사람도 적지 않을 것이다. 또한, 친구들을 만나 노래방에 가서 1주일의 피로와 스트레스를 풀려는 사람들도 많을 것이다.

이렇게 대중 매체를 일상적으로 접촉하면서 우리는 수없이 많은 광고를 접하게 된다. 어떤 학자는 우리가 숨쉬는 공기는 산소와 질소, 그리고 광고로 구성되어 있다는 비유를 하기도 하였다. 그만큼 광고는 여기저기서 넘쳐 나면서 우리가 의식하지 못하는 사이에 우리의 뇌리를 스쳐 가기도 하고 어떤 것들은 우리의 기억 속에 성공적으로 자리를 잡기도 하는 것이다. 우리의 시선이 가는 곳이면 어디든 광고가 존재한다고 해도 과언이 아니다. 달리는 버스나 지하철 속에서 우리는 앉으나 서나 광고를 보지 않을 수 없게 되어 있다. 눈을 들어 창 밖을 보아도 거리의 수많은 간판에서부터 시작하여 첨단 테크놀로지를 이용한 네온 사인들이 우리의 눈길을 간절하게 유혹하고 있다. 심지어는 공중 화장실에서 볼일을 보는 순간까지도 광고는 우리를 놓아 주지 않는다. 한편 곧 닥쳐올 유선 방송의 실시와 방송 위성 무궁화호의 발사와 함께 우리에게도 뉴 미디어의 시대가 본격적으로 열리게 될 것이다. 그렇게 되면 우리가 접촉하는 대중 매체의 종류는 한결 다양해지고 접촉 시간은 더욱 많아질 것이 틀림없다.

이렇듯 다양한 종류의 매체들이 우리의 일상적인 삶에서 매우 커다란 부분을 점유하고 있다. 우리의 삶에서 수면과 노동 다음으로 많은 시간을 점유하는 것이 바로 대중 매체 접촉일 것이다. 텔레비전 매체 하나만을 가지고 생각해 보자. 여러 조사 결과들을 보면, 우리 국민들은 대개 하루에 평균 3시간 정도 텔레비전을 시청하는 것으로 나타나고 있다. 이 숫자대로라면 우리 인생의 8분의 1을 텔레비전 앞이라는 특정 공간에서 보낸다는 말이 된다. '바보 상자'라고 비웃으면서도 우리는 많은 시간을 텔레비전과 함께하면서 그 영향에 적나라하게 노출되고 있는 것이다.

이와 같이 대중 매체가 중요한 역할을 한다는 인식은 이제 학자들만의 전유물이 결코 아니다. 대중 매체의 일상성 속에서 살아가는 현대인들은 대부분 대중 매체의 중요성과 위력에 대해 절감하면서 살아갈 것이다. 그래서 그들은 도대체 대중 매체를 어떻게 접촉하고 어떻게 받아들여야 하는지에 대해 매우 궁금해 하고 있다. 특히, 많은 부모들은 자식들의 텔레비전이나 비디오 시청, 만화 읽기 등에 어떻게 대처해야 하는가에 대해 곤혹스러워하기까지 한다.

최근 들어 우리 사회에서도 대중 매체에 관해 많은 책들이 쏟아져 나오고는 있지만 막상 수용자들에게 이러한 구체적이고 실용적인 정보를 전해 주는 지침서는 찾아보기 힘들다. 이러한 의도에서 기획된 것이 바로 이 책이다. 수용자들에게 여러 매체들의 기본적인 특성을 설명해 주고 어떻게 접촉하며 그 내용들을 어떻게 받아들이는 것이 올바른 방법인가에 대해 구체적이고 실질적인 정보를 제공해 주고자 하는 것이 바로 이 책의 기획 의도이다.

이 책은 크게 3부로 구성되어 있다. 제1부는 이 책의 서론으로서 현대 사회에서 대중 매체가 차지하는 위상과 역할을 구체적으로 논하고 있다. 제2부에서는 11개의 주요 매체들을 선정하여 각 매체별 특성에 대한 이해와 올바른 활용법이 서술되고 있다. 제3부는 결론적 논의로서 수용자의 적극적인 역할을 강조하고 있다.

각 매체별 서술은 각 분야의 전문성을 갖추고 있는 필자들을 참여시키려고 노력하였다. 여러 명의 필자가 참여하는 공동 작업이다 보니 각 매체별로 서술의 체계와 접근 방식들이 다소간 편차를 보이고 있다. 이 점 독자들에게 다소 혼란을 줄 우려도 없지는 않지만 가능한 한 각 필자들의 서술 방식을 그대로 살렸다. 이것이 오히려 독자들에게 지루함을 덜어 주는 장점이 될 수도 있다고 생각했다.

그리고 이 책의 제2부에서 서술된 여러 매체들에 관한 논의들은 앞으로 내용을 좀더 보완하여 다시 각 매체별로 단행본으로 출판해 보고자 한다. 이 책에서의 서술을 토대로 하여 각 매체별로 보다 심도 있는 내용과 구체적인 정보를 담고 있는 연속 기획물로 내보내자는 것이 앞으로의 계획이다. 따라서, 이 책은 대중 매체의 이해와 활용에 관한 연속 기획의 총서에 해당하는 것이라고 하겠다.

이 책이 원래의 기획 의도에 얼마나 근접했는지에 대해서는 도무지 자신이 서질 않는다. 그러나 기존의 책들과는 다른 방식으로 수용자들이 필요로 하는 정보를 제공해 줄 수는 있으리라는 생각에서 감히 이 책을 세상에 내놓고자 한다. 수용자들이 대중 매체를 좀더 현실적으로 인식하는 데 보탬이 된다면 그리고 그들의 실생활에 조금이라도 도움이 될 수 있다면 더 이상 바랄 것이 없겠다. 그렇게만 된다면 결국은 우리 언론의, 나아가서 우리 사회의 발전에 중요한 초석이 될 수 있을 것으로 믿는다.

어려운 시장 여건에도 불구하고 이 책의 출판을 맡아 주고 적지 않은 투자까지 선뜻 감행하였으며 앞으로 언론 분야의 책들을 계속 출판하겠다고 의지를 다지고 있는 한나래 출판사의 한기철 사장께 깊은 감사를 표한다. 그의 출판에 대한 남다른 애정과 투철한 직업 의식이 머지않아 좋은 열매를 맺게 되기를 진심으로 빌어 마지않는다. 이 책의 기획 과정에서부터 편집, 교정에 이르기까지 궂은 일을 도맡아 해 준 한나래출판사 편집진에게도 감사를 드린다.

이 책의 모자라는 부분에 대해서는 앞으로 개정판을 통하여, 그리고 뒤이어 나오게 될 단행본 출판을 통하여 수정해 나갈 것을 약속드리면서 독자 여러분의 많은 관심과 애정 어린 비판을 기대해 본다.

1993년 2월
엮은이 강상현 · 채백

디지털 시대와 미디어

디지털 시대로 접어들고 있는 현대 사회를 이해하는 핵심 고리 가운데 하나가 미디어다. 많은 사회 현상들이 미디어를 통하여 알려지고 또 미디어를 통하여 이루어지기 때문이다. 뿐만 아니라 미디어가 현대 사회의 여러 영역들에 어떻게 개입하여 작동하고 있으며 그러한 제영역과 어떤 관계를 맺고 있고 또 실제 어떠한 영향을 미치고 있는지를 아는 것은 현대 사회의 근본적인 운용 메커니즘을 알게 되는 것과 다름이 없기 때문이다. 현대 디지털 사회는 곧 미디어 사회인 것이다.

우선 사람들이 세상의 일을 알고 그러한 세상사에 대해 나름대로의 의견과 정치적 여론을 형성하게 되는 것은 대부분 미디어를 이용함으로써 가능하게 된다. 선거 과정에서 미디어의 이용은 필수적이다. 한 사회의 경제가 작동하게 되는 것도 미디어를 통한 광고가 생산과 소비를 활발하게 그리고 끊임없이 매개해 주기 때문이다. 미디어 자체도 이미 오늘날의 중요하고도 거대한 산업으로 자리 잡았다. 대중 취향의 수많은 문화 장르들 역시 미디어에 의해 생산되고 소비되고 또 계속적으로 변화되어 간다.

현대 사회에서 미디어가 갖는 영향력과 그 중요성에 대한 인식으로 인해 모든 국가에서는 미디어의 소유와 운영 및 그 내용에 대해 일정한 법적 규제를 하고 있으며, 미디어에 종사하는 사람들에게는 그 나름의 직업적인 윤리 규범을 요구하고 있다.

1부에서는 바로 이러한 점에서 현대 사회와 미디어의 긴밀하고도 역동적인 관계를 다각적으로 이해하는 데 도움이 될 것이다. 이를 위해 먼저 미디어와 현대 디지털 사회의 관계를 총괄적으로 짚어 보고(1장), 미디어와 대중 문화(2장), 미디어와 정치(3장), 미디어와 경제(4장), 미디어의 효과(5장), 미디어의 법제와 윤리(6장) 미디어와 사회 구조의 관계(7장) 등에 대해 보다 구체적으로 살펴보고자 했다.

01

디지털 시대의
미디어

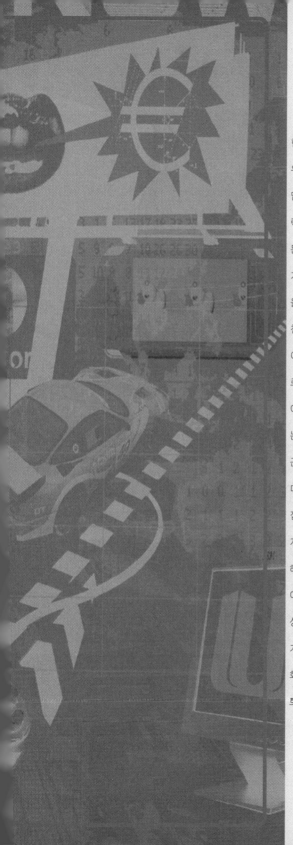

현대인의 삶에서 미디어는 떼려야 뗄 수 없는 존재가 되었다. 좋든 싫든, 우리는 한시도 미디어를 떠나서는 살기 어렵다. 우리는 미디어의 소비에 많은 돈과 시간을 투입한다. 그리고 거기서 일상에 필요한 많은 정보와 오락을 얻는다. 그러한 미디어가 우리에게 많은 영향을 미치리라는 것은 불문가지다. 미디어는 부지불식간에 우리의 언행, 지식, 예의범절, 사고 방식, 가치관 등에 다양하고 커다란 영향을 미친다. 미디어는 또 우리에게 상품을 사도록, 그리고 특정한 정치 세력을 지지하거나 반대하도록 영향을 미친다.

이처럼 우리 삶에서 중요한 미디어를 우리는 제대로 이해하고 있는가. 의외로 많은 사람들이 친숙한 것들에 대해 무지한 경우가 많다. 사람들은 흔히 어떤 것에 대해 친숙하기 때문에 잘 안다고 생각하지만, 친숙한 것과 잘 아는 것은 별개다. 예컨대, 많은 사람들이 미디어의 내용을 다 믿을 만하거나 근거가 있을 것이라고 생각한다. 하지만, 그렇지 않은 경우도 허다하다. 미디어는 특정한 이해 관계와 이데올로기를 가진 사람들에 의해 수익을 위해 집단적으로 생산되는 상품이다. 따라서 미디어의 컨텐츠에는 온갖 이해 관계와 편견이 도사리고 있는 경우가 많다. 우리는 미디어의 이런 측면에 대해서도 제대로 이해해야 미디어에 휘둘리지 않을 수 있다.

이 장은 이런 목적에서 개별 미디어에 대해서가 아니라 미디어 일반의 특성에 대해서 알아보려고 한다. 특히, 현대 사회에서 미디어의 중요성, 그 기술적 특성과 차이, 매스컴의 정의와 특성, 오늘날 나타나는 미디어의 변화 추세, 그리고 마지막으로 미디어의 올바른 수용 자세에 대해 논의하기로 한다.

이효성

현재 성균관대학교 신문방송학과 교수이다. 서울대학교 신문대학원을 졸업하고, 서울대학교 대학원 신문학과 박사 과정을 수료한 후 미국 노스웨스턴 대학교 대학원에서 언론학 박사 학위를 받았다. 문화방송, 〈경향신문〉의 수습 기자 및 〈한국일보〉 시카고 지사 기자를 지냈다. 한국언론정보학회 회장, 한국방송학회 회장, 종합유선방송위원회 위원, 언론개혁시민연대 공동 대표, 방송위원회 부위원장 등을 역임했으며, 동경대학교 사회정보연구소 객원 교수, 컬럼비아대학교 방문 교수를 지냈다. 책으로는 ≪정치 언론≫, ≪언론 비판≫, ≪한국 사회와 언론≫, ≪커뮤니케이션과 정치≫, ≪한국 언론의 좌표≫, ≪언론 정치의 현실과 과제≫, ≪진실과 정의의 즐거움≫, ≪빛은 어둠을 피해 달아나지 않는다≫, ≪매체 선거≫, ≪미국 이야기≫ 등이 있다.

미디어의 중요성

현대인의 삶은 거의 한시도 미디어를 벗어나기 어렵다. 오늘날 미디어는 언제나 어디서나 우리 곁에 있기 때문이다. 게다가 오늘날 미디어는 많은 사람들에게 값싸고 손쉽게 이용할 수 있는 정보와 오락의 주요 원천이다. 그렇기 때문에 우리는 많은 시간과 상당한 돈을 미디어를 수용하는 데 소비하고, 미디어에 의해 우리의 생각과 태도와 행동에 많은 영향을 받는다. 따라서 우리는 이런 미디어를 잘 이해할 필요가 있다.

편재성과 보편적 수용

우리는 아침에 일어나서 시사하며 라디오를 듣거나 신문을 훑어보기도 하고, 승용차로 출퇴근을 하는 경우 승용차 안에서 라디오를 듣고, 지하철이나 버스와 같은 대중 교통 수단으로 출퇴근을 하는 경우 무가지 신문을 보거나 DMB 단말기로 텔레비전을 보기도 한다. 집에서 대형 텔레비전으로 뉴스나 드라마나 다큐멘터리를 보기도 하고, 웹을 통해 관심 사항에 관한 정보를 구하기도 하고, VOD 또는 DVR로 영화를 보기도 한다. 주말이나 휴일에는 더 많은 시간을 텔레비전, 영화, 인터넷 등의 수용에 소비한다. 오늘날의 소비 경제는 생산자와 소비자를 연결하는 광고에 의존한다. 정치가들은 유권자들에게 호소하기 위해 텔레비전 광고에 많은 돈을 쓴다. 미국의 경우, 어린이들은 1년에 3만 내지 4만 개의 상업 광고를 본다고 한다.

미디어는 현대 사회에 미만해 있다. 오늘날 우리는 거의 언제나 어디서나 미디어를 접할 수 있다. 말하자면, 우리는 미디어에 둘러싸여 살고 있다. 우리 삶에서 미디어는 떼려야 뗄 수 없는 존재가 된 것이다. 실제로 우리는 미디어를 수용하는 데 많은 시간을 소비한다. 한국의 성인들은 2008년 조사에서 하루 평균 텔레비전에 3.16시간, 인터넷에 1.37시간, 라디오에 0.67시간, 신문에 0.4시간 등 미디어에

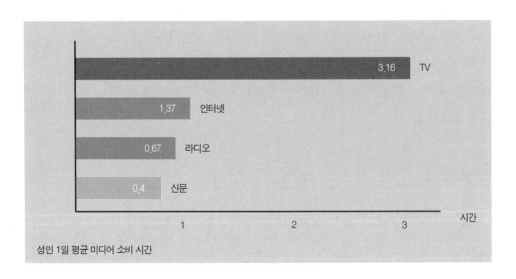

성인 1일 평균 미디어 소비 시간

총 5.9시간을 소비하는 것으로 밝혀졌다.[1] 2003년 미국에서의 조사에 따르면, 성인들은 하루의 약 40%를, 그리고 깨어 있는 시간의 약 60%를 미디어에 소비한다고 한다. 구체적으로 살펴보면, 하루 동안 텔레비전에 4.4시간, 라디오에 2.78시간, 음반에 0.9시간, 웹에 0.5시간 등 미디어 전체에 소비하는 시간은 모두 9.6시간이다.[2] 미디어의 편재성과 그 보편적 수용으로 우리는 점점 더 많은 우리의 시간과 주의와 돈을 미디어에 바친다.

영향력

그러나 미디어는 시시각각 다방면에서 우리에게 많은 영향을 미친다. 미디어는 우리가 말하고, 행동하고, 일하고, 공부하고, 먹고, 쉬고, 자는 방식에 영향을 미친다. 우리는 우리가 직접 체험할 수 없는 세계에 대해 우리가 아는 거의 모든 것을 미디어를 통해 배운다고 해도 과장이 아니다. 예컨대, 우리는 미디어의 덕택으로, 외국의 전쟁과 그 참상에 대해서, 세계 각국의 풍속과 문화에 대해서, 먼 오지의 동식물에 대해서 많은 것을 배운다. 옛날에는 주로 부모, 형제자매, 친구, 동료 등을 통해서 배우던 사회의 규범과 예절, 자신의 역할이나 상황에 맞게 적절하게 처신하는 법도 오늘날은 주로 미디어를 통해서 배운다.

　　미디어 덕분에 인간은 육성이나 편지로 의사를 전달하는 범위를 넘어서 수많은 사람들에게 자신의 의사를 표현할 수 있다. 미디어는 사람들에게 공통의 지식과 경험을 제공함으로써 사람들을 하나의 공동체로 결속하는 기반을 제공한다. 미디어를 통한 공동체적 결속은 일상적으로는 지역 공동체에서 이루어지지만 때로는 국가적으로, 심지어는 세계적으로 이루어지기도 한다. 미디어가 있기에 사람들은 보다 더 유식하고 참여적인 민주 시민이 될 수 있다. 힘 있는 세력은 미디어를 활용하여 대중들을 설득한다. 예컨대, 정치 세력은 미디어를 통한 선전과 선동으로 사람들을 정치적으로 동원하고, 대기업은 미디어를 이용한 광고를 통해 상품을 대량으로 판매한다. 말하자면, 미디어는 우리가 세상을 이해하고, 돈을 쓰고, 정치적 행위를 하는 데에도 영향을 미친다. 더 나아가 미디어는 사람들로 하여금 기존 질서와 현재 상태를 받아들이는 이데올로기적 역할을 수행한다고 비판적인 언론학자들은 지적한다. 미디어는 매일 우리의 삶에 경제적으로, 정치적으로, 사회적으로, 또는 문화적으로 영향을 미치는 것이다.

정보원

사람들은 흔히 아침에 또는 출근하거나 외출을 할 때 신문의 일기 예보란이나 기상 전문 채널이나 날씨를 다루는 웹 사이트에서 미리 일기 예보를 확인한다. 날씨에 관한 정보는 우리의 일상 생활의 안전에 매우 중요한 정보이기 때문이다. 날씨에 제대로 대비하지 않으면 감기에 걸릴 수도 있고, 비에 흠뻑 젖을 수도 있고, 심지어 갑작스런 자연 재해로 목숨을 잃을 수도 있다. 이처럼 우리는 생존을 위해서 환경의 변화에 대처해야 하고 그러기 위해서는 환경 변화에 관한 정보를 신속하고 효과적으로 얻을 수 있어야 한다. 오늘날 그러한 정보를 획득할 수 있는 효과적인 수단은 바로 미디어다. 미디어는 일반인들이 손쉽고 값싸게 접할 수 있는 중요한 정보원*information source*이다.

인간은 환경에 적응하고 생존하기 위해 환경에 관한 새로운 정보만을 필요로 하는 것은 아니다. 인간은 다른 한편 그저 호기심에서 흥미 있는 사건이나 인물에 관한 새로운 정보를 추구하기도 한다. 그런데 오늘날은 우리의 삶에 영향을 미치는 환경이 매우 광범하고 복잡해서 그에 관한 정보를 미디어에 의존해야 하듯이, 우리의 호기심을 유발하는 사건이나 인물이 우리 주변에 있는 것이 아니기 때문에 이들에 관한 정보도 미디어에 의존해야 한다. 우리 스스로는 그런 정보를 도저히 획득할 수 없기 때문에 우리는 미디어가 전해 주는 정보, 즉 뉴스에 의존하게 된다. 오늘날은 인터넷의 보급과 발전으로 인터넷 신문과 포털이 점점 더 뉴스와 정보의 제공자로서 그 중요성이 커지고 있다.

미디어 특히 신문, 통신, 방송은 많은 인력과 장비를 갖추고 많은 예산을 투입하여 비교적 체계적으로 사람들이 알고자 하는 환경과 사건과 인물에 관한 정보를 수집하는 저널리즘 활동을 한다. 이들 미디어는 뉴스라는 형태로 새로운 정보를 수집하고 가공하여 수용자들에게 제공한다. 이른바 게이트키핑이라 불리는 이 과정에서 저널리스트와 언론사는 객관적이고 공정하다고 주장하지만, 실은 자신들의 가치와 편견에서 자유롭지 못하며, 경우에 따라서는 노골적인 정파성을 보이기도 한다. 그런 의미에서 미디어가 전하는 현실은 있는 그대로의 객관적 현실*objective reality*이 아니고 일정한 회사 방침과 개인의 가치관과 편견으로 구성된 현실*constructed reality*인 것이다.

오락 수단

호모 루덴스라는 말이 있듯이, 인간은 놀이를 하는 존재다. 이때 인간은 놀이, 즉 오락을 필요로 한다. 삶에서 오는 긴장을 풀기 위해서,

노동의 고단함을 달래기 위해서, 또는 현실의 어려움에서 벗어나기 위해서 인간은 오락을 필요로 한다. 그런 목적을 위해서라면 오락만큼 효과적인 것도 없다. 오락은 인간의 삶에서 없어서는 안 되는 활력소라 할 수 있다. 과거 전통 사회에서는 오락은 주로 집단적인 놀이에 의하거나 남사당패와 같은 전문적인 놀이패의 공연에 의한 것이었다.

그러나 오늘날 오락은 주로 미디어에 의해서 제공된다. 아니 대부분의 미디어는 오락적인 내용을 중시한다. 그것이 사람들이 미디어에서 주로 찾는 내용이어서 상업적으로도 유리하기 때문이다. 영화와 같이 거의 전적으로 오락적인 미디어도 있다. 그러나 정도의 차이는 있지만 거의 모든 미디어에서 오락은 매우 중요한 부분을 구성한다. 주로 정보원으로 구실하는 서적이나 신문과 같은 미디어의 경우도 부분적으로 또는 전체적으로 오락적인 내용으로 채워진다. 예컨대, 서적 가운데 소설책이나 신문 가운데 스포츠 및 연예 전문지는 그 전체가 오락을 위한 것이다.

오늘날 미디어는 점점 더 오락화하는 경향이 있다. 그것이 상업적으로 유리하기 때문이다. 심지어 서적이나 신문이나 잡지의 경우도 점점 더 연성적인 내용으로 채워진다. 이는 수용자들이 그런 내용을 선호하기 때문이기도 하다. 미디어의 이런 지나친 오락화 현상에 대해 미디어 비평가들은 우려한다. 그것이 사람들의 현실 도피를 조장하고 사회 참여를 저해하여 민주 사회의 발전을 가로막는다고 보기 때문이다. 닐 포스트먼[3]은 이런 미디어의 오락화를 "우리 자신을 즐겨 죽이기"라는 말로 비판했다.

설득의 장

정치가나 정당은 정치 권력을 차지하고 유지하면서 사람들에게 영향력을 행사하기 위해 유권자들로 하여금 자신을 지지하도록 설득해야 한다. 오늘날 유권자들을 가장 효율적으로 설득할 수 있는 수단은 미디어다. 정치가와 정당의 언행은 상품성이 크기 때문에 좋은 뉴스가 되고 따라서 신문이나 방송과 같은 미디어는 그들의 언행을 많이 취급하게 된다. 말하자면, 미디어는 정당이나 정치가에게 훌륭한 선전 또는 홍보 수단이 되고, 그들의 언행은 미디어에게는 상품성 있는 뉴스가 됨으로써 이 양자는 상생 관계에 있는 것이다.

기업은 상품을 팔기 위해 소비자들을 설득해야 한다. 말할 것도 없이, 오늘날과 같이 대량으로 생산된 상품을 팔기 위해서는 미디어를 통해 많은 소비자들에게 상품의 구매를 설득해야 한다. 이를 위해 기업은 인쇄 미디어의 경우에는 지면을 사서, 그리고 전자 미디어의 경우에는 시간을 사서, 자신의 상품을 광고한다. 오늘날 미디어의 상당한 부분이 광고로 메워진다. 특히 신문, 잡지, 텔레비전, 라디오, 웹은 많은 광고를 매개한다. 이들 미디어는 상품 광고를 통하여 대량 생산과 대량 소비를 연결함으로써 자본주의 체제의 유지와 발전에 기여한다. 광고가 효과 있으려면 평소에 그 회사의 이미지가 좋아야 한다. 따라서 회사는 평시에 고객과 좋은 관계를 유지하기 위해서 미디어를 통해 자신의 이미지를 좋게 만들기 위한 홍보 활동을 벌인다. 기업의 이미지 광고는 그런 홍보 활동의 하나다.

이처럼 미디어는 광고, 선전, 홍보와 같은 설득 커뮤니케이션으로 채워진다. 미디어는 설득의 상인 것이나. 신문의 경우 의견란은 설득의 요소가 분명하지만, 뉴스의 경우에도 정도에 차이는 있지만 여러 방식으로 설득적이다. 뉴스 가운데 상당 양은 정당, 정치가, 기업의 기자 회견이나 이벤트 연출과 같이 선전과 홍보 활동에 관한 것이기 때문이다. 게다가 뉴스의 취사 선택과 가공에서 언론사와 언론인의 방침이나 가치관이 끼어들게 된다는 점에서도 뉴스는 설득적인 요소를 갖게 된다.

주요 미디어와 그 기술적 특징

20세기 전까지는 미디어로 서적, 신문, 잡지와 같은 인쇄 미디어만이 존재했다. 그러나 20세기 전반의 50년도 채 안 되는 사이에 음반, 영화, 라디오, 텔레비전의 4개 미디어가 새로 등장했다. 그리고 20세기 늦게 인터넷이 미디어의 리스트에 새로이 추가되었다. 서적, 신문, 잡지는 종이에 인쇄되기 때문에 인쇄 미디어로 불리고, 음반, 라디오, 텔레비전, 인터넷은 그 제작과 송수신이 전자 기술에 의존하고 있어 전자 미디어로 불리고, 영화는 필름의 제작에 화학 기술이 이용되고 있어 화학 미디어로 불린다.

인쇄 미디어인 서적, 잡지, 신문은 제본 여부, 발행의 정기성, 주제의 다양성, 시의성의 네 범주에서 다음 표와 같은 차이가 있다.[4]

그러나 이 차이는 엄격한 것은 아니다. 예컨대, 시사 주간지는 잡지지만 그 시의성이 중요하다. 인쇄 미디어의 실질적인 기술적 토대는 1440년대로 거슬러 올라간다. 인쇄 미디어는 간편하게 들고 다닐 수 있고, 쉽게 펼쳐볼 수 있고, 잘 파손되지 않아 거의 항구적으로 보존할 수 있다는 장점을 지니고 있다. 그러나 인쇄 미디어는, 특히

각 인쇄 미디어의 차이			
	서적	잡지	신문
제본	철하거나 접착함	제책못으로 묶음	비제본
정기성	단권	적어도 계간	적어도 주간
주제	단일 주제	다양한 주제	다양한 주제
시의성	일반적으로 시의성 없음	시의성 문제 안 됨	시의성 중요

신문은, 인터넷과 웹의 발전으로 점점 쇠락해 가고 있다.

전자 미디어는 메시지의 송신과 재생을 위해 그것을 전자적으로 저장한다. 전자 미디어의 기술 개발은 1800년대 말경에 이루어졌지만 미디어의 발전은 대체로 20세기에 이루어졌다. 인쇄된 메시지와는 달리 텔레비전과 라디오의 메시지는 전송되자마자 사라진다. 물론 전자 미디어의 메시지도 디스크에 또는 그 밖의 방식으로 저장될 수 있지만, 그것들이 수용자에게 전달되는 동안에는 구체적인 형태가 없다. 라디오는 음향만을 다루는 데 반하여 텔레비전은 청각, 시각 등 동시에 여러 감각들을 동원한다. 최신 미디어인 웹은 문자, 음향, 영상을 통합하여 세계적인 전자 망으로 송수신한다. 전자 미디어는 아날로그에서 디지털로 완전히 전환을 했거나 전환 중에 있다. 디지털로 전환하면 음질과 화질이 향상되고, 쌍방향 서비스가 가능하고, 채널이 증대되고, 전송이 용이해지는 등의 이점이 있다.[5] 디지털화한 모든 미디어는 인터넷으로 전송할 수 있게 된다. 실제로 오늘날 미디어가 점점 컴퓨터와 인터넷으로 통합되는 현상이 나타나고 있다. 오늘날 사람들이 가장 많이 수용하는 지배적인 미디어는 전자 미디어 특히 텔레비전과 웹이다. 개인용 컴퓨터와 인터넷이 더 많이 보급되면 될수록, 웹은 점점 더 많이 수용될 것이다.

영화는 사진 화학에 기초한다는 점에서 화학 미디어라 할 수 있다. 오늘날은 많은 영상 컨텐츠들이 비디오 기기에 의해 전자적으로 제작되지만 영화는 아직도 투명 셀룰로이드인 필름에 만들어져 1888년에 개발된 인화의 과정을 거친다. 영화 제작에 사용되는 이러한 화학 기술은 다소 원시적일 뿐만 아니라 비싸기까지 하다. 영화사는 영화 제작이 끝나면 필름을 영화 상영관 수만큼 복사하여 철제 상자에 담아 극장에 일일이 운송해 주어야 한다. 만일 영화를 전자적으로 생산하여 위성으로 배포한다면 그 필름과 운송에 드는 비용을 85%까지도 줄일 수 있다고 한다.[6] 그러나 아직까지는 디지털 전자 기술이 적정한 비용으로 필름의 이미지의 질을 따라가지 못한다. 하지만 디지털 기술이 개선되어 비용이 낮아지면서, 영화도 화학 기술에서 전자 기술로 이동하고 있고, 언젠가는 완전히 이동할 것이다. 영화 제작자들은 이미 특수 효과에서 디지털 기술에 대해 많은 것을 알게 되었고 그 경험을 점점 더 넓게 적용하고 있다.

매스컴의 정의와 과정

미디어는 매스 커뮤니케이션을 위해 사용되는 회로다. 커뮤니케이션은 얼굴을 마주한 대화처럼 개인 간 커뮤니케이션*interpersonal communication*, 전화 통화나 이메일 송수신과 같이 기기의 매개를 통한 개인 간 커뮤니케이션*machine-assisted inerpersonal communication*, 매스 커뮤니케이션*mass communication*의 세 가지 상황으로 나눌 수 있다.[7] 매스컴은

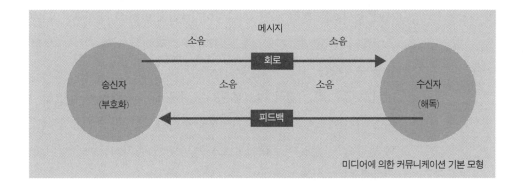

미디어에 의한 커뮤니케이션 기본 모형

복잡한 조직이 기기와 장비의 도움으로 다수의 이질적이고 분산된
수용자를 겨냥한 공개된 메시지를 생산하고 전송하는 과정을 지칭한
다. 그러나 수용자의 크기나 이질성이나 분산 정도, 그리고 조직의
복잡성에 어떤 기준이 있는 것은 아니어서 기기의 지원을 받는 커뮤
니케이션이 매스컴인지 단순히 기기의 지원을 받는 개인 간 커뮤니
케이션인지 그 구분이 모호한 경우도 적지 않다. 인터넷과 웹의 경우
에는 더욱더 그렇다. 예컨대, 이메일의 경우 한 사람에게만 보내면
기기 지원의 개인 간 커뮤니케이션이라 할 수 있고, 수천 명에게 보
내면, 매스컴에 좀 더 가까운 상황이라 할 수 있다.

　매스컴을 비롯하여 모든 커뮤니케이션 과정은 송신자sender, 부호
화encoding, 메시지message, 회로channel, 해독decoding, 수신자receiver, 피드
백feedback, 소음noise으로 구성된다. 이 가운데 송신자, 부호화, 메시지,
회로는 송신 과정에 속하고, 해독과 수신자는 수신 과정에 속한다.
위의 그림은 이러한 커뮤니케이션 과정을 그림으로 나타낸 것이다.

　이들 각각이 매스컴에서는 어떤 특징이 있는지를 살펴보기로 하자.

　송신자는 다른 사람에게 전달하고자 하는 생각이나 정보를 가지
고서 커뮤니케이션 과정을 개시하는 존재다. 개인 간 커뮤니케이션

에서 송신자는 흔히 개인 한 사람이다. 이에 반하여, 일반적으로 매스컴에서 송신자는 전형적으로 하나의 조직에서 미리 정해진 역할들을 수행하는 일단의 개인들이다. 예컨대, 방송의 송신자는 방송사 직원들이다. 이는 결국 매스컴은 다수의 분업과 협업을 통해 만들어지는 집단적 노력의 산물이라는 것을 뜻한다. 그러나 오늘날 인터넷의 등장으로, 개인 블로그에서 보듯이, 이제는 혼자서도 매스컴의 송신자가 될 수 있게 되었다.

부호화는 송신자가 전달하고자 하는 생각이나 정보를 감각이 지각할 수 있는 형태로 전환하는 행위를 지칭한다. 대화에서 화자는 자신의 생각을 말로 바꾸고, 전화 통화에서는 전화기가 화자의 말을 다시 전기 에너지로 바꾼다. 이처럼 생각을 말로 바꾸는 것이나 말을 전기적 에너지로 바꾸는 등의 행위가 부호화인 것이다. 개인 간 커뮤니케이션에서 부호화 과정은 그 횟수도 적고 단순하지만 매스컴에서 부호화는 그 횟수도 많고 매우 복잡하다. 예컨대, 한 편의 영화가 만들어지기 위해서 무수히 많은 사람들의 생각과 아이디어가 그들 자신과 기계에 의해 부호화 과정을 거쳐 필름 속의 영상과 음악과 대사로 전환된다.

메시지는 송신자가 자신이 전달하고자 하는 생각이나 정보를 수신자가 지각할 수 있는 상태로 부호화한 실제적인 물리적 산물이며, 경제학적으로 상품인 셈이다. 메시지는 커뮤니케이션 과정에서 가장 핵심적인 요소라 할 수 있다. 대화에서는 우리가 한 말, 편지에서는 우리가 쓴 글, 그리고 신문에서는 기사, 텔레비전에서는 프로그램이 메시지다. 수용자가 매스 미디어에 돈을 지불하는 이유도 그것이 담고 있는 메시지 때문이다. 일반적으로, 개인 간 커뮤니케이션에서의 메시지 생산과는 달리, 매스컴의 메시지 생산에는 많은 인원과 기기가 동원되기 때문에 생산 비용이 많이 든다. 이 때문에 매스컴의 메시지는 다수의 수신자들을 상대로 대량으로 생산하는 규모의 경제가 작용한다. 공영 방송을 제외한 대부분의 미디어가 광고 수입에 주로 의존하기 때문에 이들 미디어에서 진정한 상품은 메시지가 아니라 메시지로 끌어들인 수용자라고 지적되기도 한다.[8]

회로는 메시지가 수신자에게 전달되는 경로를 지칭한다. 구어는 소리가, 시각 메시지는 빛이 그 경로다. 특정 커뮤니케이션에서 여러 회로가 동시에 사용된다. 예컨대, 대화에서 소리, 빛, 촉각, 공기 흐름(후각) 등의 회로가 동시에 사용된다. 매스컴에서는 메시지가 흔히 여러 회로를 거쳐 수신자에게 도달한다. 예컨대, 라디오에서 가수의 노래는 소리로 마이크까지 전달되고 마이크에서 전자기파로 바뀌어 라디오 수신기까지 전달되고 라디오 수신기는 다시 소리로 바뀌어 수신자에게 전달된다. 매스컴의 회로는 메시지를 보내는 과정에서 그 메시지를 하나의 회로에서 다른 하나의 회로로 전환하는 하나 이상의 기기가 필요하다. 예컨대, 텔레비전은 빛 에너지를 전기 에너지로 바꾸고 이 전기 에너지를 다시 빛 에너지로 바꾸는 복잡한 기기들이 필요하다. 개인 간 커뮤니케이션에서는 여러 회로가 가능하지만, 매스컴에서는 대개 한두 회로만이 가능하다.

해독은 부호화의 반대 과정이다. 해독은 송신자가 부호화한 물리적인 메시지를 송신자가 이해할 수 있는 형태로 전환하는 행위다. 말을 듣거나 글을 읽는 것은 메시지를 해독하는 행위인 것이다. 해독 작업은 사람뿐만 아니라 기계도 수행한다. 전화의 송화기, DVD 플레이어, 라디오 수신기, 영사기도 해독 작업을 한다. 매스컴에서는 메시지가 최종적으로 수용되기 전에 흔히 여러 번의 해독 과정을 거치게 된다. 예컨대, 텔레비전 뉴스를 시청하는 경우, 그 뉴스를 취재하고 비디오 클립을 만드는 과정에서 해독이 일어나고 그 뉴스가 전파를 타고 텔레비전 수상기에 도착하면 수상기가 시청자가 보고 들을 수 있는 형태로 해독을 하고, 최후로 수용자가 소리와 비디오를 해독한다. 이처럼 매스컴에서는 흔히 수용자가 최후에 해독을 하기 전에 기계에 의한 해독이 먼저 있게 된다.

수신자는 메시지의 최종 목표다. 수신자는 한 사람일 수도 있고, 집단일 수도 있고, 한 조직일 수도 있고, 익명의 사람들의 대규모 집합일 수도 있다. 대화에서 송신자와 수신자는 서로 가까운 거리에 있지만, 매스컴에서는 송신자와 수신자는 공간적, 시간적으로 떨어져 있게 된다. 이동하면서 라디오를 듣거나 길거리에서 전광판을 보는 데서 알 수 있듯이, 오늘날 매스컴의 발달로 사람들은 송신자로서보다는 수신자로서 존재한다. 매스컴의 수신자는 ① 그 수가 대규모로 수백만, 수천만, 심지어는 수억일 수도 있고, ② 성별, 연령, 교육, 수입, 직업 등에서 매우 이질적인 사람들로 이루어져 있고, ③ 지리적으로 광범하게 분산되어 있고, 이 때문에 ④ 서로 알지 못하는 익명의 존재들이고, ⑤ 어떤 신문을 구독할지, 어떤 프로그램을 시청할지, 어떤 영화를 관람할지 등을 스스로 선택한다는 특성을 갖고 있다.[9]

피드백은 본래의 송신자가 수신자가 되고 본래의 수신자가 송신자가 되는 커뮤니케이션 흐름의 역전으로서 송신자의 차후의 메시지에 영향을 미치는 수신자의 반응을 일컫는다. 피드백은 송신자가 어떻게 하고 있는지를 평가할 수 있게 한다는 점에서 송신자에게 유용하고, 커뮤니케이션 과정의 어떤 요소에 변화를 시도할 수 있게 한다는 점에서 수신자에게 중요하다. 적극적인 피드백은 진행 중인 커뮤니케이션 행위를 고무하고, 소극적인 피드백은 흔히 그 커뮤니케이션을 변화시키거나 심지어는 종료시키려는 시도다. 피드백이 즉각적이고 효과적으로 이루어지는 쌍방향적인 개인 간 커뮤니케이션에서와는 달리, 매스컴에서는 커뮤니케이션 흐름이 일방적이어서 피드백이 어렵고 지체된다. 오늘날 인터넷은 매스컴에서의 피드백을 좀 더 쉽게 만들기는 하지만 아직도 송신자에게 피드백을 보내는 것은 상당한 노력을 요한다.

소음은 메시지의 전달에 간섭하는 그 어떤 것을 말한다. 적은 소음은 알아채지 못할 수도 있지만, 지나친 소음은 메시지가 목적지에 도달하지 못하게 할 수도 있다. 소음에는 첫째, 사람들이 단어나 어구에 상이한 의미를 가질 때 일어나는 의미론적 소음, 둘째, 커뮤니케이션을 보조하는 기기에 문제가 있을 때 일어나는 기계적 소음, 셋째, 커뮤니케이션 과정의 외부에서 영향을 미치는 환경적 소음의 세 가지 유형이 있다.[10] 이들 소음이 증가하면, 메시지의 충실도(보낸 메시지와 받는 메시지 간의 일치도)는 떨어진다. 피드백은 소음을 줄이는 데도 중요하다. 매스컴에는 흔히 기기가 많이 사용되기 때문에 기계적 소음이 많이 일어난다.

미디어의 추세

뉴 미디어가 등장하고 발전함에 따라 미디어의 진화에서 다음과 같은 몇 가지 추세가 나타나고 있다. 이들 추세는 앞으로도 계속될 것으로 보인다. 이제 이들 추세에 대해서 살펴보기로 하자.

통합의 증대

통합에는 회사들이 시너지 효과를 발휘하기 위해 다른 회사를 통합하는 기업 통합*corporate convergence*, 동일한 시장에서 몇 개의 미디어를 가진 회사가 별도의 운영 시스템을 하나로 통합하는 운영 통합*operational convergence*, 여러 기기의 기능을 하나의 메커니즘으로 통합하는 기기 통합*device convergence* 등이 있다.[11] 기업 통합에는 특히 컨텐츠 생산자들이 컨텐츠 유통업체을 합병하는 것과 같은 수직 통합, 그리고 컨텐츠 생산업자가 다른 컨텐츠 생산업자를 통합하거나 유통업자가 다른 유통업자를 통합하는 것과 같은 수평 통합이 있다. 케이블 방송사(SO)가 프로그램 제공사(PP)를 매입하는 것은 수직 통합이고, SO가 SO를 매입하거나 PP가 PP를 매입하는 것은 수평 통합이다. 오늘날 통합은 특히 방송과 통신의 단말기, 시장, 서비스, 사업자 등에서 일어나고 있다. 통신 사업자들이 IPTV에서 보듯이 사업 영역을 방송으로 확대하고, 케이블 방송사들은 인터넷 사업, VoIP 사업과 같은 전통적인 통신 사업으로 진출하고, 양방향 방송과 이동 방송 등 방송 서비스가 전통적인 통신 서비스와 유사하게 변모하는 등 방송과 통신의 경계가 허물어지고 있다.

소비자의 주체적인 참여와 통제의 증대

커뮤니케이션 및 정보 기술의 발전으로 소비자가 미디어를 통제하는 시대가 되어 가고 있다. 오늘날 소비자는 자신이 원하는 정보와 오락을 정확하게 선택할 수 있게 되었다. 기술은 수용자에게 수용하고자 하는 내용과 시간과 장소를 더 많이 통제할 수 있게 해주고 있다. 예컨대, 텔레비전 수신과 관련하여 VCR 및 DVR은 수용 시간을, 그리고 DMB는 수용 장소를 유연하게 만들었다. 특히 DVR은 프로그램을 멈추거나 되돌리거나 빨리 돌리거나 광고를 건너뛰거나 할 수 있게 해준다. 리모컨과 EPG는 보고 싶은 프로그램의 선택을 용이하게 만들었다. 게다가 디지털 기술의 발전으로 통합적인 멀티미디어의 활용이 가능하게 됨으로써 쌍방향성이 높아졌다. 이런 쌍방향성의 증대는 문화 컨텐츠의 생산과 소비의 경계가 모호해지는 혁명적 변화와 함께 적극적이고 능동적인 생산자로 구실하는 문화 소비자가 등장할 수 있는 계기를 만들었다. 또 VOD에서 보듯이 소비자가 원하는 시간과 장소에서 자기가 원하는 컨텐츠를 선택하는 이른바 능동적 미디어 수용을 가능하게 하고 있다. VOD는 수용자의 미디어에 대한 통제력의 증대 그리고 미디어의 수용자에 대한 통제력의 약화를 의미한다. 이제 소비자가 정보 생산에 참여하고 문화 상품의 소비에서 능동적으로 행동하는 것은 절대적인 가치로 자리 잡아 가고 있다. 따라서 앞으로 미디어들은 이런 소비 행태에 적응하지 않으면 안 된다. 디지털 사회에서 대중은 수동적인 산업 사회의 대중과는 달리 UCC 등에서 보듯이 능동적인 프로슈머*porsumer*로서 문화 컨텐츠를 창조하고 있다.

탈매개화와 온라인 유통의 증대

탈매개화*disintermediation*란 제품이나 서비스가 중간 매개자가 없이 곧바로 소비자에게 제공되는 현상을 지칭한다.[12] 인터넷과 웹은 생산자와 소비자가 직접 접촉하는 편리하고 쉽게 접근할 수 있는 망을 만들어 냈다. 인터넷과 웹의 발달과 보급으로 네티즌들은 언론 미디어와 같은 중간 매개자 또는 게이트키퍼 없이 원 자료*raw data*를 직접 접할 수 있게 하였다. 따라서 매개와 게이트키핑에서 오는 언론의 힘이 사라지고 있다. 게다가 통신망의 대용량화로 문화 컨텐츠의 오프라인 유통이 온라인 유통으로 바뀌고 있다. 특히 음악과 서적이 그렇게 될 가능성이 크다. 앞으로 음악가가 웹을 이용하여 CD나 DVD를 소비자에게 직접 배포하게 되면 음반 회사, 유통 회사, 소매점은 더 이상 필요 없게 될 것이다. 또 저자가 책을 웹 사이트에 올려 독자들이 직접 다운로드할 수 있도록 하면 출판사나 서점도 불필요해진다. 또 웹을 통해 라디오를 듣게 되면, 지방 방송국도 불필하게 된다. 머지 않아 영화도 DVD에 다운로드하거나 홈 시어터에서 VOD로 직접 수신할 수 있을 것이다. 그렇게 되면 극장도 필요 없게 될지도 모른다. 이처럼 비디오 대여점, 음반 가게, 소매 서점 등의 소멸, 인터넷에 의한 다운로드 횡행, 인터넷 쇼핑몰의 활성화 등에서 보듯이, 문화 컨텐츠 유형 가운데 휴대형 및 극장형의 유통이 방송 통신형으로 바뀌는 경향이 뚜렷해지고 있다.

이동 미디어와 이동 수신의 증가

과거에는 단말기가 영화 스크린, TV 스크린, 탁상용 컴퓨터 스크린과 같이 대형의 고정된 것이었다. 오늘날에도 집에서 수용하는 미디어의 단말기는 대형이다. 오히려 TV 수상기의 경우는 점점 더 커지고 있다. 그러나 다른 한편 오늘날에는 넷북 컴퓨터, PDA, 휴대 전화기, 아이팟이나 MP3 플레이어 등과 같은 소형의 휴대용 단말기들이 다수 등장하고 이들이 무선망과 무선 전송 기술과 결합하여 이동 미디어로 발달하고 있다. 매스컴이 무선화하고 있는 것이다.[13] 전철,

커피숍, 공항, 심지어는 길거리에서 많은 사람들이 이동 전화기로 통화하거나 메시지를 주고받고, MP3 플레이어로 음악을 듣고, 랩탑이나 넷북으로 이메일을 주고받거나 정보를 검색하거나 영화를 본다. 이들 단말기로 뉴스, 정보, 음악, 영화 등도 수용할 수 있다. 이제는 한 걸음 더 나아가 DMB 전용 단말기나 DMB 겸용 전화기와 같은 휴대용 TV 단말기를 통하여 텔레비전 프로그램조차도 이동 중에 실시간으로 수신할 수 있게 되었다. 이들 기기는 무선 기술을 이용하고, 가볍고 간편해서 이동하기 쉽고, 인터넷이나 국제 전화망을 통해 상호 연결되어 있고, 매스컴과 개인 간 커뮤니케이션의 구별을 모호하게 하고 있다는 특징이 있다.[14] 이러한 이동 단말기의 발전 및 보급과 더불어 앞으로 뉴스와 오락을 비롯한 문화 컨텐츠의 이동 수신도 더욱더 확대될 것이다.

전통적 미디어의 의제 설정력 약화

2008년의 미국 쇠고기 수입 반대를 위한 촛불 집회 과정에서 보았듯이, 일반 수용자들이 기존의 지배적인 미디어 특히 신문의 의제 설정력을 넘어서고 심지어는 무력화시키는 일까지 가능하게 되었다. 이는 인터넷의 발달과 그로 인한 일반 수용자의 원자료raw data에의 접근의 증대, 이동 미디어의 발전과 보급에 의한 일반인의 컨텐츠 생산소비자prosumer화, 웹캐스팅을 포함한 디지털 뉴 미디어 이용의 활성화, 포털을 통한 일반인들의 정보 및 의견 교환을 통한 여론 형성 작용의 활발화 등과 같이 웹과 디지털 이동 미디어의 출현과 그 활발한 이용에 의한 것이나. 이처럼 일반 수용자들이 사회적으로 중요한 문제에 대한 정보나 의견에 대해 기존 미디어에 의존하지 않고 자신들과 디지털 뉴 미디어가 실시간으로 생산한 생생한 내용에 의존하면서 기존 미디어의 왜곡에 대해 지적하고 비판하는 새로운 현상이 앞으로는 더욱더 잦아질 것으로 보인다. 이는 다시 기존 미디어 특히 사실이나 여론을 왜곡하는 언론은 지탄의 대상이 되고 외면을 당하거나 거부되는 현상으로 이어질 것이다. 이런 현상은 인터넷과 웹의 출현으로 쇠락해 가던 신문에게는 더욱더 큰 타격이 되고 있다.

수용자의 분화

과거 미디어의 수용자는 대중이었다. 그러나 오늘날 수용자가 점점 분화되어 탈대중화하고 있다고 말해진다.[15] 이렇게 수용자가 분화해 가는 데에는 다음과 같은 이유가 있다. 첫째, VCR과 DVD, 유선 방송, 위성 방송, 인터넷, DMB, IPTV 등과 같은 뉴 미디어가 등장하여 수용자들에게 선택할 수 있는 더 많은 미디어를 제공하고 있다. 따라서 어느 한 미디어를 수용하는 사람들은 점점 더 분산된다. 둘째, 오늘날 맞벌이 부부가 늘어나고 따라서 점점 더 많은 사람들이 출퇴근, 일, 가사에 쫓기게 되면서 시간이 부족하게 되어 미디어에 소비하는 시간이 줄어들고 미디어를 소비하는 경우에는 자신의 특수한 관심에 부합하는 것들만 찾게 된다. 셋째, 이에 따라 미디어의 생산자들 또한 대중 마케팅에서 표적 마케팅으로 전환하여 틈새 시장을 노리는 전략을 구사한다. 이 때문에 수용자들은 전에 없이 많은 선택을 할 수 있게 되었다. 방송의 경우 한국을 비롯하여 대부분의 선진국이나 중진국에서 100여 개의 채널이 가용하다. 그렇다고 대중 수용자가 아주 사라진 것은 물론 아니다. 아직도 많은 인원을 거느린 복잡한 조직인 대형 미디어사들이 대량의 이질적이고 분산된 수용자를 겨냥한 공개적 메시지를 기기를 이용하여 전송한다. 물론 많은 미디어들에게는 대량의 수용자에게 도달하는 일이 점점 더 어려워지고 있기는 하지만, 그러나 수용자들은 여전히 '매스컴'이라는 말을 사용하는 것을 정당화할 만큼 아직도 크고, 분산되어 있고, 이질적이다.[16] 텔레비전 드라마의 경우 시청률 20%(약 360만 가구)를 넘는 경우도 흔하다.

미디어의 올바른 수용을 위하여

앞에서 살펴본 바와 같이, 오늘날 미디어는 우리 일상에서 없어서는 안 되는 존재가 되었다. 그것은 우리에게 일상의 삶을 영위하는 데 필요한 정보를 제공하고, 우리의 미래를 위해 배우거나 알아야 할 지식을 제공하고, 우리가 무료한 시간이나 공허를 메울 수 있는 오락과 기분 전환을 제공한다. 그러나 다른 한편, 우리가 미디어를 수용하는 동안 우리는 누군가에게 상업적 또는 정치적 설득을 위한 대상이 된다. 게다가 미디어의 메시지가 중립적이고 객관적인 진실만을 전하는 것은 아니라는 점을 인식해야 한다. 그 메시지의 생산에는 여러 이해 관계가 작용하고, 미디어사의 소유주와 종사자들 그리고 그 사회의 지배 세력의 가치관이나 이해 관계가 배어 있기 십상이다.

따라서 우리는 미디어를 비판적으로 수용하는 자세를 가질 필요가 있다. 우리가 수용하는 미디어의 특정 메시지는 왜 그렇게 주장하는가, 누구의 주장인가, 그 주장의 근거는 무엇인가, 다른 입장은 없는가, 그 주장이 왜 특정한 시점에서 제시되고 있는가 하는 등등의 의문을 제기해 볼 필요가 있다. 또 어떤 미디어를 선택하거나 수용하려 할 때 그 미디어가 표방하는 것이 무엇인지, 누구에 의해 소유되고 운영되는지, 누구에 의해 감독되고 제작되는지 등을 가능하면 알고서 택해야 한다. 그리고, 특히 신문이나 잡지를 선택할 경우, 어떤 한 브랜드만 접하지 말고, 가능하면 성격이 다른 복수의 브랜드를 수용하여 그 내용들을 비교하는 자세가 필요하다. 어느 한 브랜드만을 수용하면, 그 브랜드의 입장이나 견해와는 다른 입장과 견해는 알기 어렵게 된다.

미디어를 수용할 때는 재미있는 내용을 선호하는 것이 인지상정이지만, 그러나 오로지 재미있는 것만을 추구하는 일은 삼가는 것이 현명한 처사다. 순전히 재미있기만 한 것을 보고 나면 공허하고 시간을 낭비했다는 씁쓸한 뒷맛이 남는다. 다행히 미디어의 컨텐츠 가운데에는 오락적이면서 유익한 것도 의외로 많다. 그리고 때로는 재미는 없을지 모르지만 한 국민이나 시민이나 인간으로서 또는 자신의 미래를 위해서 알아야 할 것을 심각하게 다룬 컨텐츠를 인내로써 수용하는 자세도 필요하다. 어떤 측면에서 보면, 재미도 상대적이다. 심각한 내용을 다룬 미디어를 수용하는 가운데 얻는 새로운 지식이나 깨달음이 가져다주는 뿌듯함, 즉 정신적인 즐거움은 감각적인 재미보다 더 즐거운 것일 수도 있다.

우리는 또 미디어의 내용에서 오류나 허위나 독선이나 편견이나 기만 등을 발견하면 가만히 있지 말고 그 시정을 위해 해당 미디어에 요구해야 한다. 그 요구가 수용되지 않으면 여러 조치를 취할 수 있다. 방송의 경우는 방송통신위원회에, 신문의 경우는 신문윤리위원회에 불만의 대상이 된 내용에 대해 불만을 신청할 수 있고, 신문과 방송의 불만스런 내용에 대해 언론중재위원회에 중재 신청을 할 수 있으며 중재가 되지 않으면 법원에 소송을 제기할 수도 있다. 더 나아가 미디어의 수용자들은 수용자 운동 단체를 결성하여 조직적이고 집단적으로 미디어를 감시하고 잘못을 바로잡도록 압력을 행사할 필요도 있다.

주

1. 오수정, 〈2008 언론 수용자 의식 조사〉, 한국언론재단, 2008.

2. John Vivian, *The media of mass communication*, Boston: Pearson, 2006, p.2.

3. Neil Postman, *Amusing ourselves to death: Public discourse in the age of show business*, New York: Penguin Books, 1985.

4. Vivian, 위의 책, p.5.

5. 김영석, ≪디지털 미디어와 사회≫ 개정판, 나남, 2005.

6. Vivian, 위의 책, p.6.

7. R. Joseph Dominick, *The dynamics of mass communication: Media in the digital age*, 9th ed. Boston: McGraw-Hill, 2007, pp.8~14.

8. Dallas Smythe, *Dependency road: Communication, capitalism, consciousness, and Canada*, Norwood, NJ: Ablex, 1981; Bruce M. Owen & Steven S. Wildman, *Video economics*, Cambridge, MA: Harvard University Press, 1992.

9. Dominick, 위의 책, p.12.

10. Dominick, 위의 책, pp.7~8.

11. Dominick, 위의 책, pp.22~23.

12. Dominick, 위의 책, pp.23~24.

13. Shirley Biagi, *Media/Impact: An introduction to mass media*, 8th ed. Belmont, CA: Thomson Wadsworth, 2007, p.6.

14. Dominick, 위의 책, p.72.

15. Alvin Toffler, *The third wave*, New York: William Morrow, 1980; Vivian, 2006, pp.15~16.

16. Dominick, 위의 책, p.22.

《디지털 미디어와 사회》 개정판. 김영석 (2002). 나남.

　　디지털 미디어 기술이란 무엇이고 어떤 특징이 있으며, 디지털 미디어는 어떤 것들이 있으며 그것들이 우리 사회에서 어떻게 활용되고 있으며 우리 사회를 어떻게 변화시키고 있는지를 설명한 개설서.

〈2008 언론 수용자 의식 조사〉. 오수정 (2008). 한국언론재단.

　　2년마다 한 번씩 한국의 미디어 수용자의 미디어 수용 행태와 미디어에 대한 태도와 평가를 전국의 성인을 대상으로 설문 조사한 연구 보고서.

Media / Impact: An introduction to mass media. Shirley Biagi (2007). 8th ed. Belmont, CA: Thomson Wadsworth.

　　미국의 대학생들을 대상으로 한 미디어의 교재로서 평이하고 많은 실례와 그림으로 미디어의 주요 면모를 쉽게 파악할 수 있게 했고 장마다 주요 내용을 개조식으로 요약한 것이 특징이다.

The dynamics of mass communication: Media in the digital age. Joseph R. Dominick (2007). 9th Ed. Boston: McGraw-Hill.

　　미국 대학생들을 대상으로 한 매스 커뮤니케이션의 교재로서 잘 정리된 이론과 개념 그리고 잘 제시된 도표와 그림으로 매스 커뮤니케이션 현상과 그 미디어를 체계적으로 이해할 수 있게 하였다.

Video economics. Bruce M. Owen & Steven S. Wildman (1992). Cambridge, MA: Harvard University Press.

　　미국 텔레비전 산업이 보다 더 경쟁적이고 자유로워야 한다는 입장에서 경쟁력에 영향을 미치는 창구 효과, 편성 전략 등을 포함하여 텔레비전 시장의 주요 문제들을 경제학적 관점에서 다룬 연구서.

Amusing ourselves to death: Public discourse in the age of show business. Neil Postman (1986). New York: Penguin Books.

　　오늘날 텔레비전이 지나치게 오락적인 내용으로 채워짐으로써 공론의 장에서 공공의 문제에 관한 이성적인 논의가 사라지는 현상에 대해 비판하고 경종을 울리면서 어떻게 대처해야 할 것인지를 논의한 문명 비판서.

The third wave. Alvin Toffler (1980). New York: William Morrow.

　　인류의 문명사가 제1 물결인 농업 혁명과 제2 물결인 산업 혁명에 이어 이제 제3의 물결인 정보 혁명기에 접어들어 어떤 변화들이 나타나고 있는지를 많은 사례들을 들어 설명한 사회 진화에 관한 선구적인 미래학적 연구서.

Dependency road: Communication, capitalism, consciousness, and Canada.
Dallas Smythe (1981). Norwood, NJ: Ablex.

캐나다의 비판적인 커뮤니케이션 학자인 저자가 자본주의 체제의 캐나다가
미국에 종속되는 과정에서 커뮤니케이션 제도가 그 종속을 정당한 것으로 만
드는 데 필요한 의식과 이데올로기를 생산하는 역할에 초점을 맞춘 연구서.

The media of mass communication. John Vivian (2006). Boston: Pearson.

미국 대학생들을 대상으로 한 매스 커뮤니케이션의 교재로서 미디어를 가르
치기 위해 미디어를 이용하고 있다고 할 정도로 풍부한 사진, 그림, 도표, 박
스 해설과 정의로 매스컴과 관련된 사실들을 소개하고 있다.

02

미디어와
대중 문화

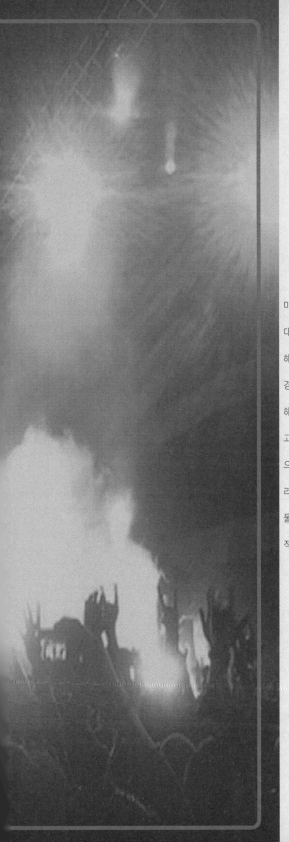

미디어의 내용을 대중 문화라고 말하는 것은 오해에 해당한다. 미디어가 대중 문화에 미치는 영향력이 큰 것은 사실이지만 그 둘을 같은 것으로 이해해선 안 된다. 대중 문화와 미디어 간 관계를 이해하기 위해선 몇 가지 경로를 거쳐야 한다. 이 글에서는 인류학적인 이해의 경로, 기호학적인 이해의 경로, 정치 경제학적인 경로를 소개하면서 그 둘 간의 관계를 정리하고 있다. 미디어의 내용을 둘러싸고 대중과 문화 산업은 경쟁을 벌이고 있으며, 그 경쟁의 전 과정을 대중 문화라고 보는 편이 낫겠다고 이 글은 정리하고 있다. 대중 문화를 그런 식으로 정리하고 나면 대중 문화, 미디어를 둘러싼 정치적 역동성이 보인다. 대중 문화나 미디어를 지배를 위한 일방적 도구라고 파악하지만은 말자는 제안인 셈이다.

원용진

현재 서강대학교 신문방송학과 교수이다. 서강대학교 신문방송학과를 졸업하고, 같은 대학원에서 석사, 미국 위스콘신대학교 커뮤니케이션아트학과에서 박사 학위를 받았다. 책으로는 ≪대중 문화의 패러다임≫, ≪한국 언론 민주화의 진단≫, ≪광고 문화 비평≫, ≪텔레비전 비평론≫, ≪신화의 추락, 국익의 유령≫(공저), ≪PD 저널리즘≫(공저), ≪아메리카나이제이션≫(공저), ≪현대 대중 문화의 형성≫(공저), ≪애인≫(공저), ≪미국은 우리에게 무엇인가≫(공저), ≪매체 미학≫(공저), ≪스크린쿼터와 문화 주권≫(공저) 등이 있다.

대중 문화 바로 바라보기

대중 문화가 무언지를 물어 보면, 그 개념을 정의하는 대신 구체적인 예를 드는 답을 자주 대한다. 대중 문화의 윤곽을 그리는 방법을 접하는 셈이다. "대중 문화란 무엇일까"란 질문을 "그 안에 어떤 것들이 있는가"로 바꾸어 답하는 데 많은 이들은 익숙하다. "영화, 미드, 스타크래프트, 심야 방송, 원더걸스, 빅뱅, 무료 신문, 인터넷, 프로 야구, 〈무한도전〉, 리얼리티 쇼, 오빠 부대, 이효리, 장동건, 한류, 만화……" 등등의 구체적 사례를 챙긴다. 다른 식으로 답해 보라고 요청하면 대체로 '고급 취향 문화와는 반대되는 것'이라는 규정을 내놓기도 한다. '대중'이라는 용어가 들어가 있는 만큼 대중들이 손쉽게 만나고 즐기는 대중 취향의 문화로 보자는 제안이다.

　더 꼼꼼히 따져 들면 전혀 새로운 답을 내놓기도 한다. 누군가가 의도를 갖고 만들어 제공하고, 제공받는 대중은 그 의도를 모른 채

즐기는 문화라고 정의하는 이도 있다. 사실 이 정의법은 몇 가지 용어를 대중 문화 설명에 끌어들이는 효과를 낸다. 대중 문화는 자본주의 사회가 판매할 목적으로 대량으로 생산하고, 유통시키며, 소비하는 상품임을 강조한다. 그 상품 소비를 통해 생산자의 주머니를 채워 줄 뿐 아니라 허위 의식을 갖게 하는 효과가 생긴다고 말한다. 궁극적으로 대중 문화는 자본주의를 통제, 유지, 지배하는 데 좋은 수단이라고 파악하는 셈이다. 대중 문화 현상은 과거에는 없었으나 대중이 사회 내 주요 구성원으로 등장하면서 생긴 근대적 자본주의 산물이라고 한다. 산업 자본주의 사회 이전의 민속 문화*folk culture*를 밀어내고 자본주의적 삶에 맞춰 생긴 것으로 파악한다. 이 정의법은 첫째 대량성의 강조, 둘째 대중 문화 내용의 상업성과 정치성 강조, 셋째 과거 공동체와의 단절성 강조 등을 포함한다.

사실 이 정도의 답이라면 질문한 이로서는 만족할 만하다. 대중 문화의 정체를 규정할 때 교조적으로 특정 개념 규정 방식을 강요할 순 없다. 교조적으로 강요할 만큼 모두를 만족시킬 만한 개념 정의 방식도 존재하지 않는다. '대중'이라는 그 어려운 용어와 '문화'라는 머리를 지끈거리게 만드는 용어가 합쳐진 '대중 문화'를 정의하기란 참으로 어려운 일이다.● 시공간에 따라 개념 규정도 달라질 수밖에 없다. 완벽한 개념 규정이 어렵다는 말이다. 앞서 소개한 대답들은 정의법으로서 어느 정도 구색을 갖추고 있다. 대중 문화의 외형, 내용, 역사성이라는 측면을 강조했을 뿐 아니라 대중 문화의 공통된 성격(대량성, 상업성, 정치성, 단절성)을 전하고 있다. 아주 명확한 설명법이 아니긴 하지만 수긍할 만한 내용을 많이 담고 있기는 하다. 이를 생산적으로 수정 · 보완해 보자.

● 레이먼드 윌리엄스는 영어권에서 문화라는 용어만큼 정의하기 까다로운 용어도 없다고 밝힌 바 있다. R. Williams, *Keywords -- A Vocabulary of Culture and Society*, Glasgow: Fontana, 1977, p.76.

'미드,' 미국 드라마: 대중 문화 산업이 내놓는 내용이 곧 대중 문화는 아니다.

문화 산업이 생산·유통시키는 내용과 대중 문화를 동일한 것으로 이해하려는 입장부터 살펴보자.● 이 입장은 문화 산업이 생산·유통시키는 문화 상품을 곧 대중 문화로 정의하고 있다. 영화 산업, 연예 산업, 방송 산업, 게임 산업, 뉴 미디어 산업, 음반 산업 등등을 대중 문화의 생산 주체로 파악한다. 사실 이처럼 정의하고 나면 대중 문화에 대한 이해가 쉬워 보이기는 하다. 대중 문화는 상업주의 문화라거나 경제적 이익을 우선시하는 문화라는 비판들도 이 같은 이해에 기초한다. 대중 문화의 내용들이 상품으로 거래되고 있으며, 대중 문화 소비로 인해 문화 산업이 날로 번창하고 있음에 비추어 보자면 이 같은 이해를 완전히 무시할 수만은 없다.

하지만 교정은 필요하다. 대중 문화와 문화 산업은 밀접한 관계

● 간혹 대중 문화 분석을 문화 산업 분석으로 대체하기도 한다. 대중 문화 과정에서 문화 상품을 거래해 돈이 오고 가기도 하지만 그것이 전부는 아니다. 문화 상품 소비를 통해 의미가 발생하고, 그 의미는 사회 내에서 순환된다. 문화 경제학적인 부분도 생기지만 기호(의미)학적인 부분도 발생하는 것이다. 존 피스크는 이를 두고 '화폐의 흐름'과 '기호의 흐름'으로 보자며 대중 문화 과정의 양면성에 주목할 것을 제안했다. J. Fiske, *Reading the Popular*, Boston: Unwin Hyman, 1989.

를 맺고 있지만 그 둘을 같다고 말할 수는 없다. 문화 산업을 거치지 않고, 상품화되지 않고도 문화적 내용이 대중들 사이에서 널리 즐겨지는 경우도 얼마든지 있다. 세상에 기록을 남기기 위해 만든 비영리적인 독립 영화가 극장에서 상영되어 많은 관객을 모으고, 영화화된 주제를 토론할 계기를 만들기도 한다《워낭 소리》의 예를 보라). 뿐만 아니라 문화 산업이 내놓은 내용이 문화 산업의 의도와는 전혀 다르게 읽히거나 즐겨지는 경우도 적지 않다. 일본에서의 '욘사마' 현상을 잠깐 예로 들어 보자. 드라마를 제작한 KBS는 일본에서 '욘사마' 현상이 일어나리라고는 전혀 예상하지 못했다. 드라마와 주인공에 일본 주부들이 그토록 열광해 세계 유래 없는 드라마 팬덤_fandom_●을 만들거라고는 누구도 예상하지 못했다. '욘사마' 현상의 중심에는 일본의 주부들이 있었다. 일본 주부들의 젊은 시절에 대한 향수, 순수한 사랑에 대한 갈구, 자아를 찾고자 하는 열망을 문화 산업이 뒤따라갔다. '욘사마' 현상을 제대로 설명하기 위해서는 드라마 제작, 주변 문화 산업의 마케팅, 그리고 그를 주도했던 가정 주부들의 수용 행태, 팬덤 등을 포함해야 한다. 이처럼 문화 산업과 연관시켜 대중 문화를 이해하는 일은 중요하긴 하지만 대중 문화가 곧 문화 산업이라는 등식으로 이어져선 안 될 일이다.

대중 문화를 고급 취향 문화 반대편에 선 문화로 보려는 노력은 오래전부터 있었다. 대중 문화를 고급 취향 문화와 대비시키는 일은 일상에서도 쉽게 찾을 수 있다. '문화 생활' 한번 해보자며 집 밖을 나서는 사람들은 미술관 찾기, 클래식 음악 감상, 문예 창작 등을 떠올릴게 뻔하다. 영화 보기나 텔레비전, 록

● 팬덤은 팬들이 만들어 내는 문화적 현상을 의미한다. 과거 대중 문화 연구들은 스타로 인한 문화적 현상 즉 스타덤_stardom_에 주목했다. 스타는 생산자고 팬들은 수용자라고 전제하며 생산자인 스타를 수용자가 따를 것이라고 보았던 탓이다. 점차 관심의 초점이 스타에서 팬으로, 즉 스타덤에서 팬덤으로 옮겨 가고 있다. 팬덤 연구들은 팬을 또 다른 생산자로 전제한다. 팬들이 스타를 가지고 무엇을 하는가에 초점을 맞추고 있다. 그런 점에서 팬덤은 스타덤과 대비되는 용어인 셈이다. 팬들이 자신들의 이야기를 책으로 엮기도 했는데 박은경의 《GOD: 스타덤과 팬덤》(한울, 2003)은 팬덤을 잘 정리해 내고 있다. 욘사마 팬이 만든 팬덤 서적으로는 고토 유코後藤裕子가 2008년 1월 일본에서 펴낸 《배용준의 사랑의 군상 길잡이》가 있다.

콘서트 참가, 게임 등은 '문화 생활'이 아닌 '오락 생활'로 분류할 가능성이 크다. 이미 우리는 그 두 종류의 여가 생활 구분에 익숙하다.

　대중 문화를 고급 취향 문화와 구분하는 일은 취향을 서열화하는 일과 다름없다. 고급 취향 문화는 높게, 대중 문화는 낮게 문화 서열의 사다리에 위치시킨다. 문화에 붙여지는 '높다' 혹은 '낮다'라는 은유metaphor를 잠깐 얘기하면서 대중 문화와 고급 취향 문화를 비교하는 작업을 비판해 보자. 언제부턴지는 모르지만 문화 분류에서 '좋다=높다,' '나쁘다=낮다'로 표현하는 일이 잦아지고 있다. 대중 문화를 고급 취향 문화의 반대편에 놓는 정의법은 대중 문화를 낮은 취향의 문화, 즉 좋지 않은 저급한 문화로 보려는 의지다. 물론 아무런 근거 없이 그러진 않는다. 문화를 수직적으로 배열하면서 '미학적 판단'이니 '정교화' 등을 그 배열 기준으로 제시한다. 미학적으로 뛰어나고, 정교한 코드를 갖춘 것을 고급 취향 문화라고 규정하고, 그렇지 않은 것은 대중 문화에 속한다고 말한다. 과연 그런 기준은 아무런 비판 없이 받아들일 만한 것일까?

　그 같은 기준은 보편적이진 않다. 클래식 음악의 우수성을 따지는 미학적 기준은 '이미 언제나' 그 음악이 대중 가요보다 우수하다는 전제하에서 만들어진 기준이다. 미적 판단은 사회 내 모든 집단에 균등하게 적용될 수 있는 것이 아닐 수도 있다. 투박함을 아름다움으로 삼는 사람들도 있다. 특정 미학을 기준으로 타 집단의 투박성을 두고 정교하지 않고 아름답지 않다며 '낮은 취향의 집단'으로 규정 짓는다면 그것은 투박함보다는 정교함을 강조하는 미학적 판단에 의한 것일 뿐 보편적 기준에 근거한 것이라 할 수 없다. 특정 집단만이 지니는 취향이나 문화적 즐거움을 무시하거나 건괴할 근거는 없다.• 고급 취향 문화는 일부 집단만이 향유한다. 많은 이들은

● 대중 미학이라는 개념도 가능하
리라 생각하지만 의외로 그에 대한
논의는 많지 않다. 바흐친은 민중들
이 벌이는 축제에서 민중 미학적 요
소를 추려 냈지만 현대 사회의 대중
문화에서 그 같은 대중 미학, 민중
미학적 요소에 해당하는 것이 어떤
것일지에 대해서는 더 많은 연구가
필요하다. M. Bakhtin, *Rabelais
and His World*, Bloomington:
Indiana University Press, 1984.

그 향유로부터 소외된다. 그것이 갖는 폐쇄적 성격 탓
이다. 즐기기 위해서는 많은 노력과 비용이 드는 폐쇄
성 탓에 일부만이 즐길 수 있을 뿐이다.

고급 취향의 문화 반대편에 선 저급한 취향의 문화
로 대중 문화를 정의할 경우 엘리트적 발상으로 비판받
을 소지가 있다. 폐쇄적 성격을 띤 고급 취향 문화는 비
민주적이라거나 특정 미학적 요소만을 강조하는 배타
적 문화라는 비판에서 자유스럽지 못하다. 문화를 분류함에 있어, 고
급―저급 식으로 수직적 배열이 아니라 이런 문화 저런 문화 식으로
수평적 배열을 해내는 방식을 채택함이 더 옳을 것이다. 고급 취향
으로 분류된 문화가 상황의 변화로 인해 그렇지 않은 문화로 편입되
는 일도 자주 있다. 한 시대의 고급 취향 문화가 대중 문화의 형태로
바뀌기도 한다. 그 역의 일도 일어날 수 있다.●● 대중

●● 디지털 시대 이전에는 축음기
나 전축에 LP를 틀어 음악을 즐기는
것을 전형적 대중 문화 현상이라고
말하였다. 직접 음악회를 찾는 사람
들은 표준화된 LP를 통해서는 구할
수 없는 즐거움을 음악회를 통해 얻
는다며 오리지널을 찾아가는 자신들
의 취향을 나은 것으로 내세웠다. 디
지털 시대에 이르러 CD나 디지털
음원이 LP를 대신하자 LP를 수집하
고, 그를 통해 음악을 듣는 행위 자
체가 고급한 취향의 것으로 바뀌었
다. 그 변화는 미학적 기준으로만 설
명하기 어려운 점들을 담고 있다. 미
학적 기준이 아닌 희귀성을 기준으
로 고급과 그렇지 않은 것이 정해진
다고 볼 수 있다.

문화는 고급 취향 문화와 적대적이라기보다는 긴장, 경
쟁, 혹은 흡수, 통합 등의 관계에 놓인다. 그 둘을 우열
로 따지지 않고 사회적으로 역사적으로 관계 맺는 사회
적 제도로 파악하는 것이 더 나을 것이다.

정치와 조작, 허위 의식 등과 대중 문화를 연결 짓
는 시도에 대해 알아보자. 이 시도는 대중 문화를 지배
계급이 의도한 것이라거나 정치 이데올로기의 한 부분
으로 이해하려 한다. 문화 산업은 최대공약수적인 취향
에 맞춰 상품을 생산해 내고 대중은 별다른 저항 없이
그를 즐겨 받아들인다고 파악한다. 저항 없는 수용 탓에 비판 정신
은 사라지고 정치적 조작이 가능해진다는 함의가 이러한 시도에 담
겨 있다. 한국 사회의 민주화 과정에서도 이 같은 주장은 빈번하게

펼쳐졌다. 이른바 3S(Sports, Screen, Sex)로 포장된 대중 문화에 대중을 탐닉케 하여 비판적 정치 의식을 갖지 못하도록 군사 독재 정권이 막았다는 주장이 있어 왔다. 1980년대 군사 독재 시절 프로 야구, 프로 민속 씨름 등 프로 스포츠가 등장했고 올림픽까지 거행했던 것으로 보아 어느 정도 들어맞는 면이 있다. 1980년대 성 표현 규제 완화 덕분에 에로 영화가 범람했는데 대중 문화를 통해 찰나적인 재미를 추구하게 만들고, 궁극적으로 사회 내 불평등·모순을 잊거나, 심지어는 그를 용인하도록 유도했다는 혐의를 둘 수 있다. 대중 문화에는 대중을 우민화하려는 정치적 의도가 담겨 있다는 지적은 일리가 있어 보인다.

이 같은 대중 문화 성격 규정에도 결점이 없는 것은 아니다. 대중 문화는 정치적 퇴행성을 전달하는 제도라는 편견에서 벗어나지 않기 때문이다. 이들의 편견에는 비판적 정신을 담은 고급 문화야말로 세상을 비판적으로 바라보고 비평할 수 있는 능력을 키워 줄 수 있다는 태도를 취한다. 리얼리즘 문학을 통해 자본주의 사회의 모순을 비판적으로 인지할 수 있다는 주장 등이 그에 해당한다. 이에 대해서는 두 가지 형태의 반박이 가능하다. 첫째, 대중 문화는 부정적 퇴행성만을 전하는 제도가 아니다. 대중 문화를 통해 그와는 정반대의 결과를 얻을 수도 있다. 둘째, 퇴행적인 내용조차도 수용의 상황에 따라서는 얼마든지 긍정적인 의미로 받아들여지기도 한다.

대중 문화를 규정하는 세 가지 방식(문화 산업 생산물 = 대중 문화 / 저급 취향 문화 = 대중 문화 / 조작된 문화 = 대중 문화)에는 수정되어야 할 점들이 많음에도 불구하고 그동안 상당한 인기를 누려 왔다. 명료하기 때문에 관심을 끌었고, 그 명료성 덕에 대중 문화에 대한 생산적 발언을 할 수 있었다. 부분적 진실을 담고 있는 한계에도 불구하고 당장 세상

돌아가는 이치를 드러내 보여 준다는 느낌을 주기도 했을 터이다. 그래서 이들을 대체할 만한 새로운 정의법을 내놓기는 여간 부담스럽지 않다. 새로운 정의법은 기존 정의들을 정교하게 반박하고, 논리적으로 자신을 잘 풀어내야 하는 부담을 갖기 때문이다. 아주 만족스럽지는 않겠지만 대중 문화의 진실에 한 걸음 더 가까이 가겠다는 의지로 차근차근 논의해 보도록 하자.

다양한 삶의 방식

국어사전에서 문화라는 단어를 찾으면 "사회 구성원에 의하여 습득, 공유, 전달되는 행동 양식 내지 생활 양식의 총체. 자연 상태와 대립되는 것이며 또한 그것을 극복한 것임. 언어, 풍습, 도덕, 종교, 학문, 예술 및 각종 제도 따위"라는 정의가 뒤따른다. 얼른 와닿지 않는다. 그래서 좀 더 쉽게 정리해 보았다. 문화 연구cultural studies에서 문화를 정의하는 방식을 채택해 정리해 본다. 문화 연구는 문화를 "사회 내 존재하는 다양한 삶의 방식들을 총합한 것"으로 파악한다. 노동자의 삶, 여성으로서의 삶, 동성애자로서의 삶, 서울의 삶, 지역의 삶, 이주 노동자로서의 삶 등 사회에는 여러 다양한 삶들이 한데 얽혀 있다. 다양한 삶들은 서로 부대끼며 서로 흡수하고, 바뀌기도 하고, 지키기도 하고, 전혀 다른 제3의 모습으로 새로 태어나기도 하는 등 다양한 모습들을 연출하기도 한다. 그런 모습들이 한데 모여 있는 곳이 바로 문화다.

대중의 삶과 관련시켜 문화를 정의하는 방식이 학문 세계 안으로

60

들어온 것은 그리 오래되지 않았다. 오랫동안 학계는 문화를 교양, 계발, 계몽, 교육 등과 연관 지어 설명해 왔다. 인간이 생산해 낼 수 있는 '최상의 것'으로 문화를 정의한 것도 그 같은 설명법을 따랐던 결과다. 그 같은 정의법에 따르면 문화는 곧 예술과 겹쳐진다. 물론 교양, 계발, 계몽, 교육, 예술도 문화의 한 부분이다. 다만 한 부분에 지나지 않으면서도 그들은 문화의 전부인 것처럼 정의되면서 문화의 다른 영역들을 배제하는 효과를 냈다. 일부(엘리트) 삶의 방식만을 선택적으로 문화에 포함시키는 오류를 범해 왔던 셈이다. 문화를 이처럼 이해하는 방식을 두고 문예론적(문화 예술론적) 입장이라 부른다. 문예론적 입장에서는 '문화＝예술' 공식을 가장 빈번하게 인용한다.

문예론적 입장 이후에는 인류학적으로 문화를 정의하려는 시도가 있었다. 인류학적 입장의 문화 정의는 문화를 대단한 지위에서 평범한 지위로 끌어내렸다. 각 사회는 독특한 삶의 방식을 지니며 그 삶의 방식들은 나름의 체계와 의미 구조를 지닌다고 밝혀 냈다. 인류학적 입장은 "체계와 의미 구조를 지닌 삶의 방식"을 문화라고 부르며 문화를 최상의 것인 예술로부터 평범하고 세속적인 일상everyday life으로 끌어내렸다. 문화는 매일 매 시간 의미를 내며, 기존 체계에 맞추어 생활하는 것으로 그 뜻이 바뀌게 된다. 인류학적 입장에서 본 문화 안에는 다양한 삶의 방식들이 들어 있다. 문화를 예술로 파악하는 집단이 있는가 하면, 그런 입장에 반대하며 문화를 새롭게 이해하고자 하는 집단도 있을 수 있다. 즉 사회 안에는 단수 개념의 문화a culture가 아니라 복수 개념의 문화cultures가 존재하는 것으로 인류학적 입장은 파악한다. 한 사회 내 문화가 복수 개념으로 존재하는 것으로 이해함은 문화에 대한 이해에서 패러다임 전환을 꾀하게 한 획기적 사건이다. 뿐만 아니라 인류학적 문화 정의법은 문화를 의미를 생산하는 삶의 방식으로 파악함으로써 의미화 과정까지 문화 안으로 포괄하는 성과를 거두게 된다. 문화를 설명하는 방식 안으로 언어를 끌어들여 문화 논의를 풍부하게 하였다. 하지만 이 정의법 또한 큰 약점을 안고 있었다. 문화의 정치성을 포괄하지 못하는 한계가 바로 그것이다. ●

● 새로운 패러다임으로 문화에 접근하는 이들은 문화의 다억양성 *multi-accentuality*를 강조한다. 이는 문화를 둘러싸고 여러 집단이 자신들의 목소리를 드러내기 위해 나름의 악센트를 찍는 실천들이 벌어진다는 의미다. 문화를 둘러싸고 사회 내 여러 집단들의 충돌이 벌어진다는 말이다. V. Volosinov, *Marxism and the Philosophy of Language*, New York: Seminar Press, 1973.

사회 내 다양한 삶들은 평온하게 자기 자리를 지키며 존재하는 정적인 존재들이 아니다. 어떤 삶이든 특정한 그 삶은 사회 내에서 인정받으려 한다. 자신이 포함된 집단이 지닌 삶의 방식이 사회 내에서 보편적으로 받아들여지길 욕망한다. 텔레비전 프로그램 선택을 두고 벌어지는 남녀 간 다툼을 예로 들어 보자. 예외가 있긴 하지만 대체로 주부들은 텔레비전 드라마를 좋아한다. 주부들의 일상적 삶과 텔레비전 드라마 내의 삶이 많이 닮아 있기 때문이다. 고부 갈등, 동서 간 갈등, 시누이와의 갈등, 남편과의 갈등, 심지어는 아이들과도 인간 관계 갈등을 겪는 주부들은 드라마 속에서도 비슷한 이야기가 벌어지고 있음에 주목한다. 하지만 남성들은 그 같은 드라마의 내용에 관심도 없을뿐더러 도대체 재미를 느끼기가 어렵다. 남성들은 그 같은 사적인 얘기보다는 실제 사회 내 경쟁에 더 관심이 많다. 스포츠,

일일 드라마: 주부들의 TV 드라마 시청은 그들 생활과의 연관성에서 비롯된다.

여야가 벌이는 정치 경쟁, 나라 간의 경쟁적 싸움, 주가 경쟁, 과거 영웅호걸들의 라이벌 대결 등에 더 관심이 있으므로 뉴스나 다큐멘터리, 역사 드라마 보기를 즐긴다(여성들에 비해서 그렇다는 얘기다). 결국 남성이든 여성이든 자신들의 일상과 닮은 쪽을 시청자들이 더 선호한다고 말할 수 있다. 그런데 '드라마 보기'와 '뉴스 보기'를 놓고 사회는 전혀 엉뚱한 평가를 내린다. '뉴스 보기'를 사회적으로 더욱 가치 있는 행위라고 판정하는 경향이 있다. '드라마 보기'는 생산적이지 않은 행위라며 폄하하면서 말이다.● 정말 '뉴스 보기'는 '드라마 보기'보다 생산적인 작업일까. '뉴스 보기'에 그 같은 평가가 내려지는 것은 그것이 생산적이고 유익해서라기보다는 남성들이 좋아하는 프로그램인 탓은 아닐까? 드라마에도 뉴스에서는 도저히 찾을 수 없는 인생의 진리 같은 것이 있을진대 그처럼 폄하만 할 수는 없다. 이처럼 삶의 방식에도 사회적 평가가 따르기 마련이고 그 평가는 사회 내 집단의 권력과 관련이 있다. 또 서로 다른 삶의 방식끼리는 지속적으로 경쟁을 하게 된다. 문화의 영역은 서로 다른 삶의 방식들이 평화롭게 한적하게 노니는 곳이 아니다. 서로가 한 뼘이라도 더 자기 자리를 차지해 인정받겠다며 다투는 공간이다.●●

● 심지어 텔레비전 드라마 속에서 남편이 아내에게 "쓸데없이 드라마나 보고……"라고 꾸짖는 장면이 자주 등장한다. 아침 드라마에 주부들이 시간을 허비한다는 사회적 우려에 이르면 여성들의 드라마 시청이 사회 문제로까지 인식되고 있음을 알 수 있다.

●● 헤게모니론을 내세운 그람시를 도입하면서 문화 논의, 대중 문화 논의는 한층 윤택해진다. 그람시와 앞서 인용한 볼로시노프는 동시대(1920년대) 인물로 이탈리아와 러시아에서 각각 문화적 경쟁(지배와 저항), 헤게모니를 논의했다. 문화 논의의 새로운 패러다임에서 두 사람이 차지하는 비중은 크다.
A. Gramsci, *Selections from the Prison Notebooks of Antonio Gramsci* (ed. by Q. Hoare, G. Smith) London: Lawrence & Wishart, 1971.

인류학적 정의법에 문화의 정치성을 강조하는 정의법이 접합하면서 문화 개념은 예술이나 여가 등으로 축소되어 정의되는 것으로부터 벗어났다. 덕분에 문화를 평범하며 "다양한 삶의 방식들이 사회의 각 영역을 가로지르며 서로 경쟁하는 장"으로 정의할 수 있게 되었다. 다양한 삶들이 사회적으로 인정받기 위해 스스로를 드러내며 끊임없이 경쟁하는 탓에 하나의 삶의 방식이 늘 주도적일 수는 없다. 한 시대를 주도하던 문화가 다른 문화에 자리를 내주기도 한다. 주변부에 놓여 있던 문화가 문화의 중심으로 들어와 권력 행사를 하는 일도 빈번하다. 문화를 삶의 방식으로 이해하는 데 큰 도움을 준 레이먼드 윌리엄스는 한 사회의 문화 구성을 '주도적 문화 dominant culture,' '부상 문화 emerging culture' 그리고 '잔여 문화 residual culture' 로 파악했다. 한때 주도적이었던 문화가 시간이 지나 퇴색한 잔여의 문화가 될 수도 있고, 잠깐 부상하고 있던 문화가 시간의 흐름을 따라 전성기의 주도 문화가 될 수도 있다. 문화는 늘 경쟁이라는 역동성을 갖기 때문에 가변적이며, 그 안은 매우 다양한 것들로 그리고 그들 간의 경쟁으로 채워져 있다. 문화의 지형 변화 혹은 구성 변화, 경쟁의 양상 변화는 사회의 각 영역에서의 변화로 인해 발생한다. 경제 영역에서의 변화가 정치 영역의 변화로, 일상적인 삶의 방식들의 변화로 이어지기도 한다. 문화적 영역은 역동적인 것으로 이해해야 하고, 그 역동성은 정치적 의미를 지니는 것으로 파악해야 한다. 그러므로 새롭게 문화를 이해하려는 노력들은 문화의 정치성을 강조하고 있다.

문화에 대한 새로운 정의 방식을 근간으로 해서 대중 문화란 무엇인지를 살펴보도록 하자. 오랫동안 대중 문화의 영어 표기로 mass culture를 사용해 왔다. 물론 아직도 이 표기를 자주 접한다. 이때 mass는 많은 숫자의 사람들을 가리킨다. 그러나 가치 중립적이지는 않다. 일정 성향을 가진 사람들을 지칭하고 있다. mass로 지칭되는 사람들은 익명성에 빠진 불특정 다수이거나 인간 소통으로부터 떨어져 있는 원자화된 존재이거나, 삶에 대해 수동적 태도를 갖는 존재로 해석된다. 대중 문화를 mass culture로 번역하면 '수동적 존재들에게 전달되어 향유되는 문화' 혹은 '수동적 존재로 만들 목적으로 만들어

진 문화'로 정의할 수 있다. 문화 산업, 문화 생산자 등 위로부터 주어
진 문화를 수동적으로 받아들여 생긴 결과라는 뜻이 강하다. 하지만
최근 들어서는 대중 문화의 영문 표기를 달리하려는 경향이 대두되
고 있다. 달리 표기하여 다르게 정의하려는 노력들이 여기저기서 벌
어지는 셈이다. popular culture가 새로운 번역어다. 물론 한글로는
둘 다 대중 문화, 한자로는 大衆文化로 표기된다. 이때 대중popular은
mass와 마찬가지로 많은 숫자의 사람들을 가리키는 것이긴 하지만
mass와는 다른 의미를 지닌다. popular는 사회 내에서 피지배 위치
에 있는 사람의 합을 의미한다. ● 대중 문화를 mass

● 간혹 popular를 인민, 민중으로
번역하는 경우도 간혹 있다. 인민이
나 민중을 표기하는 영어로는
people이 전통적으로 활용되어 왔
음에 착안한다면 대중이라고 번역해
도 큰 무리는 아닐 듯하다.

culture로 보는 입장은 사회를 mass와 elite로 구성된 존
재라고 파악하고 문화 또한 대중 문화와 엘리트 문화로
구성되어 있다고 보고 있다. 그러나 대중 문화를
popular culture로 번역하는 쪽에서는 사회를 지배 계층과 피지배 계
층으로 구성된 것으로 본다. 이때 지배와 피지배는 매우 다양한 영역
에 걸쳐 이뤄지는 것으로 이해해야 한다. 성별, 지역별, 계급별, 연령
별, 학력별, 취향, 표준어 / 사투리, 생산자 / 수용자 등의 다양한 선을
타고 지배와 피지배 계층은 나뉜다. 다양한 선을 타고 벌어지는 지배
/ 피지배 간 갈등 과정에서 피지배를 경험하는 집단들의 총합을 대
중, 즉 popular로 보고자 함이 대중 문화를 popular culture로 번역하
는 쪽의 입장이다. 대중 문화를 지배와 피지배가 맞서는 공간으로 보
고자 하는 의도가 선명해진다. ●●

문예론적인 입장, 문화를 정적으로 보고자 하는 입
장, 대중을 mass로 번역하려는 입장을 피하고 나면 대
중 문화를 어떻게 이해해야 할지 대강의 그림이 그려진
다. 대중 문화는 "사회 내 피지배를 경험하는 다양한

●● 이에 대한 더 자세한 논의는 J.
Procter, *Stuart Hall*, Routledge
Critical Thinkers, 2004(《지금 스
튜어트 홀》, 송유경 옮김, 앨피,
2006)을 참조하기 바란다.

집단의 삶의 방식들이 지배 집단 문화와 경쟁하는 장" 이라고 할 수 있다. 이로부터 대중 문화를 이해하는 데 필요한 주요 단어들을 추려 낼 수 있다. 지배와 피지배, 다양한 삶, 경쟁이 그것이다. 이에 대한 이해를 바탕으로 대중 문화의 정치성, 역동성, 진화 등은 쉽게 추적할 수 있다. 문화 산업의 생산물로 보는 입장, 이데올로기로 파악하고자 하는 입장, 저급 취향 문화로 취급하려는 입장 등을 넘어서서 보다 넓은 지평에서 대중 문화를 이해할 수 있게 된다.

대중 문화와 주체 형성

대중 문화 정의 속에 지배 / 피지배라는 말이 들어갔다 해서 심각할 필요는 없다. 우리의 일상이 늘 그러하지 않은가. 지배 / 피지배 관계로부터 우리가 자유스러울 수 있는 시간은 단 일 초도 없을 것 같다. 이미 언제나 그것은 일상적이다. 다만 그 모습이 비가시적이어서 잘 드러나지 않고 그래서 그것을 객관화하는 일이 쉽지 않을 뿐이다. 고용주가 종업원에 업무 분담을 하고 그 업무 분담을 위한 각종 지침을 만드는 것도 지배의 한 방식이다. 고용주는 출퇴근, 식사, 휴식 시간을 정해 두고 있을 뿐 아니라, 책상이나 사무용 가구의 배치까지 업무의 효율성을 위해 결정한다. 종업원들은 그에 따르거나 혹은 반발하거나 한다. 회사가 제공한 각종 비품을 창의적으로 배치하거나 몸이 편한 방향으로 재배치하는 예가 그에 속한다. 우리의 일상은 이처럼 지배와 피지배라는 상호 작용의 연속이다. 너무 생활에 밀착해 있기에 그를 정치적으로 생각하기보다는 자연스러운 것으로 받아들일 뿐이다. (자연스럽지 않은 것을 자연스레 받아들이는 것 그것이 바로 문화다.)

다시 강조하건대 지배와 피지배는 매우 자연스럽게 발생한다는 사실에 주목해야 한다. 지배는 명령을 내림으로써만 이뤄지는 것은 아니다. 별다른 고민 없이 상식적으로, 자연스럽게 지배를 받아들이게 하는 힘이 지배의 힘이다. 대중 문화를 논의할 때 문화 산업의 내용물들을 자연스럽게 떠올리는 것은 바로 그런 탓이다. 문화 산업이 생산하는 내용들은 지배를 자연스럽게 받아들이도록 꾸며져 있다. 학생은 학생답게 학교의 규율을 체화하여 생활하는 것이 올바른 삶이라고 느끼도록 학교 드라마는 꾸며 놓았다. 노동자들은 고용주의 지침을 별다른 저항 없이 받아들여 열심히 일하면 행복한 삶을 꾸릴 수 있는 것처럼 드라마, 뉴스 등에서 말한다. 여성의 행복한 삶은 가부장제 안에서 얼마만큼 열심히 사느냐에 달린 것이라는 생각을 쉽게 갖도록 방송 프로그램은 짜놓았다. 그 같은 내용들은 매일같이 비슷비슷한 프로그램들을 통해 반복된다. 그 같은 반복 탓에 받아들이는 사람들은 학교 중심, 고용자 중심, 남성 중심에 대해 큰 의문을 표시하지 않는다. 그 정치성을 심각하게 고민하지도 않는다. 특정 집단에 유리하게 꾸며진 내용을 피할 수 없는 현실로 받아들인다. 학생은 학생답게, 노동자는 노동자답게, 여성은 여성답게 사는 것이 사람 사는 도리라 여긴다. 아니, 아예 그런 생각을 하지도 않고 순순히 받아들이며 사는 게 우리의 일상이다. 그렇게 사는 것이 상식*common sense*이기 때문이다.● 상식이 문화 산업의 내용물에서만 반복되지는 않는다. 가정에서의 자녀 교육에서도 반복된다. 부모들은 반복해서 학교에 가더라도 교칙을 따르고, 교사에 복종하도록 주지시킨다. 학교노 비슷한 내용을 가르치고, 사회인이 되어 노동자의 임무를 다할 것을 교육시킨다. 이처럼 여러

● 상식은 많은 사람들이 공통으로 가지고 있는 감각이기도 하다. 그 공통 감각에서 벗어나면 타인으로부터 배격 받을 것은 뻔하다.

사회 제도들에서 반복해 전달하는 상식은 지배를 자연스럽게 받아들이도록 하는 기반이 된다.

부모가 가르치는 대로, 학교가 교육시키는 대로, 미디어가 전달하는 대로 자연스럽게 받아들이는 경우를 두고 우리는 주체subject가 만들어졌다고 말한다. 상식을 중심으로 전달하는 내용에 답하는 과정을 통해서 주체는 형성된다. 여기서 주체라는 번역 용어에 주목해 보자. 주체를 뜻하는 subject는 주어, 주체라는 의미를 갖지만 다른 한편으로 복종한다는 의미도 갖는다. I am subject to you라는 구절은 "나는 당신의 부하요"라는 뜻을 갖는다. 주체가 된다 함은 지배의 내용에 복종한다는 의미다. 학교 교칙을 지키는 주체가 되었음은 학교 교칙 지배에 복종하게 되었음을 의미한다. 경찰을 보고 조심해야겠다며 몸을 추스르게 되는 것도 공권력 지배에 복종하는 주체가 되었음을 말한다. 그런데 우리는 그것을 복종하게 되었다고 생각하지 않고 주체적으로 그런 생각과 행동을 한다고 착각(오인)한다. 복종하고 있음에도 불구하고 자신이 의식적으로 그 같은 교칙이나 공권력이 정한 법칙을 잘 지킨다고 생각하는 것이다.

텔레비전 수사극을 보면서 우리는 대체로 악당 편에 서기보다는 공권력 편에 서는 우리 자신을 발견한다. 공권력 편에 서서 수사진이 악당을 물리치고 사회 정의를 회복하기를 기대한다. 수사극에서 수사진이 성공을 거두고 악당을 무찌르는 장면에서 환호성을 올리는 그 순간 우리는 공권력의 편에 서고, 그 드라마 내용에 복종한 주체가 된다. 노동자와 사용자 간의 갈등을 전하는 뉴스를 보면서 끝까지 저항하며 반발하는 노동자에 눈살을 찌푸린 경험이 있을 것이다. 그 경우 고용주 편에 서게 되거나 아니면 국가 경제를 먼저 생각하게 되는 주체가 되었다고 할 수 있다. 즉 자신이 지배 집단 소속이 아닌 경우에도 그처럼 지배의 편에 서 있을 수 있다. 그러면서도 그 같은 주체가 되었음을 이상하게 여기지 않는다. 대신 나라 경제를 먼저 염두에 두는 것은 당연한 일이며 그것이 애국하는 길이라 생각하면서 뉴스를 시청하고 해석한다. 그것이야말로 자연스러운 일이며 평범한 상식이고, 돌이켜 생각할 필요도 없는 당연한 것이라 여긴다.

이처럼 지배에 복종하는 주체, 피지배를 순순히 받아들이는 주체를 만들어 내는 사회적 제도를 가리켜 '이데올로기적 사회 장치'라 부른다.• 자본주의 사회에서 지배, 피지배가 자연스럽게 이뤄지도록 하는 중요한 장치다. 경찰이나 군대, 법원 등은 자본주의 사회를 거스르는 것들을 강제하는 '강제적 사회 장치'다. 법 질서를 어기면 신체를 구속

<aside>• 알튀세에 의해 명명된 이 제도의 원래 명칭은 이데올로기적 국가 장치 (Ideological State Apparatuses: ISA)인데, 국가 중심으로만 생각해선 안 될 일이라 여겨 '이데올로기적 사회 장치'라 이름 붙였다.</aside>

하는 등의 징벌을 가하기 때문에 강제적 장치라고 부른다. 그에 비해 '이데올로기적 사회 장치'인 미디어, 학교, 가정, 교회 등은 복종을 강제하지 않는다. 강제하지 않는 대신 스스로 지배와 피지배를 받아들이게 만든다. 그런 점에서 '이데올로기적 사회 장치'는 '강제적 사회 장치'에 비해 종속된 주체를 만드는 데 훨씬 효율적이다. 강제하지 않고 스스로 지배와 피지배를 받아들이게 하고, 그것의 주체가 되도록 하기 때문이다. 상식적인 내용에 자신을 맞추어 스스로 주체가 되는 것이야말로 자발적이므로 더 큰 효과를 낸다.

조금 논의가 복잡해졌다. 하지만 분명히 짚고 넘어가야 할 사안이 하나 더 있다. '이데올로기적 사회 장치'는 대체로 언어적 활동을 통해 주체를 만들어 낸다. 미디어에서 쏟아내는 내용들은 어떤 것이든 언어적 형태로 구성된다. 영화, 텔레비전, 대중 가요, 신문, 라디오, 인터넷, 게임, 애니메이션 등등은 언어적 작동을 통해 소통하고, 또 수용자를 주체로 만든다. 학교나 가정 또한 마찬가지다. 여러 교

칙이나 교과서 내용, 훈화, 그리고 부모들의 조언 등등 거의 모든 소통은 언어를 통해 이뤄진다. 그러므로 '이데올로기적 사회 장치'들은 언어적 소통, 혹은 언어 교환을 통해 주체를 만들어 낸다고 하겠다. 즉 언어적 소통, 언어 작동이 매우 중요한 역할을 차지한다. 대중 문화를 연구하는 데 있어 언어학 혹은 언어의 기본이 되는 기호에 대한 학문인 기호학(혹은 기호론) 등이 중요한 것도 그 같은 까닭이다. 대중 문화 과정은 언어적 작동을 통해 수용자를 불러들여 주체로 만드는 과정, 그에 반응하여 수용자가 주체가 되는 과정으로 구성되므로 언어학은 언제나 중요한 분석 도구가 된다. (인류학적 정의법에서 의미화 과정이 중시되었음을 상기해 보자.) ●

● 대중 문화와 관련된 이론들이 지속적으로 기호, 언어 등에 대한 언급을 중시하는 이유가 여기에 있다.

●● 후기 구조주의, 포스트모더니즘 등에 이르면 언어 중심적 사고에서 벗어나려는 움직임들을 감지할 수 있다. 문화적 과정을 언어 중심으로만 사고하던 데서 벗어나 몸, 욕망 등을 내세워 설명하려는 노력들이 등장하는 것은 그런 까닭이다.

덧붙여야 할 또 다른 중요한 사실 하나는 주체 형성은 언어적 작동을 통해서뿐만 아니라 다른 방식으로도 이뤄진다는 점이다. ●● 기호 작동 혹은 언어 작동이 아니고서도 주체는 만들어질 수 있다. 몸을 통한 경험들이 또 다른 주체 형성 방식이다. 특정 소리를 듣고 우리는 그에 대해 호의적인 태도를 표할 수 있다. 그리고 그 소리를 접할 때마다 과거 좋았던 경험에 따라 긍정적 태도를 취할 수도 있다. 그것은 소리의 내용과 관계없어 보이는 소리의 물리적 작용에 대한 반응이다. 공간 배치 또한 그렇다. 너른 광장을 대할 때 우리는 시원한 느낌, 그것에 대한 경의의 느낌 등을 가질 수 있다. 2002년 한일 월드컵 때 많은 시민들이 거리로 쏟아져 나왔다. 자동차에 길을 내주고 좁은 인도로만 다녔던 시민들이 모든 거리를 점거했음은 전혀 새로운 경험이었다. 아마 많은 이들은 그때 거리를 점거하는 일에 큰 기쁨을 혹은 전혀 새로운 느낌을 가져 보았을 것이다. 이전 세대들의 경우 거리를 점거한다는 사실이 무엇을 의미하는지 알고 있다. 민주

2002 월드컵 당시 광화문: 공간의 배치, 공간의 활용은 우리의 주체 형성에 영향을 미친다.

화 항쟁 때 거리에 쏟아져 나와, 거리를 점거하며, 구호를 외쳤던 이들은 자신의 몸이 차도를 점거했을 때의 희열을 잘 알고 있다. 그 경험은 거리를 점거한다는 것이 무엇인지를 몸으로 알게 해주었다. 전혀 그런 경험을 갖지 못했던 세대들은 거리를 점거했지만 그것이 갖는 의미는 잘 모른다. 하지만 몸이 그때를 기억하는 한 거리의 점거는 해방 기쁨, 구속으로부터 탈피와 같은 만족감을 전해 준다. 서로 다른 방식으로 거리를 점거한 몸들이지만 그 몸은 앞으로도 찻길과 광장, 해방을 한데 묶어 고민할 기억을 가지고 있다. 그와 같이 공간의 배치, 공간의 활용도 우리의 주체 형성에 영향을 미친다.

　　미디어를 포함한 다양한 삶의 방식들을 통해 우리는 주체를 형성해 간다. 수많은 대중적 삶들의 방식이 주체 형성 과정에 개입한다는 말이다. 주체 형성은 대체로 다양한 형태의 지배적 입장에 동조하는 쪽으로 이뤄진다. 도심의 수많은 자동차 도로, 좁은 인도는 사람들의 편의보다는 사회적 효율성을 강조하기 때문에 형성된 것이지만 그에 대해 항의하거나 반발하는 대신 그것을 보면서, 거리를 걸으면서 그에 동조하는 주체가 되어 간다. 라디오에서 흘러나오는 수많은 댄스 음악들은 과거보다는 더 빠른 속도로 살아가는 주체 형성에 안성맞춤이다. 인터넷에 흘러 다니는 각종 상업적이고 자극적인 정보는 네티즌들로 하여금 더 많은 돈을 벌고, 더 많은 돈을 쓰는 사람이 자본주의에 적합한 사람임을 인식케 하는 힘을 갖는다. 텔레비전에 등장하는 선남선녀들은 매끈한 몸을 갖도록 권유하며, 그들의 사랑 이야기는 '신데렐라,' '백마 탄 왕자' 이야기를 따르도록 한다. 이처럼 대중 문화가 지배적 입장에 동조하는 주체를 만드는 데 이바지하는 사회적 제도임을 알게 되면 사회 변화를 꾀하는 쪽에서는 대중 문화의 변화 없이 사회 변화가 불가능함을 알게 된다. 대중 문화를 배움으로써 우리는 우리가 처한 지배적 조건이 무엇인지를 알게 된다. 동시에 지배적 조건을 벗어나기 위해 대중 문화를 어떻게 변화시키고, 어떻게 새로운 주체를 만들어 낼 수 있을지를 익히게 된다. 그런 점에서 대중 문화의 문제는 곧 주체, 주체 형성의 문제와 맞닿아 있다.

다양한 삶과 대중 문화

대체로 많은 언어적 활동과 비언어적 활동은 지배하는 쪽의 이익에 따르는 주체를 만들기도 하지만 그렇지 않은 경우도 종종 찾을 수 있다. 우리 주위의 언어적 활동과 비언어적 활동은 아주 다양한 형태로 존재하고 있다. 남성적인 것이 사회적으로 우월하다며 남성적으로 살기를 요청하는 언어적 활동이 있는가 하면 그와는 반대되는 언어적 활동도 있다. 인종 차별을 당연시하는 영화가 있는가 하면 그에 반대하여 그 영화를 보지 말 것을 권유하는 언어적 활동도 존재한다. 권위에 복종하게 하는 공간 배치가 있는가 하면 인간의 몸을 편안하게 만들어 주는 공간 배치도 존재한다. 돈을 내며 물건을 사는 화폐 교환 행위도 있지만 남에게 조건 없이 선물을 주는 비화폐 행위도 존재한다. 이처럼 우리 주변에는 서로 경쟁하는 다양한 언어적 활동과 비언어적 활동이 존재하고 우리는 그것들의 대상 주체로 존재한다. 다양한 형태로 주체가 형성될 수 있는 가능성이 열려 있는 셈이다. 물론 경쟁하는 언어적, 비언어적 활동이 늘 균형적이지 않고, 일방적인 모습을 한 채 지배를 강화하고 있긴 하지만.

자본주의 사회는 불균등한 발전을 낳는다. 불균등한 발전은 ── 의도했든 의도하지 않았든 간에 ── 다양한 집단과 다양한 삶의 방식들을 낳게 된다. 물질적 자본이 풍요로운 집단이 있는가 하면 그렇지 못한 집단도 있다. 교육적 자본이 풍부한 집단과 그렇지 못한 집단. 남성과 여성. 지역 거주자와 서울 거주자. 도시 거주자와 비도시 지역 거주자 등등. 각기 다른 집단은 서로 다른 삶의 방식들을 갖는다. 여성들은 드라마와 같은 픽션을 즐기지만 남성들은 대체로 뉴스, 다큐멘터리 등과 같은 논픽션을 더 즐긴다. 서울 강남 지역의 청소년들이 미국식의 힙합 문화를 선호하지만 강북 지역의 청소년들은 일본 문화 혹은 한국식의 놀이를 더 즐긴다. 그 같은 차이는 그들이 사용하는 언어, 의상, 접하는 미디어의 내용, 감수성 등에서 쉽게 찾을 수 있다. 이처럼 불균등 발전은 서로 다른 다양한 집단을 만들어 내고 그에 따른 다양한 삶의 방식들로 이어진다. 다양한 삶의 방식들은 곧이어 특유의 언어 생활, 비언어적 생활을 꾸려 낸다.

언어 생활을 예로 들어 보자. 노동 계급은 언어를 기능적 소통의 수단으로 활용하며 그에 맞춘 언어 생활을 즐긴다. 필요한 말, 기능적인 말만 한다. 그래서 그들의 언어 생활은 딱딱하거나 소란스러운 분위기를 수반한다. 반면, 물질적 자본이 풍부한 집단은 기능적 소통 수단으로서의 언어를 넘어 감정 표현, 분위기 조절 등 인간 관계 설정에 필요한 수단으로 활용한다. 그래서 군더더기 말을 많이 쓰고, 논리적인 수사법을 자주 동원한다. ● 비언어적 활동에서도 비슷한 차이를 드러낸다. 가구 배치가 그 예다. 물질적 자본이 적은 집안의 가구 배치와 풍요로운 집안의 가구 배치 방식은 확연히 차이가 난다. 물질적 자본의 차이가 넓은 공간 혹은 좁은 공간의 선택으로 이어지고 공간의 선택이 곧이어 상이한 가구 배치로 이어지게 마련이다. 좁은 공간의 가구 배치에 익숙한 집단은 자신들에게 전혀 새로운 상황이 오더라도, 즉 갑자기 큰 집이 생기더라도 가구 배치를 예전의 방식대로 할 가능성이 크다. 그들의 삶의 방식이 그러했기 때문이다.

● 영국의 언어 사회학자인 번스타인은 계급에 따라 정교한 언어 코드를 사용하거나 단순한 언어 코드를 사용하고 있음을 밝히고 있다. Basil Berstein, *Class, Codes and Control* (vol. 1). London: Routledge & Kegan Paul, 1971.

불균등 발전으로 인한 차이는 과연 어떤 사회적 작용을 할까? 불평등 발전 자체를 비관적으로 파악하고 전혀 새로운 문화적 영역으로 되돌아갈 것을 주장한 측이 있긴 하다. 하지만 불균등 발전으로 인한 차이가 새로운 사회를 만들 수 있는 계기가 될 수 있음을 주장하는 이들도 있다. 그 주장을 통해서 지배의 계획이 차이로 인해 매끄럽게 수행될 수 없음을 간파하고, 그 차이를 축복하고 활용할 것을 제안하고 있다. 불균등 발전을 더욱 도드라지게 하자는 주장인 셈이다. 지배를 위한 언어적 활동이나 비언어적 활동이 늘 성공적으로 자신에게 유리한 방향으로만 주체를 만들 수 없음을 불균등 발전이 증거하고 있다는 주장이다.

　문화 산업을 예로 들어 보자. 문화 산업은 대체로 상식을 기반으로 한 내용들을 내놓고 사회 현상 유지를 위한 메시지를 담는다. 남성 중심적 지배를 유지하고자 하는 내용도 그런 것들 중 하나다. 그래서 문화 산업은 여성은 여성답게 살아야 하며 남성은 남성다워야 한다고 드러내 놓고 발언한다. 드라마 속에서 여성은 남성에 의존적이며 남성은 여성을 이끌고 가는 모습을 보여 준다. 우리 주변의 생활이 드라마 속과 별로 다르지 않으니 많은 시청자들은 그 같은 내용을 받아들이고 주체 형성 과정에 기꺼이 동참하게 된다. 하지만 모든 드라마 시청자들이 그렇게 느끼지 않을 수 있다. 남성 중심적 사고에 반감을 지닌 집안에서는 그런 드라마에 관심을 보이지 않을 수 있다. 또한 드라마에 대한 비평 또한 드라마 속 여성과 남성 묘사에 대해 불만을 표시할 수 있다. 여성 해방 운동을 벌이는 측에서는 더욱 강한 어조로 그 같은 드라마를 그만두라고 주장할 수도 있다. 이같이 다양한 형태의 언어적 작용 속에 주체가 놓이게 되면 문화 산업이 내놓은 내용에 고스란히 포획된 주체가 만들어진다는 보장은 없게 된다. 문화 산업이 만든 드라마 내용은 다른 언어적 활동들(집안의 전통, 비평, 여성 운동)과 경합을 벌이게 된다. 문화 산업이 원하는 바대로 주체를 만드는 데 실패할 가능성도 있다는 말이다. 전혀 의도하지 않은 다른 주체가 만들어질 수도 있다. 드라마를 수용하는 수용자가 드라마 내용보다는 그에 대한 페미니스트 비평에 더 동의하거나 자신의 경험을 바탕으로 드라마 내용을 거꾸로 해석하고 수용하는 주체가 될 수도 있다.

　그 같은 주체가 넓이 등장하게 되면 문화 산업은 깊은 고민에 빠지게 된다. 세상이 바뀌었음을 포착하고 스스로 변신할 준비를 할 수밖에 없다. 여성, 여성의 삶에 대한 사회적 인식이 바뀌어 가는데도 드라마가, 방송사가 그를 못 본 체만 할 수는 없는 노릇이다. 인기를 먹고 사는 방송사는 세상의 변화에 누구보다도 민감하다. 남성, 여성에 대한 상식은 영구불변으로 존재하고 통용되는 것이 아니다. 모든 시청자를 모두 만족시킬 수 없을 뿐만 아니라 그에 대한 불만, 반감을 지닌 집단이 늘어나게 되면 드라마 내용은 바뀔 수밖에 없다. 결국 텔레비전 드라마의 내용은 사회 내 다양한 집단에게 어떤 경험들이 있으며 어떤 의식들이 있는지, 그 집단들이 어떤 반응을 보이는가에 따라 달라지기도 하는 셈이다. 대중 문화에 대한 관심은 이 같은 과정에 대한 관심이다. 이 예에서 텔레비전 드라마 자체를 대중 문화라고 부르기보다는 다양한 집단이 드라마의 의미를 둘러싸고 벌이는 게임을 대중 문화로 볼 필요가 있다. 반복해서 말하지만 대중 문화를 생산에서 수용에 이르기까지의 과정에 참여하는 많은 요소들의 과정으로 파악해야 한다. 그 과정은 드라마가 수용자를 주체로 만드는 것으로 마감되는 단순한 과정은 아니다. 드라마는 수용자를 주체로 만들려 하되 수용자는 드라마가 의도했던 주체가 되기도 하고 전혀 다른 방향의 주체가 되기도 하며, 그 결과에 따라 드라마가 방향을 바꾸기도 하는 과정, 바로 그 전全 과정을 두고 대중 문화라고 파악함이 옳다.

불균등 발전으로 인해 다양한 집단의 다양한 경험들이 존재하고, 다양한 담론들(예를 들어, 수용자의 감상, 전문가의 비평, 시청자 단체들의 비판 등등)이 존재하는 한 미디어, 문화 산업이 의도했던 주체 형성이 100% 성공하진 않는다. 다양한 경험은 미디어의 내용을 거꾸로 받아들이게도 하고, 내용의 일부분을 바꾸어서 받아들이게도 한다. 대중 문화란 미디어가 내놓은 내용, 비언어적 활동들이 내놓은 내용, 그리고 그것을 받아들이는 사람들의 조건, 주체가 만들어지는 과정 등 모두를 포함한 것이다. 다시 말해 자본주의 사회에서의 대중 문화는 대중을 지배의 대상으로 삼고자 하는 움직임들 ── 언어적, 비언어적 활동을 포함한 움직임들 ── 과 그 움직임에 대한 다양한 집단들의 반응들 모두를 한데 합친 것이라 할 수 있다. 그러므로 대중 문화 안에는 순응과 저항, 혹은 협상 등이 한데 어우러져 있다고 할 수 있겠다. 대중 문화를 고정된 실체로 보지 않고 이처럼 과정으로 파악하는 일은 그 안의 역동성, 정치성을 파악하는 데 도움이 된다. 사회 내 불균등 발전은 불가피하게 대중 문화 과정에서 갈등, 모순을 자아내게 되고, 경쟁과 저항으로 이어지게 하는 힘이 되기도 한다.

대중 문화를 논의할 때 사회적 차이, 불균등 발전, 갈등, 경쟁, 모순 등은 결코 빠뜨릴 수 없는 사안이다. 오히려 이를 축으로 하여 대중 문화 과정에서 벌어지는 갈등을 찾아내고, 그 갈등이 사회를 변화시키는 힘으로 이어질 수 있도록 하는 것이 대중 문화를 분석하는 중요한 목적이기도 하다. 여성의 삶이, 청소년의 삶이, 노동 계급의 삶이 언제나 억압에 눌려 있거나, 피지배의 지위에만 놓여 있을 수만은 없지 않은가. 다양한 삶이 자신의 목소리를 낼 수 있게 하고, 그에 맞추어 문화를 향유하고, 사회적 발언을 높이는 일은 소중하다. 대중 문화를 논의하는 일을 문화적인 사건임을 넘어 정치적인 것, 사회적인 것임을 인식하는 노력을 멈추지 말아야 할 것이다.

미디어와 대중 문화

이데올로기적 사회 장치들 중 미디어는 가장 두드러지는 역할을 한다 해도 과언이 아니다. 과거에 비하면 학교나 가정의 비중은 많이 줄었다. 비록 불균등 발전으로 인해 다양한 집단들의 다양한 삶이 형성되고 그 삶을 기반으로 미디어의 내용을 거부하기도 하지만 미디어의 위력을 쉽게 넘어서기 어려운 것이 현실이다. 대중들의 일상인 대중 문화를 논의함에 있어 미디어가 결코 빠질 수 없는 이유가 거기에 있다. ● 미디어의 생산물을 대중 문화와 등치시키는 습관도 미디어의 위력을 인정한 데서 비롯된다. 미디어의 내용이 지배를 지속시키기 위한 주체를 만들어내는 데 성공을 거두고 있음을 인정한 셈인데 그렇다면 과연 미디어는 어떤 방식으로 지배와 피지배를 자연스럽게 받아들이도록 하는가를 살펴볼 필요가 있다. 미디어의 내용이 어떻게 짜여 있기에 우리를 주체로 낚아내는 데 대체로 성공을 거두는가를 들여다보자.

● 최근에 출간된 대중 문화 관련 외국 서적에서 미디어는 늘 앞 자리를 차지해 미디어의 진전과 대중 문화의 관계를 강조하고 있음을 알 수 있다.

첫째, 미디어는 우리 사회 내에서 상식화되어 있는 것들을 기반으로 내용을 꾸민다. 남성은 강하고 여성은 부드럽다는 것은 보편적으로 받아들이는 상식이다. 남성과 여성을 드러낼 때는 이 같은 상식을 기반으로 한다. 지역은 중앙에 비해 낙후되어 있고, 중앙을 보조하는 역할을 한다는 것도 사회가 상식적으로 받아들인다. 그런 점에서 지역의 사투리를 사용하는 등장 인물이 표준에서 벗어나는 캐릭터로 설정되는 것은 자연스럽다. 상식적인 것, 우리가 자연스럽게 받아들이는 것들을 사회 내 신화myths라고 부른다. 신화는 신에 대한 이야기라기보다는 자연스럽지 않은 것을 자연스럽게 만들어 의문시하지 않도록 만들어진 관념을 의미한다. 여성에 대한 신화는 약하다, 감성적이다, 부드럽다, 양육에 능하다 등등이 될 것이다. 노동자에 대한 신화는 노동자는 늘 받기를 원한다, 때로는 과격하다, 고용주의 입장을 이해하지 않는다 등등이 될 것이다. 미디어는 이같이 사회에 널리 퍼져 있는 신화를 기반으로 그 내용을 꾸려 낸다. 이미 언제나*already always* 신화에 길들여진 우리는 미디어의 신화 이용을 쉽게 거부하지 못한다. 그를 자연스러운 것으로 받아들이고 의문을 표하지 않는다. 신화가 재생산되는 순간이다. 미디어를 두고 신화를 생산, 재생산한다고 말하는 이유는 거기에 있다. 그런 점에서 미디어는 사회 내 대중 문화를 주도하는 것처럼 보이며 대중 문화 내에서 신화에 도전하는 새로운 힘이 생기지 않는 한 그 주도는 지속될 것처럼 보인다.

둘째, 미디어는 신화를 생산, 재생산하기도 하지만 때로는 그 신화에 대한 도전도 행한다. 반신화적 내용도 만들어 낸다는 말이다. 하지만 그 도전은 일종의 예방 접종적 효과를 내는 정도에서 그쳐 버릴 가능성이 크다. 신화에 대한 과격한 도전이 사회 내에서 큰 힘을 발휘하지 않도록 미리 예방하는 역할을 수행한다는 의미다. 그런 점에서 미디어의 신화에 대한 도전은 약한 정도에서 멈춘다. 혹은 하나의 신화에 도전하면서 다른 신화에 파묻히게 하는 역할을 하기도 한다. 여성, 노동자의 삶이 얼마나 힘든 것인가를 보여 주는 다큐멘터리가 있었다고 하자. 여성 노동자의 삶이 힘들다는 것을 보여 주면서 그 해결책으로 가정의 따뜻함을 내세웠다고 하자. 그 다큐멘터리는 여성 노동자의 삶을 보여 주며 노동자 신화에 도전하는 듯하지만 그 해결책을 가정으로 돌림으로써 가정에 대한 신화, 여성에 대한 신화를 더욱 강화시킨다고 할 수 있다. 이처럼 신화에 도전하는 듯한 내용을 담은 미디어라 할지라도 여전히 사회 전체의 모순에 메스를 댄다든지 하는 과감함으로까지 이어 가지 않는다. 심지어는 하나의 모순이 다른 신화로 인해 해결되게 한다든지 하는 방식으로 도전 자체를 의미 없는 것으로 만들기도 한다. 미디어는 진보적 사상을 사전에 예방하는 면역 주사 역할을 하고 있는 셈이다. 미디어는 대중 문화 내에서 새로이 등장할 수 있는 담론들의 수위 조절까지 행하고 있으며 대중들이 미리 진보적 담론들에 노출되도록 예방 접종까지 시켜 두고 있다.

셋째, 미디어는 대중을 뒤따르는 대중 추수주의 전략을 구사하는 데 능하다. 미디어는 사회의 변화에 매우 민감하다. 영화는 관객의 취향 변화를 읽지 않고서는 성공을 거둘 수 없다. 방송 또한 시청자가 변하고 있다는 사실에 항상 촉각을 곤두세우고 있다. 미디어는 인기(관객 수, 시청률)가 자신들의 성패 여부를 정해 주는 기준이 되기 때문에 항상 사회 분위기의 변화를 따른다. 하지만 결코 자신들이 나서서 그 변화를 선도하지는 않는다. 대중을 따르는 대중 추수적 성격을 지닌다. 대중의 변화를 따르기만 하는 것이다. 그런 점에서 미디어는 변화를 따르면서 대중의 입맛을 충족시켜 주지만 대중들이 고민할 만한 고민거리를 던져 주는 선도의 입장을 취하지 않는다. 변화에 민감하되 변화를 추종할 뿐 그 변화를 긍정적인 변화로 끌고 가는 모험을 행하지 않는 것이다. 미디어를 보수적이며 체제 유지적이라고 부르는 이유가 거기에 있다.

상식적인 것들, 즉 신화에 기반을 두되, 가끔씩 이뤄지는 신화에 대한 도전은 또 다른 신화에 포괄시키고, 사회의 변화에 민감하되 대중들의 취향 변화에 따르기만 하기 등등의 전략. 미디어의 이 같은 전략은 보수적이며 체제 유지적이다. 미디어 바깥의 정세가 보수적이고 큰 변화가 없으면 그 같은 행태는 지속될 수밖에 없다. 미디어의 내용과 경쟁할 수 있는 많은 언어적, 비언어적 활동이 등장해 끊임없이 사회 내 새로운 주체를 만드는 작업이 이뤄지지 않는 한 미디어의 변화를 기대하긴 어렵다.

흔히들 미디어나 대중 문화를 논의할 때 헤게모니*hegemony*의 개념을 끌어다 쓴다. 헤게모니는 사회 내 지배 권력이 피지배 권력을 동원하거나 이끌 때 억압적 방식을 채택하기보다는 사회의 동의*consent*를 구해 지배의 기반으로 삼을 때 형성된다. 사회가 상식적이라고 생각하는 것, 사회가 동의를 보낼 수 있는 것을 통해 지배를 이끈다. 사회에 큰 변화가 없는 한 상식을 통해 지배를 정당화시키고, 미디어 또한 그 같은 상식들을 기반으로 제작에 임한다. 그리고 지배를 당하는 측에서 그 상식에 동의를 하는 한 헤게모니는 성공적으로 이뤄진다. 하지만 만일 그 같은 상식 자체에 문제가 있다는 분위기가 사회에 팽배해진다면 상식은 바뀔 것이고, 동의를 주는 피지배 측도 동의를 보내기를 꺼리고 헤게모니는 위기에 처하게 된다.

현대 자본주의 사회에서 미디어는 헤게모니가 자연스럽게 유지될 수 있도록 할 뿐만 아니라 헤게모니 위기 상황에서는 그를 복구하는 역할을 하기도 한다. 미디어를 논의하면서 대중들의 삶의 방식, 대중 문화에까지 들이대는 이유는 그것이 헤게모니 과정에서 소중한 역할을 하기 때문이다. 대중들의 삶이 늘 기존의 상식에만 묶여 있거나 지배 권력에 동의를 하는 쪽으로만 치우쳐져 있다면 사회 변화, 미디어의 변화를 바랄 수는 없다. 보수적이고 현상 유지에 지속적 관심을 보이는 미디어의 내용에만 탐닉하는 주체로만 머물러서야 미디어의 내용과 사회는 변하지 않는다. 대중들의 문화 속에서 저항적이거나 새로운 담론들이 생산되어야 헤게모니에 대한 도전이 발생할 수 있고, 사회 또한 변화가 생긴다. 미디어가 아닌 비상업적 인디 문화, 주변부 문화 등도 대중 문화의 관심사로 끌어들여 보고자 하는 것도 그런 이유다. 대중들의 다양한 삶에 관한 관심을 가지는 것, 그리고 그 안에서 역동적인 정치성을 보는 것, 그것이 바로 대중 문화를 들여다보는 목적이다.

《대중문화의 겉과 속 3》. 강준만 (2006). 인물과사상사.

　　겉과 속 시리즈 1, 2편에 이어 3편에서도 대중 문화 산업, 대중 문화 현상 등
을 분석하고 있다. 1, 2편이 개론적인 해설에 치중하고 있다면 3편은 비판적
분석에 더 강조점을 두고 있다.

《대중 문화의 이해》. 김창남 (2003). 한울.

　　대중 문화와 관련된 이론을 소개하고 있을 뿐 아니라 한국 대중 문화의 흐름
을 정리하고 있다. 대중 문화 전반을 이해할 수 있는 개론서.

《대중문화의 패러다임》. 원용진 (1996). 한나래.

　　대중 문화와 관련된 이론을 소개하고 각 이론들이 대중 문화 현상을 어떻게
분석하고 있는지를 설명하고 있다.

03

미디어와
정치

현대 사회에서 '미디어 없는 정치'를 생각해 볼 수 있는가? 우리는 날마다 조간 신문의 정치면을 장식하는 정치 뉴스를 읽거나 저녁 TV 뉴스가 전하는 정치인의 활동 상황을 접하면서 정치를 이해한다. 정치인들을 직접 만날 수 있는 기회가 극히 드물기 때문에 미디어가 전달하는 정치 뉴스를 읽거나 보지 않는다면 정계에서 일어나는 일들을 알 길이 없다. 이와 마찬가지로 정치인들도 미디어를 이용하지 않고는 유권자들에게 자신의 활약상이나 견해를 효과적으로 알릴 수가 없다. 정치인들은 자신들의 활동에 관한 긍정적인 기사가 나오기를 간절히 희망하며, TV 카메라 앞에 서면 호의적인 이미지를 만들기 위해 각별히 신경을 쓴다. 하지만, 미디어는 부패 스캔들에 연루되어 검찰청을 드나드는 정치인들을 놓치지 않고 화면에 담아냄으로써 비리에 연루된 정치인에게 치명타를 입히기도 한다.

이처럼 미디어는 징치인과 유권자를 연결해 주는 매개체로서 민주주의의 원활한 작동을 위해서 없어서는 안 될 귀중한 존재인 것이다. 특히, 권력 구조를 재편하는 선거 운동 기간에 미디어는 유권자들에게 양질의 정치 정보를 제공함으로써 그들이 정치적 식견과 통찰력을 갖도록 해준다. 따라서, 이 글에서는 미디어가 과연 어떠한 정치적 기능과 효과를 지니고 있으며, 특히 선거 기간에 미디어가 수행하는 기능은 무엇인지 그리고 문제점은 무엇인지 등에 관해 알아보고자 한다.

한편, 1980년대 후반 이후 민주화가 정착되는 과정에서 우리 사회의 미디어와 정치 권력 간의 관계는 매우 역동적으로 변화했다. 미디어에게 무소불위의 힘을 휘둘렀던 권위주의 정권이 물러가고 민주주의적 정권이 들어섬에 따라 미디어와 권력 관계는 새로운 양상을 맞이한 것이다. 그러나 그 관계는 매우 복잡하고 미묘하게 전개되었으며 특정 미디어와 권력의 특정 분파 사이에 공조 현상이 일어났다. 그러므로 여기서는 미디어와 정치 권력 간의 관계를 분석하는 데 쓰이는 다양한 이론적 분석틀을 소개하고, 한국의 상황에서 이를 어떻게 적용할 수 있는지 검토해 본다. 또한 1980년대 후반 이후 계속되는 권력 구조의 변동이 미디어의 보도 성향에 미치는 영향에 관해 알아본다.

윤영철

현재 연세대학교 언론홍보영상학부 교수이다. 연세대학교 신문방송학과를 졸업하고, 미국 뉴욕 주립대학교(올바니)에서 사회학 석사, 미국 미네소타 대학교에서 언론학 박사 학위를 받았다. 저널리즘, 정치 커뮤니케이션, 미디어 사회학을 주로 연구하고 있다. 책으로는 ≪한국 민주주의와 언론≫, ≪방송 저널리즘과 공정성 위기≫(공저), ≪지배 권력과 제도 언론≫(공역) 등이 있으며, 논문으로는 〈온라인 게시판과 숙의 민주주의〉, 〈권력 이동과 신문의 대북 정책 보도〉 등이 있다.

미디어의 정치적 기능과 효과

독자나 시청자들은 정치와 관련된 다양한 정보를 주로 미디어를 통해 얻으므로 그들이 특정한 정치 단체나 정치인들에 대해 지니는 인식이나 태도는 미디어에 의해 영향을 받게 된다. 신문이나 방송이 뉴스나 사설, 토론 프로그램, 정치 광고 등을 통해 제공하는 각종 정치 정보는 유권자들의 정치적 식견을 일깨워 주는 기능을 수행함으로써 그들이 적극적으로 정치 활동에 참여할 수 있는 바탕을 마련해 준다. 미디어는 정치 사회화의 도구 역할을 하며, 따라서 민주주의의 기본 전제인 시민의 정치적 참여를 제고하기 위해서는 미디어들이 정치적 기능을 원활하게 수행할 수 있어야 한다.

하지만 최근에는 미디어의 정치적 기능이 약화되었다는 지적이 일고 있다. 신문이나 방송이 상업주의에 빠져들면서 정치 관련 정보의 비중을 줄였을 뿐 아니라 그나마 제공되는 소량의 정치 뉴스가 흥미 위주로 흘러 건전한 여론 형성에 별로 기여하지 못한 비판의 소리가 들린다. 다매체, 다채널 시대로 접어들면서 오락성이 강한 정보나 프로그램을 쉽게 접하게 되는 수용자들은 점차 딱딱한 내용의 정치 정보를 기피하는 현상을 보이고 있음을 우려하는 지적도 있다. TV 뉴스에서도 정치인 관련 기사는 후반부로 밀리는 현상이 일반화되었으며, 신문의 정치면도 점차 축소되어 가는 경향을 보이고 있다.

특히 인터넷의 확산으로 말미암아 중요한 정치 쟁점에 관한 사회적 논의가 인터넷에서부터 점화되거나 인터넷을 통해 여론이 환기되는 사례가 늘어남에 따라 인터넷의 정치적 효과가 급부상하였다. 2008년에 미국산 쇠고기 수입 반대 촛불 시위에서 보듯이, 네티즌은 인터넷을 활용하여 소식과 정보를 유통시킬 뿐 아니라 인터넷을 여론 동원을 위한 도구이자 보다 효율적인 정치 참여의 통로로 활용하고 있다. 이런 상황에서 미디어의 정치적 기능과 효과는 상대적으로 약화되어 더 이상 여론의 향방을 일방적으로 좌지우지하지 못한다는 지적도 있다.

그럼에도 불구하고 미디어는 여전히 중요한 정치 홍보의 도구로 사용되고 있으며 인터넷의 여론 환기 기능에도 영향력을 발휘하는 것으로 인식된다. 미디어가 사회적 쟁점에 관해 어떻게 보도하는가에 따라 인터넷상에서의 여론 동향이 바뀔 수 있으므로 아직도 미디어가 정치적 상황의 변화나 여론 형성에 미치는 영향이 적지 않다는 것이다.

그렇다면 구체적으로 미디어가 지니고 있는 정치적 기능과 효과는 어떠한 것들인가?

첫째, 미디어가 특정한 논제에 관해 보도를 많이 함으로써 수용자들이 그것이 중요한 논제라고 인식하게 된다는 논제 설정 효과가 있다. 이를테면 미디어가 선거 보도에서 경제 문제를 강조한다면 유권자들도 경제 문제를 가장 중요한 논제로 인식할 것이라고 보는 주장이다. 특히 선거 운동 기간에 유권자들이 가장 큰 관심을 가지는 결정적인 논제가 부각될 경우 그 논제에 대한 대처 능력이 선거 결과를 좌우할 수 있는데, 이를 미디어의 점화 효과라고 부른다.

둘째, 미디어가 소수 의견을 다수 의견인 듯이 자주 보도한다면, 그 소수 의견을 지지하지 않는 다수들이 자신들의 의견을 과감하게 공표하지 않고 침묵함으로써 침묵이 가속화되는 현상을 생각해 볼 수 있다. 침묵의 나선 효과라고 불리는 이런 현상은 개인들이 고립에 대해 두려워하기 때문인 것으로 해석되며, 흔히 이들은 '침묵하는 다수'로 일컬어진다.

셋째, 프레이밍 효과를 들 수 있다. 프레이밍이란 두 가지 차원에서 논의되는데, 하나는 미디어의 보도 내용이 특정한 관점에서 특정한 방향으로 틀 지어진다는 의미이고 또 다른 하나는 그러한 보도 내용을 접한 수용자들의 인식이 특정한 방향으로 틀지어진다는 뜻이라고 하겠다.

넷째, 미디어가 공공 문제에 관해 보도하더라도 수용자의 사회 경제적 계층의 위치에 따라 공공 문제에 관한 지식을 축적하는 능력에도 차이가 드러난다는 것이다. 특히 교육 수준이 높은 집단과 낮은 집단 간에는 공공 문제에 관한 지식 격차 현상이 나타나는데, 수용자들이 정치 관련 정보를 습득, 소화하는 상황과 능력에서 차이를 보이고 있기 때문이다.

다섯째, 미디어는 선거에 줄마할 만한 유력한 후보를 설러내는 기능을 발휘하기도 한다. 대통령 선거 기간에는 여당이건 야당이건

간에 자천타천으로 여러 예비 후보들이 난립하는 상황이 벌어지는데 결국은 그 가운데 미디어에 의해 가장 자주 언급되는 인물들로 후보들이 좁혀진다는 의미에서도 미디어는 후보를 걸러내는 기능을 발휘한다고 할 수 있다. 하지만 이와는 반대로 미디어가 예비 후보를 부정적으로 묘사함으로써 그들을 탈락시키는 경우도 있다. 2000년대 초 시민 운동 단체가 낙천 낙선 운동의 일환으로 법이나 윤리적으로 예비 후보로서의 자격이 없다고 평가하여 발표한 정치인 명단을 미디어가 대대적으로 보도함으로써, 명단에 포함된 많은 예비 후보들이 걸러지는 결과를 초래했다.

선거와 미디어

미디어의 정치적 기능은 선거 보도에서 가장 잘 드러난다. 미디어는 유권자들에게 후보들에 관한 다양하고 풍부한 정보를 전달하여 그들이 현명한 판단을 내리도록 하는 기능을 수행하도록 요구받고 있다. 하지만 미디어의 선거 보도가 상업주의의 영향으로 말미암아 지나치게 흥미 위주로 흐르고 있어 제 구실을 다하지 못하고 있다는 비판을 받고 있다.

미디어의 선거 보도가 수준 높은 정치 정보의 전달 미디어 구실을 다하지 못한다는 비판에 대해 상업주의 언론은 대부분의 수용자들이 그러한 복잡하고 심층적이고 본질적인 정치 정보를 원하지 않을 뿐 아니라 이해하지도 못한다는 논리로 대응한다. 수용자 확보의 경쟁에서 탈락하지 않으려면 후보자의 정책과 공약에 관한 해설보다는 흥미 있고 가벼운 그리고 단순화된 이미지가 함축된 메시지의 전달이 불가피하다는 것이다. 이러한 주장은 물론 공익성을 뒷전으로 미루고 상업성만을 추구하는 입장을 반영하는데, 정도의 차이는 있겠지만 대부분의 상업주의적 미디어가 이러한 보도 관행에 빠져 있다. 선거를 정책이나 사상의 진지한 대결이 아닌 전략이나 이미지의 흥미로운 대결로 간주하는 상업화된 선거 저널리즘은 선거의 의미를 퇴색시킬 뿐 아니라 민주주의의 기본 원칙에도 위배되는 것이다. 흥미를 유발하기 위해 극적인 분위기를 연출하는 상업주의 언론의 대표적인 선거 보도 관행을 요약하면 다음과 같다.

경마식 보도: 선거의 드라마화

미디어는 선거 과정에서 논의되는 이슈를 전달하여 유권자들로 하여금 후보자를 선택하는 데 도움을 주기보다는 마치 스포츠나 퀴즈 게임을 중계하는 방식으로 보도하여 선거 보도를 흥밋거리로 즐길 수 있는 오락물로 전락시키는 경향이 있다. 후보자들에 대한 보도가 마치 경마 중계를 연상시킨다는 뜻에서 이름 지어진 경마식horse race 보도란 후보자의 개인적 특성, 배경, 정견 등의 본질적인 내용보다는 투표율 예측이나 후보별 인기도, 청중 수, 캠페인 전략, 선거 자금 등 표피적인 내용을 기사화하는 보도 양식을 말한다. 후보자에 대한 소개도 경마에 출전할 말들이 관중들 앞에서 잠깐씩 선보이듯이 출신 지역, 소속 정당, 학력, 경력 등만을 수박 겉핥기 식으로 다루는 반면 후보자들의 정책이나 정치 노선 등에는 관심을 보이지 않는다. 따라서 경마식 보도는 후보자를 간의 경쟁 상황이나 경쟁 결과를 기사화하는 데 급급하여 선거 이슈를 부각하지 못한다는 비판을 받는다.

미디어의 선거 보도가 경마 중계의 성향을 보이는 근본적인 이유는 독자나 시청자들의 흥미를 자극하기 위해서이다. 유권자들로 하여금 선두 그룹의 경마를 지켜보면서 골인 순서를 기다리는 관중이 느끼는 흥분과 초조함을 맛보게 함으로써 더 많은 수의 수용자를 확보하려는 전략이 바로 경마식 보도이다. 선두 주자들front-runner, 즉 당선 가능성이 높은 후보자들의 선거 전략, 자금 사정, 인기도 등의 우열을 집중적으로 취급하는 경마식 보도는 지명도가 비교적 낮거나 선거 자금이 넉넉하지 못한 후보자들에게 치명적으로 불리하게 작용한다. 특히 언론이 과학적이고 객관적인 자료에 근거하지 않은 '당선 가능성'에 기초하여 선두 주자들을 임의로 가려 내어 보도하는 경우는 더욱 그렇다. 또한 언론이 선두 주자 그룹에 끼지 못하는 후보자들의 정치적 잠재성과 정치관보다는 그들의 중도 하차 여부, 시기 등에 관심을 보일 경우 이들의 선거 캠페인은 엄청난 타격을 받는다. 따라서 지명도가 높거나 조직력, 자금 동원력이 뛰어난 선두 그룹의 후보자들에게만 집중되는 경마식 보도는 다른 후보자들을 유권자들의 관심 밖으로 몰아내어 사실상 유권자들의 선택의 폭을 제한한다.

우리나라의 미디어도 우세 후보자들만을 집중 취재한 결과 군소 정당의 신인 후보들은 불이익을 감수하는 경향을 보이고 있다. 미디어가 우세로 지적하는 근거가 공천을 준 정당의 비중, 과거의 경력, 자금력, 그리고 지연, 학연, 혈연으로 후보의 무게를 어림잡는 방법이고 보면 지명도가 높은 후보, 현역 위원 혹은 다선 의원이 우세로 지목되는 경우가 다반사였다.

경마식 보도 관행은 선두 후보자에게도 불리한 영향을 초래할 수 있다. 관중을 열광의 도가니로 몰아넣은 경마가 대개 골인 지점

근처에서 역전극을 수반하듯이, 경마식 보도의 묘미는 백중세를 보이는 후보자들의 열띤 경합이나 예상치 않았던 다크 호스의 등장에 있다. 선거전에서 역전극은 독자들의 흥미를 끌기 마련이므로 미디어는 은근히 역전되는 의외의 상황이 발생하기를 기대하기도 한다. 그래서 미디어에 의해 집중 보도되는 선두 주자 —— 당선이 가장 유력시되는 후보 —— 는 언론플레이를 통한 선거 홍보의 기회가 많겠지만 경쟁자들의 공략 목표라는 점에서 종종 흑색 선전이나 폭로 저널리즘의 희생양이 되기도 한다.

　여론 조사 결과의 무비판적 수용이나 후보자의 당락을 예측하는 기사의 남발도 경마식 보도 관행의 일면을 보여 주는 사례이다. 모집단의 정확한 규모, 질문지의 올바른 작성, 조사원의 성실성, 응답자의 솔직성 등의 모든 조건을 충족하는 과학적인 여론 조사의 보도는 여론의 향배를 비교적 정확하게 예측하고 반영하지만, 이러한 조건을 무시한 비과학적인 여론 조사나 인터넷 찬반 투표 결과에 의거하여 후보자 간의 지지율을 비교하고 당락을 예측하는 보도는 여론을 왜곡할 뿐 아니라 민주주의 발전을 저해한다.

인물 중심의 보도: 이미지의 정치학

선거 캠페인의 홍보 전문가는 후보자 개인의 긍정적인 면을 부각하여 유권자들이 그 후보자에 대해 호의적인 이미지를 형성하도록 하는 임무를 띠고 있다. 소비자의 구매 행위가 상품의 이미지에 의해 좌우되듯이 유권자의 선택은 후보자의 이미지와 밀접한 관련을 맺는다는 점에서, 이미지 메이킹 image-making은 중요한 선거 홍보 전략으로 인식되고 있다. 후보자의 경력, 성격, 외모, 어투 등에서 우러나는 분위기를 강조하는 인물 중심의 보도는 인간적 흥밋거리를 찾는 수용자들의 관심을 끌기에 충분하므로 언론도 홍보 전문가들의 이미지 메이킹 전략을 굳이 거부하지 않는다. 아무튼 언론은 후보자들을 멜로드라마의 주인공인 양 묘사하고 그들의 이미지 전달에 급급한 나머지 선거 보도를 극화시키는 데 일조하고 있다.

이미지란 실체를 의미하기보다는 그 실체의 재현된 상을 의미한다. 이러한 이미지를 "인간이 어떤 대상에 대해 갖는 머릿속의 그림 mental pictures in our head"이라고 정의하였던 미국의 저명한 언론인 리프먼[1]은 인간 내부의 이러한 그림 때문에 우리는 종종 사물의 본질을 그대로 바라보지 못하고 그 사물에 대해 이미 구축되어 있는 이미지 —— 스테레오타입stereotype —— 를 통해 인식한다고 보았다. 따라서 미디어의 보도도 사건을 있는 그대로 전달하는 것이 아니라 기자의 인식틀에 비추어진 이미지의 제공이라고 할 수 있다. 비슷한 맥락에서 대니얼 부어스틴[2]은 그의 저서 ≪이미지The Image≫에서 언론에 의해 구성된 이미지는 가관념pseudo-ideals뿐이므로 사물에 대한 참되고 진실된 면을 보여 주기보다는 조작되고 단편적인 면만을 전달한다고 주장했다.

미디어가 전달하는 후보자들의 이미지는 유권자들의 태도 형성에도 영향을 미친다. 예컨대 1940년 미국 대통령 선거에서 루스벨트 후보는 〈노변담화Fireside-chat〉라는 라디오 프로그램에서 뛰어난 화술로 청취자들을 매료시켜 '자상하고 인자한' 정치인이라는 이미지 메이킹에 성공한 것으로 평가받고 있다. 1960년 케네디와 닉슨 사이에 벌어진 토론도 텔레비전을 통한 이미지 메이킹이 뛰어나 효력을 발휘함을 입증하는 사례로 널리 인식된다. 닉슨에 비해 열세에 놓여 있었던 케네디는 텔레비전 토론을 통해 순발력, 적극성, 미래 지향성

그리고 잘 생긴 외모에서 풍기는 호의적인 이미지를 부각시킴으로써 결국은 선거에서 승리하게 되었다. 그 밖에도 카터는 정직성과 도의성을 강조하고, 레이건은 힘과 지도력을 갖춘 정치인으로서의 이미지를 창출하여 각각 상당한 성과를 보였다. 2008년 선거에서 미국 대통령에 당선된 버락 오바마는 지지자들의 자발적 참여를 유도하는 인터넷을 적극 활용함으로써 변화를 지향하는 진취적 이미지를 확산시키는 데 성공했다.

우리나라 선거에서도 이미지 메이킹은 빼놓을 수 없는 캠페인 전략의 하나이다. 지난 1987년의 대통령 선거에서 민정당은 노태우 후보의 이미지를 '보통 사람'에 맞추어 '보통 사람의 위대한 시대'라는 캐치프레이즈를 내세워 전국의 일간 신문에 정치 광고를 게재하였다. 김영삼 후보는 민주화 투쟁의 경력을 감안하여 '민주화냐 군정이냐'하는 강하고 도전적인 이미지가 풍기고 승부사 기질의 퍼스널리티를 채택하여 '약하다'는 부정적인 이미지를 불식시키려고 노력한 흔적이 엿보였다. 그리고 1997년 대통령 선거에서 김대중 후보는 경제 위기를 타개해 나갈 준비된 경제 대통령의 이미지를 심는 데 성공했으며, 2002년 선거에서 승리한 노무현 대통령은 인권 변호사 출신이라는 배경을 활용하여 미국의 역대 대통령들 가운데 가장 인기가 높았던 링컨 대통령의 이미지와 연계시켰다.

선거 보도가 인물 중심으로 흐르는 현상은 인물 중심의 정치 풍토에서 그 원인을 찾을 수 있다. 특히 우리나라처럼 선거가 정파나 계파의 보스를 중심으로 치러지는 풍토에서는, 즉 '밀실 정치' 혹은 '안방 정치'가 판치는 상황에서는 인물 중심의 보도가 만연하다. 정당이나 정파의 지도자들이 국회의원 후보의 공천권을 쥐고 있는 상황에서 공천과 관련된 기사의 출처는 극소수의 정치 지도자들일 수밖에 없다. 인물 중심의 보도는 정당들이 선거 체제로 돌입함과 때를 맞추어 각 지역구의 예상 출마자를 연일 대서특필하거나 차기 대권 후보자에 초점을 맞추는 일간 신문의 편집 정책에서도 잘 드러난다.

인물 중심의 정치는 인물 위주의 취재 관행으로 이어진다. 각 정당을 출입하는 출입처 기자들은 정파나 계파의 지도자들과 하루 일과를 같이할 정도의 밀착 취재를 통해 기삿거리를 얻는다. 출입처 기자들은 기자 회견이나 뉴스 브리핑과 같은 공식적인 행사뿐만 아니라 정치 보스들의 집을 수시로 드나들고 그들과 술자리도 함께하면서 비공식적인 뒷이야기를 캐내어 기사를 작성한다. 이른바 재택 정치가 판치는 곳에서는 재택 취재가 당연하게 받아들여지는데, 재택 취재로 얻는 기사는 인물 중심의 가십거리가 주종을 이룬다. 기자들과 정치 보스들 간에 형성된 밀착 관계의 연결 고리는 학연, 지연, 혈연 그리고 촌지의 수수 등으로 더욱 공고해진다.

인물 중심의 선거 보도가 확산되는 또 다른 이유는 언론 스스로가 인물에 관한 기사를 선호하기 때문이다. 대부분의 수용자들이 추상적인 정책, 집단, 관료 조직에 관한 기사보다는 사람들에 관한 흥미로운 이야깃거리human-interest story를 선호하는 현상을 감안하여 언론(특히 TV)은 선거 보도의 초점을 개인의 행동, 표정, 발언 내용에 맞춘다. 휴먼 드라마를 추구하는 언론의 속성을 이용하여 선거 진영의 홍보 전문가들은 인물 중심의 홍보 자료 작성에 몰두하여 후보자의 이미지를 제고하는 킹메이커로서의 임무를 완수한다. 그 결과 언론은 정당의 활동이나 노선에 관한 기사도 정당 지도자의 개인적인 활동이나 의견으로 묘사하며, 정당 간의 정책이나 이념적 노선의 상이함마저도 인격화시켜서 인물 간의 대결이라는 극적 요소를 부각시킨다. 다양한 정치 조직이 표방하는 이념과 정책들 간의 차별성보다 주로 인물의 경력이나 이미지를 보도 대상으로 삼는 상황에서는 유권자들의 선택도 인물 중심으로 이루어져서 결국 정당 정치의 의미가 퇴색되어 버린다. 양당 정치의 모델이 되어 왔던 미국에서조차 정당이 투표 행위에 미치는 영향이 점차 줄어들고 있는 것은 선거 보도가 지나치게 인물 중심의 드라마로 흐르고 있는 현상과 무관하지 않다.

이벤트 중심의 보도: 기사의 탈맥락화

미디어가 어떤 이슈를 더욱 중점적으로 다루느냐에 따라 수용자들이 중요하게 생각하는 이슈의 순서가 결정된다는 연구 결과는 언론의 수용자에 대한 정치적 영향력이 작지 않음을 보여 준다.[3] 미디어의 보도와 여론의 관계를 설명하는 의제 설정 연구는 물론 언론이 사회적으로 쟁점이 되고 있는 시급하고 중요한 문제들을 우선적으로 다루고 있음을 가정한다. 그러나 이슈보다는 이벤트에 더 큰 관심을 보이는 보도 관행을 보면 이러한 가정이 무비판적으로 수용될 수 없음을 일깨워 준다. 특히 선거 보도는 선거 캠페인 과정에서 발생하는 크고 작은 이벤트들에 초점이 맞추어지는 경향이 강하며, 이러한 사건들은 선거의 본질과 관련이 적은 선거 유세의 일상적이고 의례적인 행사에 불과한 경우가 많다. 언론은 항상 새로운 기삿거리를 발굴해야 하므로 현장감과 사실감이 있는 이벤트에 집착하게 되며, 취재원은 언론의 이러한 속성을 이용하여 언론을 조작하기도 한다.

선거 보도에서 빠지지 않는 것이 유세 장면에 대한 묘사이다. 신문이나 방송은 종종 유세의 성패를 청중의 규모나 호응도에 의해 평가하는데, 이는 후보자의 인기도와 직결된 문제이므로 모든 선거 진영에서는 유세라는 미디어 이벤트를 성공적으로 끝내기 위한 사전 준비를 철저히 한다. 특히 카메라 앞에서의 실수는 치명적인 위기를 초래할 수 있으므로 후보자는 자신의 언행에 대해 매우 조심하게 된다.

후보자는 항상 무대 위에 올라와 있다는 생각으로 조심하지 않으면 뜻하지 않게 카메라에 실수 장면이 잡히게 되고, 그것이 대수롭지 않은 실수라고 할지라도 홍밋거리를 쫓아다니는 미디어에 의해서 반복, 과장 보도되는 경우가 있다. 특히 인터넷을 통해 이런 장면이 손쉽게 퍼지므로 이런 현상은 더욱 심화되고 있다. 사건을 쫓아다니는 보도 관행은 선거 이슈를 소홀히 다루고 행사 위주의 선거 캠페인을 유도한다는 지적 이외에도 사건들을 파편화시키는 경향이 있다는 비판을 받는다.4 서로 관련이 있음 직한 사건들이 연결이 되지 않은 채 상관없는 사건으로 묘사되고 각 사건의 전후 맥락이 간과되는 현상도 언론의 사건 중심 보도 관행에 기인한다고 볼 수 있다.

미디어의 보도가 사건의 맥락과 사회적 의미를 밝혀 내지 못하는 이유는 객관 보도의 원칙은 엄격히 지켜지는 반면 장기간의 심층 취재와 기자의 주관적 해석을 요하는 탐사 보도는 장려되지 않기 때문이다. 언론사도 탐사 보도의 필요성을 인정하면서도 객관 보도에 비해 취재 시간과 비용이 많이 들고 취재원과의 관계를 불편하게 할 수 있는 탐사 보도를 적극적으로 장려하지는 않는다. 사건들을 종합적으로 분석하여 사회적, 역사적 의미를 파헤치기보다는 단편적인 사건의 전개에만 관심을 쏟는 언론의 보도 관행은 복잡하고 거시적인 이슈보다는 단순하고 미시적인 이미지만이 가득한 기사를 양산하여 '숲은 못 보고 나무만 보는' 오류를 범한다. 개별적인 사건에 집착하는 보도는 그 사건의 원인, 역사적 배경, 결과를 말해 주는 또 다른 사건과의 관계를 추적해 내지 못하는 한계를 안고 있다. 이러한 상황에서 언론의 보도를 접한 수용자는 사건의 본질을 이해하지 못하며 이슈에 관한 자신의 입장을 정리하는 데에도 어려움을 겪는다.

취재원의 의사 사건*pseudo-event* 창출 또한 사건 중심의 보도 관행을 이용한 홍보 전략이다. 의사 사건이란 준공 기념식, 기자 회견, 뉴스 브리핑, 인터뷰 등과 같이 사전 계획과 예측이 가능하고 의도성이 내포되어 있는 단지 보도를 위한 미디어 이벤트를 의미한다.[5] 일례로 취재원은 언론이 그 날의 새로운 사건을 신속하게 보도하는 속성을 이용하여 기자 회견이라는 의사 사건을 창출하여 이것이 보도되도록 하고, 사전에 기자들에게 배포된 홍보 자료에 입각하여 기사가 쓰여지도록 유도한다. 정당이나 정부 부처는 이러한 기자 회견이나 뉴스 브리핑을 정례화하고 기자들이 이러한 의사 사건의 발생을 예측할 수 있도록 하여 취재 업무의 효율성을 높이는 편의를 제공한다. 또한 마감 시간에 쫓겨 기사 내용을 확인할 방도가 없는 기자들은 취재원의 발언 내용을 그대로 옮기게 된다. 하지만 기자가 선거 홍보 자료에 지나치게 의존할 때 취재원의 뉴스 조종은 더욱 수월해져서 언론이 흑색 선전의 도구로 이용하는 사태로까지 번지게 된다.

미디어와 정치 권력의 관계

미디어와 정치 권력은 밀접하게 관련되어 있으나, 그 관계의 본질은 복잡하며 역동적이라고 할 수 있다. 다시 말해 정치 상황에 따라서 혹은 사안에 따라서 특정 권력과 특정 미디어의 관계는 가변적이라고 하겠다. 실제로 미디어와 정치 권력 간의 관계를 살펴보면 적대적이기도 하지만 경우에 따라서는 공생적이거나 종속적이기도 하다. 미디어와 정치 권력의 관계는 다음과 같이 다양한 시각에서 분석되고 있다.

적대적 관계

자유주의 언론 규범에 따르면 미디어는 권력에 대한 감시와 비판을 통해 권력이 남용되지 않도록 하는 권한을 부여받고 있다. 흔히 언론을 '파수견watch dog'으로 묘사하는데, 여기서는 미디어가 정부나 정치 권력으로부터 독립되어 있을 뿐 아니라 갈등 관계에 있음을 상정한다. 언론이 권력에 적대적 관계를 맺고 권력을 비판해야만 통치자의 이기주의와 잠재적 실패 가능성을 최소화할 수 있다는 자유 민주주의 이론의 기본 전제를 수용하고 있다. 즉, 통치자들이 권력을 남용하지 않도록 감시해야 하고, 국민들을 통치자의 권력 남용으로부터 보호하기 위해서 언론은 권력자의 부정을 파헤치는 보도를 해야 하는데, 이 점에서 미디어에 파수견의 역할이 자연스럽게 부여된다. 미디어가 정부로부터 독립성과 자율성을 유지하고 있음을 가정하여 신문이나 방송에 '제4부'의 지위를 부여하는 사상도 이와 같은 맥락에서 이해될 수 있다. 다수의 약자를 보호하고 강자의 잘못을 질타하는 파수견적 기능은 또한 미디어의 사회적 책임을 강조하는 사상을 반영하고 있다. 파수견으로서의 미디어가 가져야 하는 사회적 책임은 언론의 역할이 고통받는 사람들에게는 위안을 주고 평안한 사람들에게는 고통을 주는 것이라는 지적에 잘 반영되어 있다.

미디어를 사냥견hunting dog으로 보는 견해도 파수견으로 보는 견해와 마찬가지로 미디어의 독립성을 가정하는 반면, 미디어의 긍정적 기능에 초점을 맞춘 파수견 이미지와는 달리 언론의 부정적 기능을 설명하고 있다. 미디어와 적대적 관계를 맺고 있는 취재원의 권력이 약화되는 시기에 언론(인)은 '사냥견hunting dog'의 이미지가 돋보인다. 권력 누수기에 대항 세력의 강력한 도전에 밀린 집권 세력의 비리를 맹렬히 파헤쳐 비판하는 언론(인)은 권력의 오·남용을 감시하는 파수견이라기보다는 마치 포수의 총소리를 듣고 나서야 맹수에게 달려드는 충성심을 보이는 사냥견의 이미지와 어울린다고 하겠다. 또한 언론은 상업적 이득을 고려하기 때문에 독자나 시청자들의 관심을 쉽게 끌 수 있는 스캔들을 집중적으로 파헤치는 가운데 개인의 인권을 무시하는 경향을 보이는데, 이 경우에도 신문이나 방송을 사냥견에 비유한다.

교환과 공생의 관계

취재 기자의 입장에서 보면 취재원은 보도 자료, 인터뷰, 배경 뉴스 등 뉴스 소재를 지속적으로 제공하는 정보의 출처이며, 취재원의 입장에서 보면 취재 기자는 자신이 속한 관료 조직의 활동을 공중에게 잘 알릴 수 있는 홍보 수단이 된다. 이처럼 기자와 취재원은 서로 거래할 수 있는 자원을 보유하고 있으므로 상호 의존적이거나 교환의 관계를 맺게 된다고 볼 수 있다. 취재원이 특정 기자에게 특종감을 제공하는 대가로 그 기자가 그 취재원에 호의적인 기사를 쓰게 되는 상황을 생각해 보면 기자와 취재원의 공생 관계가 어떻게 형성되는지를 알 수 있다. 이는 서로에게 필요한 부분을 제공하면서 공생을 이루는 악어와 악어새와 같은 관계인 것이다. 뉴스거리가 될 만한 정보를 보유하고 있는 취재원은 정치 권력을 관리하고 있는 관료 조직의 일원이며 기자란 언론사 조직의 일원이라고 볼 때, 기자와 취재원의 관계는 미디어와 정치 권력 간의 관계를 반영한다.

기자와 취재원, 혹은 넓게 보아서 미디어 체계와 사회 체계 간의 관계가 상호 의존적이라는 지적은 구조 기능주의로 사회를 설명하는 방식에 부합한다. 하위 체계 간의 상호 의존성을 가정하는 구조 기능주의나 다원주의 관점에서 보면 기자와 취재원의 관계를 상호 의존적으로 보는 시각은 조금도 어색하지 않다. 자유주의 언론 이론에서는 기자와 취재원 간의 적대적 관계를 당위적인 것으로 여기지만 미국의 주류 사회 이론은 오히려 이 관계를 상호 의존적인 것으로 이해하고 있음을 알 수 있다. 뉴스가 만들어지는 과정을 사회학적 관점으로 분석한 대부분의 학자들은 경험적 연구를 통해 기자와 취재원 간의 관계를 교환이나 공생으로 규정짓고 있는데, 이러한 설명은 적대적 관계를 규범으로 수용하는 언론인들을 당혹스럽게 한다. 다시 말해서 구조 기능주의 사회 이론과 자유주의 저널리즘 이론은 기자와 취재원 간의 관계를 서로 다른 방식으로 이해하고 있는 것이다.

이렇듯 교환 이론으로 기자와 취재원의 관계, 혹은 미디어와 정치 권력 간의 관계를 파악하는 데에도 한계는 있다. 첫째, 뉴스 제작의 일상적 과정을 관찰한 결과에 근거한 상호 의존 모델은 어느 한쪽이 다른 한 쪽을 압도하거나 지배한다고 보지 않고 있다. 힘의 종속 관계를 인정하지 않는 것이다. 언론사나 기자가 독립성과 자율성을 유지하고 있지 않은 사회에서는 교환 관계가 발견된다고 하더라도 취재원 측이 기자에 비해 힘의 우위에 서 있다는 사실을 놓칠 수 있다는 것이다.

둘째, 개인적 차원에서 비공식적으로 이루어지는 상호 이익을 과대하게 강조하는 경향이 있다. 기자와 취재원이 협력을 통해 얻는 이익보다 갈등을 통해 얻는 이익이 많을 경우, 그리고 양자 간의 신뢰에 의한 약속(가령, 엠바고나 오프 더 레코드)이 깨졌을 겨우, 상호 의존 관계보다는 적대적 관계가 부각될 수 있다고 하겠다.

셋째, 공생 관계와 적대적 관계를 동시에 발견할 수 있는 정치적 상황을 고려해 볼 필요가 있다. 권력 구조가 분열되어 있을 경우 특정 기자가 어느 한 정파에는 적대적이지만, 이와 동시에 반대 정파와는 공생 관계를 유지하는 상황이 발생하기 때문이다. 미국의 닉슨 대통령을 사퇴시킨 워터게이트 사건 관련 보도가 언론과 권력 간의 적대적 관계를 보이는 측면이 있는 반면, 〈워싱턴 포스트〉의 기자에게 닉슨 측의 부정을 지속적으로 제보해 준 또 다른 권력자 *deep throat*가 존재했다는 사실은 자의든 타의든 간에 상호 의존 관계가 작용했음을 입증해 준다. 정권 말기에 정부에 대해 비판의 강도를 높이는 우리나라 언론의 보도 행태는 단지 재집권이 불투명한 권력에 대해 적대적임을 보여 주고 있음에 불과하다. 미디어는 집권 가능성이 있는 새로운 권력을 지원하면서 공생의 길을 걸었음을 보여 주는 사례는 선거 직전의 보도 성향에 잘 드러나 있다.

종속과 지배 관계

기자와 취재원 사이에 교환과 공생의 측면이 발견된다고 하더라도 이것은 양측이 항상 동일한 정도의 힘을 보유하고 있다는 것을 의미하지 않는다. 즉 누가 힘의 우위를 차지하고 있는가에 따라 관계의 본질이 달라질 수 있는 것이다. 권력과 미디어가 대등한 지위를 누리고 있는지, 아니면 권력이 미디어보나 우위에 서 있는지 혹은 미디어가 권력보다 더욱 강력한 힘을 발휘하고 있는지의 문제는 경험적 관찰에 근거해야 할 것이다.

정부나 집권 여당이 막강한 미디어 통제력을 발휘하는 상황에서 정부측 취재원은 기자를 마음껏 조종하고 통제하기도 한다. 전체주의 국가나 독재 체제에서 언론사나 기자는 정치 권력에 지배당하며 그에 복종한다. 이런 경우 기자는 취재원에 대해 종속적인 관계를 맺는다. 공산권 국가에서는 미디어가 당의 명령에 복종해야 함을 당연한 규범으로 받아들이며, 독재 국가 정치 권력은 매우 다양하고 풍부한 미디어 통제 자원을 보유하고 있으므로 억압과 회유를 통해 기자를 지배한다.

미디어(기자)가 정치 권력(취재원)에 종속되어 자율성을 발휘하지 못할 뿐 아니라 정치 권력의 명령에 순종할 경우, 미디어는 흔히 '애완견lap dog'에 비유된다. 사회 전체의 이익을 위해 봉사하는 것이 아니라 독재자나 지배 엘리트의 이익만을 증진하기 위해 활동하는 미디어는 주인에 대해 충성의 임무를 다하는 애완견으로서의 역할 수행한다. 주인의 명령에 순종한 대가로 안락함을 보상받는 애완견처럼 정권에 복종하는 기자는 집권 세력을 비판하기는커녕 오히려 정권의 정통성을 정당화하기까지 한다. 1970년대와 1980년대에 걸쳐 미디어에 대한 탄압이 강화되었던 우리나라의 상황에서 많은 언론인들이 독재 정권을 지지하는 애완견의 역할을 수행한 바 있다. 미디어의 종속 현상은 반드시 독재 정권에서만 발견되는 현상은 아니다. 민주주의가 정착되었다고 할지라도 엄청난 자금력을 지닌 기업인이나 광고주들은 언론에게 경제적 보상을 제공하거나 이를 약속함으로써 미디어를 종속시킬 수 있다.

안내 또는 인도 관계

언론인은 경험과 식견을 바탕으로 정치 지도자(취재원)가 올바른 방향으로 나아가도록 안내하고 지도하는 능력을 발휘하기도 한다. 1960~70년대 정치 엘리트의 전문화가 이루어지지 않았던 개발 도상국에서는 언론인들이 정치인들에게 사회 발전의 목표나 발전 전략을 제시함으로써 그들을 후원하는 경우가 종종 발견되었다. 사회가 올바른 방향으로 나아가도록 인도하는 역할을 언론인이 수행한다는 뜻에서 이러한 언론을 '인도견*guide dog*'에 비유하기 한다. 앞을 볼 수 없는 맹인을 인도하는 인도견의 임무는 주인을 안전하게 목적지까지 안내하는 것이듯, 시대의 선각자로서 언론은 사회를 올바른 방향으로 인도해야한다는 것이다.

그러나 언론인이 자신의 전문성을 발휘하여 정치인을 안내하고 지도하는 과정에서는 양자 간의 거래나 결탁이 발생하기 쉽다. 즉 언론인들이 정치권의 전략 수행에 도움을 줌으로써 그에 따르는 정치적 보상을 기대할 수 있다는 것이다. 우리는 주변에서 정치권 인사에게 안내와 지도의 서비스를 성공적으로 제공한 대가로 정치권 진출에 성공한 많은 언론인들을 발견할 수 있다. 1999년 11월 한 언론인이 정치권 인사에게 언론을 장악할 수 있는 방안이 담긴 문건을 건넸던 사건이 폭로되었던 바와 같이, 언론인이 자신의 전문적 식견을 바탕으로 특정 정치 세력에게 언론 활용을 위한 안내서를 제공하고 이에 상응하는 보상을 받는 경우가 있다.

호위 또는 수호 관계

언론인은 공생 관계를 지속적으로 유지하는 정치권 인사나 정치 권력 집단의 정치적 이해를 보호하고 수호하는 역할을 담당하기도 한다. 외부 세력으로부터 공격을 받거나 도전을 받는 권력 집단이나 사회 체제를 적극적으로 옹호하고 나서는 미디어는 '수호견guard dog'의 임무를 수행하고 있는 것으로 간주할 수 있다.

국가 간의 갈등이나 분쟁이 발생했을 경우 미디어는 소속 국가의 이익을 옹호하는 방향으로 보도하며 이런 경우 보도의 공정성은 논란의 대상이 되지 않는다. 자국의 외교 정책을 지지함으로써 미디어는 국가 체제를 수호하는 기능을 발휘한다. 일례로 우리나라의 신문은 일본과의 독도 영유권 분쟁 혹은 일본 역사 교과서 왜곡 관련 보도에서 단호한 자세로 국익을 옹호함으로써 국민적 통합을 이끌어 내는 데 공헌하였다. 미국의 미디어도 걸프전 보도에서 보듯이 미국 측 정보원에 의존함으로써 미국의 국익을 수호하는 기능을 수행했다.

체제 도전적인 사회 운동의 보도에서도 미디어는 사회 질서의 유지를 강조하고 도전 세력을 주변적인 존재로 묘사함으로써 지배 권력의 정당성을 인정해 준다. 이러한 보도 성향은 결국 지배 권력의 이익을 수호하는 결과를 낳는다고 하겠다. 권력 집단들 간의 분쟁이 발생했을 때에도 특정 언론사는 특정 정치 세력의 이해를 반영하는 '보도틀news frame'을 구축하는 경향이 있다. 이것도 특정 정치 세력을 호위하는 기능을 발휘하는 것이다. 김대중 정권 시기에 〈조선일보〉, 〈동아일보〉, 〈중앙일보〉는 남북 관계나 노사 문제 등 이데올로기적으로 예민한 사항에 대해 보수적인 논조를 펼쳐 야권 세력의 입장에 동조하는 기사를 많이 실었던 반면 〈한겨레〉, 〈대한매일〉, 〈경향신문〉은 정부와 집권 여당을 두둔하는 기사를 많이 내보낸 것에서도 보는 바와 같이 언론의 보도는 특정 세력을 호위하는 결과를 초래하기도 한다. 이처럼 수호견으로서의 언론사가 지니고 있는 중요한 기능 가운데 수호하는 집단(세력)과 그렇지 않은 집단(세력) 간의 경계를 구분하는 것이다. 경계 내에 문제에 대해서는 무시하거나 작게 취급하지만 경계 밖의 문제에 대해서는 매우 빠르고 강하게 공격한다.

한국의 정치 변동과 미디어

1980년대 후반 이후 민주화의 진행에 따라 국가의 강압적 언론 통제력이 약화되면서 우리나라의 미디어가 누리는 자율성도 큰 폭으로 신장되었다고 볼 수 있다. 특히 방송에 비해 정부의 규제를 덜 받고 있는 신문은 과거 권위주의 정권 시절에 비해 보다 자유스럽고 자율적인 분위기에서 활동할 수 있었다. 따라서 신문의 영향력이 더욱 커졌다는 인식과 함께 이제 신문은 '또 하나의 권력 기관'으로 활동하고 있다는 지적을 받고 있다. 그리고 국가 권력에 종속되어 정부/여당에 순종적이었던 권위주의 체제 당시의 신문과는 달리, 국가 권력으로부터 자율성을 획득한 신문은 차츰 나름대로의 목소리를 내면서 자기 색깔을 찾아가는 조짐을 보이고 있다.

　따라서 1990년대에 민주주의가 정착되면서 우리나라의 신문은 서구의 자유주의 언론 모델에 성큼 다가간 것으로 평가받고 있다.

정부의 족쇄로부터 풀려난 신문이 독자적인 힘을 발휘하게 되었다는 평가도 뒤따랐다. 한편 신문에 의한 명예 훼손과 사생활 침해 등 인권 침해의 사례가 늘어나면서 신문의 힘이 남용되고 있다는 우려의 소리가 들려오기도 했다.

그렇다면 정부 통제의 약화로 인한 반사 이익으로 얻게 된 신문의 힘이 자유주의 언론의 규범이 말하는 바와 같이 과연 독자적으로 형성, 발휘되는 것인가? 신문을 권력의 대리인_agent_으로 간주하는 관점에서 본다면 신문이 발휘하는 힘은 독자적인 것이 아니라 다양한 권력 집단들과의 관계에서 형성되는 것이라고 하겠다. 신문의 위력이 증가했다는 경험적 관찰은 신문을 둘러싼 권력 구조의 성격 변화와 밀접한 관련을 맺고 있다는 것이다. 1990년대에 이르러 권력 구조가 분산됨에 따라 다양한 정치 권력 집단들 —— 정당과 사회 운동 단체 —— 이 등장했으며, 그 결과 신문들은 대리할 수 있는 권력 집단의 수가 늘어남에 따라 선택의 자율성을 확보할 수 있게 되었던 것이다. 권력 집단들 간의 갈등과 대립이 선거 제도를 통해 관리, 조정되는 가운데 신문들은 다양한 권력 집단들과 일종의 파트너십을 형성하면서 나름의 영향력을 발휘하게 된 것이다.

특정 신문과 특정 권력 집단 간의 파트너십은 권력 구조의 변화에 민감하게 반응한다. 다시 말해서 권력 이동이 발생하여 권력 집단 간의 위계 서열이 바뀌었을 때 신문들은 새로운 정치 상황에 적응한다. 이를테면 신문은 선거에서 승리하여 여당(혹은 여당 내의 특정 분파)으로 등장한 세력과의 관계를 강화하거나, 야당(혹은 야당의 특정 분파)과의 관계를 그대로 유지하는 전략적 판단을 내린다. 우리나라의 1998년 정권 교체는 위에서 언급한 권력 이동을 야기했으며 신문과 정당 간의 관계가 새롭게 정립될 수 있는 상황을 제공해 주었다. 다시 말해서 이른바 조중동이라 불리는 〈조선일보〉, 〈중앙일보〉, 〈동아일보〉는 보수적 성향의 야당과는 협조 및 우호 관계를 맺는 한편, 진보적 성향의 김대중 정부에 대해서는 적대적 성향을 노골적으로 드러냈다고 하겠다. 반면 〈한겨레〉와 〈경향신문〉과 같은 진보적 신문은 상대적으로 볼 때 집권 정당과는 우호적 관계를, 보수 야당과는 적대적 관계를 유지했다.

1990년대 말부터 우리 사회의 권력이 보수와 진보로 나뉘어 양극화되는 현상이 고착되면서 보수 언론과 진보 언론이 중요한 정치 쟁점에 대해서 정반대의 논조를 취하는 경우가 적지 않았다. 권력 구조에 균열이 발생하면 집권 세력의 미디어 통제력이 약화되며, 이에 따라 상대적 자율성을 확보한 개별 미디어는 나름의 이해 관계나 정치적 성향에 따라 특정 권력 집단과의 관계를 긴밀하게 함으로써 권력 갈등 혹은 권력 이동 과정에 참여하게 된다. 그러므로 권력 갈등이나 권력 이동이 진행될 때 미디어는 나름의 보도 이념을 표방할 수 있는 기회를 가지게 되며, 사회 전체에서 유포되는 정치 담론의 이념적 폭이 확대된다고 하겠다. 미국의 뉴스 사회학자인 할린[6]도 비슷한 맥락에서 정치 엘리트들 간의 합의가 유지될 때는 뉴스 미디어는 동일한 보도 이념을 유포하는 반면, 합의가 깨지면 상이한 이념적 관점을 제기하면서 논쟁을 벌인다는 사실을 발견했다.

권력 갈등과 권력 이동은 뉴스 미디어들 간의 횡적 다양성을 증가시키는 상황적 조건으로 작용한다는 외국 사례의 연구 결과는 1990년대 우리나라의 정치 상황에도 적용될 수 있다고 하겠다. 1993년과 1998년의 대통령 선거를 통해 진행되었던 권력 이동(갈등) 과정에서 뉴스 미디어는 나름의 자율적 판단 아래 특정 이념이나 특정 정치 세력을 지지하는 보도 패턴을 형성하는 모습을 보였다. 특히 1998년 여·

야 간의 정권 교체는 개별 신문의 특정 정당에 대한 관계가 더욱 긴밀해지는 계기가 되었다고 하겠다.

신문의 보도 이념은 사설과 칼럼을 통해 가장 명확하게 드러난다. 이는 주관적 판단과 의견이 자유롭게 기사 내용에 반영되기 때문이다. 보도 기사의 경우 객관 보도의 관행을 따르기 때문에 특정 정당에 대한 지지나 비판이 노골적인 형태로 드러나지는 않는다. 하지만 이러한 보도는 특정한 관점을 드러내기 위한 '전략적 의례'[7]로 작용할 수 있다는 점에서 볼 때 은밀히 특정 정당을 편드는 수단으로 이용될 수도 있다. 이를테면 특정 정당의 대변인이나 정치인의 발언과 코멘트를 인용 부호를 사용하여 집중적으로 보도하는 행위는 객관 보도의 관행을 따르는 것이긴 하지만 특정한 이념이나 가치를 지지하는 효과를 낳는다.

우리나라의 경우 신문의 보도 이념이 뚜렷이 드러나는 대표적인 사안은 남북 관계에 관한 기사라고 하겠다. 그런데 북한에 대한 보도 이념은 1980년대 후반부터 변화의 조짐을 보이기 시작하였다. 1988년 이전에는 정부의 강경한 반공, 반북 정책을 일방적으로 따르는 가운데 이념적으로 매우 편향적인 자세로 남북 관계나 통일 문제를 보도했으며, 정부가 허용하는 이념적 노선에서 벗어나는 재야나 학생 운동권의 시각은 배제되거나 철저하게 주변화되었다.[8] 그러나 1988년 이후 사회와 언론의 개방화, 민주화가 진행되면서 신문의 북한 보도에도 변화의 바람이 일기 시작했다.

언론 자유의 확대가 남북 관계에 대한 보도에도 파급 효과를 미치면서 강경하고 맹목적인 반북주의에서 벗어나는 보도 시각이 등장하였던 것이다. 그동안 취재 과정에서 제외되었던 야당, 재야 및 운동권 인사들도 통일 관련 보도의 합법적인 취재원으로 등장하기 시작했으며, 특히 진보적 이념을 표방한 〈한겨레신문〉의 창간은 북한에 대한 보도 시각이 다양해지는 계기를 마련하였다. 1990년대에 들어서 냉전적 대결보다는 화해와 교류를 수용하는 대북 정책이 등장하면서 남북 관계에 관한 논의는 더욱 활기를 띠게 되었으며 신문들 간의 대북 정책에 대한 보도 시각 차이는 더욱 명확해지는 경향을 보였다.[9] 또한 2002년에 진보적 성향의 노무현 정권이 김대중 정권의 햇볕 정책을 계승하면서 남북한 간의 교류가 더욱 활성화되면서 보수 신문과 진보 신문의 대북 관계에 관한 논조는 더욱 극명한 차이를 보이게 되었다.

주

1. W. Lippman, *Public Opinion*, New York: The Macmillan Company, 1961.

2. D. Boorstin, *The Image: A Guide to Pseudo-Events in America*, New York: Atheneum, 1961.

3. M. McCombs & D. Shaw, "The Agenda-Setting Function of Mass Media," *Public Opinion Quarterly* 36, summer, 1972, pp.176~187.

4. W. Bennett *News: The Politics of Illusion*, New York: Longman, 1988, pp.44~51.

5. Boorstin, 위의 책, p.11.

6. D. C. Hallin, *The 'Uncensored War': The Media and Vietnam*, New York: Oxford University Press, 1986.

7. G. Tuchman, "Objectivity as Strategic Ritual: An Examination of Newsman's Notion of Objectivity," *American Journal of Sociology*, Vol.77, No.4, 1972.

8. 이강수, "한국신문과 남북통일문제 보도태도," ≪현대 매스커뮤니케이션의 제문제≫, 범우사, 1991; 유재천, "남북한의 통일 언론 정책," 〈언론 문화 연구〉 8집, 서강대학교 언론문화연구소, 1990.

9. 윤영철, "언론의 현실 재구성에 관한 연구: 우리나라 신문의 남북 관계 보도 분석," 〈신문학보〉 26호, 1991; "언론 환경의 변화와 보도의 다양성," 〈언론학보〉 28호, 1992.

《메이킹 뉴스》. 게이 터크만 (1995). 박흥수 옮김. 나남.

미국 내 유수 언론사들을 대상으로 11년간의 참여 관찰을 거쳐 확인된 결과들을 토대로 만들어진 책으로, 미국 언론의 실제적인 뉴스 제작 과정을 파악하는 데 크게 도움을 주는 커뮤니케이션 분야의 현대적인 고전이다. 인식론적 관점에서 사회 현실의 구성으로서 뉴스가 만들어지는 전체 과정을 조명하고 있는 이 책은 뉴스에 관한 잘못된 상식을 교정하는 데 크게 기여하는 미디어 이론서에 그치지 않고 크게는 지식 사회학 전반을 포괄하고 있다.

《한국 언론과 선거 보도: 정치 커뮤니케이션의 현실 논리》. 권혁남 (1997). 나남.

크게 두 가지 주제로 구성되어 있다. 1부에서는 유권자들이 어떤 심리적 내면 활동과 인지 과정으로 특정 후보를 선택하게 되는지와 언론이 유권자에게 미치는 영향력, 언론의 선거 보도 경향과 문제점에 관해 이론적으로 분석하였다. 2부에서는 1987년 13대 대통령 선거를 필두로 1996년 15대 국회 의원 총선거에 이르기까지 이 기간에 있었던 각종 선거에서 나타난 언론과 선거의 문제를 서베이와 내용 분석을 통해 실증적으로 해부하였다.

《여론과 현대 사회》. 김영석 (1996). 나남.

빈센트 프라이스의 *Public Opinion*(Newbury Park, C.A.: Sage, 1992)과 *Handbook of Communication Science*(Newbury Park, C.A.: Sage, 1987)에서 도널드 로버트와 프라이스가 공동 집필한 부분을 번역한 책이다. 여론의 개념과 역사, 그리고 그 실체를 일목요연하게 소개하였다. 이 책은 계몽 철학 시대로부터 여론의 개념이 어떻게 형성되기 시작하였는가를 역사적으로 고찰하고, '공중*public*'의 개념에 대한 역사적 변천을 살펴본 후, '의견*opinion*'과 그와 유사한 다른 개념들을 분석하고 있다.

《미디어와 권력: 한국 언론 — 이제 어떻게 할 것인가》. 김중배 (1999). 나남.

《정부와 언론》. 유재천·이민웅 (1994). 나남.

그동안 국내외에서 성취된 정부와 언론과의 관계에 대한 연구 성과를 토대로 연구 가설을 설정하고, 이를 우리 나라 현실에서 검증해 본 책이다. 저자는 현직 언론인과 관료들을 대상으로 서베이를 하는 한편, 게이트키핑 구실을 하거나 여론 형성에 큰 영향력을 미치는 언론인 및 정책 결정 과정에서 중요한 역할을 하는 고위 관료들을 심층 면접하여 이 책을 내놓았다.

《한국 사회 변동과 언론》. 유재천 외 (1995). 소화

한림대학교 한림과학원의 1993년도 연구 과제인 "한국 사회 변동과 언론"이라는 대주제를 연구한 8편의 논문을 엮은 책이다.

《지배 권력과 제도 언론》. J. 허버트 알철 (1991). 강상현·윤영철 옮김. 나남.

오랜 기간 언론인 생활을 해온 저자의 다양한 실무 경력과 국제적 경험을 바탕으로 한 "30년간 연구 결과"를 집대성한 책이다. 저자는 언론이란 본질적으로 체제의 산물이며 권력 의지의 이익에 봉사하는 도구적 존재일 수밖에 없다는 관점을 제공한다. 《언론의 4이론》에 대한 최초의 종합적 비판서로 유명하다.

The Media and Politics. Dean E. Alger (1995). London: Wadsworth Publishing Company.

정치에서 미디어의 비판적 기능에 대해 분석한 책으로, 저자는 민주주의 이론, 공론公論의 요소, 사회화, 정보 처리, 그리고 커뮤니케이션과 미디어의 기본적 속성 등에 대해 언급한 후, 각종 사례 연구, 비디오의 주요 화면들, 주요 연구 방법 등을 제공함으로써 독자들의 분석 능력 향상에 도움을 준다. 제2판은 특히 정부와 미디어의 관계, 선거와 미디어, 정치와 미디어에 대한 보다 새롭고 폭넓은 시각을 제공한다.

Introduction to Political Communication. Brian McNair (1995). London: Routledge.

영국을 비롯한 다른 현대 국가 내에서의 정치, 미디어, 민주주의 사이의 관련성에 대해 소개한 책이다. 저자는 대통령, 수상부터 무역 노동 조합, 테러 단체 등에 이르기까지 모든 정치적 배역*actors*의 미디어 활용에 대해 설명한다. 이 책은 미디어를 통해 보이는 정치가 연극이라면, 그것이 좋은 것인지 나쁜 것인지에 대한 의문을 던진다.

Political Communication in Action: States, Institutions, Movements, Audiences. David L. Paletz(ed.) (1996). New Jersey: Hampton Press.

미디어와 정부의 상호 관계에 대해 관심 있는 전문가나 일반인을 위한 책으로서, 전 세계 11개 나라의 기고자들에게 받은 논문들로 이루어져 있다. 편집자에 의하면 미디어와 정치, 비교 정부학, 국제 커뮤니케이션과 같은 수업의 교재로 적당하다고 한다.

The Political Impact of Mass Media. Colin Seymour—Ure (1974). London: Constable & Co Ltd.

미디어의 다양한 정치적 영향력에 관해 분석한 책으로 주로 개인의 정치적 태도가 미디어에 의해 어떻게 변화하는가에 초점을 맞추었다.

04

미디어와
경제

현대의 미디어는 다양한 정치·사회·문화적 기능을 수행하면서 사회적 공기公器로 취급받고 있지만, 그 존재 형태는 대부분 사기업이다. 이 점은 미디어가 여느 기업과 마찬가지로 시장과 이윤의 논리를 따르지 않을 수 없다는 점을 말해 준다. 그래서 경제학적 논리는 미디어 현상의 일단을 설명하는 데 유용하게 쓰인다. 물론 미디어의 재화는 공공재, 가치재, 습관재 등의 특수성이 있어 일반 재화와 다르다. 이러한 특수성으로 인해 미디어는 시장에만 맡겨 놓을 경우 사회적으로 필요한 만큼의 재화가 생산되기 어렵다. 규제가 필요하다는 것이다. 또 미디어 기업은 규모의 경제와 범위의 경제, 그리고 광고를 통한 이중 경제 등의 경제 논리를 따른다. 그러나 이 논리에 순응만 하게 되면 미디어는 집중화·독점화의 길을 걷기 쉽다. 최근 벌어지는 미디어 기업 간 통합 현상은 가장 큰 이유가 미래에 대한 불확실성 때문이지만, 이 집중화·독점화의 정도는 더욱 높일 것으로 보여 큰 문제가 될 전망이다. 한국 사회에서도 이러한 집중화·(독)과점화는 계속되어 왔다. 지난 시절에는 정치 권력의 미디어 시장에 대한 개입이 가장 큰 원인이었다. 1990년대 이후에는 미디어·채널이 급증하면서 시장이 분화되고 있지만, 신문 시장에서처럼 과점화와 통합 경향도 같이 나타나고 있다. 미디어의 바람직한 미래상은 결국 이러한 시장의 경향과 미디어의 규범적 공익성이 얼마나 잘 조화될 수 있느냐에 달려 있다.

조항제

현재 부산대학교 신문방송학과 교수이다. 서울대학교 언론정보학과를 졸업하
고 같은 대학원에서 석사 및 박사 학위를 받았다. 한국방송영상산업진흥원 선
임 및 책임 연구원, 미국 텍사스대 방문 교수 등을 지냈다. 책으로는 ≪한국의
민주화와 미디어 권력≫, ≪한국 방송의 역사와 전망≫, ≪21세기 미디어 연구
의 패러다임≫(공저) 등이 있다.

미디어와 시장: 미디어의 이중성

잘 알려진 대로 현대의 미디어는 다양한 정치·사회·문화적 기능을 수행한다. 이러한 기능을 중시하는 견해에 따르면 미디어는 공익을 위해 봉사하는 '사회적 공기公器'이다. 그러나 대부분의 사회에서 미디어는 영리를 추구하는 사기업의 형태를 띤다. 미디어는 공익을 위해 봉사하는 기능도 수행하면서 동시에 시장에서 살아남기도 해야 하는 경제 조직으로서의 이중성을 가진다는 것이다.

이 이중성은 때로는 원만하게 조화를 이루기도 하지만, 때로는 갈등하여 큰 사회적 문제가 되기도 한다. 어떤 학자는 중요한 공익기구를 이렇게 사적 시장에 맡겨 놓은 것을 현대 민주주의의 가장 큰 모순의 하나로 간주하기도 한다. 그만큼 이 '공익적 기능/사적 기업의 위상'은 그 사회 및 그 시기의 미디어를 이해하는 데 핵심적인 요소가 된다. 이 장에서는 주로 후자, 즉 기업 조직으로서의 미디어에 초점을 맞춰, 미디어를 설명할 수 있는 기초 논리를 살펴보기로 한다.

미디어가 기업인 이상 미디어가 활동하는 영역은 시장이며, 미디어가 따르는 논리는 시장 논리가 된다. 물론 이 영역과 논리는 규범적으로 자주 강조되는 공익 봉사의 영역과 따로 떨어져서 존재하지는 않는다. 미디어는 시장에서 활동하고 시장 논리를 따르면서 공익 봉사 기능도 함께 수행하는 것이다.

미디어 기업이 활동하는 시장은 일반 시장과 성격이 다르다. 그러나 시장이 가지는 보편적인 이상, 곧 서로에게 이득을 주기 위해 최적의 교환 체계를 추구한다는 면에서는 큰 차이가 없다. 이 장에서 살펴보고자 하는 논리가 주로 경제(학)적인 이유가 바로 여기에 있다. 물론 미디어 시장은 특수한 시장이므로 일반 시장의 논리를 그대로 적용할 수는 없다. 그 논리의 일부가 수정되거나 확대·강조될 필요가 있다는 것이다. 그러므로 우선 이 시장이 특수한 이유를 파악하는 것이 이 장의 첫 순서가 되어야 할 것이다. 다음으로 이 시장에서 중시되는 일련의 경제 논리와 그것이 권장하는 가치를 알아본다. 마지막으로 최근 큰 규모로 전개되고 있는 미디어 산업에서의 기업 통합 현상의 이유와 함의에 대해 살펴보고자 한다.

미디어 산업의 논리

재화의 특성: 공공재, 가치재, 습관재

미디어가 소비자에게 파는 재화는 일반 재화와는 다른 여러 특성이 있다. 재화의 이러한 특성 때문에 미디어 산업의 논리는 다른 산업과 다르다. 그러므로 미디어 산업을 이해하기 위해서는 먼저 이 재화의 특성부터 알아야 한다.

미디어 재화의 가장 중요한 특성 중 하나는 이 재화가 일정 생산량 내에서는 한 개를 더 생산하는 데 드는 비용, 곧 한계 비용*marginal cost*이 거의 없다는 점이다. 신문의 예를 들어 보면, 처음의 신문 한 장*original copy*을 만드는 데 드는 비용은 매우 크나 그와 똑같은 다른 한 장을 더 만드는 데 드는 비용은 단순히 종이 값에 지나지 않는다(물론 윤전기 등의 자본재는 전제되어 있는 필요 조건이다). 다른 미디어, 방송이나 영화 · 음반 · 잡지도 마찬가지다. 우리가 수억 달러를 들인 영화를 싼 값으로 관람(또는 DVD 등의 소유)할 수 있는 이유가 여기에 있다. 영화 자체를 만드는 데 드는 비용은 크지만, 이를 복제하는 비용은 아주 작기 때문이다. 이는 뒤에 설명할 규모의 경제 논리와 직접적으로 연관된다.

또 지상파 방송의 재화 같은 것은 공공재*public good*적 특성을 갖고 있다. 공공재는 비배제성*non-exclusiveness*과 비경합성*non-rivalry*을 가진 특수한 재화로, 경제학 교과서들은 이러한 공공재의 전형적인 예로 국방을 꼽는다. 비배제성이란 말 그대로 배제할 수 없는 특성이다. 이떤 재화는 그 특유의 성실 때문에 이와 교환할 수 있는 화폐나 노동 등의 다른 무언가를 제공하지 않는다 하더라도 이를 소비할 수 없게 배제하지 못한다. 예를 들면, 한 나라의 국방 재화는 그 나라에 살고 있는 사람이라면 누구나 혜택을 누릴 수 있다. 국방의 의무를 다하지 않은 사람조차도 국방의 혜택에서 배제할 수는 없다는 것이다.

방송 역시 마찬가지다. KBS의 '시청료'●를 내지 않는 사람이라 하더라도 KBS의 시청을 막을 수는 없다. 그래서 이 시장에는 '돈을 내지 않고 차를 타는' 이른바 무임 승차자free rider가 생긴다. 비배제성을 가진 재화는 이러한 무임 승차자 때문에 규제 없이 방임될 경우(국방을 국민의 의무로 만든 것이 바로 규제이다), 사회적으로 필요한 양이 생산되기 어렵다. 이를 경제학에서는 '시장의 실패 market failure'라고 부른다.

비경합성은, 한 사람이 소비하면 다른 사람은 소비할 수 없는 성질(경합성)을 이 재화는 갖지 않는다는 뜻이다. 방송의 경우, 한 방송을 A라는 사람이 시청한다고 해서 다른 사람인 B가 시청할 수 없는 것은 아니기 때문이다. 신문이나 영화, 잡지 등 다른 미디어도 이런 지상파 방송처럼 강하지는 않지만, 공공재적 특성을 갖고 있다.

그리고 이 재화의 상품 가치는 비물질적인 데 있다. 정보·문화·정신·지식·오락·여론 등이 미디어 산업의 상품인 것이다. 이러한 재화는 따로 가치재merit good로 불리는데, 그 이유는 이 재화가 단순히 경제적 서비스에 머무르지 않고 그 사회가 존중하고 육성하는 가치에 깊숙이 개입하기 때문이다. 그러므로 가치재는 양적 생산 자체보다는 그 산물의 질적 측면이 중요하다. 교육을 시장 속에서 생산·소비되는 재화로 본다면, 교육은 가치재의 가장 전형적인 예다. 교육이야말로 그 사회의 내일을 이끌어 갈 후대를 양성한다는 점에서 큰 가치를 지니기 때문이다. 가치재 역시 가치의 중요성 때문에 시장에 방임되지 않는다. 국가가 교육을 의무화하고 직접 교육을 담당하는 공교육이 대표적인 예가 된다.

가치재는 다른 측면에서 볼 때, 외부 효과*externalities*를 가진 재화이기도 하다. 외부 효과는 기업이 생산 활동을 하면서 외부에 의도하지 않은 부정적 또는 긍정적 효과를 끼치는 것을 의미한다. 공해는 부정적 외부 효과의 대표적인 예다. 미디어의 재화 역시 그 재화를 소비하는 과정에서 그 사회의 특정 가치·정보·문화를 생산하고 전파한다. 만일 어떤 미디어가 위기를 예견하는 정확한 정보를 특정인에게 주고 그 특정인이 주변 사람들과 이를 공유해 적절한 대책을 마련했다면 그 미디어는 긍정적인 외부 효과를 발생시킨 것이다. 어느 사회든 이런 미디어를 갖고 싶어 할 것이다. 물론 미디어가 중요한 정보를 누락시키거나 심각한 문제를 경시한다면 반대의 효과가 발생할 것이다.

다른 한편으로 이 재화는 습관재이자 경험재이다. 이 재화는 이전부터 해왔던 경험에 따라 습관적으로 소비되기 쉽다. 지금 우리가 보고 있는 신문은, 다른 상품을 고르듯 여러 개를 놓고 장단점을 꼼꼼히 따져 고른 것이 아니라 이전부터 가져 온 습관에 따라 선택한 경우가 많다. 그래서 신문 시장에서는 신상품이 그리 환영받지 못하며, 시장의 변화 폭도 그리 크지 않다. 단적으로 표현하면, 미디어는 오래되고 친숙한 브랜드 이미지를 가질수록 소비자의 충성도*loyalty*가 높은 재화다.

또 이 재화는 상품의 회전 속도가 매우 빠른 신기재*novelties*의 성격을 띤다. 하루하루 달라지는 뉴스를 주 재화로 삼는 신문·텔레비전은 말할 것도 없고, 잡지나 영화 등도 그러하나. 신기새는 일반 재화와 달리 한번 사용되고 나면 그 가치가 크게 떨어진다. 또 다른 특성으로는 영화에서 두드러지는 높은 위험도risk를 들 수 있다. 그래서 영화는 따로 흥행재로 불리기도 한다. 텔레비전 프로그램 재화 역시 이보다 정도는 약하지만 자금의 회수(또는 목표 시청률의 달성)가 불확실한 흥행재적 성격을 띤다.

규모의 경제와 범위의 경제

이러한 특성들로 인해 미디어 기업은 규모의 경제economies of scale를 추구하려 한다. 규모의 경제는 생산량이 증가하면 할수록 비용이 떨어지는 것을 가리키는 경제학적 용어다. 일반 재화에도 이러한 규모의 경제 논리가 작동하지만(전형적으로는 자동차 산업이 꼽힌다), 미디어 기업에는 이보다 규모의 경제가 훨씬 크게 나타난다. 이 재화는 하나를 더 만드는 데 드는 한계 비용marginal cost이 거의 제로zero에 가깝기 때문이다. 따라서 미디어 기업으로서는 가능한 재화를 많이 생산(또는 배급)하면 할수록, 소비자가 늘면 늘수록 평균 비용이 저하되어 자신이 그 재화를 만드는 데 들어간 비용을 절감할 수 있다. 대부분의 미디어 기업들이 자신의 규모를 크게 키우려 하는 이유가 여기에 있다.

물론 규모의 경제가 있다면 규모의 불경제도 있다. 규모의 불경제는 하나를 더 생산하려 할 때, 비용이 오히려 더 커지는 경우를 말한다. 예를 들면, 하루에 100만 부를 인쇄할 수 있는 윤전 시설이 있다고 한다면, 이 시설은 100만 부까지는 규모의 경제가 작동하지만, 100만 1부부터는 규모의 불경제가 나타나게 된다. 1부를 더 생산하기 위해서는 엄청난 돈이 드는 새로운 윤전 시설이 필요하기 때문이다. 또 배급망(소)을 설치하는 비용이 예상 수익보다 현저하게 높을 경우에도 규모의 불경제가 발생한다고 볼 수 있다. 방송에서도 이

점은 마찬가지다. 수용자 몇 사람을 더 늘리기 위해 중계소 하나를 세우는 것은 순수하게 경제적 측면에서 본다면 규모의 불경제에 해당한다. 비용이 훨씬 더 많이 드는 행위이기 때문이다. 사람이 많이 살지 않는 산간 지역이나 도서 지역 같은 곳이 방송의 난시청 지역이 되는 이유가 여기에 있다. 통신 산업에서 많이 쓰이는 밀도의 경제 *economies of density*라는 개념은 이 규모의 경제 · 불경제를 따로 지칭한 것이다.

규모의 경제를 추구하면서 미디어 기업은 자연히 소비자를 최대화시키기 위한 전략을 구사하게 된다. 그러나 이러한 소비자 최대화 전략은 한계가 있다. 규모의 불경제도 한계의 하나이지만, 더 큰 한계는 이 재화가 주로 특정 지역이나 국가의 정보, 문화, 생활 등을 원료로 삼기 때문에 발생한다. 우리가 외국의 신문이나 방송 프로그램을 우리의 것처럼 즐기지 못하는 이유는 국가, 언어, 문화의 차이에서 오는 낯설음 때문이다. 이러한 낯설음으로 인해 미디어 재화는 다른 언어 · 문화권에서 소비될 때 그 효용이 감소되는 이른바 '문화적 할인*cultural discount*'이 나타난다. 그래서 일반적으로 미디어 기업에서 규모의 경제는 문화 지리적*geo-cultural* 또는 언어 지리적*geo-linguistic* 경계선을 넘지 않는 선상에서 이루어진다.

물론 일부 영화와 텔레비전 드라마 · 음악 · 스포츠 등에서는 이러한 문화적 할인이 크지 않다. 특히, 할리우드의 블록버스터의 경우에는 이러한 문화적 할인이 거의 나타나지 않는다. 그 이유는 할리우드 영화가 이미 전 세계적으로 유통되는 장르로 정착되었기 때문이다. 이른바 전 지구적 문화*global culture*라는 말은 이러한 할리우드 영화에 가장 잘 어울리는 개념이다. 할리우드 영화는 영회의 기획 단계에서부터 문화적 할인을 줄이기 위해 여러 전략을 사용하며, 이미 경험을 통해 이 영화가 문화적 할인이 낮다는 것을 알고 있는 우리들은 이를 즐겨 소비한다. 이러한 영화의 예에 비추어 문화·언어의 지리적 경계가 곧 없어질 것이라고 예측하는 사람도 있지만, 다른 미디어들은 영화에 비해 그 특수성이 좀 더 강하므로 아직은 이 경계가 의미를 지닐 것으로 본다.

또 미디어 기업의 재화에는 범위의 경제 *economies of scope*라는 것이 작동한다. 범위의 경제는 같은 원료로 하나의 재화만 생산하지 않고 유사 재화로 상품을 다변화시킬 때 비용 절감이 일어나는 경우를 말한다. 가죽을 원료로 하는 구두 생산자가 가죽으로 만들 수 있는 다른 상품(예를 들면 혁대나 지갑) 같은 것도 같이 생산할 때, 생산 비용이 절감되면 이 경제가 발생한다고 볼 수 있다.

대부분의 신문 기업은 이러한 효과를 이용한다. 신문 기업은 신문만이 아니라 잡지(주간지와 월간지)나 특수 신문(스포츠 신문이나 경제 신문, 어린이 신문) 등 유사 인쇄 미디어도 같이 운영하면서 모 기업인 신문의 취재진이나 브랜드, 인쇄 시설, 배급망 등을 활용한다. 최근 들어 대부분의 신문사들이 겸영하고 있는 인터넷 신문도 같은 맥락에서 만들어진 것으로 볼 수 있다. 방송에서도 이미 찍은 뉴스 등의 화면이나 드라마 출연진 등을 다른 (오락) 프로그램 등에서 활용할 때, 이 경제가 발생한다. 케이블 TV 등이 자신의 망을 프로그램 송출만이 아닌 전화나 인터넷 등의 통신망으로도 활용할 때, 신문 보급소가 하나의 신문만이 아닌 여러 신문을 배달할 때 보급소 입장에서는 역시 범위의 경제가 발생한다. 때로는 이 부분에서 오는 수입이 본 상품보다 더 큰 경우도 있다.

같은 컨텐츠로 여러 미디어를 돌아가면서 이용하는, 영화에서 자주 쓰이는 이른바 '창구 효과 *windowing*'도 이러한 범위의 경제의 일종으

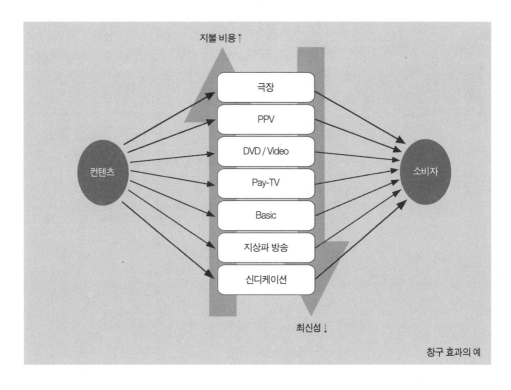

지불 비용↑

극장

PPV

DVD / Video

Pay-TV

Basic

지상파 방송

신디케이션

컨텐츠

소비자

최신성↓

창구 효과의 예

로 볼 수 있다. 창구 효과는 소비자의 지불 의사와 각 미디어의 특성, 미디어별 소비자 규모, 시차, 이자율 등을 감안한 가격 차별화*price discrimination*로 소비자를 극대화하는 행위이다(그림 참조). 이를테면, 소비자가 가장 많은 돈을 지불하는 미디어(극장)에 먼저 배급하고, 무료 미디어(지상파 방송)에는 늦게 배급하는 식이다. 대체로 이 순서는 극장 → (특정 플랫폼●의) PPV 프로그램(Pay-per-View: 프로그램 당으로 돈을 지불한다. 아직 우리나라의 경우에는 그렇게 활성화되어 있지 않다) → DVD / 비디오(판매·대여 시장) → 페이*Pay* 채널(채널 당으로 돈을 지불하는 방식: 케이블 TV 등에서의 프리미엄 가입) → 베이직*Basic* 채널(플랫폼에 가입할 때는 돈을 지불하지만, 채널이나 프로그램 당으로는 돈을 지불하지 않는: 케이블 TV 등에서의 기본 가입) → 지상파 방송(무선으로 시청할 때)

● 플랫폼이란 우리가 프로그램 서비스를 받기 위해 들어가는 '승강장'으로 지상파 방송(무선으로 시청할 경우), 케이블 TV, 위성 방송, IPTV 간은 미디어를 말한다. 이 플랫폼은 프로그램 공급업자들이 운영하는 여러 개의 채널을 패키지로 가진다.

● 신디케이션은 텔레비전 프로그램이 사고 팔리는 프로그램 유통 시장인데, 여기에서는 순환이 끝난 프로그램이 시장에서 다시 재상영을 기다릴 때, 보관되는 장소라는 의미로 사용했다.

→ 신디케이션syndication● 등으로 이루어진다. 외국 시장에서도 본국과 약간의 시차를 두고 같은 순서로 배급된다. 이 방식은 하나의 소스를 여러 번 쓴다고 해서 '원 소스 멀티 유스One Source Multi Use'로 불리기도 하는데, 최근 들어 미디어가 급증·다양화하고 시장이 지리적으로 확대되면서 이 효과도 커져 영화가 가진 특유의 흥행 위험도는 많이 줄어들었다.

하나의 컨텐츠로 연관 분야에서 부가 가치를 극대화하는 방안 역시 범위의 경제를 이용한 것이다. 이를테면, 하나의 원작으로 영화, 방송 프로그램, 음반, 게임, 테마 파크, 캐릭터, 만화 등으로 수익 창구를 확대하는 것이다.

또 국제 신디케이션 시장에서도 가격 차별화를 이용해 소비자를 극대화하는 현상이 나타나는데, 이 역시 범위의 경제의 일종이다. 여기서의 가격 차별화는 그 재화를 원하는 구매자들의 지불 능력이나 의사를 고려해 같은 상품을 각기 다른 값으로 판매하는 행위이다. 국제 시장에서 거래되는 프로그램은 대부분 이미 자국 시장에서 한 번씩 방송이 되었고, 이를 통해 비용도 어느 정도는 회수된 것이다. 따라서 이들에게 국제 시장은 2차 시장 또는 사후 시장after market의 성격을 가진다. 이러한 2차 시장에서는 판매자가 부수 이익을 목표로 하기 때문에 자신의 판매 기준보다 구매자의 지불 능력을 더 중시하게 된다. 일반 재화라면 추가 생산하는 데 들어간 비용 등을 고려해 판매자가 일정한 기준(이른바 원가 같은 것에 의존해)을 정하지만, 이미 한 번 거래를 마쳤고 추가 생산에 비용도 거의 들지 않는 이 시장에서는 그렇지 않은 것이다. 따라서 같은 상품이라도 지불 능력이 높은 선진국에는 비싸게 팔리고, 지불 능력이 낮은 나라에는 싸게 팔린다.

물론 이에는 반드시 유의할 점이 있다. 상품을 싸게 산 나라에서

비싸게 사야 하는 다른 나라에 되파는 행위가 금지되어야 한다는 것이다(그렇지 않다면 비싸게 살 이유가 전혀 없다). 이렇듯 이 시장에서는 되파는 행위나 흔히 '해적질piracy'이라고 불리는 허가받지 않은 복제 행위를 금지하는 법적 조치 —— 지적 소유권의 보호 —— 가 필수적이다. 그러나 한계 비용이 거의 들지 않는 이 상품의 본래적 특성상 그리고 최근 들어 조작이 더욱 쉽고, 미디어 간 호환성이 더 자유로워진 디지털화 때문에 불법 복제 행위가 만연하고 있다(특히 인터넷을 통한 불법 다운로드). 물론 공유共有를 원칙으로 하는 이러한 정보 · 문화를 권리화시키는 것에 반대하는 움직임도 있다. 그러나 이런 복제가 각종 문화 예술 컨텐츠의 창조적 행위를 막는 원천이 되는 점 또한 부인할 수 없다.

한편, 이러한 규모 · 범위의 경제들은 기업 통합의 유인을 제공해 집중화의 위험을 낳는다. 흔히 영주baron로 불리는 몇 소유자, 메이저로 통칭되는 몇 개의 기업(群), 몇 개의 컨텐츠, 몇 개의 취재진, 몇 개의 관점 등이 경제적 효율성을 업고 한 국가의, 또는 전 세계의 정보 · 문화를 좌우할 가능성이 커지는 것이다. 규모의 불경제나 문화적 할인 등이 이를 일정 부분 제한하고 있지만, 이러한 경향성이 주는 위협은 최근 들어 더욱 커지고 있다. 미디어나 채널은 늘어나는 반면, 관점이나 문화의 다양성은 그에 맞춰 증가하지 않고 있다는 지적은 이를 가리킨다.

이중 경제

미배세성을 가신 공공재의 난섬은 무임 승차자를 막을 수 없어 방임된 시장에서는 그 재화가 충분히 생산되기 어렵다는 점이다. 미디어 역시 마찬가지다. 이전 시대에 비해 시공간이 비할 수 없이 확장된 현대 사회를 살아가는 사람이라면 누구나 미디어가 생산하는 재화를 필요로 하지만, 그 생산비를 선뜻 나서서 부담하려는 사람은 별로 없다(바꿔 말하면 무임 승차자가 되려 한다). 이 점은 각 미디어가 가진 공공재적 특성의 정도에 비례해 나타난다. 무료 시청이 보편화된 지상파 방송에서 가장 강하게 나타나고, 상대적으로 신문, 잡지, 케이블 TV, 영화 등에서는 약하게 나타난다.

따라서 방송에서는 규제를 통해, 신문이나 영화에서는 시장에서의 직접 거래를 통해 그 비용을 충당한다. 유럽이나 우리나라처럼 공영 방송이 있는 곳에서는 수신료를 준조세화quasi-tax하고 있다. 이 수신료는 텔레비전을 보든 안 보든 수상(신)기만 가지고 있다면 누구나 이를 내지 않으면 안 되게 의무화되어 있다.● 지금도 국가가 직접 국고로 방송을 운영하는 나라가 있기는 하지만, 현대 사회에서 미디어가 보편적으로 재원을 조달하는 방식은 광고를 통한 이중 경제dual economy다. 비용 전체를 광고로 충당하는 상업 방송은 말할 것도 없고, 신문이나 잡지에서도 광고 부문의 비중은 재원의 과반 이상을 차지하는 경우가 많다. 광고를 통해 미디어의 공공재적 단점은 오히려 장점으로 변하게 된다. 적은 비용으로 보다 많은 소비자에게 상품을 알리는 광고의 목적에 미디어만큼 어울리는 것이 없기 때문이다.

광고를 활용하면서 방송이나 신문, 잡지에 대한 소비자의 직접 부담은 크게 줄어들었고, 공공재적 단점도 완화되었다. 그러나 광고를 통한 운영은 많은 문제점을 낳는다. 첫째, 미디어의 진정한 '상품'이 달라진다. 앞서 우리는 정보나 문화 등이 미디어가 생산하는 재화라고 했지만, 광고에 의존하는 미디어가 광고주에게 파는 상품

● 현재 우리나라에서는 수신료가 전기 요금에 병산되고 있다. 만일 수신료를 내지 않는다면 전기를 끊겠다는 뜻이다. 수신료가 준조세화되었지만 이렇게 강제적인 징수 방법을 취하는 나라는 많지 않다.

은 사실 시청자·독자인 우리들이다. 우리들이 광고에 노출됨으로써 광고주가 원하는 광고 효과가 날 수 있고, 미디어도 돈 가치를 다할 수 있기 때문이다.

둘째, 미디어에 대한 수용자의 영향력이 줄어드는 효과가 나타난다. 광고에 의존하는 미디어들은 소비자보다 광고주를 더 의식한다. 광고주들이 광고 미디어를 선택할 때, 가장 중요하게 설정하는 기준은 CPM(Cost Per Millenium)이다. 이는 인구 1000명당 광고가 도달하는 데 들어가는 비용을 말한다. 광고주들은 이러한 CPM이 적게 드는 미디어를 선호한다. 따라서, 미디어들은 자신의 미디어에 더 많은 소비자를 끌어들여야 하며, 그러다 보면 방송에서는 시청률 경쟁이, 신문이나 잡지에서는 부수 경쟁이 판을 치게 된다. 이 경쟁은 미디어를 말초적 흥미 중심의 선정주의로 몰고 가는 가장 중요한 이유 가운데 하나다.

또 다른 형태의 효과도 있다. 광고주들은 대체로 소비 성향이 크고 돈이 많은 소비자층을 좋아한다. 한때, 미국 방송에서 '이상적 시청자'로 불린 소비자층은 18~34세 사이의 도시에 사는 백인 중산층 여성이었다. 이들 시청자를 위해 당시 미국 방송은 시청률이 높았던 여러 프로그램들을 종료하고 이들 이상적 시청자층에 맞는 프로그램을 새로이 편성하였다. 이 정도는 아니라 해도 광고가 재원이 되는 미디어에서 장애인이나 노인, 어린이 등 구매력이 없는 계층은 언제나 환영받지 못한다.

광고 방송은 프로그램의 내용과 형태도 바꾼다. 방송에서 광고주들이 선호하는 광고 형식은 이른바 '스폰서형sponsored type' 광고로 프로그램 판매 타입program-sale type이라고도 부른다. 이러한 형태의 광고는 프로그램 중간이나 처음/끝에 집중적으로 광고를 배치하는 방식이다. 이와 다른 '블록형 *block type*'은 따로 광고만 하는 시간대를 두는 방식이다. 블록형에 비해 스폰서형은 시청자들이 광고를 피하기가 어렵기 때문에 광고주들이 더 선호한다. 그러나 이 방식은 프로그램과 스폰서를 직접 연결시켜 프로그램이 스폰서들의 압력에 쉽게 노출되는 약점이 있다. 이 가운데서도 특히 중간 광고는 광고가 들어갈 시점을 얻기 위해 프로그램을 몇 개의 단락으로 구분되게 해 프로그램의 형태를 바꾸기도 한다.

셋째, 소비자들이 미디어 소비를 매우 쉽게 생각하게 된다. 미디어에서 습관적인 소비가 보편화된 까닭은 소비자의 직접 부담이 없거나 매우 적기 때문이다. 따라서 소비자들은 미디어를 선택하는 데 그렇게 진지하지 않다. 이 점은 미디어가 지닌 가치, 문화, 여론에 대한 영향력 등을 감안할 때, 큰 단점이 된다.

미디어 산업의 통합과 독(과)점화

수직적 통합

수직적 통합 *vertical integration*은 원료부터 유통에 이르는 일련의 상품 순환 속에서 각 부문을 맡는 기업들이 하나의 기업으로 통합되는 현상을 말한다. 이를테면 생산 기업과 유통 기업이 통합할 때, 또는 원료 생산 기업과 완제품 생산 기업이 통합할 때 우리는 이를 수직적 통합이라 부른다. 이렇게 통합을 하는 이유는 하나의 기업이 생산부터 유통까지 담당함으로써 기업 운영의 안정성이 커지고, 필요에 따라 자원을 쉽게 통제·관리할 수 있으며, 기업 간 거래가 기업 내 거래로 전환됨으로써 거래 비용*transaction cost* 등이 절감되는 등 시너지 *synergy* 효과가 나타나기 때문이다.

이의 가장 적절한 예는 영상 컨텐츠의 생산 기업이 유통(또는 배급) 기업, 즉 지상파 방송이나 케이블 TV 등을 통합하는 경우다. 이를테면 우리에게도 잘 알려져 있는 월트 디즈니는 창립된 1954년 무렵만 하더라도 네트워크(ABC)에 애니메이션 프로그램을 공급하는 소규모 프로덕션이었다. 당시 월트 디즈니가 제작한 텔레비전 시리즈 〈디즈니랜드〉는 매우 인기가 높았고, 이에 힘입어 디즈니는 사업 영역을 영화와 테마 파크, 캐릭터 등으로 넓혔다. 같은 컨텐츠, 같은 제작 기반으로 배급 미디어를 다변화하고 사업 영역도 넓힌 것이다. 그리고 이 기업은 이후 팽창을 거듭, 지금은 과거 자신의 발주자였던 지상파 방송(ABC)과 케이블 채널(스포츠 전문 ESPN과 아동용 디즈니 채널 등) 등까지 거느리는 거대 기업군이 되었다. 생산 기업이 유통 기업을 통합시킨 전형적인 수직적 통합의 예인 것이다.

한국의 네트워크● 방송 역시 수직적 통합의 한 모델이 된다. 한국의 네트워크는 생산(프로그램 제작) 영역을 자신의 한 부문으로 통합하고 있다. 네트워크에서 송출되는 대부분의 프로그램은 그 네트워크사가 고용하는 제작진에 의해 만들어진 것이다. 처음부터 통합의 경제적 이점을 목표로 하고 이러한 모델이 만들어진 것은 아니지만, 그 기본적 형태는 수직적 통합임에 분명하다. 최근 들어 네트워크들은 케이블 TV와 위성 방송으로 그 영역을 확장하고 있다. 그러나 이 역시 새로운 프로그램 제작원을 이용하는 것이 아니라 기존의 제작원을 보다 다각적으로 이용

● 방송에서 많이 쓰이는 네트워크라는 용어는 크게 두 가지 의미를 지닌다. 하나는 배급 방식으로서의 네트워크로, 같은 시간에 같은 프로그램을 전국(또는 전국에 준하는 지역)에 배급하는 방식을 말한다. 다른 하나는 전국에 배급되는 프로그램의 생산자 또는 일차 배급자인 특정 방송사를 지칭한다. 이 용례를 KBS로 하면, KBS라는 네트워크 방송은 네트워크 배급 방식을 통해 전국에 프로그램을 동시에 송출·배급하는 것이다.

하기 위해 유통 경로(흔히, 아웃렛outlet으로 불린다)를 확장한 것이므로, 수직적 통합의 확대로 볼 수 있다(물론, 미디어를 아웃렛으로 보아 그들 사이의 통합에 주안점을 둔다면 다음에 나오는 수평적 통합이 되기도 한다).

이렇게 수직적으로 통합된 네트워크는 지역 방송과의 관계에서도 통합의 경제적 이점을 극대화시켰다. 네트워크는 네트워크로서 기능하기 위해 지역 방송과 일정한 연계를 맺지 않으면 안 되는데, 이 연계 방식은 크게 다음과 같은 세 가지로 나뉜다. 첫째, 네트워크와 지역 방송이 하나의 방송 조직이 되는 이른바 직할국 체제이고(KBS가 이 유형이다), 둘째, 네트워크가 지역 방송을 직접 소유하는 방식이며owned & operated(서울사가 모든 지역사의 지분을 51% 이상 소유하고 있는 MBC가 이에 해당된다), 셋째, 양자가 프로그램 공급 계약을 맺어 가맹 체제를 형성하는 것이다affiliated(지역 민방과 SBS의 관계이다). 넷째, 정기적인 계약은 없이 특정 프로그램만 구입·방송하는 형태로 이때의 지역 방송은 따로 네트워크가 없는 독립 방송이다independent(인천의 OBS). 규모의 경제는 이러한 네 가지 방식 모두에서 나타나지만 가장 크게 나타나는 것은 역시 지역 방송의 자율성이 낮은 첫째와 둘째 방식에서다. 자율성이 낮을수록 네트워크가 자신의 프로그램을 지역 방송에 더 쉽게 강제할 수 있기 때문이다. 이러한 관계를 통해 네트워크는 자신이 만든 프로그램을 전국에 방송함으로써 비용(제작비)을 분산시키고 수익을 극대화한다.

수평적 통합

수평적 통합horizontal integration은 상품 순환 과정에서 같은 부문을 맡는 기업들이 통합되는 현상이다. 이를테면 각각 케이블망과 무선 전파

망(VHF, UHF)을 통해 프로그램 등을 배급함으로써 직접 소비자와 대면하는 케이블 TV와 지상파 방송이 하나의 기업으로 통합되는 현상 같은 것이다. 이러한 수평적 통합이 일어나는 이유는, (통합함으로써) 경쟁자를 줄여 시장 환경의 불확실성을 줄이고, 범위의 경제로 시너지 효과를 노리겠다는 의도 때문이다.

최근 미디어가 급증 또는 다양화하면서 기존 미디어가 가지는 평균 소비자 크기는 크게 줄어들었다. 이러한 현상이 가장 전형적으로 나타나는 미국의 사례를 예로 들면, 30년 전만 하더라도 프라임타임의 지상파 네트워크 프로그램은 평균 25~30%의 시청률을 기록했다. 그러나 지금은 10~12%로 2/3가 감소했다. 그 이유는 소비자들이 1980년대 이후 3개가 더 늘어난 새로운 네트워크 지상파 방송이나 케이블 TV 등을 비롯한 다른 채널 또는 미디어로 분산되었기 때문이다. 이에 따라 네트워크들은 어떤 형태로든 자구책을 모색하지 않을 수 없었고, 이의 유력한 방법으로 선택된 것이 케이블 TV 등의 경쟁자들을 하나의 기업으로 통합해 경쟁을 줄이는 수평적 통합 방식이다. 이전처럼 한 미디어나 부문에 집중하기에는 미디어가 너무 다양화되어 있으므로 여러 미디어와 부문에 분산 투자(흔히 포트폴리오 portfolio 라고 불리는)하여 그 위험도를 줄여 보려는 방식인 것이다.

또 수평적 통합은 범위의 경제의 일종인 창구 효과를 가장 잘 구현하는 방법이기도 하다. 앞서 언급한 대로 창구 효과는 미디어가 다양화되는 것을 이용해 컨텐츠가 지니는 부가 가치를 극대화시키는 방안이다. 만일 이 효과에서 각 창구들이 하나의 기업으로 통합되어 있다면, 창구에서 창구로 옮겨갈 때 드는 거래 비용이 크게 줄어들어 창구 효과의 부가 가치는 극대화될 수 있다.

연계

최근 이 분야에서 일어나고 있는 기록적인 합병 현상은 이러한 수직·수평적 통합을 모두 포괄하는 전 방위적 형태를 띠고 있다. 미디어나 지역, 부문 등에서 작용했던 전통적 경계선은 이제 그 의미를 모두 잃었다. 이의 원인으로는 무엇보다도 통신과 방송의 융합convergence 서비스를 가능하게 한 기술의 비약적인 발전과 이 발전을 수용한 탈규제deregulation 정책, 그리고 불확실한 미래에 대한 각 기업의 대처 방식을 들 수 있다. 하나를 더 꼽는다면, 세계 시장을 지배하고자 하는 미디어 영주들의 자기 팽창 욕구다.

1980년대까지 미디어 간 연계interlocking relationship는 주로 유사 재화의 활용 다각화에 따라, 필요한 자원의 통제 필요성에 따라, 각 국가의 경계선을 넘지 않는 선상에서 이루어져 왔다. 텔레비전―영화―케이블 TV 등의 연계가 그렇고, 신문―특수 신문―잡지 등 같은 인쇄 미디어끼리 이루어진 연계가 또한 그러하다. 뉴스(망)를 중심으로 신문―텔레비전―케이블 TV가 맺었던 연계도 이 차원에서 그리 멀지 않다. 그리고 이러한 연계는 의견 및 정보의 독점을 우려한 규제 정책으로 인해 미디어의 국적별로 일정한 제한이 있었다. 그러나 1980년대 들어 커뮤니케이션 기술이 급속하게 발전하고 미국과 영국을 중심으로 탈규제 정책이 실시되면서 이 연계의 규모가 커지기 시작했다.

이의 가장 적절한 예는 R. 머독R. Murdoch의 뉴스코퍼레이션(이하 뉴스사)일 것이다. 뉴스사는 호주의 한 작은 지방 신문사에서 출발했다. 특유의 M & A 전략으로 호주의 신문 시장을 지배하게 된 뉴스사는 이후 〈타임스Times〉와 〈선Sun〉을 통해 영국에 진출했고, 유럽 지역을 거의 포괄하는 위성 방송 BSkyB를 정착시켰다. 이후 뉴스사는 본 고장인 미국으로 눈을 돌려 영화 메이저인 20세기 폭스사를 인수했고, 이를 발판으로 새로운 네트워크 텔레비전(폭스텔레비전)을 성공적으로 출범시켰다. 나중에는 폭스를 케이블 TV로도 넓혔고, 대부분의 미국 케이블 채널이 의존하는 위성 운영자인 팬암위성사PanAmSat도 인수했으며, 위성 방송인 디렉TVDirectv도 에코스타EchoStar와 경합 끝에 사들였다. 아시아 지역에서는 위성 방송인 스타TVStar-TV를 합병했고, 라틴 아메리카 쪽에서는 스카이 라틴 아메리카Sky Latin America를 신설했다. 이로써 뉴스사는 지구의 거의 전역을 커버하는 글로벌 네트워크를 완성시킬 수 있었다(아래의 그림을 참조하라. 그림에서 스트림Stream 과 폭스텔Foxtel은 각각 이탈리아와 호주의 유력 유료 TV이다). 이러한 뉴스사의 확장 과정은 다른 미디어 기업도 자극해 통합이 마치 하나의 붐처럼 되

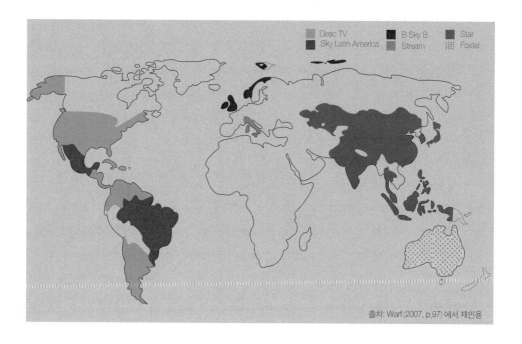

출처: Warf(2007, p.97)에서 재인용

어 타임워너Time-Warner, 비아컴Viacom, 디즈니 등 새로운 복합 미디어 대기업들이 속속 등장하게 되었다.

그러나 최근 나타나는 현상은 이러한 통합의 차원을 더 뛰어넘을 전망이다. 이 점은 아메리칸 온라인(AOL)과 타임워너의 합병(매출액으로 보면 350억 달러 규모)을 통해 예증되었다. 아메리칸 온라인은 약 2000만의 가입자를 가진 종합 인터넷 기업인데, 이 기업이 놀랍게도 굴지의 미디어 기업인 타임워너를 인수한 것이다. 한때, 미국의 통신 산업을 독점했던 최고의 통신 기업 AT&T 역시 케이블 기업인 TCI를 합병하고 위성 방송인 프라임스타Primestar에도 투자하는 등 역시 본격적인 진출의 채비를 마쳤다. 이로써 미디어 산업의 연계는 전통적인 미디어 산업보다 훨씬 규모가 큰 통신 산업으로 확장되었다. 기술적 통합이 약간의 시간적 지체를 두고 산업계의 통합으로 나타난 것이다. 그리고 이러한 통합은 미국에 머무르지 않고 전 세계적으로 파급되고 있다. 미국의 메이저 영화사 유니버설Universal과 케이블 TV (USA Cable Network)를 인수한 프랑스의 인터넷 업체 비방디Vivendi가 그 예다(지금 유니버설은 다시 미국의 방송사인 NBC로 넘어갔다). 한국에서도 KT나 SKT 등이 위성 방송이나 DMB, 새로이 출범하는 IPTV 등의 대주주가 됨으로써 통신 산업과 미디어 산업의 연계는 이제 보편적인 현상이 되었다.

최근 나타나는 이러한 통합 또는 연계 현상의 또 다른 특징은 국내, 국외의 차별이 없고, 미디어의 특성(통신이든 방송이든, 영화든)이나 조직의 성격(이를테면, 공영 조직이든 사영 조직이든)이 별 관계가 없으며, 경쟁자와 협조자조차 따로 구분되지 않는 말 그대로의 '전 방위적 연계'를 이루고 있다는 점이다. 각 기업들은 상호 투자와 합작, 제휴 관계 등을 통해 한편으로는 경쟁하면서도 다른 한편으로는 연계를 맺고 있다. 이를테면 앞서 언급한 뉴스사(폭스네트워크 소유)의 경우 유력한 경쟁자라 할 수 있는 미국의 네트워크인 제너럴 일렉트릭(NBC 소유), 타임워너(WB라는 새로운 네트워크를 소유), 디즈니(ABC 소유), 비아컴(CBS 소유) 등과 연계를 맺고 있고, 같은 맥락에서 영화 메이저 20세기 폭스(뉴스사의 소유)는 같은 메이저 영화사인 워너브러더스(타임워너의 소유), 디즈니, 파라마운트(비아컴 소유) 등과 연계를 맺고 있다.

통합과 반독점 규제

그러나 이러한 연계는 많은 문제를 안고 있다. 의견 및 정보 문화 시장의 독점이 크게 우려되는 것이다. 최근 통계에 따르면 전 세계 엔터테인먼트 산업의 80%는 미국이 차지하고 있고, 그 미국의 80%는 앞서 언급했던 메이저 5개사(AOL-타임워너, 디즈니, 뉴스사, 비아컴, NBC 등)들과 일본의 소니(영화 메이저인 컬럼비아를 소유하고 있다) 등이 차지하고 있다. 만일 앞서 보았던 연계 전략이 성공을 거둔다면 이러한 시장 지배는 상당 기간 동안 유지될 가능성이 높다.

이 가능성은 다음의 두 가지 이유에서 더욱 높아진다. 첫째, 앞서 보았던 연계 방식이 더욱 심화된 메이저 중심의 과점화oligopoly로 시장을 재편시키면서 이를 하나의 시장 '문법'처럼 여기게 하기 때문이다. 그물망처럼 생긴 이 연계 속에서는 새로운 미디어나 진입자, 특히 현재 시점에서 메이저가 되기 어려운 제3 세계 국가들의 기업은 그 말단의 하위 파트너로나 참여할 수 있을 뿐 이를 거부할 방법이 없다. 따라서 시장은 손쉽게 이들 일부 메이저의 지배로 고착되고 마는 것이다. 물론 최근 자국 시장을 넘어 아시아 시장을 넘나드는 (흔히 '한류'로 불리는) 한국의 대중 문화가 보여 주듯이 시장이 지리적으로 확장되고, 새로운 미디어도 속속 등장하면서 시장 활동 인자들도 크게 늘어 기업 집중을 나타내는 지수는 그렇게 높아지지 않았다. 최근 독립 영화사가 크게 부상한 영화처럼 오히려 집중도가 줄어든 미디어도 있다. 그러나 이러한 지수가 간과하기 쉬운 것은 새로운 미디어 기업 역시 기존 기업과 같은 동기와 목적을 가짐으로써 질적인 다양성은 오히려 줄어들었다는 점(달리 말해 질적 집중도는 크게 높아졌다는 점)이다.

둘째, 이러한 연계를 통한 시장 지배가 기존의 반독점 규제를 무력화시키고 있다는 점이다. 탈규제화에 앞장서고 있는 미국의 경우에도 이전의 '파라마운트 결정'●이나 최근의 AT&T, 마이크로소프트사의 독점 판정 등에서 볼 수 있듯이, 독점이 가져오는 폐해를 막고 다양성을 증진시키기 위해 여러 규제 장치를 두고 있다. 유럽의 경우에는 미국보다 독점에 더 민감하다. 그러나 이러한 간접적 연계 방식은 독점에 저촉되는 직접 시장 지배를 교묘하게 피하고 있다. 따라서 이러한 통합의 경향은 당분간 지속될 수밖에 없다.

● 1948년에 있었던 미국의 연방 대법원의 결정이다. 당시 파라마운트를 비롯한 미국의 메이저 스튜디오들은 생산과 배급, 흥행(극장)을 결합시킨 수직적 통합의 형태를 취하고 있었다. 그러나 이 통합은 극장을 소유하지 않은 제작자들이 극장에 대한 접근을 제한해 영화의 다양성을 크게 저해했다. 1948년의 결정은 이러한 수직적 통합을 강제적으로 해체시킨 것이다. 이로써 메이저 스튜디오들은 자신의 자본 투자의 2/3를 차지하는 극장들을 매각하지 않으면 안 되었다.

한국의 미디어 산업

대기업화와 과점화

경제적 관점에서 한국의 미디어 산업의 성장 과정을 볼 때 가장 두드러진 특징은 역시 대규모화와 과점화이다. 물론 이 점은 경제적 동인의 단순 결과물은 아니다. 정치(권력의 개입)와 경제(적 효율화)의 복합이 낳은 산물인 것이다.

정치 권력을 도외시하고는 설명할 수 없을 정도로 한국의 미디어 시장의 역사는 정치 권력에 크게 영향 받았다. 아직도 그 관행이 남아 있는 신문 카르텔이 그 전형적인 예라 할 수 있다. 신문 카르텔은 1961년 당시 5·16 군사 쿠데타 세력의 강요에 의해 만들어진 것이다. 카르텔은 낮은 수준의 기업 결합 형태로 기업들이 경쟁을 줄이면서 공동 이익을 목표로 하는 일종의 담합이다. 신문 카르텔은 신문의 면수, 구독료, 광고료 등을 일률적으로 결정하고 모든 신문이 이에 따르도록 했다. 그 결과 신문 사이의 경쟁은 줄어들었고, 신규 사업자가 시장에 들어올 수 있는 진입 장벽은 높아져 기존 신문은 안정적인 경영을 달성할 수 있었다.

방송 역시 마찬가지였다. 전파의 군사적 특성상 국가적 관리를 피할 수 없는 방송은 어느 나라에서나 권력의 이해에 일정 부분 좌우되는 특성을 갖지만, 한국의 경우는 그 정도가 더욱 심했다고 볼 수 있다. 이 점은 1980년 당시 신군부 세력에 의해 강제적으로 이루어진 언론 통폐합이 예증해 준다. 언론 통폐합은 KBS를 중심으로 모든 방송을 통합한 비상 조치였다. 삼성이 소유하고 있던 TBC(텔레비전과 라디오, 텔레비전은 지금의 KBS 2TV이다)와 동아일보사의 동아방송(라디오) 등은 아예 미디어 자체를, 그리고 MBC는 소유(지분)를 KBS로 통합시켰다. 신문에서도 언론 통폐합은 중앙 일간지 하나를 다른 일간지로 통합시켰고(《신아일보》를 《경향신문》에 통합), 지방의 경우에도 1도 1사 원칙을 적용해 1도에 1사만을 남기고 나머지 신문들은 모두 폐간시켰다.

이렇듯 권력이 미디어 시장에 개입하는 이유는 경제적 관점에서 보면 미디어가 가진 가치재적 특성 또는 외부 효과 때문이다. 민주화 이전의 한국의 정부들(3~5공화국 등)은 모두 국민적 합의를 지키지 않거나 파괴하면서 집권했다는 점 때문에 정당성의 기반이 취약했다. 따라서, 이들은 정보와 여론의 통제를 통해 그동안 한국 사회가 추구해 왔던 가치(민주주의, 자유주의 등)를 왜곡하지 않으면 안 되었다. 미디어 시장이 과점화되고 소유ㆍ통제 구조가 단순해질수록 이 왜곡은 보다 쉬워진다.

이러한 언론 통폐합을 통해 1980년대의 한국의 미디어 시장은 전형적인 관제 독(과)점의 형태가 되었고, 이들에게 재원이 집중되면서 미디어 기업들은 대규모화하기 시작했다. 이러한 한국의 미디어 시장에 자유화의 변화가 온 것은, 제한적이었지만 민주화가 단행된 1987년 이후였다. 사기업인 신문이 먼저 자유화되어 신문 카르텔이 와해되었고 시장 장벽도 낮아짐으로써 새로운 진입자들이 대거 등장하였다. 그 결과 신문 시장의 경쟁은 기존 신문과 새 신문 사이에서뿐만 아니라 기존 신문 사이에서도 크게 가열되었다. 그러나 지금에 이르러 보면, 이러한 진입자들은 기존 신문의 벽을 깨뜨리는 데 실패했고, 오히려 신문 시장은 이전에 비해 더욱 과점화되어 가고 있다. 그 가장 큰 이유로는, 충성도 높은 미디어의 소비 관행과 오랜 기간 동안 쌓아 온 기존 신문의 경쟁력, 그리고 신규 신문의 기존 신문과의 차별화 실패 등을 꼽을 수 있다.

시장의 분화와 통합

방송에서 1990년대는 다른 나라와 마찬가지로 변화의 연대였다. 1990년에 SBS가 신설되어 기존의 공영 방송 구도에 변화를 몰고 왔고, 곧이어 1995년에는 케이블 TV가 다채널 시대를 열었으며, SBS를 네트워크로 지역 민방이 설립되었고, 2002년과 2008년에는 위성 방송과 IPTV가 개국하였다. 또 통합 서비스 미디어인 인터넷 역시 빠른 속도로 보급되고 있다. 휴대용 텔레비전인 DMB도 위성/지상파 두 영역에서 모두 서비스를 시작했다. 2012년에는 모든 방송을 완전히 디지털화할 계획도 갖고 있다. 명실 공히 한국에서도 디지털 유비쿼터스*ubiquitous* 시대가 열린 것이다.

이러한 변화는 기존의 방송 시장을 크게 분화시켰다. 판매자(방송사)가 구매자(광고주)보다 우위에 있는 '판매자 시장'을 바탕으로 두 개의 방송이 서로 이익을 나눠 먹는 '안락한 복점*comfortable duopoly*'이었던 1980년대의 KBS-MBC 구도는 지금 시점에 들어 SBS/지역 민방, 케이블 TV, 위성 방송, DMB, IPTV 등과 같은 새로운 미디어가 속속 등장해 시장을 나누었기 때문이다.

물론 최근(2007년 기준)까지 광고시장 점유율이나 시청률 등에서 케이블 TV의 추격세가 두드러지기는 하나(지상파 방송 대비, 광고에서는 1/3, 시청률에서는 2/3 정도), 케이블에서도 지상파 방송의 자회사들의 비중이 커서 프로그램 공급업자로서의 지상파 방송의 지위는 여전히 막강하다고 할 수 있다.● 그러나 수용자들이 점차 다채널화·전문화에 적응하고 있어 이러한 경향이 얼마나 지속될 수 있을지는 미지수다.

그리고 미국과 마찬가지로 미디어 간 통합 경향도 나타난다. 기존에 있었던 서로 다른 미디어 간 겸영뿐만 아니라 같은 미디어 사이에서도 규제가 완화되면서, 지상파 방송의 케이블 TV· 위성 방송에 대한 진출이 본격화되었고, 케이블 TV도 수직·수평적 통합●●으로 개별 단위의 기업 규모를 늘리며, 통신 산업을 비롯한 타

● 최근에는 새로운 압축 기술의 개발로 지상파 방송 스스로도 케이블 TV나 위성 방송처럼 다채널 플랫폼을 만들 수 있는 MMS(Multi Mode Service)가 개발 일로에 있어 미래를 더욱 미지수로 만들고 있다.

부문 역시 이제는 미디어 시장 참여를 당연시하고 있다. 또 최근 들어서는 여론 독점이라는 정치적 이유로 진입이 제한되었던 신문 산업이 방송계에 진출하려는 조짐이 뚜렷하게 나타난다. 미국 등과 비교해 볼 때 아직은 통합이 크게 진전되지 않았으나 그러한 가능성은 매우 높아지고 있다.

시장과 공익

미디어는 이중성을 띤다. 기업 조직인 미디어가 공적 서비스를 한다는 이 이중성은 미디어 시장이 그 사회가 존중하는 가치의 생산과 맺는 관계, 곧 시장의 가능성과 한계를 잘 보여 준다. 미디어의 재화는 공공재 · 습관재 · 신기재 등 일반 재화와는 다른 여러 특성을 지닌다. 규모의 경제와 범위의 경제, 이중 시장도 미디어 시장의 특수성을 말해 준다. 이들 경제 논리들은 미디어 기업의 대규모화 · 집중화 · 독점화를 촉진한다. 이러한 특성들로 인해 미디어 시장에는 늘 규제가 따른다. 방임된 시장에서는 사회적으로 요구되는 다양한 정보 문화의 생산 · 교환이 최적으로 이루어지지 않기 때문이다. 물론 미디어마다 정도가 달라 규제 역시 차이가 있다. 지상파 방송을 비롯한 영상 미디어가 상대적으로 강하고, 잡지나 책 등은 상대적으로 약하다.

그러나 최근 기술의 발전으로 미디어의 공공재적 성격이 약화되면서 탈규제의 논리가 거세지고 있다. 미디어에도 일반 재화와 다를 바 없는 시장 방임이 요구되고 있는 것이다. 그러나 여전히 가치재로서의 미디어는 규제의 대상이며, 이를 완전히 방임하는 국가는 사실상 없다 해도 과언이 아니다. 그러나 규제의 논리가 약화되는 추세 또한 부인할 수 없는 사실이다.

최근 규모가 더욱 커지는 기업 통합 현상의 가장 큰 이유는 미래가 불확실하기 때문이다. 현재의 우리 사회도 경험하는 것이지만, 미래에는 헤아릴 수 없을 만큼 수많은 미디어와 채널이 등장할 것이다. 또 경쟁의 강도도 그 수만큼이나 치열해질 것이다. 이에 대한 기업들의 대응은 경쟁자의 수를 줄이면서, 현재를 고착화시키는 기업 간 전방위적 연계다. 그러나 이 연계는 다른 한편으로 많은 문제를 낳고 있다. 시장이 의견의 다양성과 최적의 자원 분배를 가로막는 독(과)점화를 향해 나아가기 때문이다. 결국 이 점은 기술 발전에 의한 다양화의 가능성을 시장이 '굴절'시키고 있는 한 단면으로 볼 수 있다. 이 점은 미디어가 시장의 논리에 순응만 하게 된다면 자신의 사회적 기능을 간과하거나 때로 오도할 우려가 있다는 점을 일깨워 준다.

그러나 '작용'이 있으면 '반작용' 또한 있는 법이다. 앞으로의 과제는 이 반작용이 얼마나 작용을 제한시킬 수 있는가, 다시 말하자면 공익적 규제가 시장을 얼마나 잘 제어할 수 있는가, 시장의 활력과 공익을 얼마나 잘 조화시킬 수 있는가, 공익적 서비스가 시장 속에서 얼마나 잘 살아남을 수 있느냐에 달려 있다고 할 수 있다.

이를 위해 필요한 것은 보다 합리적이면서 현실성 있는 규제 장치의 마련과 시장에서 상대적으로 자유로운 공적 미디어public media의 육성과 발전, 그리고 이를 지원하는 시민 사회의 성장이다. 시장의 활력과 합리적 규제, 공적 미디어의 발전이라는 3자가 고도화된 시민 사회에 의해 뒷받침될 때, 미디어는 자신이 가진 이중성을 원만하게 조화해 낼 수 있다.

더 알기 위하여

《정보 자본주의와 대중 문화 산업》. 김승수 (2007). 한울.

　　자본주의의 계속된 자기 혁신 속에서 변모되고 있는 대중 문화의 특성을 규명하기 위해 노력한 책.

《영상 미디어 산업의 이해》. 임정수 (2007). 한울.

　　미디어의 다양한 시장 활동과 개별 미디어들의 특성을 빠짐없이 담으려고 노력한 책.

《영상 경제학》. B. 오웬 외(1992). 최양수 옮김. 나남.

　　텔레비전−영상 경제학 분야의 대가 오웬의 책. 이 분야의 필독서다.

Media concentration and democracy: Why ownership matters. C. B. Baker (2007). Cambridge, MA: Cambridge Univ. Press.

　　미디어 기업의 통합이 민주주의에 가져오는 해악을 소유 구조를 중심으로 알기 쉽게 설명한 책.

"Oligopolization of global media and telecommunications and its implications for democracy." B. Warf (2007). *Ethics, Place and Environment*, 19(1), 89~105.

　　글로벌 시장의 거대 기업이 민주주의의 발전에 끼치는 악영향을 상세하게 설명한 논문.

05

매스 커뮤니케이션 효과

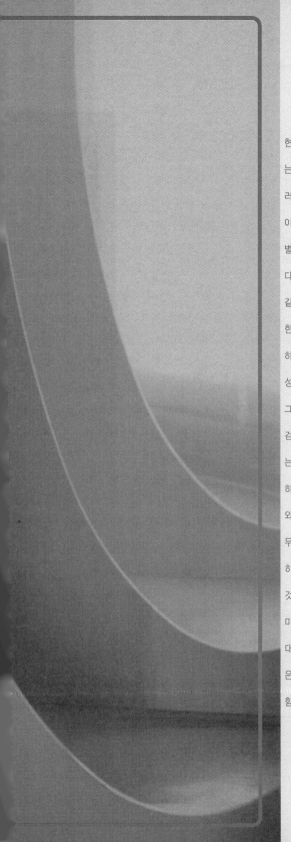

현대인은 미디어와 더불어 살고 있다. 미디어와 동떨어진 삶이 불가능하지는 않지만 그것은 결코 현대적이라고 부를 수 없는 삶이 된다. 그런데 이러한 점을 강조한 나머지 현대인의 생활과 미디어의 관계를 단순화시켜서 이해하려는 경향이 있다. 이 장에서는 '미디어의 효과는 직접적이고 무차별적이다,' '미디어는 별로 효과 없다,' '미디어 폭력은 걱정할 것이 못 된다,' '이용자는 수동적(또는 능동적)이다,' '뉴스는 정보를 제공한다' 등과 같은 미디어 효과에 대한 주장을 검토하기로 한다. 이 장에서 논의한 이러한 주장들은 우리가 쉽게 접할 수 있는 주장들이며 많은 사람들이 그럴듯하다고 믿고 있는 것들이다. 하지만 현대 매스 커뮤니케이션 효과 이론의 성과에 근거해서, 비판적으로·검토해 보면, 위에서 제시된 주장들을 있는 그대로 받아들이기 힘들다. 특히 이 장에서 위에 제시된 다섯 개의 주장을 검토하면서, 미디어가 현대인에 미치는 영향력을 제대로 이해하기 위해서는 그 효과에 대한 과도한 일반화가 결코 도움이 되지 않는다는 점을 강조하려 했다. 동시에 복잡한 듯이 보이는 미디어의 효과이지만 엄밀한 연구와 종합적인 비판을 통해서 더 잘 이해할 수 있다는 점도 강조하려 했다. 무엇보다도 미디어의 효과를 논의할 때 주의해야 할 점은 이 논의가 단순히 효과가 있느니 없느니, 효과의 규모가 크니 적니 하는 기술적인 성격의 것이 아니라는 것을 깨닫는 데 있다. 미디어의 효과에 대한 논의는 흔히 미디어에 대한 사회적, 정치적 정책의 설정과 결정, 특히 미디어의 내용에 대한 정책 설정 및 결정으로 이어진다. 따라서 미디어의 효과를 논하는 것은 미디어와 더불어 하는 삶의 정치적, 사회적, 정책적 의미를 검토한다는 함의를 갖는다.

이준웅

현재 서울대학교 언론정보학과 부교수이다. 서울대학교 언론정보학과를 졸업하고, 펜실베이니아대학교에서 커뮤니케이션 박사 학위를 받았다. 논문으로는 〈설득의 윤리: 고르기아스 대 소크라테스〉와 〈비판적 담론 공중의 등장과 여론에 대한 공정성 요구〉 등이 있다.

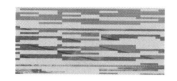

현대 사회와 매스 커뮤니케이션 효과

현대인은 매스 커뮤니케이션 효과가 지대하다는 주장을 의심할 수 없는 사실로 받아들이는 경향이 있다. 예컨대, 텔레비전 코미디에서 시작된 유행어들 때문에 청소년들이 언어 예절이 망가졌다고 한탄한다. 텔레비전 연속극에 '꼴불견인 교수'가 등장하면, 교수들은 모든 시청자가 대학 교수가 다 저렇다고 생각하면 어떻게 하느냐고 성을 낸다. 주유소 강도 미수로 경찰서에 조사를 받는 강도는 '주유소 습격'을 묘사한 영화를 보니 재미가 있을 것 같아서 한번 해보았다고 대답한다. 어느 인터넷 게시판에 공개된 내 일상 생활의 비밀에 대해 결국 모두가 알게 될 것이라 믿고 두려워한다. 과연 그런가?

    매스 커뮤니케이션 효과가 지대하다는 인식이 광범위하게 확산되면서 이러한 인식 자체가 하나의 효과가 되어 버렸다. 미디어를 일상적으로 접하면서 우리는 '누구나 미디어의 효과가 지대할 것이라고 믿는다'는 인식 자체를 진리로 받아들이는 경향이 있으며, 이 인식이 후속적 효과를 유발한다. 인터넷이 청소년을 실제로 타락 시키는지 여부와 인터넷이 청소년을 타락시킨다고 믿는 자들이 다수 인지의 여부는 서로 다른 문제이다. 전자는 인터넷 미디어의 효과에 대한 문제이며, 후자는 인터넷 미디어의 효과에 대한 대중 인식의 문제이며 따라서 다루어야 할 대상이 다른 문제이다. 하지만 그 사회적 파장을 생각해 보면, '효과에 대한 인식'의 문제도 '효과' 자체에 대한 문제만큼이나 심각하다. 심지어 많은 사람들은 자신은 미디어에서 보거나 들은 것을 그대로 믿지 않는다고 변명하지만 남들은 그럴 것이라고 쉽게 판단해 버리고 만다. 대중에 대한 직접적인 미디어의 효과는 가정이 아니라 사실이 되었고, 가설이 아니라 상식이 되었다. 그러나 과연 그런가?

기능과 효과

한국방송공사가 2005년에 실시한 '국민 생활 시간 조사'에 따르면, 평일을 기준으로 개인 평균 텔레비전 시청 2시간 22분, 신문 및 잡지 열독 11분, 라디오 청취 21분, 인터넷 이용 11분 정도를 하는 것으로 나타났다. 일요일에는 텔레비전 시청 시간이 3시간 18분으로 증가한다. 누가 뭐래도 현대인은 미디어와 함께 살고 있다. 우리는 주로 미디어를 통해서 정보를 습득하고, 오락을 즐기며, 사회적 정체성을 확인하는 것이다. 이러한 미디어와 함께 사는 현실을 강조한 나머지, 미디어가 갖는 사회적 기능functions을 현실적인 효과effects로 이해하는 경우가 많이 있다. 그러나 과연 기능이 곧 효과인가? 우리는 미디어를 통해 세상 돌아가는 일을 알게 되는데, 알게 된 모든 정보를 모두 수용하는가? 우리는 미디어를 통해 전달되는 모든 오락물을 보고 항상 저항할 수 없이 감동을 받는가? 우리는 미디어가 묘사한 사회적 관계가 곧 현실적 관계라고 간주하는가?

이 장에서는 현대 사회의 미디어의 효과와 관련된 몇 가지 그럴듯한 주장을 비판적으로 검토하고자 한다. 사실 미디어의 효과에 대한 일반적인 언명을 제시하는 것은 매우 어려운데, 그 이유는 커뮤니케이션 학자들이 미디어의 효과에 대해 어느덧 50년 이상 연구해 왔지만, '미디어의 효과는 일반적으로 이러하다'라고 결론을 내릴 수 있는 내용이 별로 없다는 것을 발견한 것이 가장 큰 연구 성과이기 때문이다. 그렇다고 해서 커뮤니케이션 학자들이 일반적으로 무능하다고 평가하는 것은 매스 커뮤니케이션 현상을 너무 얕잡아 보는 것이다. 텔레비전 연속극, 가요 프로그램, 텔레비전 뉴스, 라디오 쇼, 애니메이션, 신문 1면의 사진, 칼럼, 만화 등이 우리에게 미치는 영향은 그리 간단하게 일반화시킬 수 있는 내용이 아닌 것이다. 따라서 이 장에서 제시된 미디어의 효과에 대한 논의는 '과도하게 일반화된 감이 없지 않으며, 사실 그 내용이 이 정도로 간단하지 않다'는 점을 주의 사항으로 덧붙이고 싶다.

미디어 효과에 대한 정의

본격적으로 논의를 시작하기에 앞서, 여기에서 말하려는 미디어 효과 또는 매스 커뮤니케이션 효과가 무엇인지 먼저 정의할 필요가 있다. 먼저 이 장에서는 미디어의 도입과 발전, 제도의 확립 등과 같은 미디어의 역사적, 제도적 효과에 대한 논의는 배제한다. 그 이유는 우선 미디어가 전달하는 내용이 산출하는 효과, 즉 메시지 효과에 초점을 맞추기 위해서이다. 어떤 커뮤니케이션 이론가는 '미디어가 곧 메시지'라 주장하면서 미디어 자체의 효과에 주목했지만, 흔히 미디어 효과란 미디어를 통해 대중에게 대량적으로 전달된 메시지에 의해 산출되는 효과로 제한하는 것이 보통이다. 그리고 이러한 메시지 효과가 발생하는 곳은 개인이나 집단, 혹은 사회 계층이나 민족을 단위로 하는 유기체의 내적 체계 또는 상호 작용 체계이다. 미디어의 효과란 개인이나 집단이 미디어의 메시지를 접함으로써 발생하는 인지, 감성, 행동, 이념, 관계 등에 미치는 효과를 의미한다. 여기에서는 뒤에 언급될 인터넷 미디어의 효과를 제외하고는 '미디어의 메시지 효과'에 초점을 맞춘다. 따라서 주말에 텔레비전을 너무 많이 보느라 연애할 시간이 없어졌다든지, 신문을 너무 많이 읽어 어깨가 굽었다든지 하는 효과는 제외하기로 한다.

[주장 1] 미디어가 묘사한 행동은 즉각적이며 무차별적인 행동을 유발한다

이 주장의 기원은 1938년으로 거슬러 올라간다. 미국 CBS 라디오에서 〈우주 전쟁〉이라는 프로그램을 방송하던 중, 극적 효과를 높이기 위해 '화성인이 침입'했다는 내용으로 라디오 생방송 뉴스를 극화한 적이 있다. 이 방송을 들은 많은 청취자들이 세계의 종말이 닥쳐 왔다고 울부짖는 등 일종의 심리적 공황에 빠졌다고 한다.

〈우주 전쟁〉의 진상

화성인이 정말 침입했다는데 무덤덤할 강심장은 없을 것이다. 문제
의 〈우주 전쟁〉을 드라마가 아닌 뉴스로 잘못 인식한 사람들은 대부
분 일단 그 내용을 듣는 순간 놀라움과 경계심을 느꼈을 것이라고 볼
수 있다. 따라서 뉴스의 내용에 대해 비판적인 관점을 지닌 청취자
가 아니라면, 다시 말해서 주변 사람이나 관계 기관을 통해 화성인의
침입이 '사실'이라는 것을 확인하기 전까지 판단과 행동을 유보하는
사려 깊은 사람이 아니라면, 이러한 내용에 대해 놀라는 것은 당연한
일이다. 실제로 1938년에 발생한 이 사건은 일종의 일어남 직한 돌
발 사건이었다. 드라마를 뉴스로 잘못 인식한, 뉴스라면 무엇이든 사
실이라고 믿는, 비판적 능력이 약한, 그리고 종말론적 종교에 대한
신앙심이 강한 시청자들 가운데 심리적 공황에 빠진 청취자가 많았
다고 한다. 한편 전체 청취자의 6명 가운데 5명꼴로 별로 놀라지 않
았다고 한다. 이들은 대부분은 화성인의 침입에 대한 뉴스가 극화된
드라마의 일부인 줄 알았기 때문이다. 또한 드라마를 뉴스라고 잘못
알았던 청취자 가운데에서도 뉴스에 대한 비판적 능력이 높고 감정
적 불안감이 적은 사람들은 별로 놀라지 않았다고 한다.

탄환 이론의 타당성

1938년의 화성인 침입 사건은 이른바 미디어에 대한 탄환 이론*the
bullet theory*, 즉 '미디어가 묘사한 행동은 즉각적이면서 무차별적인 행
동을 유발한다'는 이론에 대한 결정적인 사례로 많이 언급된다. 그러
나 화성인 침입 사건과 이 주장은 약간 그 내용이 나르는 데 주의
해야 한다. 문제의 주장은 미디어가 어떤 내용을 전달하면, 반복적인

수용 과정을 거치지 않고도 즉각적으로, 거의 모든 부류의 사람에게 무차별적으로, 특정한 행동을 유발시킨다는 것이다. 그런데 화성인 침입 사건은 긴급한 중요성을 갖는 아주 특별한 미디어의 보도가 특별한 성향을 가진 사람에게만 공포감을 유발시켰다. 따라서 그로 인한 사회적 파장은 결코 작은 것이 아니었지만, 미디어의 효과가 즉각적이며, 무차별적이며, 특수한 행동을 유발한 것은 아니라는 것이다.

미디어의 효과가 즉각적, 무차별적, 행동적이라는 주장은 잊혀질 만하면 다시 등장해서 '매스 미디어에 대한 공포감'을 조장한다. 2000년 800만이란 경이적인 관객을 동원한 영화 〈친구〉에는 등장 인물을 '칼로 여러 번 찌르는 행위'가 묘사된 바 있다. 앞의 주장에 따르면, 이 영화를 본 관람객 가운데 대다수가 이를 실행으로 옮길 가능성이 높다는 결론을 도출할 수 있다. 하지만 과연 그런가? 〈중앙일보〉 2000년 10월 15일자 사회면을 보면, 연 인원 800만에 달하는 관객 가운데 적어도 한 사람이 그랬던 것으로 보인다. 이 16세 소년은 친구를 신문지에 싼 칼로 여러 번 찌른 후 붙잡혔다. 그런데 이 소년은 그 영화를 한두 번 본 것이 아니라 40번 보았으며 영화에서 칼로 사람을 찌르는 방법을 배웠다고 진술했다.

현대 커뮤니케이션 효과론의 연구 성과에 의하면, 미디어의 효과는 즉각적이지도 않고, 무차별적이지도 않고, 항상 동일한 행동을 유발하는 것은 아니라고 한다. 미디어가 특정한 행동을 유발하는 데는 (친구가 밉다고 구타하는 일이든 재난에 처한 타지 사람을 돕는 일이든) 다음과 같은 조건이 충족되어야 한다. 미디어는 어떤 행동에 대한 메시지가 반복적이며 누적적으로 전달되고, 그 특정한 행동의 사회적 의미에 대한 인식이 함께 전달되며, 그 행동을 수행할 만한 구체적인 동기와 능력이 있는 사람에게만 특정한 행위를 유발시킨다는 것이다.

미디어의 징후적 효과

때로 미디어가 어떤 사회적 행위의 명백한 원인인 것처럼 보이는 경우가 있다. 예를 들어, 어떤 연예인이 텔레비전에서 특정한 행위를 하면, 많은 시청자(특히 청소년)가 그 행위를 그대로 흉내 내는 경우가 흔히 있다. 이 경우, 미디어가 청소년을 타락시키는 주범이라고 믿는 (혹은 미디어 이외에 청소년을 타락시킬 만한 사회적 원인이 전혀 없다고 믿고 싶은) 사람들에게, 미디어는 반사회적인 행위를 유발하는 직접적인 원인으로 보인다. 그러나 그 연예인의 행위가 반복적으로 텔레비전에 등장할 정도로 '사회적 승인'을 받고 있으며, 그 행위가 청소년에게 의미하는 바는 미디어를 비판하는 사람들이 갖는 의미와 많이 다르며, 그 행위를 하는 청소년 대다수는 '무관심,' '강요된 경쟁,' '빈곤,' '부도덕한 어른들'로 인해 현실적으로 고통을 받는 청소년이라는 현실(즉, 그 행위를 하도록 동기화된 청소년이 대다수라는 현실)을 먼저 알아야 한다. 이 경우 미디어에 제시된 행위가 직접적인 원인이라고 보는 것은 무리가 따른다. 이러한 미디어의 효과는 다른 진정한 원인에 따르는 부수적인 효과 또는 징후적인 효과로 이해하는 것이 올바를 것이다.

[주장 2] 미디어는 결국 거의 효과가 없다

미디어의 효과가 발생하기 위해서는 ① 그 내용이 반복적, 누적적으로 전달되고, ② 동기화되어 있는 이용자가 있으며, ③ 그 내용의 사회적 의미가 그 효과가 발생하는 데 유리하도록 구성되어 함께 전달되어야 한다고 볼 수 있다. 그런데 이러한 조건을 충족시키기란 어려우므로, 때로는 미디어의 효과는 거의 없을 것이라고 성급하게 결론 짓기도 한다. 메시지 수용 과정을 고찰해 보면, 미디어 효과가 발생하는 것은 매우 어려워 보인다. 우선 미디어가 특히 특정한 행동을 유발하기는커녕 그 행동을 유발하는 데 필요한 정보를 전달하는 것도 쉽지 않은데, 이용자들이 자신의 의견과 다른 정보를 처음부터 받아들이지 않을 가능성이 높기 때문이다. 미디어의 효과를 미디어를 통해 전달되는 '메시지가 산출하는 효과'로 본다면, 일단 메시지가 전달이 되어야 그 효과가 발생한다고 말할 수 있다.

선별 효과 이론

매스 커뮤니케이션 효과 연구가 체계적으로 발전한 1940년대 이후, 가장 중요한 이론적 성과 중의 하나가 '이용자는 미디어가 전달하는 정보를 선별적으로 받아들인다'는 가정을 이론화한 것이다. 흔히 '선별적 노출selective exposure'이라고 알려진 이 사실은, 개인 또는 집단이나 사회의 구성원은 각기 다른 경험에 근거해서 다른 지식과 신념을 갖고 있다는 관찰에서 출발한다. 서로 다른 지식과 신념을 가진 사람들은 같은 메시지를 보더라도 다른 방식으로 반응한다. 특별히 개인이나 집단은 자신이 선호하는 메시지만 선별해서 받아들이는 경향이 있다. 예컨대, 보수적인 유권자는 민주노동당 후보의 텔레비전 연설 내용을 수용하지도 않겠지만, 그 내용을 이해하려 하지도 않으며, 무엇보다도 그 후보의 텔레비전 연설 자체를 보려고 하지 않는다.

선별적 노출에 대한 논의를 밀고 나가면, 미디어의 효과는 그리 대단하지 않다는 결론에 자연스럽게 도달하게 된다. 먼저 이용자는 미디어가 전달하는 특정한 내용을 선호하거나 아니면 선호하지 않을 것이라고 가정해 보자. 미디어의 내용을 선호하지 않는 사람은 그 내용을 선별적으로 배제할 것이므로, 미디어의 영향을 받지 않게 된다. 미디어의 내용을 선호하는 사람은 이미 그 내용을 받아들일 만한 지식과 신념을 갖춘 사람일 경우가 많으므로, 미디어의 내용을 받아들임으로써 특별히 달라질 것이 별로 없다. 아마 달라질 만한 가능성이 있다면, 그는 기존의 지식과 신념을 더욱 강하게 할 수는 있겠다. 결국 이용자가 미디어의 내용을 선호하거나 그렇지 않거나, 그에 대한 효과는 대수롭지 않다는 것이다.

선별적 노출이 적용되지 않는 상황

그런데 '선별적 노출' 개념이 적용되지 않는 상황이라면 어떻게 되는가? 이 경우에는 미디어의 효과에 대해서 간단하게 대수롭지 않다고 말할 수 없다. 예컨대, 2001년 9월 11일 미국에서 발생한 테러와 같은 사건을 생각해 보자. 이 경우, 선별적 노출이라는 개념을 적용시키는 것은 적절하지 않으며, 마찬가지로 선별적 이해, 선별적 기억 등과 같은 개념도 설득력을 잃게 된다. 미디어가 전 국민적 관심을 환기시키는 사건을 보도하거나, 주목을 끄는 내용을 드라마로 제공하는 경우가 적지 않은데 이 경우 미디어의 내용은 거의 모두의 시청자에게 전달되며, 이해되며, 기억되며, 이야깃거리가 된다.

따라서 '선별적 노출' 개념이 적용되지 않는 경우에는 이 개념의 기초가 되는 '이용자는 서로 다른 경험을 바탕으로 서로 다른 지식과 신념을 지니고 있다'는 가정으로 되돌아갈 필요가 있다. 사실 이 가정이 의미하는 바는, 이용자는 저마다 다른 욕구와 가치, 그리고 필요와 의지를 갖고 있으며, 따라서 같은 내용의 미디어 내용이라도 다른 방식으로 해석하고 그에 따라 반응할 수 있다는 것이다. 2001년 9월 11일 미국에서 발생한 테러에 대한 뉴스 내용은 거의 모든 사람에게 전달되며, 거의 동일한 내용으로 이해된다. 하지만 그 사건의 사회적 의미에 대해서는 저마다의 경험, 지식, 신념에 따라 다른 해석이 가능하며, 저마다 다른 경험, 지식, 신념을 지닌 이용자는 각자의 가치관에 따라 다른 행동 의지를 지닐 수도 있다는 것이다. 이를 좀 더 부연 설명해 보면 다음과 같다.

해석과 수용에 있어서의 개인차 및 집단차

미디어의 효과가 발생하기 위해서는 그 내용이 전달되어야 하고, 이해되어야 하고, 해석 과정을 거쳐, 받아들여져야 한다. 즉, 전달 *exposure*, 이해*comprehension*, 해석*interpretation*, 수용*acceptance*은 효과의 필요조건인 것이다. 그런데 전달과 이해도 마찬가지이지만, 해석과 수용의 경우에는 특히 개인이나 집단이 어떤 경험, 지식, 신념을 지녔는가에 따라 매우 다른 결과가 발생한다. 이해는 정도의 문제로서 주어진 내용을 얼마나 정확하게 파악했는가를 나타내는 것이지만, 해석은 종류의 문제로서 주어진 내용을 어떤 맥락에서 무엇과 관련을 맺는 것으로 이해했는가를 나타낸다. 따라서 같은 정도로 이해된 내용이라고 할지라도 개인이나 집단의 경험, 지식, 신념에 따라 다르게 해석될수 있다. 당연한 이야기이지만, 백인 미국인, 아랍 출신 이민족, 그리고 동양인 유학생은 9월 11일 테러 이후에 '보안 수색이 강화된 공항에 대한 뉴스'를 접한 후, 그 의미를 서로 다른 방식으로 해석할 것이다. 또한 그들이 보안 수색이 강화된 공항에서 행동할 경우에 서로 다른 방식으로 행동하게 될 것이다. 마찬가지로, 우리 사회의 다양한 하위 집단에 속한 시청자들은 미디어를 통해 전달된 유명 연예인의 건달 흉내를 각기 다른 방식으로 이해하고 받아들일 것이다.

결국 미디어의 효과는 거의 없다 혹은 적다는 것은 제한된 조건

하에서만 그렇다. 이 주장은 '선별적 노출'이 강력한 조건하에서만 타당성을 지니며, 이럴 경우에도 미디어 효과가 없다기보다는 '기존의 생각이나 행동을 강화시키는 효과'가 있다고 보는 것이 옳을 것이다. 한 발 더 나아가 모든 조건을 다 고려한다면, 미디어의 효과는 거의 없다 혹은 적다기보다는 개인, 집단, 사회의 특성에 따라 달리 나타난다고 보는 것이 옳은 것으로 보인다. 개인, 집단, 사회의 경험, 지식, 신념에 따라 미디어의 효과가 다른 정도로, 다른 방식으로 나타난다는 것이다.

[주장 3] 미디어에 만연한 폭력도 결국 해석하기 나름이므로 별로 걱정할 것이 못 된다

이 주장은 교묘하게 문제의 핵심을 벗어남으로써 미디어에 만연한 폭력의 문제를 사소한 것으로 치부하려는 의도를 담고 있다. 미디어에 묘사된 폭력(이하 '미디어 폭력'이라고 부름)도 결국 해석하기 나름이라는 전제는 기본적으로 틀린 것은 아니다. 그러나 그렇다고 해서 미디어 폭력이 걱정할 바가 못 된다고 주장하는 것은 잘못된 것이다.

폭력이 만연한 미디어

미디어 폭력이 개인 또는 지역 사회에 미치는 효과는 매우 중요한 사회적 함의를 지니므로 이 문제에 대해서는 면밀한 고찰이 필요하다. 먼저 미디어 폭력과 관련해서 부정할 수 없는 사실이 한 가지가 있는데, 그것은 미디어에 폭력이 만연해 있다는 사실이다. 미디어가 묘사하는 폭력이 현실에서 발생하는 폭력보다 더 빈번하고 더 극단적이다. 날마다 〈배트맨〉을 시청하는 청소년이 경험하는 '텔레비전 세계 *the television world*,' 즉 텔레비전을 통해서 알게 되는 텔레비전 속의 세계는 실제 현실보다 더 많은 살인, 강도, 절도를 보여 준다. 날마다 〈톰과 제리〉를 시청하는 아동의 경우에도, '텔레비전 세계'에서 경쟁자를 때리고, 넘어뜨리고, 밟고, 찌르고, 각을 뜨고, 태우고, 지지는 일을 보게 된다. 〈심슨 가족〉에 등장하는 '이치'와 '스크래치'는 〈톰과 제리〉의 패러디 캐릭터인데, 이들의 폭력을 보며 즐거워하는 심슨네 아이들을 단지 패러디로만 볼 수 있을까?

앞에서 강조했듯이, 미디어가 폭력이 반복적으로 전달하면서, 이용자에게 폭력에 대한 구체적인 동기가 형성되어 있고, 사회적 규범이 그 폭력을 허용한다면 미디어 폭력은 현실적 폭력이 될 수 있다는 점에 주의해야 한다. 그런데 현실적으로 제시되는 미디어 폭력은 이보다 복잡하다. 미디어 폭력은 흔히 ① 살인이나 강도와 같은 범죄부터 언어적 폭력에 이르기까지 다양한 방식으로 제시되며, ② 각종 장르의 영화, 만화, 스포츠와 같은 특별한 문화적 형식에 따라 포맷되어 있고, ③ 악당을 폭력으로 응징하는 등 폭력에 대한 사회적 규범의 의미가 애매한 경우가 많다. 따라서 이러한 현실이 미디어의 폭력이 즉각적으로 현실적인 폭력으로 전화하는 조건을 구성하는지 파악하는 것이 쉽지 않다.

폭력의 인과성: 성인과 청소년

결론부터 말하자면, 미디어 폭력에 많이 접한 사람들은 확실히 그렇지 않은 사람들에 비해 폭력을 현실적으로 더 많이 행사한다고 한다. 그러나 안타깝게도, 이러한 관련성은 단순한 상관 관계로 나타날 뿐, 그 인과성이 분명하지 않다. 미디어 폭력을 많이 접했기 때문에 현실에서 폭력을 행사하게 된 것인지, 아니면 폭력적 성향을 가진 사람들이 폭력적인 내용만 선별해서 접하는 것인지 분명하지 않다. 또한 미디어 폭력과 현실적 폭력의 상관 관계가 어느 정도 규모인지도 분명하지 않다. 어떤 경우에는 효과의 규모는 크지만 소수의 수용자에만 나타나며, 다른 경우에는 효과의 규모는 적은 반면에 대다수의 이용자에게 나타나기도 한다. 그렇다면 미디어의 폭력적 효과는 정녕 '알 수 없다'고 치부할 수밖에 없을 것인가?

그렇지 않다. 먼저 위에서 제시한 결과는 성인에게만 해당되는 것이다. 어린이의 경우 미디어에 제시된 폭력을 매우 빠르고 정확하게 학습한다는 사실이 확실히 검증된 바 있다. 물론 어린이의 경우에도 미디어 폭력을 보면서 동시에 '폭력을 행사하면 벌을 받는다'는 교육을 받는다면, 폭력 행위는 보이지 않는다고 한다. 하지만 현대 미디어에서 제시되는 폭력은 그에 대한 사회적 규범의 통제가 분명하지 않다. 때로 어린이들은 '폭력을 행사하면 벌을 받는다'라는 사회적 규범을 배우기보다는 '폭력을 통해 문제를 쉽게 해결할 수 있다' 내지는 '폭력을 행사하는 것이 멋있다'는 인식을 얻기도 한다. 따라서 미디어 폭력에 대해 비판적인 해석을 할 수 있는 능력이 적은 어린이에 대해서는 미디어의 폭력적 효과가 나타날 수 있다는 것을 심각하게 받아들여야 한다.

지금까지의 연구 결과에 따르면, 미디어가 직접적으로 폭력적 행동을 유발하는지에 대해서는 이런 저런 논란이 있지만, 그 밖에 다음과 같은 효과를 유발한다는 것은 검증된 바 있다. 미디어에 제시된 폭력은 ① 현실적인 공포감을 유발하며, ② 폭력에 대해 둔감하게 만들며, ③ 때로는 더 강한 폭력을 원하도록 만든다. 따라서 이러한 효과들과 더불어 폭력적인 행동을 유발할 가능성까지 함께 고려한다면, 미디어 폭력이 결코 '걱정할 만한 일이 못 된다'라고 말할 수는 없을 것이다.

문화 계발 효과론: '삭막하고 너저분한 세상' 신드롬

특히 폭력적인 내용이 만연한 텔레비전 프로그램을 너무 많이 시청한 나머지 현실이 실제보다 훨씬 더 폭력적이라고 믿게 된다면*the 'mean-and-dirty world' syndrome*, 이러한 믿음이 곧 폭력적인 현실을 구성하게 되는 결과를 초래한다. 흔히 문화 계발 효과론*the cultivation theory*이라고 일컬어지는 이 설명에 따르면, 폭력적인 미디어의 효과는 '현실을 구성하는 효과'라는 것이다. 모든 일이 다 폭력으로 해결 가능한 '삭막하고 너저분한 세상'에 살고 있다고 믿고 있는 사람이 대다수인 사회를 생각해 보라. 이러한 사회에 속한 개인은 어떠한 행동을 보이겠는가. 미디어 폭력을 접한 이들이 '삭막하고 너저분한 세상'에 살고 있다고 믿게 된다면, 이런 효과는 곧 이러한 사회적 현실을 구성하는 효과가 된다. 따라서 그 결과는 자못 심각하다고 말하지 않을 수 없다. 마찬가지로 미디어 폭력에 둔감해진 결과, 더 강한 폭력적 자극을 원하게 되고, 그 결과 "요즘 남자 친구가 말을 잘 안 듣는데 한번 손을 봐야겠네"라고 생각하는 것도 당연히 심각한 일이다.

[주장 4] 미디어의 이용자는 수동적이다

이 주장은 일찍이 1940년대에 과학적인 커뮤니케이션 연구가 본격화되면서 폐기되었다. 특히 '선별적 노출' 개념이 확립되면서, 개인이나 집단이 미디어를 수동적으로 받아들인다는 가정은 커뮤니케이션 효과론에서 거의 자취를 감추게 된다. 하지만 이 주장 역시 잊을 만하면 다시 등장해서, 현대인은 미디어가 제시하는 것이라면 무엇이라도 사실이라고 믿는 바보라는 인식을 강화시키는 데 기여하고 있다.

수동성의 조건: 동기와 욕구

현대인은 분명 텔레비전 앞에 멍청히 앉아 있거나, 배달되는 신문 기사를 별다른 생각 없이 들여다보는 것처럼 보이는 경우가 많다. 하지만 현대인은 또한 필요 노동 시간을 제외한 남은 시간을 제한적으로 사용하고 있으며, 이 가운데 미디어를 이용하는 시간은 다른 여가를 활용하는 시간에 대해서 '경쟁적으로' 선택된다. 즉, 우리는 자는 것보다는 심야 프로그램을 시청하는 것이 낫다고 생각해서 텔레비전을 시청하며, 지하철에서 남의 얼굴을 쳐다보기보다는 만화라도 보는 것이 낫다고 선택해서 신문을 본다.

무엇보다도 개인이나 집단은 미디어를 이용하려는 나름대로의 욕구와 동기가 있다. 평일 저녁 9시, 텔레비전 종합 뉴스를 시청하는 사람들 가운데 대다수는 '오늘은 무슨 일이 있었나' 궁금한 사람들이지만, 또한 '여자 앵커가 변함없이 이쁜가' 감상하려는 사람도 있고, '아프가니스탄이 어디에 붙은 나라인가' 배우려는 사람도 있다. 그리고 저녁 시간에 '텔레비전을 켜놓아야 집에 누구라도 있는 것 같아서' 텔레비전을 친구 삼아 두런두런 말을 나누는 외로운 시청자도 있다. 결국 우리는 같은 뉴스 프로그램을 환경을 감시하기 위해, 오락을 즐기기 위해, 정보를 얻기 위해, 그리고 사회적 관계에 대한 대용품으로 삼아서 시청하게 된다. 미디어의 이용은 구체적 욕구와 동기에 의해 선택된 행동인 것이다. 따라서 미디어의 이용자가 수동적이라는 주장은 '자발적으로 미디어에 항복하기로 마음먹은 사람들'에게만 해당되는 말이라고 할 수 있다. 그리고 이러한 사람들이 절대다수라고는 볼 수 없기 때문에 미디어의 이용자는 수동적이다는 주장에 쉽게 동의할 수 없는 것이다.

미디어의 이용자는 수동적이라는 주장은 흔히 다음과 같은 명제들과 결합되어 제시되기 때문에 그럴듯한 것으로 받아들여진다. 첫째, 현대인은 개별적으로 고립되어 있으며, 미디어가 유일한 또는 가장 친근한 동반자가 되었다. 둘째, 현대 사회에서 미디어는 편재遍在하기 때문에 이를 피할 도리가 없다. 셋째, 미디어의 내용은 점차로 획일화되어 가는 경향이 있기 때문에, 이용자가 선택할 수 있는 내용이 제한되어 있다. 위의 명제들은 모두 그렇기도 하고 아니기도 하다. 어떤 사람이나 집단, 또는 사회에서는 그렇고 다른 개인, 집단, 사회에게는 그렇지 않다. 또한 이 명제들의 진위는 '어느 정도까지를 고립된 것으로 볼 수 있느냐, 어느 정도까지를 편재된 것으로 볼 수 있느냐, 어느 정도까지를 획일화된 것으로 볼 수 있느냐'에 따라 달라진다. 즉 정도의 문제라는 것이다. 백 보를 양보해서 위의 명제가 모두 참이라 할지라도, '이용자는 수동적이다'는 주장이 저절로 참이되는 것은 아니라는 점에 주의해야 한다.

제3자 효과

'이용자는 수동적'이라는 주장이 고약해지는 이유는 흔히 이 주장을 믿는 사람들이 "나는 미디어에 대해 수동적이지 않지만, 다른 사람은 그렇다"고 생각하기 때문이다. 주의 깊게 살펴보면, 이 주장을 신봉하는 사람들 가운데 대다수는 미디어에 대해서 잘 알고 있다고 생각하는 이른바 '전문가들'이다. 그들의 주장에 따르면, 미디어의 생리와 효과에 대해서 좀 알고 있는 그들과는 달리 '보통 사람들'은 미디어의 재물이 되기 쉽다고 한다. 이 가운데 일부는 특히 "한국 사람들은 냄비 근성이 있어서, 미디어에서 뭐라고 하면 다들 그 방향으로 쫓아가며 난리를 떤다"는 식으로 말한다. 한국인이 다른 민족에 비해 정말 그 '냄비 근성'이란 것이 있는지 이 자리에서 논할 일은 아니다. 그러나 설령 '냄비 근성'이 있다고 해도, 이는 한국인의 소비 문화와 또래 문화의 경쟁적 특성과 관련된 것이지 특별히 '한국인이 미디어에 수동적이기 때문'은 아닌 것 같다.

미디어 통제의 논리

'이용자는 수동적'이라는 주장이 더욱 고약해지는 또 하나의 이유는 이 주장을 믿는 사람들은 결국 미디어의 내용을 과도하게 통제하려는 경향이 있기 때문이다. 흔히 폭력, 섹스, 혐오스런 행위와 언어 사용과 관련해서 강력한 통제가 필요하다고 주장하는 사람들 가운데에 그러한 통제의 근거로서 '이용자는 수동적'이라는 이유를 제시한다. 대중은 아무런 비판적인 여과 없이 미디어의 내용을 그대로 수용할 것이기 때문에 그 내용에 대한 통제가 필요하다는 논리이다.

이러한 통제론자들은 미디어의 내용에 대한 통제 때문에 표현의 자유가 훼손되거나 창조성이 저해되는 것은 '순진한 대중을 보호하기 위해 불가피한 일'로 치부한다.

미디어가 유발하는 사회적 해악을 막는 데 필요한 통제는 불가피하지만, 그 정도가 지나쳐서 표현의 자유를 훼손한다든지 미디어 종사자의 창조적인 행위를 가로막는 것은 우려할 만한 일이다. 특히, 미디어의 효과에 대한 구체적인 연구 결과도 없이 단순히 '이용자는 수동적'이라는 가정에 근거해서 미디어에 대한 통제를 주장하는 것은 무식한 일이라고 하겠다.

능동적 이용자?

그렇다면 '미디어의 이용자는 능동적'이라고 말할 수 있는가? 사실 이 주장 역시 '이용자는 수동적'이라는 주장만큼이나 문제가 있다. 이용자는 나름대로의 욕구와 동기를 지니고 미디어를 이용하며, 미디어의 내용을 나름대로 해석할 수 있는 능력을 지녔다는 의미에서 말한다면 '수동적이기보다는 능동적인 쪽에 가깝다'고 말할 수 있다. 그러나 이 경우에도 '능동성'이라는 개념을 너무 넓게 확장해서 사용하면 역시 문제가 발생한다. 예를 들어, 아무리 폭력적인 드라마라 할지라도 시청자가 능동적으로 거부하거나 나름대로 해석해서 받아들일 것이므로 문제될 것이 없다는 주장은 타당하지 않다. 마찬가지로, 아무리 편파적인 뉴스를 제공한다고 해도 시청자가 능동적으로 거부하거나 나름대로 비판적인 관점에서 해석할 것이기 때문에 문제될 것이 없다는 주장도 타당하지 않다. 미디어의 이용자가 능동적이라는 것은 그들이 미디어 이용 시간을 선택하거나 미디어의 종류를 선택할 때, 메시지를 해석하고, 그리고 그 내용을 받아들일 것인가 말 것인가 판단할 때 나름대로의 욕구와 동기 그리고 지식과 신념 체계를 기반으로 해서 결정한다는 것이지, 이용자가 무엇이든 할 수 있다는 것은 아니다. 말하자면 그 능동성이란 미디어 체계, 시간의 이용, 그리고 이용자 자신의 인지적, 이념적 한계 등에 의해서 제한된 능동성으로 보는 것이 옳을 것이다.

[주장 5] 뉴스는 정보를 전달한다

뉴스는 물론 정보를 전달한다. 그런데 뉴스가 수행하는 기능은 이것만 있는 것이 아니다. 뉴스는 정보를 전달하는 동시에, 우리 사회에서 무엇이 중요한지 결정하며, 어떤 가치와 규범을 중심으로 논의를 해야 하는지 영향을 미치며, 더 나아가 사회의 지배적인 가치와 규범 자체를 규정하기도 한다. 많은 커뮤니케이션 학자들은 뉴스의 이러한 다양한 기능에 대해 논하고, 분석하고, 해석해 왔다. 그중에서 현실적인 효과로 나타나는 것으로 알려진 몇 가지는 현대 사회에서 매우 중요한 의미를 지니고 있다.

뉴스의 효과는 현대 매스 커뮤니케이션 효과에서 특별히 중요한 위치를 차지한다. 뉴스는 다른 어떤 메시지보다 시청자의 주목을 많이 끌며 신뢰를 받는다. 한 사회 내에서 뉴스의 생산, 유통, 소비 체계는 하나의 제도로서 자리잡고 있으며, 그에 따른 제도적 기능과 영향력 자체도 매우 크다. 예를 들어, 텔레비전 뉴스는 미디어가 제공하는 정보 가운데 흔히 가장 중요한 시간대에 편성되며, 흔히 가장 많은 시청자를 겨냥해서 전달된다.

뉴스에 대한 사회적 인식

이 장에서는 뉴스의 내용이 유발하는 효과에 대해서만 논의하려 하는데, 그 전에 먼저 뉴스에 대한 사회적 인식과 기대를 검토해 볼 필요가 있다. 그것은 뉴스는 사실만을 전달하며, 객관성을 유지하려 하고, 논쟁 중인 사안에 대해서 가치 중립적인 입장을 유지한다는 인식과 기대이다. 대다수의 언론 기관과 언론인은 물론 일반 이용자도 뉴스에 대한 이러한 가정을 진지한 것으로 받아들이고 있다. 또한 그중 많은 사람은 뉴스가 실제로 그렇게 되어야 한다고 믿고 있다. 여기에서 지적해야 할 점은 뉴스가 실제로 사실만을 전달하며, 객관적이고, 가치 중립적인가와 관계없이, 뉴스가 그렇거나 아니면 그래야 한다고 믿고 있는 사람이 많기 때문에 뉴스의 영향력이 더욱 커진다는 것이다. 뉴스에 대해서 언론인이나 일반 이용자가 믿고 있는 가정 덕분에 뉴스는 더욱 효과적으로 거부감 없이 신뢰를 받으며, 정보를 전달하고 사회적으로 중요한 사안을 결정하며 나가가 사회적 가치와 규범을 규정할 수 있다.

의제 설정 효과

뉴스의 현실적 효과 가운데 가장 기초적이면서도 중요한 것은 뉴스가 사회적으로 무엇이 중요한 문제인지를 결정한다는 것이다. 일명 '의제 설정 효과*the agenda setting effect*'라고 불리는 이 이론에 따르면, 뉴스 이용자는 미디어가 중요하다고 강조하는 이슈를 실제로 중요한 이슈로 생각하게 된다고 한다. 일견 사소한 것처럼 보이는 이 효과가 중요한 것은 이러한 과정을 통해서 뉴스가 여러 방식으로 이차적인 효과 또는 후방 효과를 유발하기 때문이다.

먼저 의제 설정 효과는 사회적으로 중요한 이슈가 결정되는 데 뉴스가 결정적인 역할을 수행한다는 것을 보여 준다. 또한 의제 설정 이론은 언론의 보도에 따른 여론의 변화를 설명하는 데 매우 유용하다. 특히 언론이 특정한 주제를 중요하게 보도함에 따라서, 그 보도를 접한 개인이나 집단이 그 주제를 '중요하다'고 인식하게 만들고, 이러한 과정을 거쳐서 공중은 집합적으로 그 사건이나 주제를 중요하다고 판단하게 된다. 언론은 여론을 형성하는 과정에서 특정한 이슈를 사회적으로 중요한 의제를 결정할 수 있다.

그런데 의제 설정 이론을 현실에 적용해서 '여론의 변화'를 설명할 경우에 주의해야 할 사항은 이 이론은 어떤 이슈가 여론의 주목을 받는지 설명할 뿐, 여론 변화의 방향에 대해서는 어떠한 예측도 제시하지 않는다는 점에 주의해야 한다. 의제 설정 이론은 언론이 특정 이슈를 강조해서 보도하면 그 이슈의 중요성에 대한 공중의 평가가 변화한다고 설명할 뿐, 그 이슈에 대한 여론의 찬반의 방향이 어떠한지에 대해 설명하지 않는다.

예를 들어, '방송법 개정'에 대한 언론의 보도는 법 개정에 찬성하는 입장과 반대하는 입장, 각 입장에 대한 해설과 전망, 그리고 그에 대한 사회 각 계층의 반응 등을 종합적으로 다루게 된다. 이 경우 방송법 개정에 대한 언론의 보도가 증가할수록 공중이 그 이슈를 더욱 중요하게 생각하게 된다는 것이 '의제 설정 효과'가 예측하는 바이다. 하지만 방송법 개정에 대한 언론의 보도가 증가할수록 특정 법안 자체에 대한 찬성 또는 반대 여론이 증가할 것이라는 주장은

'의제 설정 효과'와 관련이 없는 예측이다. 여론 변화의 방향은 보다 복잡하고 다중적인 과정을 거쳐 결정된다. 의제 설정 이론은 특정한 이슈에 대한 공중의 의견이 찬성의 방향으로 변화할 것인지 아니면 반대로 변화할 것인지는 알 수 없다고 본다.

점화 효과

의제 설정 효과는 '점화 효과*the priming effect*'라는 이차적인 효과를 유발한다. 점화 효과란 개인이나 집단이 미디어가 중요하다고 보도한 사안이나 주제를 중심으로 사회적 판단을 내린다는 것이다. 먼저 의제 설정 효과가 발생하면, 개인이나 집단은 미디어가 강조해서 보도한 용어나 개념들을 주로 사용하게 된다. 이러한 용어나 개념의 중요성이 증가함에 따라, 이러한 용어나 개념들을 머릿속에 떠올리기가 쉬워지기 때문이다. 따라서 이러한 조건에서 어떤 이슈에 대한 찬반의 의견을 표명해야 한다든지 사회적 판단을 내려야 할 경우, 그들은 중요하다고 판단한 그 용어나 개념들을 기준으로 판단을 하게 된다.

예를 들어, 대통령 선거에 출마한 두 후보자가 있는데, 그중 한 명은 청렴한 정치인으로 인정받는 사람이며 나머지 한 명은 구시대의 정치인이지만 경제에 대한 식견이 있고 검증된 경영 능력을 갖춘 사람이라고 가정해 보자. 또한 언론이 대통령 캠페인 중에 때 맞춰 발생한 정치인의 뇌물 수수 사건을 중점적으로 보도한다고 가정하자. 이 경우 유권자는 일차적으로 '정치인 뇌물 수수'를 중요한 이슈로 인식하게 되며(의제 설정 효과), 동시에 대통령 후보에 대한 평가를 내릴 때 '부패한 정치인인가 청렴한 정치인인가'를 중심으로 판단하게 된다(점화 효과). 만일 동일한 국면에서 언론이 나라의 경제적 침체와 금융 위기를 강조해서 보도하면, 유권자는 '경제적 위기'를 중요한 이슈로 인식하면서(의제 설정 효과), 대통령 후보에 대한 평가는 '경제를 극복할 수 있는 지식과 전망이 있는가 없는가'를 기준으로 판단하게 된다(점화 효과). 결국 언론이 '정치인 뇌물 수수'를 중요하게 보도할 것인지, 아니면 '경제적 위기'를 중요하게 보도할 것인지에 따라서, 뉴스 이용자는 두 후보 가운데 한 명을 더욱 선호하게 된다. 언론의 의제 설정에 따라 유권자가 대통령 후보를 평가하는 기준이 달라질 수 있다는 것이다.

틀 짓기 효과

한편 의제 설정 효과나 점화 효과와는 약간 성격이 다르지만 뉴스는 이용자의 현실에 대한 이해와 해석에 영향을 미치기도 한다. 일명 '틀 짓기 효과framing effects'라 불리는 이 효과는 같은 사안에 대한 뉴스라고 할지라도 그 뉴스의 이야기 줄거리가 구성되는 방식에 따라 이용자의 현실에 대한 인식과 해석이 달라진다는 것을 보여 준다. 예를 들어, 다음과 같은 사건이 있었다고 가정해 보자.

11월 15일 오후 6시, 한국의 우익 시민 단체인 '신국민운동본부'가 여의도 국회 의사당 앞에서 국가 보안법 개정안을 발의한 국회의원들에 대한 규탄 대회를 갖고, 행진을 시도하다가 30분 만에 출동한 경찰에 의해 해산되었다.

이러한 '사건'에 대한 뉴스 기사는 다음과 같이 완전히 다른 방식으로 구성될 수 있다.

뉴스 1: '신국민운동본부'가 국가 보안법 개정안을 발의한 국회의원을 규탄했다.

뉴스 2: 사회 운동 단체가 일부 국회의원들을 규탄하는 시위로 여의도 일대가 최루 가스에 덮이고 교통이 일시적으로 마비되었지만, 경찰의 진압으로 평온을 되찾았다.

뉴스 3: 극우 단체가 진보적 법안을 발의한 국회의원을 규탄하는 시위를 벌이는 등 이념적 대립이 격화되고 있다.

　같은 사건이라 할지라도 그 주요 행위자에 대한 묘사나, 사건이 전개된 방식, 그리고 특정 행위에 암시된 목적이나 결과에 따라 전혀 다른 이야기, 즉 뉴스 스토리로 구성될 수 있다. 그리고 서로 다른 이야기 줄거리에 근거한 뉴스는 사실상 다른 뉴스가 된다. 첫 번째 뉴스는 신국민운동본부의 주장을 있는 그대로 밝히고 그들이 시위를 벌인 이유와 배경에 대해 정보를 전달하는 데 반해서, 두 번째 뉴스는 여의도 일대에 시위가 벌어져 혼란이 야기되었다는 점을 강조해서 전달함으로써 사회적 혼란과 안정을 핵심 주제로 전달할 수 있다. 세 번째 뉴스는 우리 사회의 이념적 대립이 심각한 수준에 이르렀다는 것을 지적하고 그에 대한 사회적 해결이 필요하다는 것을 제시할 수 있다.

　이렇듯 같은 사건에 대해서 서로 다른 뉴스를 만들어 내는 뉴스 이야기의 줄거리 구성 방식을 '뉴스의 틀' 또는 '프레임frame'이라고 부른다. 어느 뉴스나 일정한 이야기 구조를 갖게 되기 때문에, 논평이나 분석 기사는 물론 스트레이트 뉴스를 포함한 대부분의 사실 기사도 뉴스의 틀을 갖게 된다. 틀 짓기 효과는 이렇듯 유사한 내용의 뉴스라 할지라도 뉴스의 구성 방식이 달라짐에 따라 뉴스를 접한 이용자가 인식 또는 해석하는 현실이 달라질 수 있다는 것을 보여 준다. 결국 뉴스는 정보만을 전달하는 것이 아니다, 뉴스가 강조하는 현실은 사회적으로 중요한 현실이 되며, 뉴스가 주로 사용하는 개념과 용어는 이용자가 주로 사용하는 판단의 근거가 된다. 뉴스 스토리가 구성되는 방식은 이용자가 현실을 인식하고 해석하는 데 영향을 미치는데, 이는 다시 신념과 태도에 대한 후속적인 효과로 이어질 수 있다. 즉 뉴스 틀이 제시한 해석에 근거해서, 뉴스 이용자는 새로운 신념을 형성하거나 기존의 신념을 변경할 수 있다. 특정한 뉴스 틀을 반복적으로 접한 개인은 특정 사안이나 대상에 대한 '좋다'거나 '나쁘다'는 평가를 과거와 다르게 내릴 수 있다는 것이다. 이런 방식으로, 뉴스 틀은 뉴스 이용자의 해석에 대한 영향력을 통해서 다시 후속적으로 그들이 갖는 대통령, 사회 세력, 특정 사안, 대상 등에 대한 호, 불호의 평가에도 영향을 미치게 된다.

인터넷의 확산과 미디어 효과에 대한 새로운 접근

우리 사회의 인터넷이 확산되고 인터넷 이용이 확대되면서, 과거의 미디어를 통해 관찰할 수 있었던 효과와는 다른 새로운 효과가 발생한다. 인터넷 미디어가 유발하는 효과의 특수성을 이해하기 위해 ① 미디어적 특성에 따른 효과, ② 효과 과정의 차이성을 검토해 볼 필요가 있다.

첫째, 인터넷 미디어는 그 미디어적 특성, 즉 상호 작용성, 시공간 제약 극복 가능성, 다중 감각성, 제한적 익명성 등에 의한 효과를 유발한다. 예를 들어, 미디어의 상호 작용적 성격 때문에 이용자의 정보에 대한 통제력이 높아졌다든지, 정보 교환에 있어서 시공간 활용성이 높아졌다든지, 다중 감각적 지각과 인식에 따라 내용에 대한 몰입도가 높아졌다든지, 아니면 개인의 사회적 정체성을 적절히 통제해 가면서 의견 개진을 할 수 있게 되었다든지 등의 효과가 있다. 이런 효과들은 완전히 새로운 효과라고는 할 수 없으며, 인터넷에만 고유한 효과도 아니지만, 인터넷의 보급을 통해서 강화된 중요한 미디어 효과이다.

인터넷 미디어는 또한 특유의 '효과의 가시성'을 갖는데, 이는 새로운 효과를 유발한다.[1] '효과의 가시성*visibility of effects*'이란 미디어의 사회적 영향력이 행사되는 과정이 공적으로 노출되며, 동시에 그 노출이 영향력의 일부가 된다는 것을 의미한다. 그런데 이 개념은 '가시성 효과'를 함축한다. 즉 인터넷에서는 영향력 과정에 대한 사회적 관심과 관찰이 증가할수록 문제의 영향력이 강화된다.

효과의 가시성을 구체적으로 제시하자면, 인터넷에서는 개인이 글을 읽거나 쓰거나 하는 행위가 자료로 저장되고, 사후적으로 검색 및 관찰 가능하고, 이런 개인의 인터넷 이용 행위가 집합적으로 축적되어 어떤 효과를 발휘하는지도 추적 가능하다. 개인의 읽기 행위는 조회 수로 저장되고, 평가는 추천 수로 확인 가능하며, 개인이 쓴 글에 대한 반응은 이런 조회 수와 추천 수에 대한 기록을 검토함으로써 확인 가능하다. 이렇듯 개별 행동이 집적되어 어떤 결과를 유도하는지 실시간으로 추적 가능하고, 사후에도 검색 가능하고, 또한 검색할 수 있다면 접근 가능하다. 따라서 인터넷 미디어를 이용하는 개인은

㉠ 자신의 인터넷 활동에 대한 삼자적 관찰 경험을 갖게 되며, ㉡ 자신과 타인의 인터넷 활동을 포함한 집합적 행동 과정을 전체적으로 관찰할 수 있게 된다. 이에 덧붙여 ㉢ 개인은 이런 관찰 가능성이 자신뿐만이 아니라 무수한 다른 인터넷 이용자들에게도 허용된다는 사실을 알게 되는데, 바로 이런 세 조건이 결합되어 '가시성 효과'를 구성한다. 가시성 효과 두 종류를 예를 들어 설명하면 다음과 같다.

자기−관찰에 따른 글쓰기 효능감 강화 효과　　인터넷에서 메시지를 작성하는 사람은 자신이 쓴 그 메시지에 얼마나 접속되는지, 어떤 반응을 유도하는지, 또한 어떤 효과를 유발하는지 확인해서 알 수 있으며 있으며, 그런 확인과 앎을 통해서 '내가 글을 씀으로써 타인에게 영향력을 줄 수 있다는 능력에 대한 믿음,' 즉 글쓰기 효능감이 강화될 수 있다. 또한 인터넷에 게시된 글에 대한 독자나 댓글 다는 자들의 반응을 통해서 글쓰기 효능감이 강화됨으로써 더 많은 글쓰기, 더 효과적인 글쓰기가 일어나기도 한다.

검색 및 관찰 가능성에 대한 인식에 따른 효과의 과대 평가　　인터넷 내용은 모두 기록으로 남게 되며, 따라서 검색 가능하고 또한 누구에게나 접근 가능하다. 이 사실을 알고 있는 개인 중에는 이런 인터넷 메시지의 특성 때문에 메시지 효과가 지속적이고, 전면적일 것이라고 평가할 수 있는데, 특히 인터넷 내용과 직접적으로 관련이 있는 당사자라면 이런 평가에 따라 과도하게 긍정적이거나 부정적인 결과를 예상하고 그에 따라 행동할 수 있다. 이와 같이, 과거의 연예인들과는 달리 인터넷 시대의 연예인은 사신의 팬과 안티 팬들의 반응에 따라 과도하게 낙관적이거나 절망적인 전망에 빠져 행동할 수 있다.

17~18세기의 사회 변화기에 중요한 역할을 했던 신문이나 잡지에서도 이런 미디어의 가시성 효과를 발견할 수 있지만, 그 효과는 제한적이었다. 20세기 영상 미디어라고 할 수 있는 영화와 방송의 가시성 효과는 더욱 증대되었지만, 역시 인터넷에 비하면 제한적이었다고 평가할 수 있다. 과거 인쇄 미디어의 영향력은 가시성 효과는 '상상'되었으며, 영상 미디어의 효과는 시청률 조사 등을 통해 '추정'되었다. 하지만 이제 인터넷 미디어의 영향력은 특정 효과가 일어나는 과정을 누구나 접속해서 볼 수 있고 또한 지금 못 보더라도 나중에 검색해서 다시 볼 수 있으며, 내가 이런 사실을 알고 있다는 것을 모두가 안다는 인식에 의해 강화된다. 인터넷 미디어의 가시성 효과는 기존 미디어 효과와 질적으로 다른 수준으로 발전하고 있는지도 모른다.

둘째, 인터넷의 미디어적 특성에 의한 효과와는 별도로 형성되는 커뮤니케이션 과정의 변화에 따른 효과가 있다.[2] 인터넷 미디어를 통한 효과는 전통적인 미디어의 효과와 다른 과정을 거쳐서 발생하기 때문에 그 내용과 성격이 달라진다는 것이다. 그림의 왼편에 제시된 도식을 이용해서 설명하자면, 전통적인 미디어 효과는 개별 미디어의 내용 {c1}의 그 미디어를 접한 개인들, 즉 (i1. i2, i3...)에 대해 미친 영향력의 크기 (e1, e2, e3...)의 총합으로 나타낼 수 있다. 미디어와 개인들 간의 관계는 일 대 다의 관계이며, 선형적이다. 따라서 전통적인 미디어의 효과는 이런 개별 관계들이 얼마나 포괄적으로, 대량으로, 자주 발생하느냐에 의해 결정이 된다. 반면, 인터넷 미디어는 전통적 미디어와 다른 효과 과정을 보여 준다. 요컨대, 인터넷 미디어의 내용과 그 미디어를 접하는 개인들의 관계가 일 대 다가 아니며, 효과가 전달되는 과정도 선형적이지 않다. 먼저, 인터넷 내

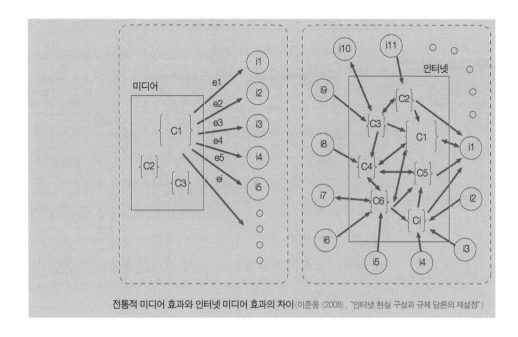

전통적 미디어 효과와 인터넷 미디어 효과의 차이(이준웅 (2008). "인터넷 현실 구성과 규제 담론의 재설정")

용이 이용자 개인과 맺는 관계가 다르다. 인터넷 내용의 효과는 일방적인 노출_exposure_에 의해 시작되는 것이 아니라, 이용자 개인(예, i1)의 선택적 행위, 즉 클릭에 의해 시작되는 경우가 대부분이다. 또한 인터넷 이용자는 인터넷 내용 구성에 직접 참여하기도 한다. 따라서, 미디어 '수용자 효과' 뿐만 아니라 '참여자 효과' 도 발생한다.

그런데 전통적 미디어와 인터넷 미디어의 가장 중요한 효과의 차이는 다음과 같다. 전통적 미디어의 내용과 달리 인터넷 내용은 개별 내용의 단순 효과의 총합으로서의 효과가 아닌, 결합된 내용의 효과들이 다중적으로 매개된 효과를 유발한다. 개별 메시지 내용 {c1} 또는 내용 {c2}의 개별적 효과가 아니라, 일련의 메시지 내용의 결합에 따른 효과, 예를 들어 [{c1}, {c2}, {c3}, {c1, c2}, {c2, c3}, {c1, c3}, {c1, c2, c3}]라는 결합된 내용에 의한 효과 집합이 발생한다. 그리고 이렇게 결합된 내용들이 효과를 발생하는 과정이 다중적으로 매개되어 있다. 메시지 내용 {c1}의 효과가 발생하는 과정에, 메시지 내용 {c2}를 만드는 데 기여한 개인 (i11), 내용 {c3}를 만드는 데 기여한 개인들 (i9와 i10)의 행위 결합이 있어야 하며, 효과 과정 전체는 이런 개인들과 내용들을 매개해서 발생한다. 따라서 어떤 개인이나 메시지 내용이 다른 개인에게 미치는 효과는 비록 직접적이지 않을지 몰라도 (예를 들어, 내용 {c6}와 그 내용과 관련된 개인들), 그 효과의 규모와 심각성은 다른 직접적 효과를 유발하는 데 기여한 메시지 내용이나 개인에 비해 더 클 수도 있다. 이렇게 보면, 어떻게 인터넷 게시판의 댓글 한 줄이 일파만파 이어지는 후속적 이용 과정을 경유해서 다중적으로 매개되어, 결국 특정 개인이나 집단에 대한 치명적인 효과로 전환할 수 있는지 이해할 수 있다.

위의 논의를 적용해서 과거 신문이나 방송 미디어가 유발했던 '의제 설정 효과'는 인터넷 미디어를 통해서 새로운 방식으로 등장할 것이라고 예상할 수 있다.[3] 미디어가 중요하게 다루는 사안을 그 미디어를 접한 사람들이 중요한 사안으로 인식하게 된다는 효과의 단순성과 선형성은 인터넷 시대에 보다 복잡한 방식으로 변화한다. 의제 설정은 더 이상 미디어에서 공중으로 흐르는 효과 과정이 아니라, 다양한 사회적 이슈 제공자들, 그 이슈를 매개하는 인터넷 미디어들, 그리고 그런 미디어를 접하는 개인이나 사회 집단들의 의견 교환 등을 통해서 '다중적으로 매개되는 효과 과정'이 된다. 인터넷 시대의 의제 설정 효과는 단순히 특정 미디어나 채널이 '설정함으로써' 유발되는 효과가 아니라, 다양한 참여자들에 의해 '다중적으로 매개됨으로써' 발생되는 효과라고 보는 것이 더 타당할지 모른다.

언론의 '틀 짓기 효과' 역시 인터넷 시대에 새롭게 진화할 수 있다. 먼저 전통적인 언론의 틀 짓기 효과가 가정하는 '프레임 경쟁 구도'를 생각해 보자. 대립적인 이념과 가치가 지배적인 사회에서, 서로 다른 두 언론은 상호 대항적인 뉴스 틀을 경쟁적으로 제시할 수 있다. 예를 들어, 대규모 사업장에서 발생한 파업을 '최후에 몰린 노동자의 정당한 권리 주장'으로 틀 짓기 하느냐 아니면 '경제적 발전에 위협을 주는 노조의 이기적 전략'으로 틀 짓기 하느냐에 따라 시민은 파업에 대한 상반된 해석과 의견을 갖게 될 것이다. 전통적인 뉴스 틀 짓기 효과 관점에 따르면, 이런 경쟁 구도에서, 어떤 뉴스 틀이 더 강력한지에 따라, 즉 어떤 뉴스 틀이 뉴스 이용자의 해석과 의견에 더 큰 효과를 유발하는지에 따라 특정 방향으로 여론 변화가 일어난다고 한다. 이런 프레임 대립 또는 경쟁은 과거에나 지금이나 항상 발생한다.

　　인터넷 시대의 흥미로운 현상은 뉴스 틀 간의 경쟁을 통해 일종의 '프레임 퓨전,' 즉 뉴스 틀의 융합이 발생해서 새로운 방향으로 해석을 유도하는 '통합적 틀 짓기 과정'이 일어나는 것이다.[4] 뉴스 틀을 뉴스의 이야기 구성 방식이라고 이해한다면, 경쟁하는 두 개의 이야기가 결합되어 새로운 이야기를 만들어 낸다는 프레임 퓨전이 가능하다고 볼 수 있다. 이런 프레임 퓨전은 두 차원에서 이루어질 수 있다. 첫째, 경쟁하는 언론사의 두 개 이상의 뉴스 틀에 접한 시민들이 뉴스 틀들을 통합해서 새로운 해석을 얻을 수 있다. 예를 들어, 한 장관의 권력형 비리에 대한 사건을 다루는 두 개의 뉴스 틀이 각각 '정쟁의 희생양이 된 장관' 그리고 '절대 권력은 부패한다'는 주제를 핵심적으로 전달한다고 하자. 이런 뉴스를 접하는 시민이 경쟁하는 뉴스 틀이 제시하는 이야기를 결합시켜 '부패 권력의 통제 실패로 막차 디다가 걸려든 희생양'이라는 새로운 해석에 도달할 수 있다는 것이다. 둘째, 인터넷 뉴스와 뉴스 댓글이 제시하는 서로 다른 뉴스 틀을 접한 뉴스 이용자가 새로운 해석을 구성할 수 있다. 인터넷을 통해서 뉴스를 접하는 뉴스 이용자 중에는 뉴스의 본문과 함께 다른 시민들의 댓글도 읽는 자들이 많다. 따라서 뉴스 본문이 한쪽 방향으로 강력하게 틀 지어 있음에도 불구하고, 댓글 토론에서 경쟁적인 해석을 접한 후에 새로운 통합적 틀 짓기 과정을 경험할 수 있다. 물론 이 경우에도 뉴스 본문이나 댓글 토론 한쪽의 해석이 지배적인 경합적 해석이 발생할 수도 있고 아니면 두 뉴스 틀의 효과가 상쇄되는 경우가 발생할 수 있다. 그러나 가장 흥미로운 경우는 역시 뉴스 본문과 댓글 토론이 결합해서 새로운 통합적인 이야기를 만들어 내는 프레임 퓨전이다.

미디어 효과 연구의 사회적 중요성

현대인은 미디어와 더불어 삶을 살고 있다. 미디어와 동떨어진 삶이 불가능하지는 않지만 그것은 결코 현대적이라고 부를 수 없는 삶이 된다. 그런데 이러한 점을 강조한 나머지 현대인의 생활과 미디어의 관계를 단순화시켜서 이해하려는 경향이 있다. 이 장의 전반부에서 비판적으로 논의한 다섯 개의 주장은 우리가 쉽게 접할 수 있으며 동시에 그럴듯하다고 생각할 수 있는 미디어의 효과에 대한 명제이다. 이 다섯 개의 주장을 논의하면서 미디어가 현대인에 미치는 영향력을 이해하기 위해서는 그에 대한 과도한 일반화가 결코 도움이 되지 않는다는 점을 강조하려 했다. 동시에 복잡한 듯이 보이는 미디어의 효과이지만 엄밀한 연구와 종합적인 비판을 통해서 더 잘 이해할 수 있다는 점도 강조하려 했다.

　무엇보다도 미디어의 효과를 논의하는 데 있어서 주의해야 할 점은 이 논의가 단순히 효과가 있느니 없느니, 효과의 규모가 크니 작니 하는 기술적인 성격의 것이 아니라는 것을 깨닫는 데 있다. 미디어의 효과에 대한 논의는 흔히 미디어에 대한 사회적, 정치적 정책의 설정과 결정, 특히 미디어의 내용에 대한 정책 설정 및 결정으로 이어진다. 따라서 미디어의 효과를 논하는 것은 우리가 청소년을 미디어 폭력으로부터 보호하기 위해 어떤 정책적 결정을 내려야 하는지, 텔레비전 영화에서 표현된 노골적인 성 행위를 어느 정도 용인할 수 있는지, 뉴스에서 사용하는 언어가 특정 계층에게 불이익을 주는 경우가 없도록 규제하는 방식은 어떻게 이루어져야 하는지 등과 같은 정치적, 사회적, 정책적 논의에 대한 준비를 하는 것이 된다.

　특히 한국에서는 미디어 정책과 관련된 중요한 결정과 관련해서 미디어 효과에 대한 구체적인 연구 결과를 근거로 정책 결정을 내리는 경우가 적다. 예를 들어, 우리 사회는 최근까지 영화의 일정 수준 이상의 성적인 표현에 대해 사실상의 검열을 수행해 왔다. 이로 인한 표현의 자유의 현실적인 침해와 그에 따른 영화인의 좌절은 한국 영화의 발전에 큰 장애가 되었었다. 이 문제에 대한 국내 영화 예술인의 지속적인 문제 제기와 정책 당국의 결단에 의해, 이제 등급외 영화 전용 상영관 도입에 대한 논의가 진행 중이다. 그러나 우리는 이 과정에서 영화에 제시된 성적 표현이 어떤 효과를 유발하는지 구체적으로 논의가 있었다는 얘기를 들어본 적 없다. 노골적인 성 행위나 가학적인 성 행위를 묘사한 예술 영화를 관람한 관객들은 어떤 반응을 보이는가? 특히 이러한 영화를 반복해서 관람하는 관객은 어떤 행동적 영향을 받게 되는가? 청소년에게는 어느 정도 수준까지 허용하는 것이 안전하다고 말할 수 있는가?

인터넷 댓글이 특정인에 대한 부당한 정보를 광범위하게 유포시켜 그에 대한 부정적 효과를 유발할 수 있다는 것은 잘 알려져 있다. 하지만 인터넷 게시판에서 발견할 수 있는 비방적 댓글이 특정인의 불안과 좌절에 근거한 자해적 행위의 '필요하고 충족한' 원인이라고 말할 수 있는지는 자명하지 않다. 인터넷 게시판을 통한 정보의 유통 자체가 반사회적 행위를 유발하는가? 인터넷 댓글을 보는 행위가 곧 자해적 행위의 원인이 되는가? 인터넷 댓글의 유통이 초래하는 긍정적인 사회적 효과는 없는가?

등급외 전용관 허가의 문제나 인터넷 댓글 규제에 대한 결정하기 위해서는 먼저 이러한 질문들에 답해야 한다. 이러한 질문에 답하기 위해서는 매스 커뮤니케이션 효과에 대한 연구를 수행해야 한다. 그리고 그 연구 결과에 대한 타당한 해석과 정책적 대안 제시가 이루어져야 한다.

주

1. 이준웅, 〈공중의 분화와 새로운 참여의 양식〉, 정보통신정책연구원, 2008.
2. 이준웅, "인터넷 현실 구성과 규제 담론의 재설정," 건전한 문화 정착 세미나, 2008.
3. 김성태 · 이영환, "인터넷을 통한 새로운 의제 설정 모델의 적용: 의제 파급과 역의제 설정을 중심으로," 〈한국 언론 학보〉, 2006.
4. 이준웅, "뉴스 틀 짓기 연구의 두 개의 뿔," 한국언론학회 정치 커뮤니케이션 콜로퀴엄, 2008.

더 알기 위하여

≪미디어 정치 효과: 비개인적 영향력≫. 다이애너 머츠 (2000). 양승찬 옮김. 한나래.
  미디어의 정치적 효과를 사회 인식, 사회적 상호 작용 여론 변화 등의 관점에서
  논의하였다.

"프레임, 해석 그리고 커뮤니케이션 효과," 이준웅 (2000). 〈언론과 사회〉 29호.
  pp.85~153.
  틀 짓기 효과의 종류와 과정에 대한 이론적, 방법론적 개관을 제시.

≪매스 커뮤니케이션 효과 이론≫ 2판. 차배근 (1996). 나남.
  지난 50년간 이루어진 주요 미디어 효과 연구를 종합적으로 정리한 효과 연
  구의 집대성.

≪현대 매스 커뮤니케이션 개론≫. 세버린 탱커드 (2000). 김흥규 옮김. 나남.
  미디어 효과 이론을 커뮤니케이션 이론의 관점에서 원리적으로 설명한 교
  과서.

06

미디어의
법제와 윤리

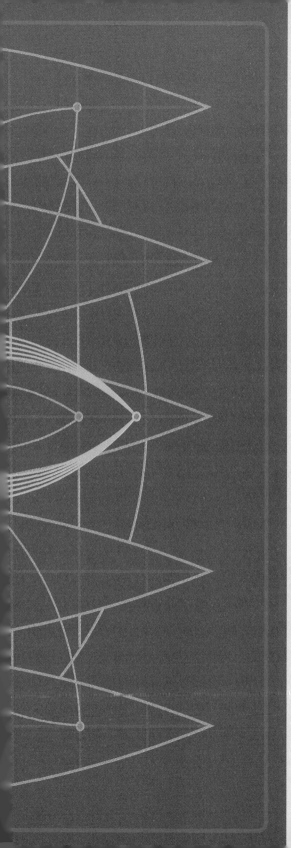

오늘날 미디어와 인터넷이 없는 생활은 거의 상상할 수 없다. 그런데 이러한 시대에 사는 사람들은 미디어와 인터넷의 존립의 근거와 규제 체제 그리고 미디어 종사자들이 지켜야 할 윤리에 대해서는 얼마나 알고 있을까? 또 앞으로 언론 관련 직종에 진출하고자 하는 사람들은 무엇을 꼭 알아야 하는가? 이 글은 이러한 의문에 대한 해답을 개괄적으로 제시하고 있다.

이 글은 크게 '언론 자유의 본질과 한계,' '언론법의 이해' 그리고 '언론 윤리의 이해'의 범주로 구분하여 논의를 전개한다. '언론 자유의 본질과 한계'에서는 언론 자유의 정의, 역사, 의미와 본질 그리고 한계에 대한 이론적인 시각을 알 권리, 액세스권 등의 논의와 병행해서 다루고 있다. 여기는 언론 법제와 윤리를 이해하기 위한 필수적인 개념 정리를 제공하고 있다. '언론법의 이해'에서는 미디어에 대한 이해를 높이기 위하여 필수적으로 알아야 할 명예 훼손, 사생활 침해, 음란 표현은 물론 광고와 저작권에 관련된 제반 법적인 이론과 세부적 내용을 미국과 한국의 경우를 비교적으로 다루고 있다.

마지막으로 '언론 윤리의 이해'에서는 현대의 미디어 종사자들이 과연 어떠한 윤리적 의식을 가지고 행동해야 하는가에 대한 기본적인 지침을 사례를 중심으로 제시한다. 특히 미디어의 윤리적 문제점들이 정말 무엇인지를 윤리 강령과 외국의 경우를 분석하여 밝히고자 하였다. 미디어를 제대로 알기 위해서는 이와 같은 주제들, 즉 언론 자유의 의미, 언론법과 언론 윤리에 대한 포괄적이면서 체계적인 이해가 선행되어야 할 것이다.

이재진

현재 한양대학교 신문방송학과 교수이다. 서울대학교 신문학과를 졸업하고 같은 대학원에서 석사 학위를 받았다. 미국 아이오와 대학교에서 저널리즘 석사, 서던일리노이 대학교에서 저널리즘 박사 학위를 받았다(언론법 전공). 한국방송학회 연구 이사를 지냈으며, 현재 한국언론학회 및 한국언론법학회 연구 이사, 〈한국방송학보〉 및 〈한국언론정보학보〉 편집위원으로 활동 중이다. 언론에 다수의 칼럼을 기고한 바 있으며, 책으로는 《한국 언론 윤리 법제의 현실과 쟁점》(2002), 《언론과 명예 훼손 소사전》(2003), 《언론 자유와 인격권》(2006), 《The International Encyclopedia of Communication》(2008, 공저), 《인터넷 언론과 법》(2004, 공저) 등이 있다.

언론 자유의 본질과 한계

언론의 자유

미디어의 법제와 윤리 문제는 언론 자유에 대한 논의에서부터 출발해야 한다. 법적인 문제나 윤리적인 문제 모두 언론 자유의 보장과 규제의 정도와 관련되기 때문이다. 우리나라의 경우 헌법 제21조 제1항에서 언론 자유를 보장하고 있다.[*] 그러나 동조 제4항에서 언론 자유는 무제한적인 것이 아니며 다른 기본권과 충돌하는 경우 이익 형량해야 한다고 규정하고 있다. 구체적으로 말하자면 언론 자유란 공익의 실천에 있어 상충하는 개인의 인격권과의 조화에 있어 그 중요성이 무게를 어떻게 두느냐에 따라서 달라질 수 있는 개념이라는 점이다.[**] 헌법상의 언론·출판의 자

● 헌법 제21조 ① 모든 국민은 언론·출판의 자유와 집회·결사의 자유를 가진다. ② 언론·출판에 대한 허가나 검열과 집회·결사에 대한 허가는 인정되지 아니한다. ③ 통신·방송의 시설 기준과 신문의 기능을 보장하기 위하여 필요한 사항은 법률로 정한다. ④ 언론·출판은 타인의 명예나 권리 또는 공중 도덕이나 사회 윤리를 침해하여서는 아니 된다. 언론·출판이 타인의 명예나 권리를 침해한 때에는 피해자는 이에 대한 피해의 배상을 청구할 수 있다.

●● 언론중재및피해구제등에관한법
률 제5조 (인격권의 보장 등) ① 언
론은 생명 · 자유 · 신체 · 건강 · 명
예 · 사생활의 비밀과 자유 · 초상 ·
성명 · 음성 · 대화 · 저작물 및 사적
문서 그 밖의 인격적 가치 등에 관
한 권리(이하 "인격권"이라 한다)를
침해하여서는 아니 된다. ② 인격권
의 침해가 사회상규에 반하지 아니
하는 한도 안에서 피해자의 동의에
의하여 이루어지거나 또는 공적인
관심사에 대하여 중대한 공익상 필
요에 의하여 부득이하게 이루어진
때에는 위법성이 조각된다.

● 미국에서 언론의 자유를 규정하고
있는 수정 헌법 제1조의 목적은 사전
검열의 금지라고 인식되어 왔다. 미
국 수정 제1조는 "의회는 종교의 설
립과 자유로운 종교 활동, 표현할 자
유와 출판의 자유, 집회 결사의 자유
그리고 피해의 구제를 정부에 청구하
는 것을 금지하는 어떠한 법률도 제
정할 수 없다"고 규정하고 있다.

유로 명기되어 있는 언론의 자유란 '말할 수 있는 자유 freedom of speech,' '표현의 자유 freedom of expression,' 그리고 '출판 · 방송의 자유 freedom of press' 의 개념을 포함한다. 언론 자유로 대표되는 이들 법적 이익은 정신적 자유이며 동시에 정치적 자유로 인식된다. 역사적으로 최초의 언론 자유 선언은 1649년 영국의 인민 협약에서 있었으며, 1766년 버지니아 주의 권리 장전, 1789년 프랑스 인권 선언, 그리고 1791년 미국의 수정 헌법 제1조에 이르러 언론 자유를 인간의 본래적 기본권으로 규정하게 되었다. ●

그런데 현대에 있어서의 언론 자유란 개인의 표현할 자유나 말할 자유보다는 미디어의 자유, 즉 신문 · 잡지 · 방송 및 인터넷 등을 통해서 자신이 원하는 정보를 취재 · 편집 · 편성 · 보도 · 출판 · 방영하는 것을 의미한다. 이때 '자유롭게'라는 용어는 무엇보다도 미디어에 대한 사전 검열이 없는 상태를 의미한다. 사전 검열이란 어떠한 커뮤니케이션을 통제할 목적으로 실시하는 것으로, 예를 들어 출판된 기사나 방영된 프로그램의 내용에 대한 물리적 검열은 물론 언론사 설립에 있어서의 허가제, 또는 언론사에 과도한 세금을 부과하는 방법 등을 의미한다.

이러한 언론 자유의 근간은 1644년 영국의 문호인 존 밀턴 John Milton이 저술한 《아레오파지티카 Areopagitika》에 나타난 출판 허가제의 반대에서 엿볼 수 있다. 밀턴은 당시 이혼을 금지하는 법적인 제약을 완화해야 한다는 에세이를 정부의 허가를 받지 않고 출판하여 처벌을 받게 되자 그 부당성을 의회에서 피력하였고 《아레오파지티카》를

통해 출판의 자유의 중요성을 주장하였다. 그는 사전 검열의 성격을 띠는 허가제licensing는 인간의 본성을 거스르는 것이며 출판물이 크게 늘어나면서 더 이상 유효한 정책이 되지 못한다는 것과, 오류와 진실이 서로 충돌하여 싸우다 보면 진실이 승리할 것이라는 진실의 자정 작용을 강조하였다. 이러한 밀턴의 주장은 미국의 토머스 제퍼슨Thomas Jefferson에 의해 이어지는데, 그는 미국 독립 운동 당시 언론 자유의 중요성을 강조하면서 언론은 자유롭게 취재 · 보도할 수 있어야 하며, 이것이 지적인 시민들informed citizen을 형성하여 다수의 정치적 참여를 이끈다고 주장하였다. 결과적으로 언론 자유는 모든 사람들이 평등하게 다양한 가치를 향유할 수 있는 '열린 사회open society'를 위해서 필수적인 것이며, 정책 집행을 위해 여론을 수렴하는 가장 중요한 역할을 하는 근거이다. 나아가 언론 자유는 정부 권력의 남용을 감시하고 비판하는 파수견watchdog 역할의 근거가 되기도 한다.

그러나 언론에 대한 법적인 규제는 다양한 형태로 나타난다. 미국의 경우 법규정으로 명문화하고 있지는 않지만 방송에 대해서는 인쇄 미디어보다 높은 비중의 규제를 가하게 되는데, 방송사는 국민들이 소유하는 유한한 전파를 빌려 쓰고 있기 때문에 국민들에게 다양한 형태의 문화와 여론을 전달해야 한다고 인식된다. 우리나라의 경우 2005년 제정된 신문법(신문 등의 자유와 기능보장에 관한 법)과 방송법에서 언론에 대한 규제의 정도, 폭과 방법 등을 상세히 다루고 있다. ●

● 2007년 신문법의 신문 방송 겸영 금지 규정 등 몇몇 조항은 위헌 또는 헌법 불합치 결정을 받았으며, 조만간 일부 조항은 삭제되거나 개정될 것으로 예상된다.

신문법의 전신인 정간법(정기간행물의 등록 등에 관한 법률)에서는 1987년 제정 당시 신문사 설립에 있어서의 시설 기준 준수 의무 규정을 두었으나, 이는 1992년 위헌으로 판명되어 현재는 인쇄에 필요한 시설을 소유하지 않고 임대하더라도 상관없게 되었다. 방송법은 신문법보다 언론 규제의 형태나 방식 등에 있어 더욱 복잡한 형태를 띤다. 방송법은 이전의 방송 관련법들이 통합되어 1999년 제정되었는데, 구 방송위원회(현 방송통신위원회)의 위상과 권한을 한 단계 높이는 동시에 정치권의 간섭을 최대한 방지하도록 규정하고 있다. 또한 시청자 주권의 실천 차원에서 시청자가 만든 프로그램을 일정 시간 방영하도록 하고 있으며, 시청자위원회나 고충처리위원을 두어서 시청자의 방송에 대한 문제를 해결하도록 하고 있다.

언론의 자유와 규제라는 명제에 대한 이론적인 시각들은 몇 가지로 정리할 수 있다. 첫째, 이른바 '절대주의 원칙*absolutist test*'이 있다. 이는 언론의 자유는 절대적인 것으로 이를 제약하는 어떠한 법도 제정할 수 없도록 한 수정 헌법 제1조 규정의 논리에 충실하게 따르는 것이다. 둘째, 언론의 자유에 관한 '균형 원칙*ad hoc balancing test*'이 있다. 이는 언론의 자유가 인간의 중요한 기본권이기는 하지만 여타의 기본권과 상충할 경우 법원에 그 형평을 기본권에 부여되는 사회적 가치의 실현 징도를 통해서 판단하게 해야 한다는 것이다. 셋째,

'언론 자유 우월 원칙preferred position balancing test'으로 여타 다른 기본권과 상충하는 경우 언론의 자유를 최대한 우선시해야 한다는 것이다. 넷째, '언론 접근 원칙media access test'으로 헌법이 보장하는 언론의 자유는 개인이 언론을 이용하는 권리까지 포함하기 때문에 미디어가 어떠한 특징을 보이는가를 통해서 자유의 정도를 결정해야 한다는 시각이다. 이러한 시각들 중에서 어떠한 것이 가장 설득력이 있는가 하는 것은 한 사회가 처해 있는 정치·경제·문화적 상황에 따라서 다를 수 있으며, 하나의 시각이 개별적으로 적용되기보다는 이들 시각이 복합적으로 적용되는 것으로 보인다.

알 권리

언론 자유와 유사한 의미로 자주 쓰이는 용어가 국민의 알 권리right to know이다. 알 권리란 정보의 자유로운 유통을 이루고 국민의 참여를 활성화시키기 위한 것으로 국가의 간섭을 받지 않고 자유롭게 정보를 수집하는 동시에 국가 기관이 보유한 정보의 공개를 요구할 수 있는 이행청구의 실현 권리이다. 언론에 있어서의 알 권리란 공공 기관과 사회 집단으로부터 정보 공개를 요구하고 그에 관한 취재를 자유로이 할 수 있는 것을 의미한다. 특히, 현대의 정부 활동은 방대하고, 전문화되고, 비밀주의적 성향을 띠므로 정책 집행이 어떻게 이루어지는가를 개인이 알기란 사실상 어렵다. 그렇기 때문에 언론이 개인들을 대신하여 이를 구현하고 있다고 인식된다. 따라서 언론은 개인들이 꼭 알 필요가 있다고 판단되는 공적인 정보를 국민을 대신하여 수집하고 이를 보도함으로써 국민들의 알 권리를 충족시켜 줄 사회적 책임을 요구받는다.

알 권리라는 용어가 쓰인 것은 상당히 오래되었으나● 1945년 AP 통신사의 간부를 지낸 켄트 쿠퍼Kent Cooper가 알 권리와 민주주의에 대한 자신의 연설을 〈뉴욕 타임스New York Times〉에 기고함으로써 널리 알려지게 되었고, 1950~60년대를 거치면서 미국의 언론인과 언론 단체를 중심으로 알 권리 운동right to know movement이 조직적으로 전개되면서 일반화되었다. 알 권리 운동의 결과 1966년 정보자유법Freedom of Information Act이 제정되어 공적 정보에 대한 공개가 명문화되었다. 이는 수차례의 개정을 통하여 수정 및 보완되었으며, 1974년 개정을 통하여 현재의 토대가 확립되었는데, 개정법은 정부가 비밀로 지정한 정보가 정당하게 분류되었는지를 심사할 권한을 사법부에 부여하였다. 그러나 국가 안보에 관한 정보, 개인의 사생활 관련 정보, 법 집행 문서, 금융 기관 감독 자료 등은 공개 대상에서 제외시켰다.

미국의 경우 수정 헌법 제1조상의 권리로서 국민의 알 권리가 보호된다는 연방대법원The U.S. Supreme Court의 판례가 나오지는 않았지만, 공익의 실현을 위해서 공적인 사안을 보도하는 경우 과도하게 개인적 기본권과 대립하지 않는다면 국민의 알 권리를 대체로 인정하는 것으로 볼 수 있다. 이와 관련된 사건으로 1971년의 이른바 '펜타곤 문서 사건New York Times v. U.S.'을 들 수 있는데, 이는 국가 안보와 사전 검열 등의 문제가 정보 공개와 맞물려 발생한 가장 유명한 사건이다. 이는 〈뉴욕 타임스〉의 닐 쉬한Neil Sheehan 기자가 전직 국방성 관리로부터 1급 비밀로 분류된 베트남전 개입 과정 등을 다룬 백서를 입수하여 이를 연재 보도하면서 시작되었다. 이에 대해 법무장관은 보도 금지 가처분 소송을 제기하였는데, 국가 안보에 중대하고 돌이킬 수 없는 손해를 일으킬 수 있는 비밀 정보가 공개될 수 있다고 주장하였다. 가처분 신청은 수용되었으나, 신문사는 이의 잘못을 탄원하였고 연방대법원은 문서의 공개가 국가에 치명적 손해를 입혔다는 점을 정부가 입증하지 못했다고 판단하여 언론의 손을 들어 주었다.

우리나라의 경우 1991년 헌법재판소는 알 권리가 헌법적인 권리로 보장된다고 결정하였다.● 그러나 알 권리는 헌법 유보 조항(제21조 제4항)과 법률 유보 조항(제37조 제2항)에 의하여 다른 기본권이나 국가적·사회적 법익과 상충 또는 마찰을 일으킬 경우 제한될 수 있다.●● 우리나라에서 알 권리라는 용어는 1964년 언론에 등장하면서 알려지게 되었으며, 법적으로는 구 언론 기본법(1980년 제정) 제6조(언론의 정보 청구권)에 명시된 바 있는데, 언론의 발행이나 그 대리인의 청구가 있는 경우 공익 사항에 관한 정보를 정부가 제공해야 한다고 규정하였다.

그러나 1987년 언론 기본법이 폐지되면서 이 규정은 사라지게 되었다. 이후 학자와 시민 단체들의 노력에 의해서 1996년 국민의 알 권리의 실현 장치로서 정보공개법(공공기관정보공개에관한법률)이 제정되었다. 이에 따라 국민은 기밀에 관한 사항 등 특별한 경우를 제외하고는 국가 기관이 보관하고 있는 문서의 열람과 복사를 청구할 수 있게 되었다.

정보 공개법은 정보 공개를 통해 국정에 대한 국민 참여를 높이고 국정 운영의 투명성 확보를 목적으로 한다. 그러나 다른 법률에 의하여 비밀로 지정된 것을 그대로 인정하는 규정들이 있으며, 국가 안보·통일·외교 관계 등 국가의 중대한 이익을 해칠 우려가 있는 것은 예외로 규정함으로써 공공 기관이 독선적으로 정보의 가치 판단을 할

● 헌법재판소는 "……사상 또는 의견의 자유로운 표명은 자유로운 의사의 형성을 전제로 한다. 자유로운 의사의 형성은 정보에의 접근이 충분히 보장됨으로써 비로소 가능한 것이며, 그러한 의미에서 '정보에의 접근·수집·처리의 자유,' 즉 알 권리는 표현의 자유와 표리일체의 관계에 있으며 자유권적 성질과 청구권적 성질을 공유하는 것이다……"라고 피력하였다(1991.5.13. 선고 90헌마133 결정).

●● 헌법 제37조 ① 국민의 자유와 권리는 헌법에 열거되지 아니한 이유로 경시되지 아니한다. ② 국민의 모든 자유와 권리는 국가안전보장·질서유지 또는 공공복리를 위하여 필요한 경우에 한하여 법률로써 제한할 수 있으며, 제한하는 경우에도 자유와 권리의 본질적인 내용을 침해할 수 없다.

가능성을 남겨 두었다. 또한 공개 여부를 결정하는 기간이 너무 길어 필요한 정보를 제때에 얻지 못하는 것도 미비점으로 지적되었다.

액세스권

액세스권이란 개인들이 언론에 접근하여 자신들의 목소리를 내기 위해 이용할 수 있는 권리이다. 이는 현대 언론 자유의 주체가 되는 미디어가 소수의 사람들에 의해 독점화 · 집중화 · 거대화 · 권력화 되어 일반 공중의 의견을 제대로 반영하지 못한다는 상황 전제에서 도출된 개념이다. 이는 1967년 J. 배런J. Barron에 의해서 주창되었는 데, 그는 경제적 불평등 상황에서 실제로 사상의 자유 시장에 대한 낭만적인 믿음은 실현 불가능하기 때문에 어느 정도 법적인 개입을 통하여 공중이 미디어에 접근하는 것을 보장해야 한다고 주장했다. 즉 미디어로부터 소외된 일반 공중이 미디어에 자유롭게 접근하여 자신의 의견이나 사상, 정보 등을 공표할 권리를 인정해야 한다는 것 이다. 이는 실제로 1960년대 초반 미국의 인권 운동이 활성화되면서 요구되어 왔으며, 일반 공중을 위한 언론 자유의 실천을 위한 중요한 권리로서 인식되었다.

그러나 법적인 권리로서의 액세스권은 거의 인정을 받지 못하였 고 그 실현 방법도 대단히 제한적이었다. 특히 미국과 같이 언론의 자유에 더욱 비중을 두고 있는 국가의 경우 실현될 수 있는 방법은 극히 적었다. 액세스권을 보장하는 방법은 대개 반론권, 의견 광고, 사과 광고, 신문에 대한 투서, 그리고 미디어에 대한 비판이나 항의 와 언론사의 옴부즈맨 제도 등이 있다. 이 가운데 가장 널리 받아들 여지는 것이 반론권right of reply이다. 반론권은 프랑스에서 대혁명 직후

언론의 무분별한 보도로 폐해가 심해지자 언론에게는 부담을 주지 않으면서 피해자에게는 피해 구제를 신속히 할 수 있는 방법으로 등장하였다. 현재 약 30여 개 국가에서 반론권을 인정하고 있으나, 미국의 경우 반론권은 수용하고 있지 않는 것으로 보아야 한다. 1974년 마이애미 헤럴드 대 토닐로Miami Herald v. Tornillo 사건에서 미국 연방대법원은 인쇄 미디어의 경우 무엇을 취재하고 발행할 것인가의 편집권은 발행자나 편집인에게 속하는 것이고 국가나 제3자가 이에 대해서 개입할 수 없다고 판결하였다. 방송의 경우에는 반론권을 일부 인정하였으나, 1987년 형평성 원칙fairness doctrine이 폐지된 이후 점차 반론권을 인정하지 않는 경향을 보이고 있다. 독일과 프랑스의 경우 반론권을 인정하고 있는데, 사실적 주장에 대해서만 반론권을 인정하는 독일의 반론권 제도는 우리나라 반론권 제도의 모델이 되었다.

우리나라의 경우 1981년 언론중재위원회의 설립과 함께 반론권 제도를 본격적으로 도입하여 개인의 피해 구제 차원에서 언론의 사실적 주장에 대한 반박으로서의 반론문을 싣도록 하고 있다. 설립 당시에는 반론 보도문을 구하고자 하는 사람은 법원에 이를 청구하기 전에 언론중재위원회를 먼저 거치도록 하는 전치주의를 도입하였으나, 2005년 언론중재법 도입 이후 이는 폐지되었다. 언론중재위원회에 조정 신청이 이루어지면 위원회는 빠른 시일 내에 언론과 피해 당사자 간의 합의를 이끌어 내야 한다. 조정이 성립되지 않으면 위원회는 필요한 경우 직권 조정 등의 조치를 취할 수 있다. 이러한 반론권은 언론중재법이 도입되면서 신문법에서 규정하는 '인터넷 신문'에도 적용되고 있다.● 사법부는 반론권 제도가 개인에게 언론에 대항할 수 있는 적절한 수단을 제공한다는 점(이른바 무기

● 신문법 제2장 제5호 "인터넷 신문"이라 함은 컴퓨터 등 정보 처리 능력을 가진 장치와 통신망을 이용하여 정치·경제·사회·문화·시사 등에 관한 보도·논평·여론 및 정보 등을 전파하기 위하여 간행하는 전자 간행물로서 독자적 기사 생산과 지속적인 발행 등 대통령령이 정하는 기준을 충족하는 것을 말한다.

대등의 원칙)에서 합헌적 구제 장치로서 인정하였다. 그러나 헌법재판소는 1991년 반론권과 함께 인정되었던 사죄 광고(사과 명령 강제)를 위헌으로 판명하였다.

이러한 액세스권의 주장은 자연히 많은 비판에 직면하였다. 특히 반론권이나 의견 광고 등의 구제책은 사실상 부당하고 비현실적이며, 나아가서는 언론 자유에 대한 이중 규제라는 비난이 많았다. 아울러 반론권 제도는 언론에 대해 국가가 개입하는 것을 정당화시키는 조치라는 주장도 제기되었다. 그럼에도 미디어가 소수의 손에 집중되어 있어서 다양한 사회적 이익을 제대로 반영하지 못하고 있으며, 힘 없는 개인들이 막강한 언론에 적절히 대응할 수 있는 방법이 없다는 점에서 액세스권은 일정한 범위 내에서 인정되고 있는 것으로 보인다.

언론법의 이해

명예 훼손

명예 훼손의 발생 원인

법적으로 개인들은 인격권의 일부로서 명예를 보호받는다. 실제로 명예는 사회 생활에서 개인의 명성·덕성·품성·신용·전문성 등에 대한 외부의 평가와 직결된다. 이를 외적 명예라고 한다. 또한 개인들은 자기 자신에 대한 믿음이나 자긍심self-esteem을 갖는데, 이를 내적 명예라고 한다. 명예를 보호한다는 직접적이고 구체적인 법적 조항은 없으나, 개인의 명예가 훼손을 금지하고, 명예 훼손으로 인정된 경우 언론을 처벌하고 피해 구제를 할 수 있는 규정(언론중재법 제5조의 제1항, 형법 제33장 이때 훼손에 관한 죄, 정보통신망법(정보통신망 이용촉진 및 정보보호 등에 관한 법률) 제61조 벌칙 조항 등)을 둠으로써 명예권을 보호하고 있다. 특히 언론의 오보誤報로 인하여 개인의 명예가 훼손된다면 개인들의 정상적인 사회 생활에 치명적인 피해를 초래할 수 있다는 입장에서 명예 보호의 필요성이 강조되고 있다.

언론에 의한 명예 훼손은 다양한 이유로 발생하지만 다음과 같은 경우에 특히 발생 가능성이 높다. 즉 기사 내용의 대상이 누구인지 알 수 있도록 적시하거나, 주변의 떠도는 소문을 기사화하는 경우, 강력 범죄 사건의 피해자 · 신고자 등의 신원 공표나 피의 사실 공표에서의 부주의, 인간적인 뉴스나 사회적으로 경종을 울리려는 뉴스를 신속하게 전달하려는 지나친 의욕, 미성년자 및 성폭행 피해자의 부주의한 신원 공개, 개인의 사생활과 관련된 사건의 기사화, 통신사의 잘못된 기사를 신문에 게재, 그리고 무리한 취재 경쟁으로 인한 예상 · 추측 보도 등의 경우에 명예 훼손이 발생하기 쉽다.

명예 훼손의 요건

언론의 명예 훼손으로 인한 피해로부터 구제받기 위해서는 실제적 피해가 있어야 한다. 일반적으로 명예가 훼손되었는지 판단하기 위해서는 기사의 내용이 명예 훼손적인가, 2인 이상 다수의 사람들에게 공표되었는가, 특정인의 신원을 드러내고 있는가, 실제적인 피해가 발생했는가, 문제되는 기사에 오류가 포함되었는가, 그리고 실제로 언론인이 기사를 취재하고 작성한 것에 대해 과실이 있었는가 하는 요건이 충족되어야 한다. 이와 유사하게 한국의 형법 제309조는 사람을 "비방할 목적"으로(목적범), "공연히 사실, 또는 허위의 사실을 유포"한 경우 명예 훼손이 성립된다고 규정하고 있다.

이러한 미디어에서의 명예 훼손은 대개 사실을 왜곡 전달하는 데에 기인한다. 이때 왜곡은 기자의 의도와는 상관이 없다. 그래서 기자 자신은 기사 작성과 전달에 특별한 문제점을 느끼지 못할 수 있으며, 나름대로의 조사 과정을 거쳤다고 하더라도 수용자의 입장에서 본다면 많은 점이 소송의 근거가 될 수 있다. 예를 들어 너무 선정적으로 기사의 제목을 달거나, 일정한 방향으로 생각하도록 글이 전개되거나, 또는 특정한 인상을 주도록 유도하는 것도 소송의 근거가 될 수 있다. 아울러 명예 훼손은 사실 왜곡뿐만 아니라 꼭 필요한 것을 부주의로 전달하지 않아서 발생할 수도 있다. 즉 보도 대상이 되는 당사자의 의견이나 반론을 전달하지 않아서 생길 수도 있는 것이다.

명예 훼손의 법적 구조

개인의 명예가 훼손되었을 때 개인들은 언론에 대해 피해 보상을 청구할 수 있다. 미국의 경우 언론 자유와 명예권의 비교 형량에 있어 언론 자유의 우월적 지위를 인정하는 경향이 있다. 이는 1964년 뉴욕 타임스 대 설리번New York Times v. Sullivan 사건에서 연방대법원이 설정한 '현실적 악의actual malice' 원칙에서 알 수 있다. 이는 사법부가 언론의 권력 감시 기능의 중요성을 인식하여 언론에게 자유롭게 보도할 수 있는 공간을 제공해야 한다는 논리에 근거한 것으로, 피해자가 공직자나 공적 존재(공인)인 경우에는 피해가 언론의 현실적 악의, 즉 언론이 기사를 게재할 때 내용이 허위라는 사실을 알고 있었거나 진실 여부에 대해 주의를 기울이지 않았다는 점을 입증하지 않으면 명예 훼손으로 인한 피해 보상을 구할 수 없다는 것이다.

미국과는 달리 한국은 개인의 명예에 대한 보호가 더욱 중요한 것으로 인식된다. 형법에서는 명예 훼손에 대한 근거로 '비방할 목적'이 있어야 한다고 규정하고 있지만, 민법의 경우 이는 비방의 목적 또는 고의성 여부와는 상관없이 일반 기사는 물론이고 논평 기사의 경우에도 소송 대상이 된다. 이때 사실이 포함되지 않는 순수한 의견의 경우에는 면책된다. 피해를 보았다고 판단하는 개인은 누구라도, 심지어는 죽은 사람死者도 사망 후 30년이 지나지 않은 경우에는 대리인이 피해 보상을 청구할 수 있다. 민법상의 피해 보상(제764조)은 반론 보도, 정정 보도, 추후 보도, 그리고 상당한 액수의 손해 배상 청구에 이르기 까지 다양한 형태로 이루어진다.

명예 훼손과 진실 보도

언론 보도 내용이 사실이 아닌 것으로 밝혀졌더라도 보도 내용이 공익에 관한 것이고 신뢰도가 높은 검찰의 공식 발표를 근거로 한 것이라면 위법성이 없다는 판결이 나왔다. 서울지법은 2001년 11월 7일 통조림에 유해 물질인 포르말린을 첨가한 혐의로 구속 기소됐다 대법원에서 무죄 판결을 받은 서모씨와 통조림 제조 회사들이 '잘못된 수사와 언론 보도로 회사가 부도나는 등 피해를 봤다' 며 낸 소송에서 "국가는 서씨 등에게 3억 원을 지급하되 9개 신문사와 2개 방송사에 대한 청구는 기각한다"고 판결했다. 재판부는 "보도 내용이 국민 건강에 직결된 것으로 신속성을 요했고 사건 수사를 담당한 부장 검사의 공식 발표라는 점에서 신뢰도가 높았으며 서씨 구속으로 당사자에 대한 직접 취재가 어려웠다"며 "보도 내용을 사실이라고 믿을 만한 상당한 이유가 있었으므로 명예 훼손의 위법성을 인정할 수 없다"고 밝혔다. (《동아일보》, 2001. 11. 8)

그런데 일정한 경우에는 보도에 잘못이 있다고 하더라도 언론이 면책될 수 있다. 이는 형법 제310조(위법성의 조각)에서 명시되어 있는데, 기사에 의해서 적시된 사실이 "진실하고 오로지 공공의 이익에 관한 때"에는 처벌하지 않는다고 기술하고 있다. 즉 보도의 내용이 진실이라는 것이 밝혀지고 동시에 그것이 공적인 목적과 내용을 포함하는 경우에는 언론의 보도로 인한 책임을 묻지 않는다는 것이다. 이때 진실(성)의 경우 보도 당시에 기사의 내용이 된 사실이 진실이라고 믿을 만한 상당한 이유가 있었다는 점을 포함한다(이를 상당성이라고 한다). 공익(성)의 경우에는 사안이 공적인 관심사에 관한 것이며, 공익적 의도에서 보도했는가와 관련된다. 이러한 위법성 조각 사유는 민법에도 적용된다. 인터넷에서의 명예 훼손 문제도 그 벌칙은 정보통신망법에 규정되어 있으나 형법 제310조상의 위법성 조각 사유가 적용된다.

인터넷에서의 명예 훼손으로 인해 발생하는 주요 쟁점 중의 하나가 바로 인터넷 서비스 제공자(ISP: Internet Service Provider)의 책임 문제이다. 인터넷에서는 기존 미디어와 같이 정보 생산자와 소비자의 구별이 명확하지 않으며, 이전에는 정보 생산에는 참여하지 않고 단지 정보를 유통하는 ISP에게 어느 정도의 책임을 물어야 하는가이다. 미국의 경우 1996년 통신품위법Communication Decency Act 제230조(이른바 선한 사마리아인 조항)에 따라서 ISP가 발화자speaker의 역할을 하지 않는 경우 완전 면책시켜 주었다. 그러나 ISP가 발화자가 아니라 배포자distributor의 경우거나, 또는 이용자들로 하여금 정보를 생산하도록 간접적으로 유도한 경우에는 일정 책임을 지우려는 판례 경향을 보이고 있다. 우리나라의 경우에 ISP의 책임에 대해서 명확하게 기술한 법 조항은 나타나 있지 않지만 인터넷에 게시되는 정보들에 대해 어느 정도 주의 의무를 두고 있으며, 발화자가 아닌 경우에도 완전히 면책이 되지는 못하는 것으로 인식되고 있다. 예를 들어 명예 훼손적인 내용이 게재되었다는 사실을 알았거나, 이로 인해 피해를 입었다고 주장하는 사람이 그 수정이나 삭제를 요청하는 경우, 기술적인 능력을 구비하고 있는 경우 그리고 이를 약관 등에 명시해 두는 경우 일시적 접근 차단과 같은 임시 조치를 취하는 등 적절히 대처해야 한다.

사생활 침해

사생활권의 정의

언론 보도가 때로는 사생활을 침해하는 결과를 가져오기도 한다. 원래 사생활권*privacy*은 미국에서 19세기 말엽 경쟁으로 인한 대중지의 선정주의적 보도, 즉 이른바 황색 저널리즘*yellow journalism*이 기승을 부리던 시기에 그 개념이 배태되었다. 당시 개인의 사적 생활을 무분별하게 보도함으로써 발생하는 피해에 대해 사회적 비판이 비등하였다. 프라이버시는 1888년 토머스 쿨리 판사에 의해서 처음 민사적 손해 배상의 개념으로 제시되었고 1890년 당시 변호사이던 S. 워렌*S. Warren*과 L. 브랜다이즈*L. Brandeis* 대법관들이 〈하버드 로 리뷰*Havard Law Review*〉에 기고한 논문을 통해서 이론화되었다. 이들은 사생활권이란 '홀로 남겨질 권리*right to be let alone*'라고 규정하였다. 이러한 점에서 프라이버시권이 개인의 기본권으로 등장한 것은 오래되지 않으며, 아울러 이는 언론의 무분별한 보도로 인한 개인의 피해를 막기 위하여 나온 개념이라고 할 수 있다. 실제로 사생활권은 복잡한 현대 생활에서 개인석 평온을 유지하고, 개인적 비밀을 지키고 행복을 추구하

● 정보 프라이버시 개념은 1967년 컬럼비아대학교 교수인 엘런 웨스틴 Alan Westin이 컴퓨터 시대를 예견하여 제시한 것으로 '개인이나 집단 또는 단체가 스스로 언제, 얼마나 자신에 대한 정보를 다른 사람에게 공개할 것인가를 결정하고 요구하는 것'이라고 정의했다.

는 삶을 위한 기본권으로 인식되어 왔다. 1960년대에 들어서면서 정보 프라이버시information privacy 개념이 추가됨으로써 오늘날의 프라이버시권의 모습을 갖추게 되었다. ● 즉 점차 개인의 평온을 유지하는 소극적 차원에서부터 개인 스스로가 개인과 관련된 정보를 통제할 수 있는 권리라는 적극적 차원으로 그 범위가 확대되었다. 그래서 사생활권은 ① 타인이 자신의 아이디어, 성명, 초상, 기타 신분의 징표를 취득하는 행위, ② 자신 또는 자신이 개인적으로 책임지고 있는 사람에 관한 정보를 취득하고 공개하는 행위, ③ 자신의 생활 영역 및 자신이 선택한 활동을 물리적으로 침범하는 행위 등을 스스로 통제할 수 있는 권리라고 할 수 있다. 미국의 경우 이러한 사생활권은 1974년 제정된 프라이버시법Privacy Act of 1974에 의해 보장되고 있다.

사생활 침해의 유형과 요건

사생활 침해는 무엇보다도 사생활을 부당하게 공개함으로써 발생한다. 무엇이 사생활을 부당하게 공개하는 것인가에 대해 1960년 미국의 W. 프로서W. Prosser가 밝힌 네 가지 행위 유형이 여전히 설득력을 얻고 있다. 그는 사생활 침해를 개인의 성명이나 초상 등을 영리적 목적으로 남용하는 행위, 개인적 평온에 침입하는 행위, 개인의 사적인 정보를 공표하는 행위, 그리고 공중을 오해하도록 유도하는 행위의 네 가지 유형으로 분류하였다. 이러한 분류 기준은 미국의 거의 모든 주state에서 수용되고 있는데, 어떠한 구체적 행위들이 이러한 기준에 해당하는지, 그리고 실제로 이러한 행위로 피해가 어느 정도 발생했는지의 판단은 법정에서 이루어지게 된다.

사생활권의 법적 구조

우리나라의 경우 사생활권을 2005년 제정된 언론중재법(제5조 제1항) 상의 인격권의 일부로서 보장하고 있다. 헌법상으로는 헌법 제10조 (모든 국민은 인간으로서의 존엄과 가치를 가지며 행복을 추구할 권리를 가진다), 제17조 (모든 국민은 사생활의 비밀과 자유를 침해받지 아니한다), 그리고 제18조(모든 국민은 통신의 비밀을 침해받지 아니한다)에서 사생활권 보장의 근거를 찾을 수 있다. 우리나라 법 체계상의 사생활권은 ① 생존하는 자연인의 권리이며, ② 일종의 인격권이며, ③ 타인에게 양도할 수 없는 일신 전속권이라고 할 수 있다. 따라서 사법부의 판단에 따르면 법적으로 사생활 침해가 이루어질 수 있는 요건은 ① 공개된 내용이 사생활의 사실 또는 사실로 보여질 우려가 있는 것, ② 일반인의 감수성을 기준으로 당사자의 입장에서 공개를 원하지 않는다고 인정될 때, ③ 일반인들이 그때까지 알고 있지 않는 것으로 공개에 의해 당사자에게 실제로 불쾌감을 주거나 불안한 생각을 갖게 할 때, ④ 명예와 신용, 초상과 같은 다른 법익을 침해하는 것 등을 포함한다. 정보 프라이버시는 1994년 제정된 개인정보보호법을 통해 보호를 받고 있는데, 이는 공공 기관이 컴퓨터로 처리하는 개인 정보를 함부로 공개하여 사생활을 침해해서는 안 된다는 규정을 담고 있다. 인터넷에서의 사생활 침해의 문제도 심각한데 유명인을 포함한 개인의 사적인 생활에 관련된 정보를 들춰 내는 것(예를 들어 이른바 '개똥녀 사건'이나 '변심 애인 사건' 등)과 함께 개인 정보의 유출로 말미암아 발생하는 피해가 사회적인 문제로 대두되면서 이에 대한 규제를 정보통신망법 등을 통해 강화하고 있다.

음란, 광고, 저작권

음란물 규제

음란성에 대한 문제는 인간의 성sex을 상품화하는 과정에서 발생한다. 미국 연방대법원은 성을 인류의 전 세기에 걸친 흥미로운 주제이며, 인류의 삶을 지탱하는 원동력이라고 간파하였다. 실제로 성은 아주 옛날부터 예술의 주제가 되었으며, 고대 로마 이전부터 인간의 성적 행위가 그림이나 벽화 등의 주제로 이용되었다. 그런데 성을 이용하는 시장이 점차 커지면서 음란에 대한 규제가 이루어지고 또한 이 규제가 개인의 예술적 표현에 대한 억압이 아닌가 하는 문제가 논란이 되었다. 성적 표현이 상당한 보호를 받고 있는 미국의 경우 1950년대까지 음란은 사회적 가치가 없는 표현 방식으로 인식되었다. 우리나라의 경우 음란물은 사회 법익을 해치고 도덕적 타락을 가져오는 직접적인 요인으로 인식해 왔다. 법적으로는 형법 제243조(음화 등의 배포 금지) 및 제244조(음화 등의 제조 금지), 그리고 청소년보호법 등에서 음란에 대한 처벌을 규정하고 있다. 우리나라의 대법원 판례들을 통해 음란에 대한 우리 사법부의 판단이 여전히 엄격함을 알 수 있다. 그러나 음란물에 대한 규제가 아직 추상적·자의적이고 명확한 기준의 설정이 어렵다는 지적이 계속되어 왔다.

실제로 음란이란 시대와 장소, 그리고 수용자의 성격에 따라서 그 정의가 달라진다. 1973년에 이르러 미국 연방대법원은 밀러 대 캘리포니아Miller v. California 사건에서 음란에 대해 구체적으로 정의를 내리게 된다. 이에 따르면 음란이란 일반인의 시각과 현재 지역, 그리고 내용의 전체적인 측면을 두고 볼 때, 문제되는 성적 표현이 비정상적인 호기심을 자극하는 것이며, 성적 행위가 명백히 불쾌감을 일으키는 방식으로 표현된 것이며, 하등의 문학적 · 예술적 · 정치적 또는 과학적 가치를 결여하는 것이라고 정의했다. 연방대법원은 이러한 판단을 내리기 위해서는 객관적인 '지역적 기준community standard'의 잣대를 적용해야 한다고 보았다. 이러한 정의는 실제로 성인들을 위한 성적 표현에 대해서는 거의 보호하고 있다는 것을 암시한다. 그러나 미국은 '미성년자 보호와 음란 금지법Child Protection and Obscenity Enforcement Act' 등을 통해 18세 미만의 미성년자를 소재로 하는 음화의 제조와 소지는 엄격하게 금지하고 있다. 미성년자를 대상으로 한 음란물은 '지역적 기준'이 적용되지 않는다는 것이다.

우리나라 법원도 음란물에 대해 나름의 기준을 적용하는데, 대개의 판결 경향은 ① 음란물인가의 여부는 사회 통념에 따라서 객관적으로 판단해야 하며, ② 평균인의 표준주의에 입각해야 하며, ③ 작품 전체의 가치를 평가하는 방법을 따라야 하며, ④ 사실 판단이 아니라 사회적 가치 판단을 내려야 하며, ⑤ 가치 판단에 있어 전문가의 의견을 존중해야 한다는 점을 들고 있다. 이러한 판단을 도입해서 판결을 하고 있음에도 여전히 음란물의 규제를 어느 정도 할 것인가는 어려운 문제이다. 예를 들어 유명 작가인 이현세의 만화 〈천국의 신화〉와 장정일의 소설을 영화화한 〈거짓말〉의 경우 검찰에 의해 기소되었으나 법원에서는 이들을 무죄로 판명하였다. 아울러 헌법재판소는 음란물과 저속한 표현은 구분해야 하며 저속한 표현은 성인의 알권리를 위해 보호되어야 한다고 밝혔다. 그럼에도 판결의 전체적 경향은 음란물에 대해 엄격한 모습을 보인다.

광고 규제

광고에 대한 법적 규제의 역사가 가장 오래된 미국의 경우, 광고를 상업적 표현commercial speech으로 간주하여 수정 헌법 제1조의 부분적 보호를 받는 것으로 판단하고 있다. 미국 연방대법원은 헌법에서 보장하는 언론 자유와 이에 대한 규제의 필요성을 구체적으로 비교함으로써 그 타당성 여부를 결정하고자 하는 것을 규제의 근거로 채택하였다. 미국은 1914년 제정된 연방거래위원회법을 통해 허위·과장 광고를 금지해 왔다. 그러던 것이 1934년 통신법이 탄생한 이후 미성년자들을 대상으로 하는 광고의 양적 규제는 연방통신위원회(FCC: Federal Communications Commission)가, 그리고 내용에 대한 허위나 과장 여부는 연방거래위원회(FTC: Federal Trade Commission) 관장하도록 하였고, 나머지 부분은 대개 자율적인 규제를 원칙으로 하였다.

미국의 경우 1942년 밸런타인 대 크리스텐슨Valentine v. Cristensen 사건에서 연방대법원은 처음으로 광고에 대해 어느 정도의 헌법적 보호가 적용되는가를 다루었다. 연방대법원은 광고를 금지하는 뉴욕 시의 조례를 위반하고 퇴역 잠수함의 관람을 광고하는 전단을 배포한 것은 위법하다고 판시하였다. 그러다가 1970년대 들어 광고가 단순한 거래 행위가 아닌 상업적 표현 활동으로 인식되기 시작하였고, 1976년 연방대법원은 비겔로 대 버지니아Vigelow v. Virginia 사건을 통해 상업적 표현도 이익 형량을 통해 헌법적 보호를 받을 수 있다고 밝혔다. 연방대법원은 광고를 금지하고 있는 버지니아 주의 한 신문에 실린 뉴욕 소재 병원이 게재한 낙태 광고가 여성의 자기 결정권을 도와주는 가치가 있는 표현이라고 판단하여 부분적으로 보호된다고 밝혔다.

그러다가 1980년 센트럴 허드슨 가스·전기 회사 대 공공서비스위원회Central Hudson Gas & Electric Corp.v.Public Service Commission 사건에서 광고 규제의 원칙을 처음으로 설정하게 된다. 이는 당시 에너지 파동을 겪으면서 뉴욕의 공공서비스위원회가 전기 사용을 촉진하려는 광고가 에너지 소비를 높인다며 결정한 광고 금지 가처분이 수정 헌법 제1조를 위반하는가에 대한 판결을 내린 것이다. 연방대법원은 광고에 대한 규제가 잘못된 것으로 판단하고, 다음과 같은 요건들이 모두 만족되는 경우에만 광고 규제가 인정된다고 보았다. 첫째, 표현이 불법적 내용에 대한 것이거나 허위적 또는 기만적 광고가 아니어야 한다. 둘째, 정부가 광고 규제를 통하여 얻을 수 있는 실질적 이익이 존재해야 한다. 셋째, 광고에 대한 규제가 정부가 추구하고자 하는 이익에 직접적으로 이바지해야 한다. 넷째, 정부의 규제는 광고를 규제함으로써 얻어지는 사회적 이익에 비추어 최소한의 것이어야 한다(즉 대안이 존재하지 않아야 한다). ●

● 반 알스타인Van Alstein에 의하면 상업적 표현의 경우 비록 수정 헌법 제1조의 부분적 보호를 받고 있으나 그 보호의 정도는 명예 훼손적 표현보다 못한 것으로 나타났다.

우리나라의 경우도 헌법에서 보장하는 언론의 자유와 이에 대한 규제의 필요성을 구체적으로 비교함으로써 그 타당성 여부를 결정하고 있다. 그러나 현재 약 200여 개에 이르는 광고 관련 법 조항들의 경우 비교형량의 구체적 기준에 대해서는 충분한 검토가 이루어지지 않았을 뿐만 아니라 법적 규제의 근거가 잘못 이해되는 경향이 있다. 실제로 광고를 경제적 정보에 대한 국민들의 알 권리의 대상으로 인식하고 표현 활동의 자유 측면에서 제반 문제를 이해하려는 입장과 영리적 광고 활동은 정신적 활동을 보호하는 표현의 자유 영역에 속한다고 하기 어렵다는 입장이 맞서고 있다. 이에 대한 구체적인 법적 판례는 없으나 다수설은 광고를 표현의 자유의 영역에서 보아야 한다고 인식하고 있다. 공정거래위원회는 허위 · 부당 광고에 대해 시정 명령을 내거나 사죄 광고를 게재할 것을 조치할 수 있다. 광고 규제에 있어 현재 가장 문제가 되는 것은 지상파 방송 광고의 사전 심의라고 할 수 있다. 현재 우리나라는 광고자율심의위원회에서 방송통신위원회의 위탁을 받아 방송 광고를 사전에 심의하고 있는데, 이에 대해 1994년 광고 사전 심의가 표현의 자유를 제약한다는 이유로 위헌 심사 청구가 있었으나 헌법재판소는 광고의 심의는 제한적이며 점진적인 방법으로 해소되어야 한다고 밝혀 사전 심의가 위헌은 아님을 피력했다. 이후에도 광고 관련 단체들을 중심으로 광고에 대한 사전 심의가 잘못된 것임을 피력하였으나 아직까지 법원은 이를 수용하지 않고 있다. 방송 광고의 위헌성 여부와 함께 문제된 것이 바로 지상파 방송 광고의 중간 광고의 문제이다. 중간에 광고를 삽입하는 것에 대해 부정적인 국민적 여론 때문에 아직까지 중간 광고를 실시하지 못하고 있으나 이는 앞으로 조금씩 수용될 가능성이 큰 것으로 보인다. 인터넷에서도 광고가 점차 늘어나서 2008년도에 광고액은 1조 원을 넘었고 포털 등의 사회적 영향력이 대단히 커짐으로써 인터넷에서의 광고는 점차 더 늘어날 것으로 예측된다.

저작권

저작권copyright은 저작물의 창작자에게 부여되는 저작물의 이용에 관한 배타적인 권리를 의미한다. 저작물에는 문학, 학술 또는 예술의 범위에 속하는 창작물과 설계, 도안 등의 기술적인 것이 포함되며 창작의 수준이나 윤리성은 문제되지 않는다. 구체적 어문 저작물, 음악 저작물, 연극 저작물, 미술, 건축, 사진, 영상, 도형, 컴퓨터 프로그램 등이 저작물에 속한다. 저작물이 되기 위해서는 창조성 있는 아이디어가 실제로 미디어에 고착되어야 한다fixed to a tangible medium. 이렇게

208

요건을 갖춘 창작물은 저작권자에 의해 통제되는데, 저작자는 ① 저작물을 재생산할 수 있는 권리, ② 파생적인 저작물을 생산할 수 있는 권리, ③ 재생산물을 대중에게 배포할 수 있는 권리, ④ 저작물을 공공연히 연주 · 공연 · 전시할 수 있는 권리를 갖는다. 이러한 저작권 설정은 저작물의 창작자가 갖는 인격적 · 재산적 권리를 존중함으로써 창조적 저작 행위를 고취하고, 문화 예술의 향상 발전을 촉진하기 위한 것이다.

저작권은 15세기 금속 활자 발명과 인쇄술의 발전과 함께 복제물의 대량 배포가 가능해지면서 그 개념이 형성되었다. 즉 무분별한 복제로 인하여 저작권자가 손해를 입게 되면서 저작권자의 이익을 옹호하고 경제적인 독점을 위한 제도적 장치가 요청되었다. 이러한 제도적 근거가 18세기 시민 혁명과 함께 번져 가기 시작하여, 1709년 '앤 여왕법'에 저작권에 대한 조항을 최초로 담게 되었다. 또한 저작권에 대한 국제적 인식이 커지면서 1886년 최초의 저작권 조약인 '베른 조약'이 탄생하게 된다. 여기서 저작물의 경우 저작권자의 사망 이후 50년간을 보호 기간으로 정하였다. ●

우리나라의 경우 1957년 최초로 저작권법이 제정되었으나, 저작권에 대한 진지한 논의는 실제로 미미하였다. 그러다가 1984년 제13차 한미 경제 협의에서 미국의 강한 무역 통상 압박을 받고 1987년 저작권법이 전면 개정되었으며, 이는 다시 1993년과 1995년 중요한 개정을 거치게 된다. 1987년 법에는 저작권의 보호 기간을 저작자의 생존 기간과 사망 후 50년으로 규정하였으며, 음반 · 녹음 · 필름을 방송에 무단으로 이용하는 것을 막고, 저작권심의조정기구(현 저작권위원회)를 설치할 것을 규정하였다. 1993년 개정법은 데이터베이스를

> ● 흥미롭게도 미국은 1998년 저작권법을 개정한 이른바 '소니 보노 법안(Copyright Term Extension Act 1998)'을 통해 저작권자 사후 50년이던 저작권 보호 기간을 70년으로 연장하였다. 이는 미국의 상징으로 인식되는 디즈니의 미키 마우스의 저작권을 더 연장해서 보호하고자 하는 의미가 강했다.

편집 저작물의 하나로 보호한다는 규정을 삽입하였고, 저작권을 침해할 수 있는 물건을 배포하기 위하여 소지하고 있는 경우도 처벌하도록 하였다. 1995년 개정법은 외국인 저작물의 소급 보호 규정을 첨가하여 외국 저작물에 대한 침해 방지를 강화하였다. 이러한 개정에도 불구하고 인터넷이 활성화되면서 여러 다양한 저작권 문제들이 발생하게 되고, 저작권법은 여러 차례 개정되지 않으면 안 되었다. 2006년에는 저작권을 인터넷의 상용 등 변화하는 미디어 환경에 맞게 전면 개정하기에 이르렀다. 이는 세계지적재산권기구(WIPO)의 저작권 조약이나 실연 음반 조약 등 전 세계적 차원의 저작권 강화 흐름이 더욱 거세지고, 한미자유무역협정(한미FTA)에서도 한국에 대해서 높은 수준의 저작권 보호를 요구하는 등 개정 압력의 결과라고 할 수 있다. 2006년 개정에서는 공중 송신권 신설, 기술적 보호 조치의 의무화, 비친고죄화 등을 주요 내용으로 하고 있다. 결국 2008년 2월에 이루어진 개정까지 포함하여 15회에 걸쳐 저작권법이 개정되었다. 가장 최근의 개정에서는 저작권이 침해된다고 주장하는 자가 온라인 서비스 제공자로 하여금 저작물 등의 복제·전송을 중단시킬 것을 요구할 수 있도록 되어 있다.

그런데 모든 저작물에 저작권이 설정되는 것은 아니다. 사실이나 역사적 사실, 법령이나 국가 기관의 고시, 공고, 훈령, 판례, 사실의 전달인 시사 보도, 공개된 법정이나 국회 또는 지방 의회에서의 연설 등의 경우 저작권이 인정되지 않는다. 그러나 원저작물의 번역, 편곡, 변형, 각색, 영상 제작 등으로 탄생한 저작물과 편집, 소재의 선택 또는 배열 등에 있어 창작성이 있는 저작물은 저작권이 인정된다. 그런데 저작권이 언론 자유에 대한 침해가 되기도 하며, 권리의 범위가 무한정한 것이 아니기 때문에 저작권을 제한하는 경우도 있는데, 예를 들어 재판을 위한 자료 복제, 도서관에서 복사기를 이용한 복제,● 또는 점자 등에 의한 복제는 그 공익적 성격을 인정하여 저작권이 제한된다. 미국의 경우 원저작자의 동의 없이도 저작물을 일부 이용할 수 있도록 '공정 이용 원칙*Fair Use Doctrine*'을 설정했는데, 이는 원저작물에 대한 이용상의 목적이 상업적인가 또는 교육적인가 하는 점, 저작물이 이미 출시된 것인지 아닌지의 여부, 전체적 측면에서 이용된 양과 핵심의 정도, 그리고 이용이 저작물의 잠재적인 시장성과 가치에 미치는 영향력을 따져서 침해 여부를 결정한다. ●●

● 저작권법은 도서관에서의 복제에 있어 디지털 형태의 복제는 허용할 수 없다고 규정하고 있다(제31조).

●● 미국 저작권법The Copyright Act of 1976 제107조. 우리나라 저작권법 제28조(공표된 저작물의 인용)는 "공표된 저작물은 보도 · 비평 · 교육 · 연구 등을 위하여는 정당한 범위 안에서 공정한 관행에 합치되게 이를 인용할 수 있다"고 규정하고 있다.

언론 윤리의 이해

언론 윤리의 철학적 배경

대개 윤리는 사람들의 공동의 선(공익)*public good*을 위해 준수해야 한다는 것과 모든 사람이 지켜야 한다는 보편성의 의미를 지닌다. 이러한 측면에서 언론 윤리란 언론인과 언론사가 공동의 선을 추구하기 위해 지켜야 하는 규범의 설정이라고 할 수 있다. 예를 들면, '언론 윤리 강령'은 언론인이나 언론사가 지켜야 할 언론 윤리의 총괄적인 내용을 담고 있다. 그런데 언론은 여타의 일반 기업과는 달리 국민의 알 권리 충족과 사회에 대한 감시 · 비판이라는 공익적 임무를 수행한다. 이 때문에 언론 윤리는 더욱 잘 지켜져야 한다는 당위성이 존재한다. 이러한 언론 윤리가 어떻게 지켜져야 하는가에 대한 이론적 근거들은 대개 다음 여섯 가지 시각에 기초하고 있다.

첫째, 중용의 원리를 들 수 있다. 이는 아리스토텔레스가 주장하는 황금 분할*Golden Mean* 원리로서 언론인은 기사를 작성하면서 어느 한쪽에 치우치지 말고 균형을 유지하라는 것을 암시한다. 둘째, 보편적 도덕률의 원리이다. 이는 임마누엘 칸트*Immanuel Kant*의 절대적 보편성에 근거하는 것으로서 목적 달성을 위해 수단이 잘못되어서는 안 된다는 것을 강조한다. 언론인은 보편적으로 적용될 수 있는 법칙에 근거하여 언론의 보도를 결정하라는 내용을 포함한다. 셋째, 공리적 원리이다. 이는 존 스튜어트 밀*John Stuart Mill*의 최대 다수의 최대 행복의 원칙을 행위의 기준으로 삼는 시각이다. 언론 보도에서도 최대 다수의 행복을 위해서는 소수가 희생될 수도 있는데, 이는 결과가 얼마나 바람직하게 유도되는가의 여부에 의해 결정된다는 점을 내포하고 있다. 넷째, 다원론적 원리이다. 이는 윌리엄 로스*William Ross*의 시각으로 서로 다른 윤리의 가치 실현에 있어 어느 하나의 가치가 우위에 설 수 없기 때문에 가능한 최대의 다원론적 시각이 반영되어야 한다는 것이다. 언론 보도에 있어서 다양한 가치의 반영이 요구된다는 것을 암시한다. 다섯째, 무지의 베일*the Vail of Ignorance* 원리이다. 이는 존 롤스*John Rawls*의 시각으로 정의란 사회적 차별 없이 이루어질 때 진정한 의미를 갖는다는 평등주의적인 입장이다. 이에 따르면 언론인은 모든 사람들을 그들의 지위 여부와 상관없이 자유와 존경의 주체로서 대해야 한다. 여섯째, 유태—기독교적 원리이다. 이는 "너의 이웃을 네 몸처럼 사랑하라"는 종교적인 윤리에 입각한 것으로 사람들을 대하는 데 있어서 모든 사람들을 평등하게 그리고 특별한 혜택을 부여하지 말고 행하라는 가르침이다. 이처럼 언론 윤리란 뉴스의 취재 과정에서부터 수용자들에게 전달되는 순간까지의 전 과정을 포함한다. 윤리의 근간이 되는 제 시각들은 각각 다른 지향점을 갖기 때문에 언론 윤리의 실천적 측면에서 모두 다 적용될 수는 없지만, 이러한 시각들이 공통으로 가지는 함의는 '사회적 복리(공익)의 실천'이라는 것으로 해석할 수 있다.

언론 윤리의 제 문제

개인적 언론 윤리

언론인 개인의 윤리적 측면은 기사를 작성하는 과정에서 강조된다. 언론의 윤리 역시 다른 직종 사람들의 윤리와 크게 다르지 않다. 하지만 지켜지지 않는 경우 예상 밖의 사회적 피해를 가져올 수 있다. 언론인들의 윤리가 잘 지켜지지 않는 이유는 ① 언론인들이 마감 시간에 맞추어 대단히 빠른 속도로 일을 하며, ② 특종에 대한 욕구가 정확성의 요구를 앞서며, ③ 언론인들이 취득하는 기사의 진실성에 대해 의문을 제기하지 않으며, ④ 때로는 윤리적 측면을 무시해야 관심을 끌거나 직업적인 성공을 이룰 수 있다고 생각하고, ⑤ 언론인들 자신이 만든 기사가 가져올 사회적 파장에 대해서는 무관심하기 때문이라는 지적들이 있다. 이와 같은 이유로 인해 실제로 여러 가지 윤리적인 딜레마에 봉착하게 된다.

진실성의 딜레마

보도에서의 진실성은 정확성 이상의 것을 의미한다. 현실적으로는 수용자들에게 기사와 관련된 사람들이나 상황에 대하여 잘못된 그림을 전달해서는 안 되며, 공직자나 권력 집단들의 목적 달성을 위해 미디어가 이용되어서는 안 된다는 것이다. 진실성의 딜레마와 관련된 예는 1981년 퓰리처상 수상작인 〈워싱턴 포스트*Washington Post*〉의 "지미의 세계*Jimmy's World*"가 사실 보도가 아니라 허위로 꾸며진 것이었다는 데서 찾아볼 수 있다. 우리나라의 경우 1994년 월간지 〈FEEL〉의 S대 운동권 출신의 한 여성이 사회 운동에 대한 회의로 접대부가 되었다는 선정적인 기사는 진실이 아닌 가공된 이야기였다. 또한 다른 익명의 정보원에게서 귀띔을 받고서 가상의 인물을 실존 인물처럼 그리는 등의 예가 여기에 속한다고 하겠다. 정부 기관이나 권력 집단의 미디어 이용의 대표적인 예는 전쟁 수행시나 국익에 명백한 피해가 예상될 때 찾아볼 수 있다. 이때 정부는 목적 수행을 위하여 언론을 직·간접적으로 적극 통제하게 되는데, 언론은 진실에 대한 검증 없이 정부 기관으로부터 받은 정보를 진실한 것으로 보도하게 되는 딜레마에 빠진다.

공정성의 딜레마

공정성은 보도에 균형 감각을 유지하는 형평성을 의미한다. 언론 윤리적 측면에서 보면 언론인이 기사로 인해 어떤 혜택을 누리거나, 정보를 제공한 사람들과의 관계로 인하여 부당한 이익을 취하지 않는 것을 의미한다. 공정성의 딜레마는 언론인과 언론인들이 접촉하는 많은 정보 제공자들이나 취재원과의 개인적인 관계에서 발생할 수 있다. 비록 언론인들이 취재 과정에서 접하는 다양한 유형의 사람들과 친분 관계를 유지하는 것이 필요하다고 할지라도 관찰자의 위치로 남아야 한다. 그렇지 않고 참여자가 되었을 경우에는 수용자들의 언론 신뢰도가 떨어질 수 있다. 공정성이 훼손된 예는 1984년 미국 일간지 〈월 스트리트 저널*Wall Street Journal*〉의 경제 칼럼리스트인 포스터 위난Forster Winans이 자신의 칼럼이 증권 시장에 영향을 미친다는 점을 악용하여 부당한 이익을 취한 사례에서 엿볼 수 있다. 우리나라에서도 유사한 사건이 있었는데, 신문 발생 전에 습득한 정보를 주식 투자에 이용한 특정 일간지 소속 언론인이 증권 거래법상의 '미공개 정보 이용 금지' 조항 위반 혐의로 구속되었다. 또한 2001년 말 언론계는 윤태식의 '패스21' 사건과 관련하여 여러 신문 및 방송사의 간부 및 직원들이 패스21의 주식을 소유하고 있음이 밝혀져 윤리적 비난을 받았다. 특히 몇몇 경제 신문들은 2000년 이후 수십 건의 관련 기사를 내보냈고 이로 인해 일부는 언론직에서 물러나야 했다. 그 밖에 언론인이 정보원이나 기타의 기관들이 베푸는 혜택(촌지나 숙식 및 여행 경비 제공 또는 골프 접대 등)을 받는 것은 공정성을 해칠 수 있다. 마지막으로 특종이나 독점 기사를 작성하기 위해 취재원에게 금품을 제공하고 인터뷰를 하는 경우(이른바 체크북 저널리즘Checkbook Journalism) 역시 문제가 된다.

사생활의 딜레마

공익을 위한 보도 내용이 개인의 사생활을 침해할 수 있다는 사실을 인지했을 때 언론인은 딜레마에 처하게 된다. 실제로 어느 곳에서 선을 그어야 하는지 언론인 자신조차 판단하기 어려운 경우가 많다. 만일 이에 대한 주의를 기울이지 않거나 관계자의 조언을 얻지 않고 기사화할 경우 사생활 침해에 대한 저항에 부닥치게 된다. 예를 들어, AIDS 관련 기사나 성폭행 기사를 개인의 실명이나 혹은 주변의 정보를 통해 게재하는 경우 개인 사생활 침해에 대한 사회적 반향을 불러일으킬 수 있다. 기타 공인의 사생활이 일반인의 사생활보다 덜 보호받는다는 점에서 딜레마가 발생하기도 한다. 유사한 예를 들자면

2003년 11월 서울 강남의 한 스포츠센터에서 스포츠 스타인 김병현이 운동을 마치고 나오던 길에 자신의 사진을 동의 없이 찍던 스포츠·연예 신문의 이모 기자와 승강이를 벌여 상해를 입히고 카메라를 부순 혐의로 고소되었다. 김병현은 몸싸움은 있었으나 폭행한 적은 없다고 말했다. 또한 2005년 2월 17일 뉴스 전문 채널인 YTN은 한나라당 정형근 의원이 40대의 여성과 호텔에서 회동하는 것을 찾아가 보도하면서 마치 정 의원이 불법적인 행위에 연루된 것 같은 인상의 보도를 하였다. YTN측은 정 의원의 행동이 충분히 언론의 비판을 받을 것이었으며, 이에 대한 보도는 국민의 알권리 충족의 차원에서 허용되는 것이라고 주장했다.

책임의 딜레마

언론인의 정보 수집 및 취재 활동은 성격상 공적인 책임을 반영하는 것이다. 대개의 언론인들은 사건을 취재하면서 사건의 성격에 대해 공격하기도 하지만, (언론의 거대한 영향력으로 인하여) 언론이 존재한다는 사실만으로도 실제로 일어나는 사건의 중요성을 확대 해석할 수 있는 위험을 안고 있다. 그래서 언론인은 주변에서 발생하는 사건을 사실에 입각하여 전달할 책임 의식이 요구된다. 책임의 딜레마는, 특히 영상을 통한 텔레비전 보도에 있어서의 문제와 직결되는데, 텔레비전의 경쟁적 중계는 편향적인 보도를 하게 될 가능성이 있으며, 또한 시청률을 높이기 위하여 사건을 영상적으로 조작하는 것이 여기에 속한다. 예를 들어, 방화가 발생한 지역에 대한 텔레비전의 취재는 어떤 각도, 방향, 장면을 포착하는가에 따라서 시청자들이 다르게 인식할 수 있다.

기타 개인적 딜레마

정상적인 방법으로 취재가 불가능해 속임수를 동원할 경우 윤리적 딜레마에 빠질 수 있다. 예를 들어, 필요한 정보를 얻기 위하여 기자의 신분을 밝히지 않거나 신분을 위장하는 경우 또는 위장 취업을 하는 경우, 이는 윤리적 딜레마와 함께 법적인 제약도 뒤따른다. 구체적으로 2004년 2월 연예인 이경실이 남편에게 폭행을 당해 병원에 입원하는 사건이 발생하였을 때, 한 스포츠 신문 기자가 의사 가운을 입고 의사를 사칭하고 취재를 해 논란이 되었다. 해당 스포츠 신문은 "앞으로도 의사를 사칭하면서라도 취재에 나설 것"이라며 자신의 행위를 두둔했다. 이러한 개인적 딜레마는 언론인의 사회적 권력 집단에 대한 예리한 감시자와 비판자로서의 책임과 의욕 그리고 현실적 괴리감 때문에 발생하는 경우가 많다. 또한 속보 경쟁에서 살아남기 위해 무리한 방법으로 취재하고서는 상황 때문에 어쩔 수 없었다고 합리화시키는 경우 역시 딜레마가 발생한다.

언론 조직의 윤리

언론 윤리는 개인으로서의 언론인뿐만 아니라 언론 조직에도 적용된다. 언론 조직들, 즉 언론사들은 개별적으로 '사시社是'와 '윤리 강령'을 가지고 있는데, 이는 곧 언론 조직이 언론 활동을 하면서 지향해야 할 이상적인 윤리 기준이다. 언론인이 개인으로서 존재하기보다는 조직의 일원으로서 조직의 윤리 기준에 자신을 맞춘다는 점을 감안하면 언론 조직의 윤리는 개인적 윤리보다 더욱 중요할 수 있다. 언론 조직의 윤리 문제는 1999년 '대도 김강룡' 사건과 '중앙−조선' 공방전이 좋은 예다. 김강룡 사건의 경우 언론사들이 한결같이 사건의 진위 여부에 대한 신중함 없이 선정적인 방식으로 이른바 '냄비식 보도'를 하였다. 언론사들은 경쟁에서 질세라 사건을 부풀리기도 하고 심한 경우 속보 형식을 통해 사건을 중요한 이슈로 만들어 버렸다. 이러한 보도상의 문제점은 2000년 '홍석천 커밍아웃'이나 '주병진 사건' 보도, 그리고 2001년 미국의 테러 사태 보도의 경우에도 나타난다.

그리고 살인 사건까지 불러온 중앙-조선 지국장들 간의 공방전과 같이 신문 판매를 둘러싼 언론사들 사이의 과열 경쟁도 조직으로서 지켜야 할 윤리를 위배하는 것이라고 할 수 있다. 더욱 심각한 문제는 언론 조직이 스스로 설정한 조직적 윤리를 객관적 검증 없이 합당한 것으로 고집하는 것이다. 이 때문에 회사의 자산 관리 차원에서 이루어지는 언론사 단위의 주식 투자나, 일부 기업의 주식 거래를 통해 M & A 과정에 불법적으로 개입하거나, 부동산 관련 정보를 통한 토지에 대한 투자 등을 하기도 하는데, 이는 삼가야 할 부분이다. 그리고 최근 인터넷이 보도 미디어로 등장하면서 속보성에 대한 요구가 더욱 심해지자 조사 없이 보도하는 신중하지 못한 태도를 보이는 경우도 있다. 예를 들어, 1995년 미국 오클라호마 시 정부 청사를 폭파하여 기소된 맥베이McVeigh에 대해 아직 수사 단계에 있는 내용을 〈댈러스 모닝 뉴스Dallas Morning News〉가 종이 신문보다 몇 시간 빨리 인터넷에 올리기 위해 맥베이가 범죄를 실토했다고 보도했다. 맥베이의 변호사는 신문의 보도 태도는 피의자의 공정한 재판을 받을 권리를 침해하였다고 주장했다. 비록 신문사는 정당한 절차를 거쳐 정보를 입수했으며, 사안이 공적 이익에 부합되는가에 대해서도 고려했다고 항변하였으나 이 사건은 취재 방법, 정보원, 공정성, 독립성 등의 쟁점들과 미디어의 기술적 문제에 대한 사회적 논의를 불러일으켰다. 결과적으로 맥베이는 법원에서 사형 선고를 받았다.

윤리 강령 문제

우리나라의 대표적인 언론사들은 자율 규제를 위한 강령이나 규약을 마련해 두고 있다.● 그러나 윤리 강령은 있되 해당 언론사의 언론인들조차 그 내용이 무엇인지 잘 알지 못하거나, 사내의 관행적 논리가 윤리 강령을 앞서는 경우가 많다. 그래서 1988년 〈한겨레신문〉의 윤리 강령 제정을 시작으로 중앙 일간지들과 방송사들이 개별 윤리 강령이나 방송 · 보도 지침을 제정하고 있으나 실천적인 측면에서 보면 잘 지켜지지 않는 경우가 많다. 이는 언론사들의 윤리 강령이 대부분 구색을 갖추거나 자기 방어를 위한 선언적 성격이라는 점, 윤리 강령은 법적 강제력이 없다는 점, 실천을 담보하기에는 내용이 상식적이며 활동상의 지침이 되기에는 구체적이지 못하다는 이유 때문이다. 더욱 큰 문제는 윤리 강령이 있다 해도 이를 지키려는 언론인들의 의지가 없거나 이에 대해 무신경하다는 것이다.

● 우리나라의 신문 윤리 강령은 1957년 처음 채택되고 1961년 수정되었다. 1961년 신문 윤리 강령에는 언론은 국민의 알아야 할 권리를 위해서 힘써야 한다고 규정하고 있다. 이는 1996년 신문의 날을 기해 언론계를 대표하는 한국신문협회, 한국신문방송편집인협회, 한국기자협회가 주체가 되어 전체적으로 개정되었다. 언론 윤리 강령은 민주화, 분권화, 인권 신장, 가치관의 다양화를 반영하며 자유롭고 책임 있는 언론의 역할을 다하면서도 개인의 명예나 사생활을 존중해야 한다고 밝히고 있다. 신문 윤리 강령을 구체적으로 시행할 '신문 윤리 실천 요강'도 취재원의 명시, 범죄 보도시의 인권 존중 등을 명시하고 있다.

실제로 한국 언론사의 윤리 강령은 언론인의 사회적 윤리에 대한 명시가 대부분이어서 언론인 개인이 꼭 지켜야 할 윤리 규정이 빠져 있다. 외국의 경우 언론인 윤리 강령은 기사 작성에 있어 표절에 대한 규정과 특정 개인 정보에 대한 허용 정도를 포함하여 언론인 개인이 정당한 과정을 거쳐서 기사를 작성하도록 명기하고 있다. 물론 외국 언론사의 윤리 강령도 모든 상황에 다 맞도록 구체적인 설명을 포함하고 있는 것은 아니다. 그러나 각 사회의 구조적 환경에 입각하여 언론인의 어떠한 행위가 윤리 강령에 위배되는지를 쉽게 인식할 수 있도록 규정하고 있다.

미국의 경우 전문언론인협회Society of Professional Journalists의 윤리 헌

장을 보면 그 내용의 단순함에도 불구하고 어떻게 하는 것이 언론 윤리에 위배되는 것이며 더 나아가서는 법적인 제재로 이어질 수 있는가 하는 것을 현실적으로 이해할 수 있도록 유도하고 있다. 예를 들어, 몰래 카메라를 이용한 취재에 있어서 이를 최대한 피하되 부득이한 경우 취재 과정을 "기사 내용의 일부로 포함시켜 밝혀야 한다"는 것을 명시하고 있다. 윤리 헌장은 대개 개인의 행동이나 처신에 대한 자율적인 지침을 전달하거나 언론 조직의 특성에 따른 이미지를 제고하는 데 중점을 두고 있다.

영국의 전국언론연합National Union of Journalists도 세부적인 실천 강령들을 명시하고 있는데, 예를 들어 아동 성폭행과 관련된 보도의 경우 16세 이하 어린이의 신원을 밝히거나 이를 알 수 있도록 절대 보도해서는 안 되며, 부득이 신원이 드러날 수 있는 경우 '근친상간'과 같은 부정적인 표현을 보도에 이용해서는 안 된다고 규정하고 있다. 독일 언론위원회German Press Council의 경우 윤리 강령 제13조에 "수사 중이거나 심리 중인 범죄 사건의 보도에 있어서 어떠한 편견도 개입되어서는 안 되며, 판결에 따른 형이 완전히 확정되기 전에는 어떠한 형식으로라도 피고인이 범죄자라는 인상을 받도록 해서는 안 된다"고 규정하여 언론인의 범죄 기사 작성에 대한 기준을 제시하고 있다. 프랑스의 경우 전국언론인연합National Syndicate of French Journalists의 윤리 강령은 언론인들의 취재 활동의 적합성 여부를 강조하고 있는데, 마지막 항목에서 언론이 자신이 마치 경찰과 같은 역할을 하고 있는 것으로 착각하지 말 것을 당부하고 있다.

《언론법》. 문재완 (2008). 늘봄.

　　언론법과 관련된 다양한 주제들을 다루고 있으면서 우리나라의 언론 상황과
　　언론 체계를 비판적으로 분석하고 있다.

《명예훼손법》. 박용상 (2008). 현암사.

　　명예 훼손에 대한 모든 것을 총망라하고 있으며, 표현 행위가 개인 법익을 침
　　해하는 경우의 법적 관계를 전반적 · 체계적으로 다루고 있다.

《언론법제론》. 유일상 (2007). 박영사.

《미디어 윤리》. 김옥조 (2005). 커뮤니케이션북스.

　　미디어의 윤리에 대해 본격적이고 전문적으로 다루고 있으며 다양한 사례를
　　통해 윤리 문제를 시 · 공간적으로 분석한다.

《언론 자유와 인격권》. 이재진 (2006). 한나래.

　　현대 사회의 가장 중요한 기본권인 언론 자유와 인격권이 충돌하여 발생하는
　　다양한 쟁점들을 관련 법령, 판례들을 분석하여 이론적으로 논의한다.

《매스커뮤니케이션 법제 이론》. 팽원순 (1984). 법문사.

　　언론 법제와 관련된 다양한 논의들을 체계적으로 정리한 최초의 저서로서 미
　　국과 일본의 언론법 체계를 자세히 설명하고 있다.

《언론 윤리: 이론과 실제》. 필립 패터슨 엮음 (2000). 장하용 옮김. 동서학술서적.

　　미국의 경우에서 찾아볼 수 있는 윤리적인 쟁점이나 문제점들을 구체적인 사
　　례를 들어서 자세히 설명하고 있다.

《정보화 시대의 저작권》. 한승헌 (1996). 나남.

　　저작권의 기초 개념이나 역사 등에 대해서 자세히 소개하며, 현대적 관점에
　　서 저작권을 바라보는 저서이다.

《디지털 시대의 미디어와 저작권》. 방석호 (2007). 커뮤니케이션북스.

　　단순히 개론적 형태로 저작권에 대해 설명하지 않고 미디어 산업 분야별로
　　다양한 저작권 문제들을 심층적으로 다루면서 2007년 전면 개정된 저작권을
　　이해할 수 있도록 설명하고 있다.

07

미디어와
사회 구조의 관계

'미디어 체계와 사회 체계,' '매스 미디어와 현대 사회,' '뉴 미디어와 정보 사회,' '모바일 미디어와 유비쿼터스 사회' …… 이는 대학에서 가르치는 교과목의 이름들이다. 각기 다른 미디어와 서로 다른 사회를 말하는 것처럼 보이기도 하지만, 이들 과목명의 공통점은 한 쪽에 '미디어'가 있고, 다른 한 쪽에 '사회'가 있다는 것이다. 바로 미디어와 사회의 관계에 관심을 갖는 교과목들인 셈이다. 달리 말하면 그만큼 미디어와 사회는 서로 밀접한 관계에 있으며, 그에 대한 지적 관심들도 많은 모양이다.

이 장은 미디어와 사회의 관계에 대한 기존의 이론적 논의들을 개괄적으로 살펴보고 있다. 그리고 그러한 이론적 논의들과 관련이 있는 우리 사회에서의 미디어 현상에 대해 이런 저런 사례들을 문제 제기식으로 던져 보고 있다. 즉 미디어가 사회에 미치는 영향력과 사회가 미디어에 가하는 구속력을 중심으로 관련된 고전적 이론들과 현실적인 사례들을 소개하고 있는 셈이다. 기존의 매스 미디어와 사회의 관계에 관한 이론과 실제뿐 아니라 오늘날의 새로운 미디어와 사회 구조의 변화가 갖는 관계에 대해서도 다양한 성찰의 기회가 되기를 바란다. 미디어는 사회적 현실을 반영해 주는 거울mirror로 볼 것인가? 아니면 미디어를 사회를 특정한 모양으로 만들어 나가는 주형물moulder로 볼 것인가? 이러한 질문 자체가 마치 닭이 먼저냐, 달걀이 먼저냐 하는 것처럼 우문愚問에 불과한 것일 수도 있다. 그렇다면 당신의 현답賢答은?

강상현

현재 연세대학교 언론홍보영상학부교수이다. 연세대학교 신문방송학과를 졸업하고 같은 대학원에서 석사 및 박사 학위를 받았다. 동아대학교 신문방송학과 교수, 한국사회언론연구회 회장, 한국방송학회 부회장, 한국언론학회 언론과 사회 연구회 회장, 한국언론정보학회 회장, 방송개혁위원회 실행위원, 디지털방송활성화 추진위원회 실무위원장 등을 역임했다. 책으로는 《정보 통신 혁명과 한국 사회》, 《디지털 방송론》(공저), 《시민이 열어가는 지식 정보 사회》(공저), 《우리 시대의 윤리》(공저), 《지배 권력과 제도 언론》(공역), 《제3세계 커뮤니케이션론》(공역), 《모바일 미디어》(공역), 《디지털 방송 법제론》(공역) 등이 있다.

변화하는 미디어와 변하는 세상

우리는 최근 "미디어 환경이 급속히 변화하고 있다"거나 "세상이 크게 달라졌다"는 얘기를 자주 듣는다. 맞는 말이다. 지금 우리가 이용하고 있는 미디어는 5년이나 10년 전과는 크게 다르다. 대부분의 가정에서 정기 구독하던 신문을 이제는 주로 인터넷을 통해 보거나 길거리의 무료 신문을 통해 보고 있다. 가정이나 사무실, 식당 등에 설치한 TV 수상기를 통해 보던 텔레비전 방송을 이제는 움직이는 지하철에서는 물론 주머니 속에 넣고 다니는 휴대 전화를 통해서도 볼 수 있다. 인터넷마저도 고속으로 달리는 기차간에서 쉽게 이용할 수 있다. 목소리로만 통화하던 이동 전화로 문자와 인터넷 서비스 이용은 물론 영상 통화까지도 할 수 있다. 또한 방송과 통신의 융합 추세가 더욱 가속화되면서 하나의 통합 네트워크를 통해 방송과 통신 서비스와 함께 각종 데이터 및 홈네트워킹 서비스까지도 가능하게 되었다.

이처럼 변화하는 미디어와 함께 우리를 둘러싼 사회의 모습도 많이 바뀐 것처럼 보인다. 우선은 새로운 미디어가 생겨나고 또 그 것을 많이 이용하게 되니까 사람들의 미디어 이용 습관이나 패턴도 달라지고 있다. 사람들의 신문 구독 시간은 크게 줄고 있고, 반대로 인터넷 이용 시간은 늘고 있다. 신문마저도 인터넷을 통해 보는 비중이 늘고 있다. 방송사에서 일방적으로 보내 오던 방송 프로그램을 이제는 시청자가 편한 시간에 얼마든지 골라서 볼 수 있는 상황이 되었다.

그러다 보니 미디어 관련 산업에도 많은 변화가 일어나고 있다. 신문사들은 수입이 줄어들어 경영의 어려움을 호소하고 있고, 인터넷 포털은 크게 호황을 누리기도 했다. 또한 방송의 경우에도 케이블 TV, 위성 TV, IPTV와 같은 다채널 유료 방송 서비스가 크게 늘어나게 되니까 전통적으로 방송 시장을 독과점하던 지상파 방송사들의 시장 지배력이나 영향력이 줄어들고 있다는 소식도 들린다. 심지어는 방송과 통신의 융합 추세에 따라 방송 사업자가 통신 서비스를 하고(예: 케이블 방송 사업자의 인터넷 서비스와 인터넷 전화 서비스), 통신 사업자가 방송 서비스를 하는 경우(예: KT의 IPTV 서비스와 위성 방송 서비스, SKT의 위성 DMB 서비스)도 늘고 있다.

미디어의 변화는 관련 산업의 변화뿐 아니라 사람들의 생활 습관이나 삶의 패턴까지도 바꾸어 주고 있다. 우선 미디어의 양적 팽창과 수적 확대에 따라 한편으로는 사람들의 미디어 의존도가 계속 커지고 있으며, 사람들이 미디어를 통해 접하는 세계나 의견도 훨씬 다양해졌다고 볼 수 있다. 어떤 사람들은 여러 미디어가 제공하는 재미있는 볼거리에 흠뻑 빠져 일상의 많은 시간을 보내기도 하고, 어떤 사람들은 자신이 작성한 메시지나 직접 제작한 프로그램(예: UCC)

을 인터넷에 올려 많은 사람들의 새로운 주목을 받기도 한다. 이제는 미국산 쇠고기 수입 반대 촛불 집회와 같은 대중 집회를 인터넷 생중계하는 1인 미디어까지도 예삿일이 되었다.

어쩌면 우리의 하루는 미디어와 함께 시작하고 미디어와 함께 마감하는지도 모르겠다. 휴대 전화의 '알람' 신호가 울리면서 시작한 하루가, 밤늦은 시간 TV나 컴퓨터 스위치를 끄고서 휴대 전화에 다음날 '알람' 시간을 설정하고 잠드는 그 순간까지 우리는 이런저런 미디어로부터 별로 자유롭지가 않다. 우리는 한편으로는 그런 미디어를 이용하면서, 또 다른 한편으로는 그런 미디어로부터 크고 작은 영향을 받는다. 그런 사이 미디어도 변하고 사회도 변한다. 왜 미디어 환경이 이렇게 급속히 변하는 것일까? 또 그것이 세상의 변화와는 무슨 관계가 있는 것일까? 우리가 이용하는 미디어, 그리고 우리가 사는 사회의 관계가 자못 궁금해진다.

"미디어 환경이 급속히 변하고 있다"든가 "세상이 크게 달라졌다"는 말 그 자체를 부정하기란 어렵다. 각각으로는 상당히 맞는 말이다. 미디어 환경도 많이 변했고, 세상 역시 자꾸 바뀌고 있기 때문이다. 그러나 미디어 환경과 세상(사회)의 상호 관계를 말하고자 할 때는 좀더 복잡해진다. 세상은 한편으로 미디어에 의해 크고 작은 영향을 받아 변화해 가는 측면이 있는가 하면, 또 다른 한편으로는 세상이 미디어에 영향을 미치면서 그것의 구조와 형식과 내용을 규정하는 측면도 있기 때문이다. 따라서 미디어와 사회는 서로 영향을 주고받는 관계에 있다고 보는 것이 무난할 것이다. 그러나 미디어가 사회에 미치는 영향과 반대로 사회가 미디어에 미치는 영향 중 어느 쪽에 더 무게를 둘 수 있는가 하고 묻는다면, 그 대답은 그리 간단하지는 않을 것이다.

여기서는 바로 미디어와 사회의 관계에 관한 기존 논의들을 간단히 정리해서 소개하고자 한다. 이미 전통적인 미디어와 사회의 관계를 설명하던 많은 연구나 이론적 관점들이 있었다. 보다 최근에는 새롭게 등장하는 디지털 미디어들이 사회 변화와 어떤 관계에 있는지를 설명하려는 시도들도 많아지고 있다.

미디어와 사회 변화의 관계 읽기:
미디어 결정론 vs. 사회 구성론

미디어와 사회 관계에 관한 다양한 논의에도 불구하고 그러한 논의의 큰 흐름이나 입장은 크게 두 가지로 나누어진다. 한쪽은 사회가 미디어에 미치는 영향보다 미디어가 사회에 미치는 구속력에 더 큰 관심을 두거나 그것을 강조하는 입장이고, 다른 한쪽은 그 반대이다. 즉 미디어가 사회에 미치는 영향력보다는 사회가 미디어에 미치는 영향력에 관심을 갖거나 그것을 더 강조하는 입장이다. 좀더 쉽게

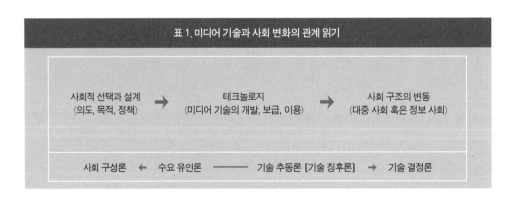

표 1. 미디어 기술과 사회 변화의 관계 읽기

사회적 선택과 설계 (의도, 목적, 정책)	→	테크놀로지 (미디어 기술의 개발, 보급, 이용)	→	사회 구조의 변동 (대중 사회 혹은 정보 사회)
사회 구성론 ← 수요 유인론 ――― 기술 추동론 [기술 징후론] → 기술 결정론				

얘기하면 미디어의 사회적 영향력보다는 기존의 사회 질서나 권력 관계가 미디어의 구조나 내용, 정책 등을 특정 방향으로 규정한다고 보는 입장이다. 이러한 양 입장은 기존의 미디어와 사회의 관계를 논의하는 경우에도, 그리고 보다 최근의 새로운 디지털 미디어와 사회의 관계를 논의하는 경우에도 마찬가지로 나타난다. 전자의 경우를 미디어 결정론 혹은 기술 결정론적 경향에 보다 가까운 입장이라고 한다면, 후자의 경우는 사회 결정론 혹은 사회 구성론적 입장에 더 가깝다고 하겠다.

기술 결정론이나 미디어 결정론에 가까운 논의들은 대개 미디어나 미디어 기술을 사회 변화의 중요한 원인으로 간주한다. 미디어를 독립 변인independent variable으로 보고, 결과적으로 그에 영향 받는 사회를 종속 변인dependent variable으로 간주하는 경향이 강하다. 따라서 이러한 관점에서는 미디어 기술의 변화 혹은 그러한 미디어의 개발, 보급, 이용에 따라 크고 작은 사회 변화가 야기되는 것으로 본다. 바로 이러한 논리의 극단적인 입장이 기술 결정론 혹은 미디어 결정론인 셈이다. '기술 추동론technological push'이나 '기술 징후론technological symptom'은 이러한 논리의 보다 온건한 경향성을 일컫는 말이라 할 것이다.

반대로 사회 결정론이나 사회 구성론적인 논의들은 미디어 기술의 발전이나 새로운 미디어의 개발, 보급, 이용 등은 기술 그 자체의 논리에 의해 이루어진 것이라기보다는 여러 가지 사회적인 요인들에 의해 결과된 것으로 보는 경향이 있다. 신문과 잡지와 같은 인쇄 미디어는 물론, 라디오와 TV 같은 방송 미디어, 나아가 컴퓨터나 인터넷의 등장과 발전이 일견 기술 발전에 힘입은 바 큰 것처럼 보이지만, 그러한 미디어들이 한 사회 내에 도입되어 이용되고 특정 방식으로 제도화되는 것은 그 사회 내의 복잡한 이해 관계나 역학 관계, 혹은 계급 관계의 산물인 경우가 많다고 보는 입장이다. 많은 경우 특정 사회 내의 지배 집단 ── 혹은 저항 집단 ── 이 (당대의 가능한 기술적 조건 하에서) 특정한 의도와 목적을 가지고 사회적으로 선택하고 설계한 결과*social choice*(또는 *social design*)라는 것이다. 따라서 특정 사회의 특정한 미디어 구조와 형식 및 내용은 특정한 조건하에서 사회적으로 구성된 산물이라고 보는 것이다. 사회 구성론이나 사회 결정론적인 관점에서는 특정한 (사회 집단의) 의도나 목적, 이념, 미디어 정책 등이 독립 변인이 되고 그로 인해 특정한 미디어가 사회적으로 채택되거나 수용되고 확산되고 특정한 구조와 형식과 내용을 갖게 되는 것이라고 본다. 어떤 욕구나 필요 때문에 특정한 기술이 개발, 채택, 이용, 확산되는 것이라고 보는 수요 유인론*demand pull* 역시 사회 구성론에 가까운 보다 온건한 입장의 하나라 하겠다. 다음에는 미디어와 사회의 관계에 관한 기존 논의들에 대해 좀더 구체적으로 살펴보고자 한다.

미디어와 사회 구조의 관계에 관한 논의

먼저 미디어와 사회 구조의 관계에 대한 기존 논의를 유형화하여 비교적 잘 제시한 고전적 사례로 유명한 서구 언론학자인 매퀘일[1]의 것을 들 수 있다. 그는 로젠그렌[2]의 사회 구조와 문화(매스 미디어)의 관계에 관한 도식을 빌어 와서 기존의 이론과 관점들을 나름대로 분류, 제시했다.

표 2. 사회 구조와 문화(매스 미디어)의 관계에 관한 로젠그렌의 분류			
		사회 구조와 문화(매스 미디어)에 영향을 미친다	
		O	×
문화가 사회 구조에 영향을 미친다	O	상호 작용론Interdependence	관념론Idealism
	×	유물론Materialism	자율론Autonomy

출처: Rogengren (1981)

표 2에서 보는 바와 같이 로젠그렌은 사회 구조와 문화(매스 미디어)의 관계를 네 가지로 분할하여 사회 구조와 문화가 서로 영향을 주고받는다고 보는 관점을 '상호 작용론,' 문화가 사회 구조에 영향을 미친다고 보는 관점을 '관념론,' 그 반대인 경우를 '유물론,' 그리고 사회 구조와 문화는 서로에게 영향을 주거나 받기보다는 각각이 독립적인 별도의 영역이라고 보는 '자율론'으로 구분했다. 물론 이러한 구분은 다분히 하나의 이념형ideal type에 불과한 것이다. 매퀘일은 바로 이러한 로젠그렌의 4분 모델을 그대로 차용하여, 실제 기존에 나왔던 미디어와 사회의 관계에 관한 이론이나 관점들을 유형별로 나누어 소개한 바 있다. 그러나 그가 소개하는 미디어-사회 관련 주요 이론들은 '관념론'과 '유물론'에 주로 배열되어 있다. 실제 미디어와 사회의 관계에 관한 많은 이론이나 논의들은 사회에 대한 미디어의 일정한 영향력을 강조하거나, 반대로 사회가 미디어의 구조와 형식과 내용을 규정한다는 입장을 취하고 있기 때문이다.

매퀘일이 '관념론'에 분류해서 소개하고 있는 기존의 미디어-사회 관련 이론들이 갖는 공통점은 미디어가 크고 작은 사회 변화에 상당한 영향을 미친다는 것이다. '관념론'에서는 미디어가 개인의 가치와 태도 형성과 변화에 큰 영향을 미친다는 견해에서부터 각 시대의 지배적인 미디어 특성에 따라 상이한 문명의 특성이 나타난다는 미디어 결정론까지 여러 가지를 예시해 주고 있다. 그리고 '유물론'에는 주로 마르크스주의적인 미디어 비판 이론들이 소개되고 있다. 이들 이론이나 견해들은 주로 기존의 매스 미디어—사회 관계에 관한 것들이므로 여기서는 최근의 디지털 미디어와 사회의 관계를 설명하는 정보 사회론과 그에 대한 비판 이론까지 포함시켜, 미디어와 사회의 관계에 관한 기존 논의들을 관념론적 입장*idealism*과 유물론적 입장*materialism*으로 나누어 살펴보고자 한다. 물론 상호 작용론적 입장이나 자율론적 입장을 강조하는 경우도 있겠으나, 이 장에서는 '관

구분	미디어—사회 관계 인식과 관련 이론 예시	
상호 작용론	사회의 주형자*moulder*인 동시에 거울*mirror*로서의 미디어	
관념론	주형자로서의 미디어	• 개인의 가치 변화 • '변화의 원동기'로서의 미디어 • 배양 효과 이론 • 문화 제국주의 • 미디어 결정론 • 정보 사회론
유물론	거울로서의 미디어	• 고전적 마르크스주의 • 미디어 정치 경제학 • 미디어 종속 이론 (저발전 이론) • 정보 사회 비판론
자율론	주형자도 아니고 거울도 아닌 미디어	

표 3. 미디어와 사회의 영향 관계에 대한 관점 분류

McQuail (1983, 39~47; 1987, 95~103; 2000, 60~90) 의 내용을 중심으로 재구성

념론'과 '유물론'의 대비에 주된 초점을 맞추고 있다는 점에서, 편의
상 여기서는 상호 작용론이나 자율론적인 경우들에 대한 논의는 생
략하기로 하겠다.

관념론: 미디어가 사회를 변화시킨다

먼저 미디어를 사회 변화의 중요한 주형자*moulder*라고 보는 여러 견
해들이 있다. 즉 사회가 미디어의 성격을 규정하기보다는 미디어가
사회에 미치는 영향을 더욱 강조하는 이론이나 관점들이다. 그러한
이론과 관점에는 미디어가 개인의 가치나 태도를 바꾼다는 미디어
에 의한 태도 변용론에서부터 인류 문명의 특성을 규정한다는 미디
어 결정론, 그리고 보다 최근의 정보 통신 기술 발전과 뉴 미디어의
개발, 보급, 이용에 따른 정보 사회론까지 매우 다양한 것들이 있다.

태도 변용론: 미디어는 개인의 가치 형성과 변화에 영향을 미친다
미디어에 노출된 특정 개인의 지식, 가치, 태도 혹은 행위에 변화가
생기는 경우를 생각할 수 있다. 즉 독자가 어떤 기사를 읽거나 시청
자가 특정 방송 프로그램을 보고서 새로운 사실을 알게 되는 것, 어
떤 대상에 대해 호감을 갖거나 부정적인 인식을 갖게 되는 것, 그리
고 텔레비전에서 소개한 어떤 지역을 여행할 수도 있고, 또 미디어가
광고하는 제품을 직접 구매하게 되는 경우도 얼마든지 있다.

　　우리는 미디어를 통해 매일매일 일어나는 국내외 사건에 대해
알게 된다. 지난 밤 사이 진행된 뉴욕 증시의 주가 변동과 유럽 축구
챔피언전의 결과와 중동 지역에서 일어난 사살 폭탄 테러에 대해 새
로운 사실을 알게 된다. 우리는 실제 미디어를 통해 미디어를 접하

기 전에는 몰랐던 새로운 많은 사실들을 알게 된다.

또한 우리는 새로운 사실을 알 뿐 아니라 알게 된 사실이나 사람에 대해 어떤 평가적 태도를 갖게도 된다. 미디어를 통해 올림픽 대회에서 금메달을 따거나 새로운 과학 기술을 발명하여 국위를 선양한 사람들을 알게 되고 그들을 향해 우리는 대대적인 칭송과 함께 한없는 존경의 마음을 갖는다. 그들의 열렬한 팬이 되기도 한다. 그와는 반대로 미디어를 통해 알게 된 흉악범이나 사기꾼에 대해서는 저주와 함께 통렬한 비난을 가하기도 한다. 같은 사람을 놓고도 한때는 애국자처럼 생각했다가도 나중에는 국제적인 망신거리라고 창피해하는 경우도 있다. 대표적 사례로 황우석 박사를 떠올리는 사람도 있을 것이다.

실제 미디어에 노출된 사람들이 미디어 내용에 영향을 받아 어떤 행위를 실제로 하는 경우들도 많다. 인기 가수의 공연 예매표를 사기 위해 줄지어 선 젊은이들, 드라마에 등장한 멋진 촬영 장소로 친구나 연인과 함께 실제 여행을 가는 사람들, 텔레비전의 신제품 광고를 보고 자신이 쓰던 휴대 전화나 자동차를 새 것으로 바꾸는 사람들, 어제밤 개그 프로그램에서 본 우스갯소리를 다음날 수업 시간에 당장 써먹는 학생들, 심지어는 연일 방송되던 인기 스타의 자살 소식에 자살충동을 느끼며 실제 베르테르 효과를 보이는 젊은이들도 있다.

미디어가 개인의 지식과 태도, 행위 등에 미치는 효과와 관련된 연구들은 미디어 기능 이론_functional theory_이나 심리학적인 태도 변용 이론_attitude change theories_ 등에서 많이 다루어지고 있다.[3] 이러한 연구들은 미디어 일반의 기능에 관한 논의에서부터 특정한 미디어 메시지가 사람들에게 미치는 비교적 단기적인 효과를 알아보는 데 관심을 두고 있다.

이처럼 개개인의 지식, 태도, 행위 등에 미치는 미디어의 비교적 단기적인 효과나 영향 외에 좀더 장기적인 측면에서 미디어가 개인의 가치관에도 영향을 줄 수 있다. 개인의 가치를 형성하고 변화시키는 것은 미디어의 보다 누적적인 효과나 영향이라고 할 수 있을 것이다. 일종의 사회적 교육 기관이라고 할 수 있는 미디어를 통해 한 사회의 지배적인 가치나 규범 등을 읽히게 되는 것도 무시할 수 없는 미디어의 한 기능이자 효과라고 할 수 있을 것이다.

근대화론: 미디어는 '계획된 변동'의 중요한 촉진자이다

앞에서는 개인들이 미디어에 노출되거나 그러한 미디어에 접촉함으로써 그들의 지식, 생각, 태도, 가치 등이 바뀔 수 있다는 점을 강조한 것이다. 이를 다른 각도에서 보면 어떤 경우에는 미디어를 의도적으로 이용함으로써 사람들의 생각과 태도에 변화를 줄 수 있다고도 볼 수 있다. 전자가 자연스러운 변화라면, 후자는 보다 의도적인 변화에 가깝다. 즉 사람들의 기존 태도나 의식을 바꾸기 위해 미디어를 이용할 수 있고, 또 실제 효과가 있다고 보는 관점이다.

우리는 어떤 캠페인이나 정치 사회적인 운동 과정에서 미디어를 이용하는 경우를 많이 보게 된다. 또 매일매일 많은 상업 미디어에서 계속적으로 광고가 쏟아져 나오는 것을 보게 된다. 광고가 효과가 없다면 기업들이 수많은 비용을 들여서 그렇게 많은 광고를 하지는 않을 것이다. 실제 여름에 수재민 돕기나 연말에 불우 이웃 돕기 성금 모금을 하게 되면, 많은 이들이 도움의 손길을 뻗는다. IMF 당시 방송을 통해 금 모으기 캠페인을 했을 때도 전국의 많은 국민들이 동참했다. 선거 때가 되면 유권자의 지지를 얻기 위해 후보들은 어떻게든 미디어를 이용하려고 한다. 과거 5·16 군사 정권과 공화당 정권 때는 새마을 운동에 국민들을 적극 참여시키기 위해, 그리고 가족 계획을 장려하기 위해 방송을 적극 활용하기도 했다. 정부에 의한 '계획된 변동planned change'을 위해 미디어를 적극 활용했던 것이다. 실제 이른 아침부터 라디오를 통해 흘러나온 "새벽 종이 울렸네. 새 아침이 밝았네~"라는 새마을 운동 노래는 비록 동원에 의한 것이긴 했지만 우리 사회 근대화의 원동력이 되었고, "아들 딸 구별 말고 둘만 낳아 잘 기르자"는 구호들은 우리의 인구 증가율을 감소시키는 데 크게 기여했다고 볼 수 있다. 후진국들의 근대화 프로젝트나 선진국들의 정치 참여 혹은 건강 증진 캠페인 등에 매스 미디어를 적극 활용함으로써 일정한 변화를 꾀하려는 시도는 도처에서 찾아볼 수 있다.

이와 관련된 기존 연구들은 과거 미디어를 이용한 후진국의 근대화 이론,[4] 즉 매스 미디어와 국가 발전의 문제를 연결시킨 발전 커뮤니케이션 이론[5]과 정치나 보건 관련 캠페인 커뮤니케이션 이론 및 개혁 커뮤니케이션론[6] 등에서 그 예를 많이 찾아볼 수 있다. 이러한 이론들은 대부분 미디어가 사회 구성원들에게 어떤 '계획된 변동'을 위해 관련 정보나 설득적인 메시지를 체계적으로 제공하게 되면 일정한 효과를 낼 것이라는 기대에 기초하고 있다. 물론 기대한 효과가 실제 어느 정도로 나타났는지는 별개의 문제다.

배양 효과론 등: 사람들이 인식하는 세계는 곧 미디어가 그려 주는 세상이다
또한 사회에 대한 미디어의 영향력을 강조하는 관점이나 이론 중에는 미디어에서 다루거나 그려 내는 세상과 비슷하게 사람들이 세상을 인식하는 경향이 있다는 것이다. 가령 많은 세상 일 중에서도 미디어에서 주로 취급하는 뉴스거리가 사람들의 중요한 화젯거리가

된다든지, 여러 관점에서 볼 수 있는 어떤 사건을 특정 신문 기사나 방송 뉴스는 특정 관점에서만 바라보도록 할 수도 있다는 것이다.

전자의 경우를 예로 들면, 만일 신문과 방송에서 유명 연예인의 자살 사건과 외환 위기, 금융 사기 사건 등을 많이 그리고 크게 다루고, 노사 분규와 공장 파업, 정치인의 비리 사건에 대해서는 간단하게 다루는 경우, 사람들은 뉴스에서 많이 다룬 사건들을 주된 화젯거리로 이야기하게 되고, 뉴스에서 별로 다루지 않은 사건들은 사람들의 입방아에도 그만큼 자주 오르내리지 않는다는 것이다. 이러한 관점은 미디어의 의제 설정 기능Agenda-setting function과 관련된 미디어 효과 이론에서 많이 다루고 있다.[7] 또 후자의 예를 들면, 대부분의 신문과 방송에서 한나라당의 미디어 관련 법 개정안을 '경제 살리기'를 위한 '민생 법안'으로 몰고 가면 사람들 역시 법 개정안이 지닌 집권 여당의 향후 '여론 장악'을 위한 미디어 구도 개편이라는 정치적 측면보다는 '경제 활성화'와 '일자리 창출'을 위한 규제 완화 차원에서 그러한 법 개정안을 인식하게 만들 수 있다는 것이다. 이러한 미디어 효과와 관련해서는 뉴스 틀짓기 효과framing effect 연구에서 많이 다루고 있다.

또 미디어가 사람들의 세상 인식과 이해에 큰 영향을 준다는 대표적인 이론적 관점의 하나로 배양 효과 이론cultivation theory을 들 수 있다.[8] 이 이론은 간단히 말해서 텔레비전이 시청자들에게 세상에 대한 지배적인 이미지 패턴dominant image pattern을 형성하게 만든다는 것이다. 즉, TV를 많이 본 사람heavy viewers일수록 그렇지 않은 사람들light viewers보다 세상을 TV에서 묘사하는 것과 보다 유사하게 이해할 기능성이 그만큼 더 높다는 것이나. 병원 관련 TV 느라마를 자수 보는 사람은 그렇지 않은 사람보다 세상에 의사나 간호사가 실재보다 더 많다고 생각하는 경향이 있으며, TV 폭력물을 많이 보는 아이들은 상대적으로 적게 보는 아이들보다 세상에 더 많은 폭력이 난무하고, 세상을 보다 위험한 것으로 인식하는 경향이 있다는 것이다. 이러한 연구는 TV 폭력물이 청소년들의 폭력 성향에 미치는 장기적인 영향을 분석하는 연구로 발전하기도 했다.

문화 제국주의론: 서구의 미디어가 문화를 서구화하고 획일화한다

우리는 우리 사회의 옛날 사진을 보고 세상이 많이도 변했다는 것을 실감한다. 구한 말이나 일제 시대의 우리 사회의 모습을 담은 사진을 보고 상전벽해桑田碧海와 같은 격세지감을 느낀다. 겉모습만 그런 것이 아니고, 우리의 생활 양식이나 식생활마저도 많이 바뀌었다. 아예 사고 방식도 바뀌었을 것이다. 너무도 많이 변한 것이다. 전통적인 삶의 양식이나 가치관이 많이 사라졌고, 우리의 도시 문화는 서구 사회의 그것과 별 차이가 없는 듯이 보이기도 한다. 그러한 변화에는 분명 많은 요인들이 작용했다. 우리의 지속적인 근대화 노력이나 그로 인한 경제 발전, 높은 교육열, 국가 간의 지속적인 경제적, 문화적 교류와 전반적인 세계화 추세에 따라 조금씩 바뀌어 온 것이 우리 사회를 100년 전과는 전혀 다른 모습으로 바꾸어 놓았을 것이다. 그러한 변화의 요인들을 정확하게 기술하기 위해서는 별도의 학문적 성찰이 필요할 것이다.

그러나 미디어 제국주의media imperialism나 문화 제국주의cultural imperialism를 내세우는 학자들은 후진국의 전통적인 문화와 가치관이 급속히 붕괴되고 서구적인 문화 혹은 서구적인 가치관이 그 자리를 대신하게 된 데에는 서구 문화를 일방적으로 무분별하게 전달해 온 미디어의 역할이 크다고 지적하기도 한다.[9] 근대화 과정에서 미디어를 통해 전달되는 많은 메시지들은 서구적인 것을 보다 발전된 삶의 양식으로 묘사하고, 개발 도상국이나 후진국의 전통적인 것을 보다 열등한 것으로 비춰지게 했다는 것이다. 또 근대화가 곧 서구화라고 느끼게 하는 메시지들도 많았고, 많은 매스 미디어들은 마치 서구처럼 닮아가는 것이 곧 '발전'이라고 생각하게 만들었다는 것이다.

예컨대, 자체 제작 프로그램이 부족한 개발 도상국의 많은 방송사들은 비싼 돈을 들여 방송 프로그램을 직접 제작하기보다는 보다 싼 값으로 서방 국가의 프로그램을 수입해서 방송하는 경우들이 많다. 서방의 각종 오락 프로그램이나 할리우드에서 제작한 외화를 틀어 주는 경우도 많은데 이런 프로그램에는 자연히 서구 사회의 생활상과 서구 사람들의 문화나 가치관이 녹아 들어가 있을 수밖에 없다. 그런 프로그램을 보면 볼수록 서구적인 것이 더욱 멋있고 우월한 것으로 보이고, 자기 것은 더욱 열등한 것으로 보이는 경우가 많았다.

실제 서방의 액션물을 보면 주인공은 죄다 백인들이고, '나쁜 놈들'은 유색 인종인 경우가 많았다. 백인들 간의 선악 대결인 경우에도, 대개 주인공은 백인들이고, 유색 인종은 부하나 하인, 엑스트라로 설정되는 경우가 대부분이었다. 그런 영상물을 통해 서양의 백인 남성은 더욱 멋있고 힘 있고 심지어 매너까지도 좋은 존재로 인식되고, 멕시코 전통 모자를 쓴 히스패닉과 차이나타운의 중국인, 그리고 주인공의 시중을 드는 흑인 여성은 항상 한 수 아래인 존재로 인식될 수밖에 없다는 것이다. 거의 매일 애정물에 등장하는 서구의 여자 주인공들 덕분에 미인을 보는 기준마저도 이미 지나칠 정도로 서구화되어 있다고 힐 것이다. 또한 어느 틈엔가 우리 사회에서는 광고하는 제품 이름에 우리말을 쓰면 좀 촌스럽고, 영어나 이탈리아어,

프랑스어 등을 사용해야 고급이나 명품이라고 여기는 풍조가 만연해 있다. 우리 사회에서도 매스 미디어는 이러한 서방 우월주의적인 문화와 자기 폄하 경향을 지속적으로 확대 재생산하는 중요한 기제의 하나가 되고 있음을 부정하기 어려울 것이다. 우리 사회가 이렇게 많이도 달라진 배경에는 미디어에 의해 계속적으로 전해지고 반복적으로 소개된 많은 서방 세계의 프로그램뿐 아니라, 우리들 자신이 제작한 프로그램에서도 서구적인 것을 더욱 선진적인 것으로 묘사했고, 서구적인 기준과 시각을 은연중에 더욱 강조했는지도 모를 일이다.

미디어 결정론: 미디어는 인류 문명의 본질적 특성을 규정한다

미디어가 사회에 미치는 영향력을 가장 강하게 인식하고 폭넓게 바라본 것은 아마도 해롤드 A. 이니스Harold A. Innis와 그의 제자인 마셜 맥루언Marshall McLuhan일 것이다. 흔히 미디어 결정론자로 불리는 그들은 커뮤니케이션 미디어를 인류 문명의 핵심적인 본체essence of civilization로 보았고, 그 시대의 지배적인 미디어가 무엇이었는가를 중심으로 역사 과정을 설명하고 있다.

이니스의 경우는 특정 시대의 지배적인 미디어를 시간 편향적 미디어time-binding media와 공간 편향적 미디어space-binding media로 나누어 그 시대의 특성을 설명하고자 했다. 양피지, 진흙, 돌과 같이 비교적 무거운 미디어나 말speech과 같은 것은 시간 편향적인 미디어라고 보고 그러한 미디어는 한 세대로부터 다음 세대로의 커뮤니케이션을 촉진시키며, 지식과 전통을 중시하고 공동체에의 관여와 대인 관계 등을 지원하는 데 비해, 종이와 파피루스, 그리고 문자 미디어와 같은 공간 편향적 미디어는 한 지역에서부터 다른 지역으로의 커뮤니케이션을 촉진시키며, 따라서 제국 건설과 거대한 관료 조직과 군사적인 이익을 뒷받침하는 경향이 있다. 이러한 생각을 근간으로 이니스는 현재의 서구 문명의 특성은 인쇄술과 같은 공간 편향적 미디어에 경도된 과학, 기술 및 지식의 기계화 등으로 인해 사상의 자유 등이 위기에 직면해 있다고 보고, 그러한 위기 극복을 위해서는 스피치와 같은 시간 편향적인 미디어가 중심을 이루었던 그리스적 전통과 그 정신을 복원할 필요가 있다는 점을 강조했다.[10]

이니스에 영향받은 맥루언 역시 "미디어가 곧 메시지다*Medium is the message*"라고 할 정도로 미디어의 영향력을 강조했다. 인류의 역사를 미디어 발달 과정에 따라 문자 이전 시대, 문자 시대, 구텐베르크 시대, 전기 전자 시대 등으로 구분한 그는 각 시대의 핵심 미디어가 무엇인가에 따라 인간의 감각비*sense ratio*에 일정한 영향을 미치고 그것이 결과적으로는 사람들이 세상을 인식하는 방식에도 영향을 미친다는 것이다. 그는 특히 인쇄 미디어와 전기 전자 미디어의 등장을 전후해서 일어난 변화에 주목한다. 인쇄술이 발명되기 전의 대부분의 사람들은 부족을 중심으로 말하고 듣는 청각 중심적 커뮤니케이션을 함으로써 보다 감성적이고 대인간에 서로 친밀한 소통을 했었다고 보았다. 그 당시는 곧 "듣는 것이 믿는 것"이었다. 그러나 인쇄술 발명 이후, 인간의 감각비는 읽기가 중심이 되는 시각 중심적인 것으로 바뀌게 되었는데 이러한 인쇄 문화는 사람들의 인식을 선형적이고, 논리적이며, 범주화하게 만듦으로써 모든 환경을 시각적이고 공간적인 의미로 인식하게 만들었다는 것이다. 그 결과 인쇄술은 서로 밀접히 연결되어 있던 개인과 개인들을 서로 분리시키고 파편화시키는 외파*explosion* 현상을 초래했다는 것이다. 그런데 맥루언은 "다행스럽게도" 전기 전자 기술에 의해 청각이 복원되는 새로운 시대로 접어들었음을 강조했다. 전기 전자 미디어 시대는 내파implosion 현상을 통해 사람들을 더욱 즉각적이면서도 지속적으로 그리고 범 지구적인 범위로까지 연결시킴으로써 세계를 하나의 '지구촌global village'으로 되돌리고 있다는 것이다.[11]

이처럼 이니스는 미디어가 갖는 공간 혹은 시간 편향성에 따라 인류 문명의 특성이 변화해 왔다고 보았고, 맥루언은 미디어가 갖는 청각[실제로는 전감각] 혹은 시각 중심성의 차이에 따라 인간의 세상 인식 방식과 인간 상호 간의 관계 맺음의 방식이 크게 달라져 왔다고 보았던 것이다. 미디어의 속성이나 특성에 따라 문명 또는 문화가 달라져 왔음을 강조했던 것이라고 하겠다.

정보 사회론: 디지털 미디어가 정보 사회 등장과 발전의 핵심 요인이다

마치 매스 미디어mass media에 의해 대중 사회mass society가 출현하고 대중 문화mass culture가 발전하게 되었다는 것과 같은 논리(이 책의 2장 참조)가 정보 사회론에도 그대로 적용되고 있는 것처럼 보인다. 즉 대중 사회와 대중 문화의 근간이 미디어에 기초하고 있다고 하는 것이나 정보 사회의 출현과 발전이 새로운 정보 통신 기술과 그러한 기술에 기초한 디지털 미디어의 개발, 보급, 이용 등에 의해 가능하게 되었다는 것은 둘 다 미디어의 발전을 새로운 사회의 등장과 발전의 중요한 요인으로 보고 있기 때문이다.

실제 정보 사회론은 산업 경제 영역에서 정보 관련 부문이 차지하는 비중이 점차 커지고 있다는 데서 논의가 시작되었지만,[12] 정보 사회 출현에 관한 한층 논리적인 설명은 대니얼 벨Daniel Bell에 의해서 제시되었다. 그는 산업 사회가 후기 산업 사회로 변화되어 간다고 보고, 다가오는 후기 산업 사회의 핵심 원리를 이론적 지식theoretical *knowledge*과 새로운 '지적 기술*intellectual technology*'에서 찾았다. 그가 말하는 '이론적 지식'과 '지적 기술'은 바로 정보와 정보 기술의 다른 표현이었고, 그가 말하는 후기 산업 사회는 정보 사회의 다른 표현이었다. 새로운 정보 통신 기술과 그러한 기술을 기초로 한 새로운 미디어가 정보 사회라는 새로운 사회상을 만들어 나가는 기술적 기초라고 보았던 것이다.[13]

　새로운 정보 통신 기술의 급속한 발전과 새로운 미디어의 개발, 보급, 이용이 크게 확대됨에 따라 1980년대 이후 서구 사회를 중심으로 한 정보 사회로의 이행은 마치 당연한 세계적 추세인 것처럼 인식되었다. 특히 1980년대 초반에는 미국, 유럽, 일본 등 서방 선진국에서 거의 동시에 많은 정보 사회론자들이 등장하여 새로운 미디어 기술에 의한 '정보화 사회,' '지식 사회,' '텔레마틱 사회,' '유선망 사회'의 도래를 예언했다. 그 뒤 1990년대와 2000년대에 접어들어서는 특히 인터넷 미디어의 등장과 발전이 미친 사회적 영향을 근거로 '인터넷 사회,' '사이버 사회,' '네트워크 사회'라는 새로운 사회의 도래가 예찬되었고, 보다 최근에는 휴대 전화나 DMB 등 모바일 미디어의 확산을 근거로 '모바일 사회'나 '유비쿼터스 사회'의 출현을 또한 노래하고 있다. 수식하는 용어에 따른 일정한 의미적 차이는 있지만, 새로운 정보 통신 기술과 사회의 관계에 대한 이처럼 다양한 예견들은 공통적으로 새로운 미디어 기술이 새로운 사회를 만들어 나간다는 전제를 깔고 있다. 이 역시 미디어가 사회를 바꾼다는 것이다.

유물론: 사회가 그 사회의 미디어 성격을 규정한다

앞에서는 미디어가 사회에 영향을 주어 개인의 태도나 가치관은 물론, 새로운 사회의 등장과 인류 문명의 특성 변화를 가져오는 중요한 요인이 되어 왔다는 관점이나 관련 사례들에 대해 살펴보았다. 이와는 반대로 미디어는 기존의 사회 질서나 이해 관계를 바꾸기보다는 그것을 반영하는 것이라는 관점들도 있어 왔다. 즉 이들 관점은 미디어가 세상을 바꾼다는 데 주안점을 두기보다는 오히려 기존 사회질서나 사회적 조건이 그 사회에 존재하는 미디어 구조나 형식은 물론 내용까지도 규정하게 된다는 것이다. 여기에는 주로 미디어 비판 이론들이 다수 포진하고 있다. 몇 가지만 예를 들어 보기로 하겠다.

고전적 마르크스주의: "한 사회의 지배적인 사상은 지배 계급의 사상이다"

이는 19세기의 인쇄 미디어들이 널리 확산되는 과정에서의 서구 사회의 경험이 반영되어 있다. 당시 마르크스의 눈에는 자신이 살던 시대의 신문과 잡지 등 인쇄 미디어들은 당시의 권력을 비판하거나 사회의 다양한 계층의 입장을 고려하면서 사건을 객관적으로 보도, 비평하는 것이기보다는 지배 계급의 입장을 일방적으로 반영하는 것으로 보였다. 또 권력의 비리나 문제점을 고발하는 언론에 대해서는 철저한 검열을 행하고 그런 활동을 하는 언론인에 대해서 탄압과 인신 구속을 하기도 했다. 언론인으로서의 마르크스 자신도 종종 검열의 대상이 되었고, 쫓기는 신세가 되었다. 이런 상황에서 마르크스는 당시 유럽 사회의 "지배적인 사상은 곧 지배 계급의 사상"이라고 보았으며, 미디어는 바로 그러한 지배 계급의 사상을 대변함으로써 지배 계급이 지배하는 사회를 계속 유지시키고 안정화시키는 데 기여하고 있다고 생각했다. 그런 점에서 당시의 미디어는 국민들에게 진실을 알리고 모순된 사회의 변화를 촉구하기보다는 사람들에게 허위 의식을 심어 줌으로써 기존 질서, 즉 기득권 유지에 기여하는 지배 계급의 이데올로기적 도구에 불과한 것이라고 보았다.[14]

이러한 고전적 마르크스주의_classical Marxism_ 미디어관은 그 뒤에도 서구 자본주의 국가의 미디어들을 분석하고 평가하는 데 종종 차용되었다. 권력과 자본에 예속된 자본주의 미디어들은 겉으로는 객관성과 공정성 혹은 중립성 등을 앞세우면서도 권력과 자본의 이익과 관련된 사건이 발생하거나 관련 정책이 추진될 경우에는 언제나 권력과 자본의 입장에서 그들의 논리를 정당화하는 논조를 전개한다는 것이다. 실제 우리 사회에서도 자본(예: 삼성)의 영향을 많이 받는 미디어(예: 〈중앙일보〉)가 자본에 불리한 사건이 발생할 경우, 보도량이나 보도 논조가 다른 미디어에 비해 상당히 다른 경우를 종종 경험하고 있다. 또한 권력 친화적인 언론들이 정치 권력이나 경제 권력에 대해 어떤 보도 태도를 취하는지를 볼 때도 이러한 고전적 마르크스주의 관점이 일견 타당성이 있어 보이는 경우도 있다.

미디어 정치 경제학: 미디어에서도 토대가 상부 구조를 결정한다

미디어의 형식과 내용은 대부분 경제적인 요인에 의해 영향 받은 결과라는 입장이다. 달리 말하면 자본의 논리가 미디어의 구조와 형식은 물론 내용에까지도 영향을 미친다는 것이다. 특히 미디어 정치 경제학_political economic media theory_은 자본주의 사회에서 이윤 극대화를 추구하는 자본의 논리가 자본주의 사회의 미디어에 어떻게 구체적으로 관철되고 있는가에 주목한다.[15] 자본주의 사회에서 매스 미디어는 자본 축적을 위한 중요한 도구인 동시에, 미디어 그 자체가 또

한 이윤을 창출하는 핵심적인 상품의 하나가 되고 있기 때문이다. 따라서 자본주의 사회에서 미디어는 자본주의 경제를 떠받치는 중요한 초석의 하나이자 자본주의의 생명력을 지탱해 주는 혈관과도 같은 것이다. 그리고 자본주의 사회의 미디어 그 자체도 자본의 논리, 즉 경제 논리에 의해 규정되고 규율된다고 본다. 즉 토대가 상부 구조를 결정하는 최종 심급이 된다는 것이 미디어 정치 경제학의 기본 전제인 것이다.

이러한 미디어 정치 경제학의 논리는 자본주의 사회 내에서의 미디어 구조와 형식과 내용을 설명하는 데 유용한 측면이 있다. 왜 거대 자본이 여러 미디어를 함께 소유하려고 하고, 또 그러한 교차 소유가 왜 사회적인 쟁점이 되고 있는 것일까? 왜 도회지를 중심으로 해서만 미디어 산업이 활성화되는 것일까? 왜 방송 드라마나 영화의 톱스타들은 그렇게도 많은 출연료를 받게 되는 것인가? 미디어 기업이나 제작자들은 왜 신선한 무명보다 늘 인기 스타들을 캐스팅하려고 하는가? 미디어를 통해 만들어진 특정 스타가 주로 특정 제품의 광고 모델로 등장하는 이유는 무엇인가? 왜 하고 많은 스포츠 중에서도 프로 야구나 프로 복싱, 미식 축구와 같은 것이 일상적인 중계 방송의 주된 대상이 되는 것일까? 왜 가족들이 다 모여 있는 황금 시간대에 시사 토론 프로그램이나 시청자 참여 프로그램을 보여 주지 않고 쇼 오락 프로그램이나 드라마를 집중적으로 내보내는 것인가? 왜 방송사들은 어린이나 노인 대상 프로그램을 기피하고, 가능만 하다면 프로그램 사이에 중간 광고를 집어넣으려고 저렇게도 애를 쓰는가? 신문 기사가 대부분 역피라미드 형식을 가지는 이유는 무엇이고, 마치 기사처럼 여겨지는 광고가 버젓이 신문 지면의 일부를 차지하고 있는 까닭은 무엇인가? 미디어 정치 경제학은 이러한 질문들 앞에서 그것이 모두 자본의 논리에 이바지하는 쪽으로, 즉 자본에 이익이 되는 쪽으로 혹은 자본에 이익이 되기 때문에 그렇게 된다고 대답한다. 다른 어떤 요인들보다도 경제적인 요인이 미디어의 구조와 형식, 내용을 결정한다는 것이다.

미디어 종속 이론: 선후진국 간의 지배-종속 관계는 여전하다

고전적 마르크스주의 미디어 이론이나 미디어 정치 경제학이 계급 관계를 중심으로 한 불평등 관계를 설명하는 데 주안점을 둔다면, 종속 이론dependency theory은 국가 간에 존재하는 불평등 관계 혹은 지배-종속 관계에 주로 주목한다. 지배적인 중심 국가에 예속된 주변 국가는 미디어 영역에 있어서도 구조적으로 예속됨으로써 지배 국가의 미디어 시스템에 계속 의존할 수밖에 없게 되고 그로 인해, 주변 국가는 독자적으로 발전하기보다는 계속 중심 국가에 의해 착취되는 악순환을 거듭함으로써 저발전underdevelopment이 지속될 수밖에 없다는 것이다.[16] 이 경우에도 중심국의 중심부와 주변국의 중심부는 이익 조화적인 관계에 있기 때문에 결과적으로 중심국의 중심부와 주변국의 중심부에 의해 양면으로 착취당하는 주변국의 주변부는 늘 저발전의 발전development of underdevelopment 상태에서 벗어날 수 없게 된다는 것이다.

이러한 미디어 종속 이론은 주로 아시아, 아프리카, 남미 지역의 식민지 경험 국가들이 과거 자신들의 식민 지배 국가들과 맺어 온 미디어 지배-종속 관계를 설명하는 데 유용하다. 주로 이들 국가들은 식민지 지배 국가들이 식민 지배의 목적으로 자국의 미디어 시스템을 도입하였고, 해방 후에도 피식민지 국가들은 많은 경우 지배 국가의 미디어 시스템에 계속해서 의존할 수밖에 없는 상태에 놓이게 되었다. 방송 시스템의 경우, 해방 후에도 프로그램을 만드는 제작 시설(하드웨어)은 물론, 방송하는 프로그램(소프트웨어) 조달마저도 기존 지배 국가들에 크게 의존하고, 그러한 시스템을 다루는 인적 자원(브레인웨어) 역시 식민 지배 국가로부터 계속 전수를 받아야 하는 상황을 벗어나기 어려운 것이다.

한국의 경우도 근대 신문이 일본으로부터 들어왔고, 라디오 방송 기술은 일제 식민지 시절에 도입되었다. 일제 시대 국내 방송은 대부분 일본인에 의해 운용되었다. 해방 후에도 한동안 일본으로부터 방송 기자재를 도입해야 했고, 방송 시스템 운용과 관련해서도 일본 NHK 등의 도움을 많이 받아야 했다. 해방 후 미국의 영향력이 급격히 커지면서 이러한 일본 의존적인 방송 시스템은 곧 미국 의존적인 시스템으로 바뀌었다. 일본에 의한 것이든, 미국에 의한 것이든 한국은 미디어 시스템 측면에서 상당 기간 지배 국가들의 영향력으로부터 자유롭지 못했다고 볼 수 있다. 비교적 최근까지도 신문은 그 형식과 제작 시스템 측면에서 일본 신문의 영향을 많이 받고 있다고 할 수 있고, 각종 방송 제작 장비나 방송 방식 등에 있어 상당 부분 미국 의존적임을 부인할 수 없을 것이다.

정보 사회 비판론: 여전히 자본주의 산업 사회이고 오히려 감시 사회다

앞서 살펴본 정보 사회론에 대한 비판론도 만만치 않다. 새로운 정보 통신 기술이 급속히 발전하고 그러한 기술을 기초로 한 새로운 미디어들이 계속적으로 개발, 보급, 이용되는 것은 사실이지만, 그렇다고 해서 사회가 근본적으로 바뀌는 것은 아니라는 것이다.

적절한 예일지 모르겠지만, 바뀌는 것은 '가게 주인'이 아니라 가게에서 파는 물건이라는 것이다. 즉 파는 물건이 바뀌고, 물건을 만

들어 내는 방식이 바뀌었을지는 모르지만, 물건을 만드는 공장 주인이나 물건을 파는 가게 주인은 거의 그대로라는 얘기이다. 가게 주인은 더 이익이 많이 남고 잘 팔리는 물건으로 판매 아이템을 바꾼 것이고, 공장 주인 역시 더 이윤을 많이 남기는 제품 생산과 생산 방식을 채택했을 뿐이라는 것이다.

1970년대를 거치면서 오일 쇼크와 자원 민족주의, 대량 생산 방식이나 노동 관리 방식의 한계, 실업률의 증가와 노동자의 집단적 저항 등 여러 가지 어려움에 직면한 서구 자본주의는 그러한 경제 위기를 극복할 필요가 있었다는 것이다. 그에 따라 서구 자본주의 국가들은 지나치게 석유 의존적인 산업 구조에서 벗어나 고부가 가치를 창출할 수 있는 새로운 대체 산업을 찾았다. 그것이 다름 아닌 새로운 정보 통신 기술을 수단화하고 또 상품화할 수 있는 정보 산업이었다. 새로운 정보 통신 기술은 물질의 흐름과 정보의 흐름을 동기화함으로써 유연한 생산 체계(FMS: Flexible Manufacturing System)를 구축할 수 있게 했다. 정보 기술에 의한 생산의 유연성은 기존의 대량 생산 시스템은 필요한 만큼을 적기에 생산할 수 있게 했고, 정보 통신 기술에 의해 용이해진 소비자 조사를 통해 소비자 기호에 맞춘 다품종 소량 생산도 가능하게 했다. 또한 새로운 정보 통신 기술은 보다 값싼 노동을 찾아 해외로 나가는 공장들과 본사 간의 네트워크 구축을 용이하게 했고, 아무리 먼 곳에서라도 노동을 관리하고 임금을 관리하고 시장을 관리하는 것을 쉽게 했다. 모든 면에서 유연성이 증대될 수 있었던 것이다.[17] 뿐만 아니라 정보와 정보 기술은 그 자체가 새로운 상품이 되었고, 새로운 산업이 되었다. 과거에는 다른 산업의 수단이나 도구이던 정보와 정보 기술이 이제는 그 자체가 아주 큰 부가 가치를 창출하는 신산업 영역이 되었고, 신성장 동력이 된 것이다.

바로 이러한 이점들 때문에 위기에 봉착했던 서구 자본주의 국가들이 경제 위기의 타개책으로 정보 산업 육성에 매달렸던 것이다.[18] 이러한 점에서 정보 사회 비판론은 새로운 정보 통신 기술과 디지털 미디어에 의해 정보 사회가 도래할 것으로 예견한 정보 사회론의 허구성을 비판한다. 실은 정보 통신 기술의 개발과 관련 미디어의 보급, 이용 등은 서구 경제의 위기를 타개하기 위한 하나의 정책적 선택이자 국가적인 차원의 사회적 설계에서 비롯된 것이라고 본다. 따라서 정보 사회론자들은 정보 통신 기술 개발과 발전의 실질적 배경에 대해서는 함구한 채, 그 결과만을 비교적 낙관적으로만 예찬했다는 점에서 비판을 받고 있는 것이다.

실제 정보 사회 비판론자들은 서구 자본주의 사회의 정보화에 따른 결과에 대해서도 그렇게 낙관적이지 않다. 더욱 고도화되어 가는 자본주의 사회의 첨단 정보 통신 기술과 정보 통신 네트워크는 시민들을 노동으로부터 해방시키는 기술이 아니라 오히려 시민과 노동자들을 더욱 철저히 감시하는 기술이 되고 있기도 하고, 오히려 필요한 공적 소통을 약화시키고 사적 영역에 매몰시키는 경향이 있다고 비판하기도 한다. 이런 점에서 어떤 학자는 정보 사회를 오히려 '감시 사회surveillance society'와 다름 없다고 혹평하기도 하고,[19] 또 어떤 이는 정보 사회를 서로 긴밀히 연결하고 소통하는 네트워크 사회가 아닌 계층적으로도 분화되고 이해 관계에 따라서도 분절됨으로써 끼리끼리만 노는 '세포 사회cellular society'라고 비판하기도 한다.[20]

더욱 빠르게 변하는 미디어와 세상

미디어와 사회의 상호 관계에 대한 기존 논의는 수없이 많다. 어떤 것은 미디어가 사회에 미치는 크고 작은 영향력을 보다 강조하고 있고, 또 어떤 것은 반대로 사회가 미디어의 구조와 형식과 내용 등에 미치는 영향을 강조하기도 한다. 현실 속에서 실제 미디어와 사회의 관계는 서로 영향을 주고받는 관계라는 것이 더 타당할지 모른다. 또 둘이 전혀 무관한 듯이 보이는 경우도 있을 것이다. 그러나 기존의 많은 논의들은 기본적으로는 미디어와 사회의 상호 작용 관계를 인정하면서도, 미디어의 사회에 대한 영향력이나 사회의 미디어에 대한 구속력 중 어느 한쪽에 좀더 방점을 찍는 경향을 보여 왔다. 실제 미디어와 사회의 관계에 대한 매쿼일의 고전적인 분류도 이념형으로서는 네 가지 유형으로 나누면서도 기존의 주요 이론이나 견해들은 미디어의 사회적 영향력을 강조하는 관념론과 사회의 미디어에 대한 구속력을 강조하는 유물론에 대부분 배열되어 있음을 보여 주고 있다.

이 장에서도 매쿼일의 고전적인 분류를 토대로 이를 일부 재구성하여 관념론과 유물론에 속하는 몇 가지 기존의 미디어 이론이나 관점을 소개하고, 지금의 단계에서 혹은 우리 사회에서도 인식할 수 있거나 경험 가능한 사례나 문제 등을 제기해 보았다.

본래는 기존의 전통적인 매스 미디어와 사회의 관계에 대한 여러 이론들과 함께, 새로운 정보 통신 기술과 사회의 관계에 대한 제반 이론들에 대해서도 관념론과 유물론으로 나누어 좀더 세세히 살펴보고자 했다. 그러나 여기서 이 부분은 각각 '정보 사회론'과 '정보 사회 비판론'으로 통합하여 포괄적으로 다루었다. 이와 관련된 보다 자세한 내용은 이미 다른 문헌[21]에 소개되어 있으므로 별도로 참조하기 바란다.

어쨌든 우리를 둘러싼 미디어 환경도 급속히 변화되고 있고, 우리가 사는 세상도 빠르게 변하고 있다. 또 현대 사회를 살아나가면서 미디어에 대한 우리의 의존도도 계속 커지고 있다. 이러한 상황에서 미디어가 우리 사회에 미치고 있는 크고 작은 영향과 우리 사회가 만들어 내는 미디어의 구조적 특성이나 내용 등에 대해 좀더 많은 고민과 탐구가 있어야 할 것이다.

주

1. Denis McQuail, *Mass Communication Theory*, Beverly Hills: Sage, 1983; *Mass Communication Theory*, Beverly Hills: Sage, 1987; *McQuail's Mass Communication Theory*, Sage, 2000.

2. Karl E. Rosengren, "Mass Media and Social Change: Some Current Approaches," in Katz, E. & T. Szecsko eds. *Mass Media and Social Change*, Beverly Hills: Sage, 1981.

3. Chales R. Wright, "Functional Analysis and Mass Communication," *Public Opinion Quarterly*, 24, 1960; 차배근, 《태도 변용 이론》, 나남, 1985 등을 참조하라.

4. Daniel Lerner, *The Passing of Traditional society*, New York: Free Press, 1958.

5. Wilber Schramm, *Mass Media and National Development*, Stanford, CA: Stanford University Press, 1964.

6. Everett M. Rogers, *Diffusion of Innovation*, Glencoe, IL: Free Press, 1962.

7. Maxwell E. McCombs & Donald L. Shaw, "The Agenda-Setting Function of the Press," *Public Opinion Quarterly*, 36, 1972, 176~187; "The Evolution of Agenda-Setting Theory: 25 Years in the Marketplace of Ideas," *Journal of Communication*, 43(2), 1993, 58~66.

8. George Gerberner et al., "Living with Television: The Dynamics of the Cultivation Process," in J. Bryant and D. Zillmann (eds.), *Perspectives on Media Effects*, Hillsdale, NJ: Erlbaum, 1986, pp.17~40.

9. Herbert I. Schiller, *Mass Communication and American Empire*, New York: Augustus M. Kelly, 1969; Oliver Boyd-Barret, "Media Imperialism," in James Curran et al. *Mass Communication and Society*, London: Arnold, 1977, pp.116~135.

10. Harold Innis, *The Bias of Communication*, Toronto: University of Toronto Press, 1951.

11. Marshall McLuhan, *Understanding Media*, New York: McGraw-Hill, 1964.

12. Fritz Machlup, *The Prodution and Distribution of Knowledge in the United States*, Princetion, NJ: Princeton University Press, 1962.

13. Daniel Bell, *The Coming of Post-Industrial Society: A Venture in Social Forecasting*, New York: Basic Books, 1973.

14. J. Herbert Altschull, *Agents of Power*, New York and London: Longman, 1984.

15. Graham Murdock & Peter Golding, "Capitalism, Communication and Class Relations," in James Curran et al., *Mass Communication and Society*, London: Arnold, 1977, pp.12~

43; Nicholas Garnham, "Contribution to a Political Economy of Mass Communication," *Media, Culture and Society*, 1(2), 1979, pp.123~146.

16. A. G. Frank, *Capitalism and Underdevelopment*, Harmondsworth, Mddx.: Penguin, 1971.

17. Frank Webster, *Theories of the Information Society*, London: Routledge, 2006.

18. Herbert I. Schiller, *Information and the crisis Economy*, Norwood, NJ: Ablex, 1986.

19. Oscar Gandy, "Jr. The Surveillance Society: Information Technology and Bureau-Cratic Social Control," *Journal of Communication*, 39(3): 61~76, 1989; David Lyon, *The Electronic Eye: The Rise of Surveillance Society*, Cambridge: Polity Press, 1994.

20. Robert S. Fortner, "Excommunication in the Information Society," *Critical Studies in Mass Communication*, 12, 1995, pp.133~154.

21. 강상현, 《정보 통신 혁명과 한국 사회: 뉴 미디어 패러독스》, 한나래, 1996, pp.81~136; "디지털 시대의 미디어 기술과 사회 변화," 한국언론정보학회 엮음, 《현대 사회와 매스커뮤니케이션》, 2006, pp.108~144.

"디지털 시대의 미디어 기술과 사회 변화." 강상현 (2006). 《현대 사회와 매스 커
뮤니케이션》. 한국언론정보학회 엮음. 한울아카데미. pp.108~144.
　　미디어 기술과 사회의 관계를 기술 결정론과 사회 구성론, 그리고 미디어 기
술과 사회의 공진화론적 관점으로 나누어 설명하고, 이를 기준으로 새로운
정보 통신 기술과 사회 변동에 관한 여러 가지 관점들을 정보 사회 이행론적
관점과 그것을 부정하는 관점 등으로 나누어 소개해 주고 있다.

《대중 문화론》. 강현두 편 (1989). 나남.
　　미디어에 의해 형성된 대중 문화 현상과 관련하여, 대중 문화 이론과 대중문
화의 쟁점, 대중 사회론, 대중 여가론, 비판적 대중 문화론 등에 관한 서구 학
자들의 유명한 글들을 소개하고 종합 정리해 주고 있다. 미디어가 대중 문화
와 대중 사회 형성에 미친 영향을 이해하는 데 큰 도움이 될 것이다.

"정보 기술과 정보 사회를 어떤 관점에서 볼 것인가." 김환석 (1999). 《시민이 열
어가는 지식 정보 사회》. 크리스챤아카데미 시민사회 정보포럼 엮음. 대화출
판사, pp.69~88.
　　정보 통신 기술과 사회의 관계에 대한 서로 상반된 관점으로 기술 결정론과
사회 구성론 등을 소개함으로써 정보 기술과 정보 사회를 이해하는 기본적인
접근 시각을 제공해 준다.

《매스 커뮤니케이션 이론》 제5판. 데니스 매퀘일 (2008). 양승찬·이강형 옮김. 나남.
　　매스 미디어와 사회의 관계를 포함한 매스 커뮤니케이션 이론 전반을 체계적
이면서도 포괄적으로 다루고 있다. 매스 커뮤니케이션 현상 전반을 미디어
사회학적 관점에서 이해하는 데 도움을 주는 기본 개론서이다.

《미디어 효과의 기초》. 제닝스 브라이언트·수잔 톰슨 (2005). 배현석 옮김. 한
울아카데미.
　　미디어 효과와 관련된 기존 이론들을 전체적으로 조망하는 데 도움이 되는
책이다. 미디어 효과와 효과 이론의 역사에서부터 사회 인지 이론, 기폭 효
과, 배양 효과, 개혁 확산 이론, 이용 과충족 접근, 의제 설정 이론, 설득 효과
이론 등의 주요 이론들을 자세히 소개하는 한편 미디어 효과 연구의 주요 영
역들도 함께 소개해 주고 있다.

《정보 사회 이론》. 프랭크 웹스터 (2007). 조동기 옮김. 나남.

정보 사회와 관련된 주요 이론 및 이론가들을 연속론적 관점*continuity*과 불연속론적 관점*discontinuity*으로 나누어 이들 각각에 대해 소개하고 비판적 관점에서 평가하고 있기도 하다. 대니얼 벨, 위르겐 하버마스, 허버트 쉴러, 앤서니 기든스, 마뉴엘 카스텔, 그리고 포스트모더니스트와 조절 이론가들의 관점에서 보는 정보 혹은 미디어 기술과 사회의 관계에 대한 제 관점들이 소개되고 있다.

Communication Technology and Social Change. Carolyn A. Lin & David J. Atkin (2007). London: Lawrence Erlbaum Associate.

커뮤니케이션 기술과 사회 변화의 관계에 대한 기존의 여러 가지 논의들을 소개하는 최신 문헌의 하나이다. 컴퓨터를 매개로 한 사회적 상호 작용 관계의 변화를 비롯, 정보 기술과 노동, 미디어 기술과 시민 생활, 미디어 기술에 의한 새로운 감시 체제, 온라인 기술과 여가 생활, 상호 작용 기술과 전자 쇼핑 및 원격 진료, 디지털 미디어 기술과 저작권 및 개인의 프라이버시 문제 등에 있어 일어나는 변화들을 다양하게 검토하고 있다. 각 주제와 관련된 기존 연구의 주요 결과 소개와 함께 그것이 커뮤니케이션 기술과 사회 변화의 관계에 대해 갖는 의미 등을 검토하고 있다.

Mobile Communication and Society: A Global Perspective. Manuel Castells et al. (2007). Cambridge, MA: The MIT Press.

휴대 전화를 비롯한 무선 모바일 미디어가 확산되면서 일어나고 있는 사회 변화를 범 지구적 관점에서 조망하고 있다. 세계 주요 국가들의 무선 통신 미디어 보급 상황과 함께 주요 국가에서 일어나고 있는 커뮤니케이션과 이동성에 있어서의 변화, 그에 따른 시간과 공간, 네트워크의 변화 등에 대한 분석을 통해 범 세계적으로 모바일 네트워크 사회가 도래하고 있음을 예단하고 있다.

P · A · R · T · 2

디지털 시대의
신문 · 출판에서 인터넷까지

우리 주변에는 우리가 이용할 수 있는 많은 미디어가 존재한다. 이러한 미디어들 중에는 신문 · 출판과 같이 오랜 역사와 전통을 가진 미디어가 있는가 하면, 인터넷이나 디지털 방송과 같이 비교적 최근에 개발되어 점차 대중화되고 있는 새로운 미디어도 있다. 이러한 미디어를 통해 우리는 정보나 오락물을 제공받기도 하고, 때로는 정치 선전이나 광고와 같은 설득 메시지에 노출되기도 하며, 서로간에 필요한 의사 소통을 하기도 한다. 특히 오늘날에는 정보 통신 기술의 발전에 힘입어 한편으로는 새롭고 다양한 뉴 미디어들이 등장하는가 하면, 디지털화에 따라 미디어 기능이 통합되는 양상을 보이고 있기도 하다.

2부에서는 미디어를 신문 · 출판(8장), 방송(9장), 광고(10장), 영화와 애니메이션(11장), 인터넷과 포털(12장) 디지털 시대의 미디어 융합(13장) 등으로 나누어 이들 각 미디어의 개념과 특성, 발전 과정과 각 미디어별 컨텐츠 제작 과정이나 서비스되는 내용, 그리고 그러한 미디어들이 갖는 사회적 의미와 그러한 미디어를 올바르게 이해하고 활용할 수 있는 방법 등에 대해 구체적으로 살펴보고자 하였다.

08

신문 | 출판

인쇄 미디어의 위기가 심화되고 있다. 인류 역사에서 근대를 가능케 했고, 최초의 대중 미디어로서 오랫동안 독보적인 지위를 누려 오던 인쇄 미디어가 20세기 이후 여러 경쟁 미디어들이 등장하면서 그 위상이 점차 축소되고 있는 것이다. 특히 20세기 후반의 인터넷 발전은 인쇄 미디어의 종말론까지 낳게 만들었다. 이러한 상황에도 불구하고 현대와 같은 전문화 시대에 인쇄 미디어의 필요성은 여전히 크다고 할 수 있다. 인쇄 미디어의 도움 없이는 현대 생활에 필요한 전문적이고 깊이 있는 정보를 얻을 수 없기 때문이다. 이 장은 디지털 시대 인쇄 미디어의 특성과 역사, 현황을 살펴 보고, 어떤 미디어를 어떻게 선택해서 어떻게 읽을 것인가에 대해 지침을 제시해 주고 있다.

채백

현재 부산대학교 신문방송학과 교수이다. 서울대학교 신문학과를 졸업하고 같은 대학원에서 1990년 박사 학위를 받았다. 1992년부터 부산대학교 신문방송학과 교수로 부임하여 오늘에 이르고 있다. 발표한 논문들은 주로 개화기와 일제 강점기 신문의 역사에 관한 것들이 다수 있으며, 주요 저서로는 《사라진 일장기의 진실》, 《독립신문 연구》, 《한국 언론 수용자 운동사》, 《출판학》, 《미국의 언론 개혁》, 《세계 언론사》(편역) 등이 있다.

현대 사회와 인쇄 미디어의 위기

디지털 시대의 도래와 인쇄 미디어의 위기

인쇄 미디어의 위기가 갈수록 심화되고 있다. 오랜 역사를 통해 대표적인 미디어로서 대중들의 신뢰와 사랑을 받으며 독보적인 위치를 구가해 온 신문의 지위가 심각한 위기에 직면하고 있는 것이다. 각종 뉴 미디어의 출현으로 언론 시장의 경쟁이 치열해지면서 젊은 세대들이 점차 신문으로부터 이탈하여 독자층의 감소를 낳게 되고 이는 곧 광고의 위축으로 이어지면서 그 위기가 더욱 깊어지고 있다. 신문사들은 일부 메이저 신문을 제외하고는 적자의 깊은 수렁을 벗어나지 못하며 시장 속의 생존마저도 위태로운 지경에 이르고 있다.

언론 환경의 변화로 인한 신문 산업의 위기는 비난 한국만의 문제는 아니며 보편적인 것이다. 미국의 신문 산업도 독자 수 감소로 위기를 겪고 있다. 미국신문협회 자료에 따르면 성인 신문 구독 인구의 비율이 1964년에는 80.8%였으나 2007년에는 48.4%로 43년 동안 32.4%가 감소한 것으로 밝혀지고 있다. 국제신문협회 자료에 의하면 영국의 경우 2001년 이후 5년 동안 신문 발행 부수가 3% 감소하였으며 같은 기간 독일은 11%가 감소했다고 한다.

이러한 전반적인 상황 외에 한국 신문 위기의 특수성은 신뢰도의 저하라는 보다 근본적인 문제에도 직면하고 있다는 점이다. 오랫동안 군부 독재 하에서 정권 편향적인 보도에 치우쳤던 역사적 경험 외에도 언론 민주화 이후에는 상업적 경쟁에 지나치게 몰입하였다는 사실과 신문들의 정치적 편향이 너무 두드러지면서 전반적인 신뢰의 위기로 이어지고 있는 것이다.

출판 분야도 위기에서 예외가 아니다. 책을 통해 필요한 지식과 정보를 구하기보다는 간편하게 인터넷으로 단편적인 정보를 추구하는 경향이 강화되면서 출판 산업의 위기는 가중되고 있다. 2008년도 〈한국출판연감〉에 따르면 2007년도 국내 출판계의 총 발행 종수는 4만 1094종으로 2006년의 4만 5521종에 비해 약 9.3% 정도의 감소를 기록하였다. 문화관광부와 한국출판연구소가 시행한 〈2007년 국민독서실태조사〉 결과에 의하면 성인의 여가 활동에서 책 읽기는 9.6%로 2위, 신문 / 잡지 읽기는 7.1%로 4위를 차지하였다. 1위는 24.1%를 차지한 TV 시청이, 3위는 9.0%의 인터넷하기였다. 그러나 중고생의 여가 실태를 보면 신문 / 잡지 읽기는 10위까지의 순위에 들지 못했으며 책 읽기는 고등학생이 6.9%로 5위, 중학생이 5.9%로 7위를 차지하였다. 대신 TV 시청과 인터넷하기, 컴퓨터 게임, 음악 감상이 상위를 차지하는 것으로 나타났다. 이러한 결과는 청소년들이 인쇄 미디어로부터 멀어지고 있다는 것을 단적으로 보여 주고 있다.

이와 같이 인쇄 미디어의 위기가 심각해지면서 일부에서는 소멸론까지도 등장하고 있다. 종이에 인쇄해서 문화적 내용을 기록하는 전통적 인쇄 미디어는 디지털화된 새로운 미디어에 밀려 점차 소멸될 운명에 처하게 되리라는 전망이 고개를 들고 있는 것이다.

디지털 시대의 인쇄 미디어

과연 디지털 시대에 인쇄 미디어의 역할은 더 이상 존재 가치가 없어질 것인가? 인쇄 미디어 소멸론이 등장한 것은 비단 최근의 일만은 아니다. 2차 대전 이후 서구에서 텔레비전이 급성장하면서 대중의 폭발적인 인기를 끌게 되자 1960년대부터 성급한 일부 논자들은 인쇄 미디어의 종말을 예견하기도 하였다. 하지만 그 이후에도 신문과 잡지, 책은 소멸하기는커녕 꾸준한 성장을 거듭하였다. 오늘날 영상 문화나 IT 분야의 강국일수록 출판 분야에서도 앞서 가는 경향을 보여 주고 있다.

디지털 테크놀로지의 발달로 진보하는 전자책. 아마존 킨들과 소니 e-book 리더

미디어 간의 상호 관계는 대체적인 관계라기보다는 보완적인 관계임이 역사를 통해 입증되고 있다. 새로운 미디어가 성장한다고 해서 기존의 미디어가 없어지지는 않는다는 것이다. 이는 각 미디어마다 고유한 특성과 장점이 있기 때문이다. 소설을 읽은 독자라고 해서 이를 토대로 한 영화나 드라마를 보지 않는 것은 아니며 때로는 드라마나 영화를 보고 나서 원작 소설을 구해 읽는 경우도 어렵지 않게 찾아볼 수 있다.

현대를 일컬어 다원화, 전문화의 시대라고들 한다. 사회의 계층 구성이 다양화되어 가고 새로운 직업 집단이 많이 생겨나며 업종별로 전문화가 고도로 진전되고 있다. 현대 사회를 구성하는 다양하고 전문화된 여러 집단들은 복잡한 경쟁 사회 속에서 자신들의 존재를 알리고 자신들의 이해 관계나 주장을 알리고자 하는 커뮤니케이션 욕구를 지니게 마련이다. 그러나 신문이나 방송과 같은 거대 미디어는 제한된 지면과 제한된 시간 때문에, 그리고 다른 사회적, 정치적 입장 때문에 이 많은 집단들의 욕구를 모두 충족시켜 줄 수는 없다.

이러한 다양한 욕구를 충족시켜 줄 수 있는 미디어는 바로 책과 잡지밖에 없는 것이다. 출판 미디어는 현대와 같은 전문화 시대가 필요로 하는 각종 전문적인 정보를 공급해 줄 수 있는 가장 강력한 미디어인 것이다. 인터넷이 보편화되면서 대부분의 사람들이 이를 통해 필요한 정보를 손쉽게 얻고 있다. 하지만 인터넷의 정보는 그 전문성이나 신뢰도 면에서 문제가 있으며 전문적인 정보를 얻기에는 출판 미디어가 가장 좋은 방법이라고 하겠다. 이처럼 미디어 환경이 바뀌어 뉴 미디어 보급이 늘어나도 전통의 인쇄 미디어가 가지는 특징이자 장점은 여전히 유효하다.

인쇄 미디어의 역사적 발전

전근대의 기록물들

출판 미디어의 역사는 아주 오랜 옛날로 거슬러 올라간다. 어느 시대를 막론하고 인간은 가능한 기술적 수단을 동원하여 자신의 의사를 표현하고 전달하려 다양한 시도를 해왔다. 이러한 시도들이 출판 미디어가 역사적으로 발전하게 되는 밑바탕이 되어 온 것이다.

원시 고대 문명의 인간들도 가장 기본적인 그림이나 설형 문자, 상형 문자 등을 사용하여 동굴 벽이나 점토판에 기록을 남겼다. 이렇게 하여 자신의 경험이나 지식, 아이디어 등을 기록하기 시작한 인간들은 이후 여러 가지 테크놀로지의 발전에 힘입으면서, 그리고 사회 문화의 점진적인 발전에 보조를 맞추어 그 외형적인 형태도 더욱 발전되어 가면서 내용도 훨씬 다양하고 풍부해져 오늘날과 같은 도서에 이르게 된 것이다.

가장 오래된 책의 형태는 고대 이집트에서 파피루스로 만든 두

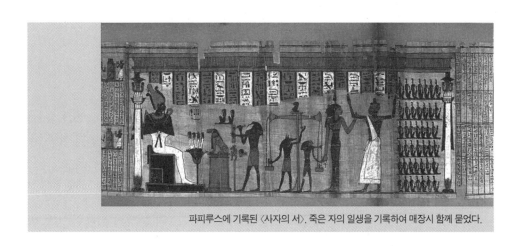

파피루스에 기록된 〈사자의 서〉. 죽은 자의 일생을 기록하여 매장시 함께 묻었다.

루마리 형태의 책이다. 파피루스는 그 재질의 성격상 접을 수가 없기 때문에 이어 붙여서 두루마리 형태로 만들어 내용을 기록했다. 이어서 나온 것이 양피지를 이용한 기록물이다. 양피지는 얼마든지 접을 수가 있어서 일정한 크기로 잘라서 한쪽을 묶는 요즘 책 형태가 서양 중세에 출현하게 되었다.

기록 문화의 발전에 커다란 전기를 이룩한 것은 바로 종이의 발명이었다. 종이는 중국의 후한 시대인 105년경 채륜에 의해서 발명된 것으로 알려져 있다. (최근 들어 그 이전에도 종이가 사용되었다는 주장도 제기되고 있다.) 이러한 종이가 8세기경 아랍을 통해 서구에까지 전파됨으로써 인류 기록 문화에 획기적인 발전이 가능해졌다. 값싸고 편리한 종이가 발명, 보급되면서 책의 발전은 본격화되기 시작하였다. 주로 필사에 의존할 수밖에 없었으나 왕실과 사원, 그리고 상업적 공방을 중심으로 서적의 생산이 이루어졌다.

필사 문화를 바탕으로 서양 중세에 전근대적 신문 현상도 출현하였다. 새로운 소식과 재미있는 이야깃거리 등을 필사하여 원하는 사람에게 판매하는 필사 신문이 출현한 것이다. 이 필사 신문이 고정적인 독자에게 서한 형태로 보급되는 서한 신문도 등장하였다. 이러한 것이 근대 신문 성립의 바탕이 되었다.

인쇄술 발명과 근대 신문의 출현

15세기 중엽 독일의 대장장이 구텐베르크에 의해서 발명된 활판 인쇄술은 인류 역사상 가장 위대한 발명 중의 하나로 손꼽히고 있다. 그 이유는 인쇄술의 발명에 의해서 인류는 정보를 기록하고 대량으로 복제하여 대중적 보급이 가능해짐으로써 문명의 커다란 진보가 가능해졌기 때문이다. 이 인쇄술을 바탕으로 인류 역사는 중세를 넘어 근대의 막을 열 수 있었던 것으로 평가되고 있다.

　새로운 정보를 모아서 배급하는 데에 이 인쇄술을 이용하기 시작하면서 근대 신문의 역사는 시작되었다고 할 수 있다. 1회적 혹은 부정기적으로 시작한 것이 점차 고정적 수요자들이 생기면서 정기화되기 시작하였고, 정보의 양이 늘어나고 인쇄 기술과 교통, 통신도 발달하면서 정기성의 간격이 점차 짧아지게 되어 17세기 초에 오면 마침내 일간 신문의 형태가 등장하게 되었다. 이렇게 동일한 제호 아래 일정한 최단의 시간적 간격을 가지고 인쇄되어 나오는 형태를 우리는 근대 신문이라 일컫는다.

　초기의 신문은 새로운 시민 계급에 의하여 주도되었다. 상공업에 종사하는 이 신흥 계급은 자신들의 활동을 제약하는 중세적 신분 질서에 도전하면서 그 과정에서 새로운 인쇄 미디어를 적극 이용한 것이다. 이를 통해 근대 사상을 널리 확산시키려 시도하였다. 이러한 언론 활동에 대해 중세의 정치 권력과 종교 권력은 기성 권위에

구텐베르크가 발명한 인쇄술로 만든 최초의 책은 성경이었다.

대한 도전으로 간주하여 초창기부터 강력한 탄압을 시도하였다. 권력의 탄압에 맞서 싸우는 과정에서 언론 자유의 확대와 발전이 이루어질 수 있었다.

인쇄 미디어의 기능 분화 및 발전

신문

미디어는 수많은 사회적, 정치적, 경제적, 문화적 요인들의 복합적 산물이다. 이 요인들은 시대에 따라 달라지기 때문에 미디어의 성격이나 형태도 시대에 따라 변화하게 된다.

어떤 미디어의 변화 과정은 보급률로도 잘 나타난다. EPS 곡선은 어떤 미디어의 보급률 변화와 시기별 특징을 정리해 도식화한 것이다. 이 곡선은 미디어의 발전 과정을 엘리트 단계*elitist stage*, 대중화 단계*popular stage*, 전문화 단계*specilized stage*의 세 단계로 파악한다. 어떤

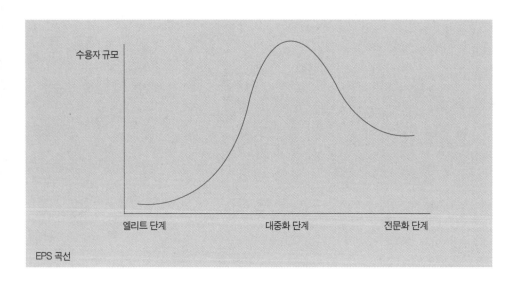

EPS 곡선

미디어든 보통 엘리트 단계에서 시작한다. 미디어의 성격이 한 단계에서 다음 단계로 바뀌는 데는 여러 요인이 영향을 미친다. 즉, 사회적(수용자의 교육 수준, 여가 시간), 기술적(제작 기술, 교통, 통신), 경제적(구매력, 미디어 시장 구조 등) 요인들을 들 수 있다. EPS 곡선은 어떤 미디어의 성격과 수용자 층이 역사적으로 어떻게 변화해 왔는지 이해하고 미래의 변화를 예측하는 데 도움이 된다.

신문의 발전도 이러한 과정으로 설명할 수 있다. 근대 이전의 신문이나 초기의 정론지는 엘리트 단계의 신문으로서 엘리트층에 속하는 사람들만 볼 수 있었다. 신문의 내용은 사업 관련 뉴스, 정치 연설문, 정치 소식, 서평처럼 사회 지도층 사람들이 관심을 갖는 소재 위주로 되어 있었다. 일반 대중들이 사보기에는 신문 값도 너무 비쌌다.

하지만 19세기 중반에 가격을 1페니로 대폭 인하한 페니 신문 *penny press* 같은 대중지가 생겨나면서 신문은 대중화 단계로 접어들었다. 이 무렵에는 대중들도 신문을 볼 수 있는 기술적·경제적·사회적 여건이 성숙되고 있었다. 물론 당시에도 모든 신문이 대중을 대상으로 삼지는 않았지만 대체로 일반 대중도 쉽게 신문을 사볼 수 있게 되었다는 뜻이다. 신문이 대중화하면서 내용도 쉽고 흥미 있는 기사가 늘어났고 지면 편집도 시각적으로 화려하고 세련되게 바뀌기 시작했다.

오늘날 신문은 점차 전문화 단계에 접어들고 있다. 가장 중요한 원인은 방송의 등장이다. 보도의 속보성이나 오락 기능에서 신문은 텔레비전에 뒤지기 때문에 전문화, 심층화를 통해 차별화를 시도했다. 어떤 면에서 신문은 잡지의 성격을 많이 닮아 가고 있다. 잡지는 20세기 중반까지 대중적인 미디어였지만, 오늘날 거의 모든 잡지가

미국 신문 대중화에 큰 기여를 한 조셉 퓰리처와 윌리엄 허스트

전문화했다. 신문도 잡지처럼 어느 정도 전문화의 방향으로 가고 있다. 주제별로 전문화된 섹션을 낸다든지 세분된 구역판*zoned edition*을 발행하는 것이 대표적인 예다.

한국의 경우는 다른 어떤 나라보다도 일찌감치부터 앞선 기록 문화와 인쇄 문화를 자랑하였다. 하지만 이것이 소수의 엘리트 계층에만 한정되었고 사회적으로 확산되지 못했다. 개항 이후 일본을 통해서 서구의 인쇄술을 받아들여 1883년 〈한성순보〉가 창간되면서 근대 신문의 시대가 막을 열게 된 것이다.

잡지의 발전

한편 인쇄 미디어가 발달하는 과정에서 잡지도 분화되어 나왔다. 인쇄 미디어의 종류가 많아지고 자연스럽게 다양한 기능들이 나타나게 되면서 잡지라는 형태도 성립되었다. 이러한 잡지의 분화는 권력의 통제에 의해서 촉진된 면도 있다. 초창기 권력의 언론 통제는 주로 정치와 시사에 관한 내용이 주된 대상이었다. 이에 대해 권력이 강력하게 탄압하자 대부분 인쇄 미디어의 주요 내용이 정치와 시사보다는 과학, 문학, 예술 등 다양한 읽을거리 위주로 바뀌게 되었고, 여기서 시사 중심의 신문과 다양한 읽을거리 중심의 잡지가 분화되었던 것이다.

이는 한국의 경우도 유사하다. 한국 최초의 잡지는 1896년에 창간된 〈대조선독립협회회보〉이다. 하지만 잡지가 본격적으로 발전된

세계 잡지의 발전 과정		
주요 계기	시기	주요 특징
플루그 슈리프트 Flug-schrift	15세기 말 독일	잡지의 기원, 초창기의 인쇄 미디어로서 종교나 정치 관련 논평과 주장이 주로 담김
서적 목록	17세기 프랑스	잡지의 초기 형태, 서적에 관한 정보와 서평이 실림
〈르 주르날 드 사방 Le Journal des Sçavants〉	1665년 프랑스	세계 최초의 잡지, 데니스 드 살로에 의해 창간
〈젠틀맨스 매거진 Gentleman's Magazine〉	1731년 영국	매거진이라는 용어 최초 사용
잡지의 대중화와 전문화	19세기 말 미국	가격 인하로 구독층 대중화, 내용 전문화
뉴스 잡지의 발전	1차 대전 후 미국	〈타임〉(1923), 〈포춘〉(1930), 〈뉴스위크〉(1933), 〈라이프〉(1936)
잡지의 국제화	2차 대전기	〈타임〉과 〈리더스 다이제스트〉(1922년 창간) 해외판 개척 시작
전자 잡지의 출현	20세기 후반	기존 잡지의 인터넷판과 웹진의 출현

것은 러일 전쟁기부터 일제가 한국 언론에 직접적 통제를 가하면서 애국 계몽 단체들에 의해 각종 잡지가 나오기 시작한 때부터이다.

서구 잡지의 발전 과정에서 나타난 주요 계기들을 도표화한 것이 앞의 표이다.

도서의 발전

인쇄술의 발명으로 필사에 비해 훨씬 손쉽게 대량으로 복제할 수 있게 되어 도서 발전에 획기적인 계기가 마련되었다. 새로운 사회 질서를 지향하는 근대 사상을 담은 책들이 출판되면서 중세를 극복하고 근대로 나아가는 중요한 계기가 되었다. 서구의 근대 시민 혁명에서 신문과 책 등 인쇄 미디어는 매우 중요한 역할을 하였던 것으로 평가되고 있다.

인쇄술은 이후에도 발전을 거듭하였다. 18세기 후반에 접어들면서 기계화가 가능한 수준으로 발전하였으며 19세기의 산업 혁명 이후 자본주의 발전이 심화되면서 서적도 산업화의 길로 들어서게 되었다. 19세기 중반의 문고판 출현과 20세기의 페이퍼백 혁명 등은 서적의 보급 대중화에 중대한 공헌을 하였다. 20세기 후반에 들어서면서 각종 테크놀로지의 발전과 함께 서적의 형태와 제작 과정에 전자 기술이 도입되면서 전자책이 출현하는 등 새로운 양상이 전개되고 있다.

이렇게 대량 복제가 가능해지고 보급이 확대되면서 서적을 경제적 권리로 보는 인식이 점차 생겨나기 시작하였다. 이것이 바로 저작권의 역사적 근원이 된다. 18세기 초반부터 생겨나기 시작한 저작권 개념은 1886년에는 베른 협약이 체결되어 저작권의 국제적 보호가 규정되기에 이르렀다. 이후 오늘에 이르기까지 저작권 개념은 그 적용 대상이 되는 표현물도 확대되고 보호 수준도 강화되는 경향을 보이고 있다.

미디어 환경 변화와 인쇄 미디어의 위기

오늘날 인쇄 미디어는 심각한 위기 국면을 맞고 있다. 중세 말부터 오랜 역사를 통해 대표적인 미디어로서 독보적인 위치를 차지해 온 인쇄 미디어는 20세기 들어서면서 강력한 경쟁 상대들을 만나게 되었다. 가장 먼저는 라디오였다. 1차 대전 종전 이후 등장한 라디오 미디어는 선풍적인 인기를 끌면서 보급이 확산되어 인쇄 미디어의 지위를 잠식하기 시작하였다. 2차 대전 이후에는 더 커다란 경쟁 상대를 마주하게 되었다. 바로 텔레비전의 등장이다. 영상이라는 시각적 요소까지 사용한 텔레비전이 급격히 성장하면서 대중 문화의 총아로 각광을 받게 되자 인쇄 미디어의 지위는 훨씬 더 축소될 수밖에 없었다. 20세기 후반부터는 각종 영상 미디어와 컴퓨터를 이용한 인터넷이 보급되면서 인쇄 미디어는 더욱 심각한 위기를 맞이하고 있다.

이렇듯 변화되는 환경 속에서 인쇄 미디어도 많은 변화를 시도하고 있다. 신문들도 자체 인터넷 홈페이지를 통해 전자 신문을 운영하면서 실시간으로 새로운 소식을 전하고 있다. 출판 분야도 전자화가 빠른 속도로 진행되고 있다. 이용의 편리성에도 불구하고 좁은 화면과 시각적 피로 등 기술적인 문제가 남아 있기는 하지만 전자 출판 분야는 한국의 경우 2007년에 5110억 규모로서 지난 3년간 연평균 53.7%의 급성장세를 보여 주고 있다.

인쇄 미디어의 종류와 특성

신문

신문의 특성

미디어로서 신문이 지니는 특성으로는 내용이 시의성을 띤다는 점, 내용이 다양하다는 점, 발행이 정기성을 띤다는 점, 종이로 복제한다는 점, 기록성과 보존성이 높다는 점 등을 들 수 있다. 이 속성들은 어디까지나 상대적인 것이어서 시대나 사회적 여건, 기술 발전에 따라 변한다. 가령 정기성과 기록성은 오랫동안 신문의 본질적인 속성으로 통했지만 최근 등장한 전자 신문은 종이를 사용하지 않으며 정기성, 기록성도 희박하다. 텔레비전과 마찬가지로 전자 신문에서는 수시로 새로운 내용을 올리고 보완하기 때문이다.

신문은 다른 미디어, 특히 텔레비전에 비해 장점도 많다. 첫째, 실을 수 있는 정보량이 상당히 많아서 심층적인 보도를 할 수 있다. 둘째, 대충 훑어보면서 전체 내용을 파악하기에 편하다. 셋째, 반복해서 볼 수 있으며 언제, 어디서나 가지고 다니며 읽기 편하다. 넷째, 원하는 내용을 선별해서 원하는 순서대로 보기 편하다.

반면 신문의 단점으로는 우선 텔레비전에 비해 속보성과 동시성이 떨어진다. 둘째로 문자를 모르면 읽을 수 없다. 셋째 물리적으로 종이에 인쇄하고 배달해야 하므로 배포가 느리고 제약을 많이 받는다는 점을 들 수 있다.

신문의 종류

신문은 배포되는 지리적 범위에 따라 국제지, 전국지, 지역지 등으로 구분할 수 있다. 대상 독자층에 따라 대중지와 고급지 또는 권위지로 나눌 수 있으며 발행 목적에 따라 상업지와 기관지로 분류한다. 다루는 내용의 범위에 따라서는 종합지와 전문지로 구분한다. 또 발행 간격에 따라 일간, 주간, 격주간 등으로, 일간 신문은 발간되는 시간에 따라 조간, 석간, 조석간 등으로 세분할 수 있다. 또 신문 구독료 징수 여부에 따라 구독료를 받는 유가지와 광고 수입만으로 운영하는 무가지로 구분한다. 이처럼 목적과 여건에 맞추어 그에 적합한 계층을 대상으로 다양하게 발행할 수 있다는 것은 인쇄 미디어로서 신문의 큰 장점이다.

기업으로서의 신문

신문은 세상에서 일어나고 있는 뉴스와 정보를 수집하고 해석해서 독자에게 정기적으로 제공한다. 이 기능이 매우 중요하기 때문에, 신문은 사회에 봉사하는 공공성을 지닌 조직으로 인정받고 있다. 그렇지만 신문은 또한 이러한 서비스의 대가로 이윤을 추구하는 기업이기도 한다.

신문을 만들기 위해서는 많은 인력과 시설, 운영 경비가 필요하다. 특정한 정치 세력이나 집단에 의존하지 않고 경비를 조달하기 위해 신문은 기업으로 운영된다. 신문사는 신문을 독자에게 판매하고 광고 지면을 광고주에게 팔아서 수입을 충당하는데, 자본주의가 발전하면서 대개 광고 수입은 구독료 수입보다 훨씬 큰 비중을 차지하게 된다.

신문에 광고가 너무 많다고 불평하는 이도 있다. 하지만 만일 신문에 광고가 없다면 신문 가격은 지금보다 몇 배나 오를 것이고, 가격 상승으로 독자가 감소하면 신문 값은 더 비싸질 것이다. 19세기에는 일부 상류층만 보던 신문을 오늘날 누구나 싼값으로 볼 수 있는 것은 바로 광고 덕분이다.

물론 광고의 폐해도 적지 않다. 광고주는 소비자들이 상품을 살 것이라 기대하고 신문에 광고를 싣는다. 그래서 빈민층보다는 구매력 있는 중산층 이상의 독자가 많이 보는 신문을 광고주는 더 좋아한다. 신문이 광고를 싣는 상업지로 운영되면서 보도에서도 상당히 영향을 받고 있다. 간혹 광고주가 자신에게 불리한 신문 기사에 직접 압력을 행사하기도 하지만, 신문사 역시 대체로 중산층이 관심을 갖는 주제를 선정하고 이들이 좋아하는 방향으로 기사를 쓴다.

광고주가 신문에 광고비를 지불하는 것은 독자 / 소비자에게 효과를 미치리라 기대하기 때문이다. 그렇지만 광고주는 그 신문이 과연 얼마나 효과가 있는지, 즉 몇 사람이나 보는지, 과연 독자들이 자신의 상품을 구매할 만한 소비층인지 알고 싶어 한다. 이러한 정보를 공신력 있는 기관에서 정확히 조사해서 알려주면 좋을 것이다. ABC(발행부수공사) 제도는 바로 이러한 일을 하기 위해 생겨났다.

출판 미디어

출판 미디어의 특성

출판 미디어는 전통적으로 인쇄되고 제본되어 나온다는 점을 특징으로 한다. 그렇다면 책과 잡지는 무엇으로 구분할까? 책과 잡지를 구분하는 가장 큰 특징은 연속성과 정기성이다. 잡지는 정기적인 시간 간격을 두고 동일한 제호 아래 연속적으로 발행된다. 그 정기적인 발행 간격의 길이에 따라 잡지는 주간, 격주간, 월간, 격월간, 계간, 반년간, 연간 등으로 구분된다.

여기서 문제가 되는 것은 주간이다. 1주일 간격으로 나오는 것 중에 주간 신문도 있고 주간 잡지도 있다. 같은 주간의 경우 무엇으로 신문과 잡지를 구분하는 것인가? 전통적인 기준은 '제본 여부'이다. 최근 들어 이러한 틀을 벗어난 미디어도 생겨나고 있기는 하지만 전통적으로 제본하지 않고 그냥 접어서 나오는 것은 신문에, 그리고 제본된 것들은 잡지에 포함시킨다. 그러나 책은 이러한 연속성과 정기성을 필요로 하지 않는다. 물론 전집이나 연속 기획물과 같이 일정한 연속성을 갖추는 경우가 없는 것은 아니지만 책의 발행은 대부분 1회적인 것을 기본으로 한다.

그러면 정기적으로 나오지 않는 인쇄물은 모두 책의 범위에 포함시키는가? 그렇지는 않다. 인쇄된 것 중에서도 일정한 분량 이상을 갖춘 것만을 우리는 책이라고 한다. 일정 분량 이상을 기준으로 하는 것은 한두 장짜리 유인물이나 전단, 팸플릿 등과 구분하기 위한 것이다.

현재 각국에서 통용되고 있는 도서의 기준은 표지를 제외하고 49쪽 이상을 요건으로 한다. 이 기준은 1964년도에 유네스코에서 정하여 세계 각국이 이를 채택하고 있는 것이다. 유네스코가 이 기준을 따로 정한 이유는 출판에 관한 각국의 통계를 비교 가능한 것으로 만들기 위해서였다. 그 이전에는 나라마다 다른 기준을 정하여 사용하고 있었다. 유네스코는 해마다 각국의 문화 현황에 관한 통계 자료를 수집하여 발행하고 있는데 나라마다 출판의 기준이 다르므로 비교가 불가능했다. 이러한 혼란상을 극복하고 각국 간의 출판 통계를 표준화하기 위해 유네스코에서 49쪽 이상이라는 기준을 정한 것이다.

출판 미디어의 종류

도서의 종류를 내용에 따라 분류하는 방법으로는 근대적인 도서관의 도서분류법으로서 최초로 고안된 듀이십진분류법(DDC: Dewey Decimal Classification)이 있다. 이에 따르면 도서의 종류를 그 주제에 따라 총류, 철학, 종교, 사회 과학, 어학, 순수 과학, 응용 과학, 예술, 문학, 역사의 10가지 대분류로 나누고 각 항목별로 다시 주제를 세분한다.

이 듀이십진분류법을 토대로 약간씩 수정한 것으로 현재 국내에서 많이 사용되는 '한국십진분류법(KDC: Korean Decimal Classification)'이 있으며 '국제십진분류법(UDC: Universal Decimal Classification)'도 있다. 현재 국내의 각종 출판 관련 통계도 이러한 십진분류법을 토대로 산출하고 있다. 비십진법의 분류 방법으로 미국의회도서관의 분류표, S. R. 랭거나단의 '코론 분류법', H. E. 블리스의 '서지 분류법' 등이 있다.

도서 분류법에 따라 책이 진열된 도서관

체제에 의해 도서를 분류하는 방법도 있다. 대표적인 것이 도서 용지의 규격 즉 판형에 따른 분류법이다. 과거에는 국판, 4.6판, 국반판, 4.6배판 등의 용어가 많이 사용되었으나 최근에는 A4판, A5판, B5판, B6판 등의 분류가 많이 사용되고 있다. 실제로는 이런 규격화된 판형뿐만 아니라 변형 A4판, 신A4판 등의 다양한 판형들이 많이 사용되고 있다. 규격화된 판형은 제작 과정에서 종이의 유실을 최소화할 수 있다는 장점이 있으나 출판 종수가 많아지고 경쟁이 치열해지면서 상품의 차별화를 위해 다양한 판형이 많이 시도되고 있는 것이다.

잡지의 경우도 다양한 분류가 가능하다. 발행 주체나 내용, 정보의 출처 등에 의해 분류할 수도 있지만 가장 많이 사용되는 것은 발행 빈도에 따른 분류이다. 즉 주간에서부터 격주간, 순간, 월간, 계간, 반년간, 연간 등으로 나눌 수 있다.

인쇄 미디어의 내용

신문

신문에 실리는 내용

신문에는 세상만사 온갖 일에 대한 다양한 내용이 실린다. 그 내용은 크게 뉴스와 피처물feature, 광고의 세 가지로 구분할 수 있다. 뉴스는 객관적인 보도 기사, 즉 스트레이트 뉴스straight news를 말하는데, 기자의 의견이나 주장, 해설을 덧붙이지 않고 사실 위주로 작성한다. 신문은 종합면인 1면을 제외하고는 정치, 경제, 사회, 문화, 외신, 스포츠 등 주제별로 면을 구분하고 있다. 뉴스는 대개 신문사 자체적으로 취재하지만 취약한 영역을 보강하고 취재 비용을 줄이기 위해 통신사에서 받은 기사를 싣기도 한다.

뉴스와 광고를 제외한 나머지 다양한 읽을거리를 모두 피처라고 부른다. 뉴스와 달리 피처는 작성자의 의견과 해석을 덧붙여 작성한다. 피처에는 뉴스 피처와 비뉴스 피처가 있다. 뉴스 피처는 주로 시사적인 사건을 다루는 사설, 칼럼, 시사 만평, 비평 등을 말한다. 비뉴스 피처는 시사성이 없는 만화, 서평, 연재 소설, 수필 등을 가리킨다.

광고는 광고주가 신문 지면의 일부를 사서 상품이나 서비스에 관한 메시지를 싣는 것을 말한다. 광고는 신문사의 주요한 수입원이 되고 있는데, 독자 입장에서도 유용한 정보가 되기도 한다.

신문 뉴스란 무엇인가

세상에서 벌어지는 모든 일이 다 뉴스가 되는 것은 아니다. 뉴스가 되는 것과 그렇지 못한 것을 구분하는 기준을 '뉴스 가치'라 한다. 이는 어떤 사건이 뉴스로서 지니는 여러 속성을 말한다. 시간적으로 최근에 일어난 사건이어야 하고(시의성timeliness), 독자들이 지리적으로나 심리적으로 가깝다고 느껴야 하며(근접성proximity), 가능하면 평범한 사람보다는 유명 인사에 관한 것이면 좋고(저명성prominence), 독자들의 일상 생활에 크게 영향을 미치는 것이어야 하며(영향성consequence), 재미있어야 한다는 것이다(인간적 흥미human interest). 어떤 사건이 이 속성을 많이 포함할수록 뉴스로서 가치가 크다.

뉴스 가치는 절대적인 기준이 아니다. 시대 상황이 바뀌어 가면서 뉴스 가치도 많이 달라지고 있다. 최근에는 유용성usefulness도 중요한 뉴스 가치로 떠오르고 있다. 재테크 정보나 휴가철 차량 정비 요령 따위의 실용적 생활 정보가 여기에 해당한다.

같은 뉴스라고 하더라도 신문 뉴스는 방송이나 다른 미디어의 뉴스와 다르다. 신문과 방송에서 다루는 소재나 보도 방식은 차이가 있다. 첫째는 문자와 영상의 차이다. 방송 뉴스는 영상과 말을 같이 내보내기 때문에 체험과 인상을 전하는 데 효과적이라면, 신문 뉴스는 사실과 정보를 전달하는 데 유리하다. 자세한 분석이나 복잡한 해석을 요구하는 기사는 당연히 인쇄 미디어에 더 적합하다.

신문 뉴스에서 중요한 기사라도 방송 뉴스에는 적합하지 않을 수도 있다. 신문과 달리 방송 뉴스는 반복해서 볼 수 없기 때문에, 내용이 복잡하고 어려운 주제는 다룰 수 없다. 대신에 텔레비전 뉴스는 시각도 함께 사용하므로 유리한 점도 있다.

둘째로는 신문 뉴스와 방송 뉴스에서는 전달자의 역할이 다르다. 방송 뉴스에서는 내용 못지않게 전달자, 즉 앵커의 외모나 퍼스낼리티가 뉴스의 한 부분으로서 시청자에게 큰 영향을 준다. 신문 뉴스에서는 이런 현상이 잘 나타나지 않는다. 신문에서는 기껏해야 기사 끝에 작성자 이름(크레디트)을 밝히는 정도다. 신문 기자가 유명해지는 일은 매우 드물지만, 방송 뉴스 앵커는 연예인처럼 명사나 스타 반열에 오르기도 한다.

신문 기사의 구조

뉴스를 신문 미디어에 맞게 문장으로 작성한 것이 바로 기사다. 신문 기사에는 크게 보도 기사와 의견 기사가 있다. 흔히 뉴스라고 부르는 것은 보도 기사를 말한다. 보도 기사는 작성자의 주관을 배제하고 사실을 정리, 기록한 글이다. 반면 의견 기사는 기자의 주관적인 해석과 주장을 담는 것으로서 논설이나 칼럼, 비평, 해설 등이 여기에 속한다.

보도 기사와 의견 기사는 작성 방법도 다를 수밖에 없다. 보도 기사는 원칙으로는 정확성*accuracy*과, 균형*balance*, 공정성*fairness*, 그리고 객관성*objectivity*의 원칙을 지켜야 한다. 보도 기사를 작성할 때는 사실과 의견을 뚜렷이 구분한다. 다른 사람의 주장을 인용하기는 하지만 기자의 주장이나 의견을 드러내지 않는다. 사실 위주로 한다는 것은 곧 육하 원칙에 따라(즉 누가, 언제, 어디서, 무엇을, 어떻게, 왜 했는지를 위주로) 이야기를 구성한다는 뜻이다.

신문 기사는 대체로 제목*headline*, 리드*lead*, 본문의 세 부분으로 구성되어 있다. 제목은 기사의 얼굴과도 같은 것으로서 기사의 성패를 좌우한다고 할 수 있다. 전체 기사의 내용을 압축하면서도 독자들의 시선과 관심을 끌 수 있어야 한다. 리드는 기사에서 첫 문장이나 단락을 말하는데, 전체 기사의 내용을 압축, 요약한 것이다.

기사 구조의 유형은 역피라미드형과 피라미드형, 혼합형 등으로 구분할 수 있다. 글의 종류나 성격에 따라 기사 구조는 달라진다. 역피라미드형 기사는 첫머리에 사건의 개요를 요약한 리드를 먼저 제시하고 본문에서 세부 사항들을 중요도 순서대로 서술한다. 미국 AP통신사에서 처음 만들었으며, 주로 스트레이트 뉴스에 많이 쓴다. 역피라미드형 기사에서는 독자들이 첫머리인 리드만 읽고도 내용을 파악할 수 있다. 지면을 편집할 때도 편리하다. 지면이 모자라 기사를 줄일 때는 중요도가 낮은 뒷부분부터 차례로 잘라내면 된다.

피라미드형에서는 논리 전개 순서대로 결론이 기사 맨 끝에 온다. 기사를 작성할 때 사건 발단에서 시작해 시간적 혹은 논리적 순서대로 서술하면서 마지막에 결론을 맺는 형태다. 이러한 기사 작성 방식은 독자의 관심을 계속 붙잡아두면서 끝까지 읽도록 하는 데 적합하다. 사설이나 칼럼에 많이 사용한다.

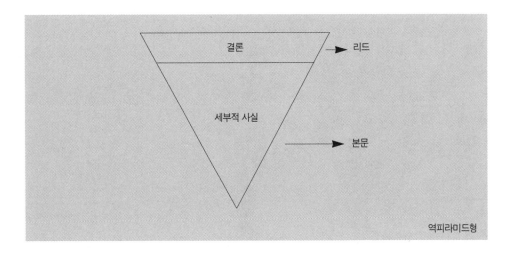

역피라미드형

보도 사진

신문에서 사진은 중요한 부분을 차지한다. 한 장의 사진만으로도 어떠한 기사보다도 더 많은 것을 말해 주는 경우가 많다. 영상 미디어에 익숙해진 독자 취향에 맞추어 신문 편집 경향이 '읽는 신문'에서 '보는 신문'으로 바뀌어 가면서 사진의 중요성은 갈수록 커지고 있다.

보도 사진에는 뉴스 사진을 비롯해 피처 사진, 인물, 스포츠, 포토 스토리, 일러스트레이션*illustration* 사진 등이 포함된다. 뉴스 사진은 대개 범죄나 사고처럼 시의성을 생명으로 하지만 정치인의 동정이나 선거 유세, 시상식, 회의처럼 다소 진부하고 지루하지만 꼭 싣는 주제도 많다.

보도 사진 중에는 뉴스와 관련 없이 평범하고 일상적인 장면을 기록한 것도 있다. 피처 사진에서는 시의성이 그다지 중요하지 않다. 뉴스 가치를 따지자면 중요성은 크지 않지만 인간적 흥미를 자아내는 사진을 피처*feature* 사진이라 한다. 피처 사진은 인생의 한 단면을 조명해 동정심, 웃음, 슬픔 등 인간의 보편적 감정에 호소한다.

피처 사진의 예 (*The Best of Life, Time, Inc.*, 1973, p.189)

오늘날 신문에서는 참혹하고 선정적인 뉴스 사진보다 피처 사진을 선호하는 쪽으로 점차 바뀌어 가고 있다. 뉴스 사진에서도 피처의 성격을 띤 것이 많다. 정치 현장을 취재하며 정치인의 인간적인 모습(실수나 하품하는 장면)을 찍은 것이 여기에 해당한다.

뉴스 사진은 사건 상황을 하나의 이미지로 압축해서 보여 주어야 하기 때문에 표현에 한계가 있다. 반면 포토 스토리photo story는 사진을 여러 장 사용해 다양하고 폭넓은 주제를 깊이 있게 보도할 수 있다. 포토 스토리는 대개 어떤 주제에 관해 여러 장의 사진에 기사를 덧붙인 심층 보도 형식을 띤다.

잡지와 책의 내용

잡지와 책의 내용

그러면 잡지와 책에는 어떠한 내용들이 실리는가? 먼저 책의 경우를
보면 그야말로 다루어지지 않는 내용이 없다고 해도 과언이 아닐 정
도로 삶의 모든 측면들이 다루어지고 있다. 시간적으로 보면 수만
년 전 초창기 인류의 생활상에서부터 현대 생활의 모든 면까지, 그리
고 한걸음 더 나아가 미래 사회에 대한 예언이나 예측까지 다루어진
다. 공간적으로도 동서양은 물론이고 사람의 손길이 못 미치는 극지
나 바다 밑, 그리고 우주의 이야기까지 다루어지고 있다.

　이러한 내용의 다양성은 잡지에서도 별 차이 없다. 잡지를 의미
하는 영어 단어인 매거진*magazine*의 어원은 원래 창고라는 뜻을 지닌
불어의 'magasin'에서 유래되었다. 창고와 같이 여러 내용을 담는다

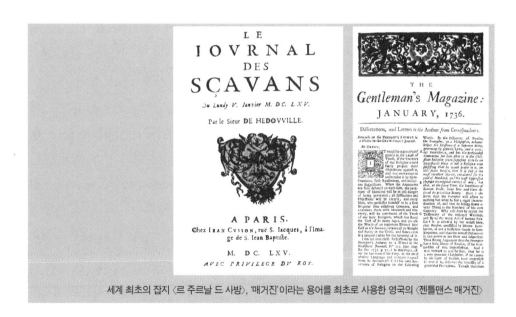

세계 최초의 잡지 〈르 주르날 드 사방〉, '매거진'이라는 용어를 최초로 사용한 영국의 〈젠틀맨스 매거진〉

는 데서 유래된 용어이다. 일본인들의 번역을 그대로 사용하고 있는 우리말의 '잡지'라는 용어도 글자 그대로 풀이하면 여러 가지를 기록한다는 뜻이 된다. 용어 자체의 의미대로 잡지에도 여러 다양한 내용들이 실린다. 특히 최근 잡지의 경향을 보면 새로운 분야까지도 진출하여 그 영역을 과거와는 비교가 안 될 정도로 확대시켜 가고 있다.

이와 같이 다양한 내용을 다룬다는 점에서는 동일하지만 잡지와 서적의 내용은 일정하게 구분된다. 설명의 편의를 위해 같은 인쇄 미디어인 신문과 비교해 가면서 이야기하고자 한다.

책이 다양한 내용을 담는다고 했지만 한 권의 책을 놓고 볼 때는 하나의 주제에 대하여 깊이 있는 내용을 담고 있다. 이 점은 신문과 명확하게 대비되는 측면이다. 신문은 한 부를 놓고 보더라도 정치, 경제, 사회, 문화, 스포츠, 레저, 생활 정보, 연예, 만화, 소설 등 세상만사 모든 측면이 포함되어 있다. 책이 내용의 단일성을 특징으로 한다면 신문은 내용의 다양성을 특징으로 한다. 한편 잡지는 신문과 책의 중간 형태라 할 수 있다. 종합지나 시사 교양지와 같이 신문처럼 다양한 내용을 한 호에 담는 잡지가 있는가 하면 전문지와 같이 단일한 내용에 대하여 깊이 있고 전문적인 내용을 다루기도 한다.

한편 잡지의 발행 간격은 그 내용의 생명에도 영향을 미친다. 매일 발행되는 신문의 경우는 하루만 지나면 '구문'이라고들 한다. 이런 점에서 잡지의 내용은 신문의 내용보다 생명이 길다. 잡지는 그 발행 간격에 따라 다음 호가 나올 때까지는 그 생명을 유지하면서 여러 사람에게 돌려 읽히게 되는 것이다.

이런 점에서 책은 훨씬 더 긴 생명을 지닌다. 특히 책은 고전의 경우처럼 그 문화적 가치를 인정받기만 하면 시간의 제약은 전혀 받지 않을 수도 있다. 고대 그리스의 플라톤, 아리스토텔레스의 저작이

현대에도 여전히 많이 읽히고 있으며, 고대 중국의 《논어》, 《맹자》도
마찬가지다.

인쇄 미디어의 활용

신문의 활용

비판적 신문 읽기

한때 '신문에 났다'라는 말은 그것은 곧 사실임에 틀림없다는 뜻으로
받아들여지던 때가 있었다. 신문에 기사화되는 것은 공신력을 부여
받게 된다는 것을 의미한다. 그러나 실제로는 신문에 나는 것들도
사실 자체와는 차이가 있을 수밖에 없다. 기자라는 개인이 중립성과
객관성을 지키려고 노력은 하겠지만 그가 가지고 있는 여러 가지 사
회적 속성과 가치관 등에 따라 사물을 보는 눈은 달라질 수밖에 없기
때문이다. 신문에 대해서 비판적인 읽기가 필요한 것은 바로 이러한
이유 때문이다.

　　우선은 신문의 선택이 중요하다. 신문은 발행 권역에 따라서 지
역지, 전국지, 국제지 등으로 나뉜다. 이 권역에 따라서 자기의 필요
에 맞게 신문을 선택할 필요가 있다. 같은 전국지라 하더라도 성향
이 진보적인 신문이 있는가 하면 보수적인 신문이 있다. 또한 일반
대중을 상대로 하는 대중지와 지식 계층을 대상으로 하는 권위지가
있다. 자신의 성향과 필요에 따라 적절한 신문을 선택하는 것이 우
선 중요하다.

다음으로는 그 내용을 비판적으로 읽는 것이 필요하다. 그러나 일반 독자의 입장에서 그리 쉬운 일만은 아니다. 비판적으로 읽기 위한 기준이 필요하기 때문이다. 자신의 성향이나 태도에 맞추어 읽는 것이나 자신이 잘 아는 분야라면 얼마든지 비판적 읽기가 가능하지만 그렇지 않은 분야에 대해서는 다른 정보가 없기 때문에 비판이 쉽지 않으며 신문에 의존하게 되기 십상이다.

그러나 일반 독자들 입장에서 몇 가지 기준을 생각해 볼 수 있다. 첫 번째는 사실*fact*과의 비교이다. 자기 주변 일이 기사화되는 경우는 누구라도 신문의 기사가 잘못된 점을 얼마든지 비판적으로 읽을 수 있다.

두 번째는 다른 신문과의 비교이다. 동일한 사안이나 사건에 대해서도 신문마다 보도가 다른 경우가 많다. 이런 경우 신문들 간의 보도를 상호 비교해 보면서 비판적인 수용이 가능한 것이다.

세 번째는 과거 신문과의 비교이다. 정치 상황이 바뀌면서 일부 신문들이 특정 이슈에 대한 보도 태도가 돌변하는 사례를 볼 수 있다. 이러한 보도 태도는 해당 신문의 보도 내용이 미래에 또 바뀔 수도 있다는 것을 의미하는 것이다.

네 번째는 신문 면 간의 비교이다. 큰 사건의 경우 여러 면에 걸쳐서 보도하는 데 때로는 면에 따라 논조나 내용이 다소 다른 경우도 등장한다. 기자가 다르고 편집자가 다르다 보니 나타나는 현상이라 할 수 있다.

신문 기사의 몇 가지 문제

신문을 읽을 때 우선 눈에 띄는 것은 제목이다. 어떤 독자라도 제목을 먼저 보고, 그에 따라 본문을 읽을 것인지 말 것인지를 결정하게 된다. 그만큼 신문 기사의 제목은 성패를 좌우하는 중요한 요소이다. 편집자의 입장에서는 기사의 내용을 압축, 요약하면서 그 내용을 광고하고 독자들의 시선을 끌기 위한 제목을 뽑으려고 심혈을 기울인다. 하지만 독자들 입장에서는 여기서도 비판적인 태도가 필요하다. 기사 제목은 내용을 충실하게 압축하기보다는 본문의 특정 측면을 부각시키는 경우들이 많기 때문이다. 따라서 제목만 읽어서는 기사의 내용을 제대로 알지 못하는 경우가 많다. 중요한 기사들의 경우는 본문까지 읽어 내는 자세가 필요할 것이다.

신문 기사의 종류별로 관행적으로 많이 나타나는 문제점들을 살펴보기로 하자. 우선, 정치면을 보면, 가장 문제되고 있는 것이 공정성의 문제이다. 신문의 정치적 입장에 따라서 혹은 사안에 따른 이해 관계에 의해서 특정 정당이나 세력에 치우치는 경향을 어렵지 않게 볼 수 있다. 신문의 칼럼이나 사설에서는 주장을 담을 수 있지만 사실 보도에서마저 편향성이 나타난다면 그 공정성에 커다란 문제가 될 수 있는 것이다.

두 번째로는 정치면에는 실용적 정보가 부족한 경우가 많다는 사실이다. 모 정당의 '고위 관계자,' '청와대 고위층' 등 익명의 취재원을 인용하는 경우를 어렵지 않게 볼 수 있다. 문화면이나 생활 정보면에서는 구체적인 시간이나 장소, 전화번호까지 자세한 정보가 실리는 게 일반적이지만 정치면에서는 정치인들이 회동을 할 경우에도 '시내 모처' 식으로 표현하는 게 일반적이다.

다음으로는 정치를 마치 게임처럼 보도하는 경향을 지적할 수 있다. 이른바 '경마 저널리즘'이다. 선거 보도 같은 경우 공약이나 후보 됨됨이보나는 누가 앞서고 있는지에 더 초점이 주어지는 경향이 많은 것이다. 그러다 보니 정작 유권자들에게 필요한 정보는 그만큼 소홀하게 되는 것이다.

이러한 정치면의 문제점들은 정치를 희화화하여 국민들의 참여를 끌어내기보다는 냉소와 무관심을 조장하고 정치를 구경거리로 만드는 결과를 빚게 된다.

경제면을 보면 전반적으로 너무 전문 용어들이 많이 사용되어 일반 독자들이 읽기 어렵다는 점이 가장 큰 문제이다. 아무래도 경제나 산업, 금융 관련 전문 용어들이 많이 등장할 수밖에 없기는 하지만 이를 잘 풀어서 독자들에게 설명해 주기보다는 전문 용어를 그대로 남발하니 독자들로부터 외면당하기 쉬운 것이다.

사회면 기사는 흥미 위주의 기사가 넘친다는 문제를 지적할 수 있다. 보도 태도나 제목, 사진의 사용 등이 선정주의로 흐를 가능성이 크다. 범죄 기사가 사회면을 장식하는 경우가 많다. 이러한 언론의 보도를 누적적으로 접하다 보면 수용자들은 사회가 실제 객관적인 범죄율보다도 더 위험한 것으로 인식하게 되는 경향이 나타나는 것이다.

이 밖에도 신문 기사의 전반적 문제점으로 전문성의 부족을 들 수 있다. 사회가 전문화되면서 취재원은 대부분 각 분야의 전문가인 경우가 많다. 하지만 기자들은 대부분 그 분야의 전문성이 부족한 경우가 태반이다. 그러다 보니 전문적이고 심층적인 취재를 통해 깊이 있는 기사를 작성하기보다는 손쉽게 보도 자료에 의존하는 경향들이 많이 나타나게 된다. 이를 극복하기 위해 최근 신문사들은 출입처 제도 대신 각 취재 영역별 팀제로 운영하여 기자의 전문성을 강화하려는 시도로 나타나고 있다.

신문에의 참여

비판적 읽기가 소극적인 차원의 신문 활용법이라고 한다면 적극적인 차원의 참여 방법도 있다. 독자 투고가 가장 대표적이다. 어느 신문이나 독자 투고란을 운영하고 있다. 특히 최근 들어 인터넷의 이용이 가능해지면서 신문마다 이 독자 투고란은 과거에 비해 더욱 중요시되는 경향이 있다. 독자 투고는 사실 신문 초창기부터 지면에 등장하였다. 한국의 경우도 〈독립신문〉 창간 당시부터 독자 투고를 적극 권장하였으며 많은 독자 투고가 지면에 잡보, 때로는 논설란에까지 등장하였다. 〈뉴욕 타임스〉도 창간 직후인 1851년경부터 독자 투고를 실었다.

물론 이 독자 투고도 신문 편집자들에 의해 걸러지는 게이트키핑 과정을 거쳐서 지면에 반영되기 때문에 제한적일 수밖에 없다. 하지만 독자들이 지면에 참여하여 자기 의견을 밝힐 수 있는 좋은 방법이기 때문에 적극적으로 활용할 필요가 있다.

NIE 운동

최근 한국 사회에서도 NIE(Newspaper In Education)에 대한 관심이 높아지고 있다. 글자 그대로 학교 교육에 신문을 활용하자는 운동이다. 이는 미국에서 20세기 초반에 몇몇 신문사들에 의해 신문 읽기 운동의 한 방편으로 시작되었으나 텔레비전의 영향으로 젊은 층의 신문 열독율이 줄어들면서 1960년대부터 미국 신문발행인협회가 공식적으로 후원하기 시작하면서 확대되었다. 다시 말해 신문업계의 장기적인 영업 전략과도 맞닿아 있는 것이다. 국내에서도 수용자의 인식 확대를 위한 미디어 교육 차원에서도 활발하게 이루어지고 있지만 주요 신문사들도 이 운동을 적극 지원하고 있다. 이와 관련해서 국내에

창의적 시각, 정확한 문장 … '글쓰기 왕'들의 비법

'NIE 대축제' 기사문 작성대회
최고점에 신재현 · 조희주 · 이소은
(초등)   (중등)   (고등)

부문별 심사평 신문을 놀이 · 토론 교재로 … NIE 새 실험 눈길

자녀와 함께 학습지 만들고 게임까지
사교육비 줄일 수 있는 효율적 방안도

신문 활용 교육 (〈중앙일보〉, 2009. 2. 17, 28면)

서는 미디어 교육의 중요성을 감안하여 초중고의 정규 과목으로 미디어 관련 과목을 통한 교육이 이루어져야 한다는 움직임도 있다.

출판 미디어의 활용

책과 잡지를 읽는 것이 가치 있는 일이라고 해서 아무 책이나 읽어도 좋은 것은 아니다. 바쁜 일상 속에서 어렵게 틈을 내어 다른 즐거움들을 포기하고 하게 되는 것이 독서이니 만큼 효과적인 미디어 선정과 올바른 독서 방법이 무엇보다도 중요하다.

어떤 잡지와 책을 읽을 것인가?

자신의 욕구나 필요를 명확히 한다 잡지나 책을 읽고자 하는 사람이라면 누구나 어떤 필요와 욕구 때문일 것이다. 따라서 잡지나 책을 선정할 때 무엇보다도 먼저 필요한 일은 자신의 욕구와 필요가 과연 무엇인지를 명확히 확인하는 일이다. 수용자들이 매스컴을 추구하는 동기는 크게 네 가지로 나눌 수 있다.

첫째는 자신이 종사하는 분야에서의 전문 정보를 원하거나 혹은 세상 돌아가는 모습에 대해서 알고 싶어 하는 정보 추구적 동기이다. 이 경우에는 자신의 직업이나 관심 분야의 전문 잡지나 전문 서적들, 혹은 시사 종합지 등을 보아야 할 것이다.

두 번째는 다른 사람과의 원만한 사회적 관계를 유지하기 위한 사회적 관계의 동기이다. 이런 경우에는 자신의 관심이나 취미, 상대방이 관심을 가질 만한 분야의 책과 잡지에 대한 독서가 필요하다.

세번째는 다른 사람들의 살아가는 모습을 보고 자신의 삶을 거기에 비춰 보고는 다시금 자세를 가다듬는 경우의 자아 확인 동기이다. TV에서 〈인간극장〉 같은 프로그램이 인기를 끌고 소설 작품들이 많이 읽히는 것은 바로 이런 동기에서 비롯된 것이라 할 수 있다. 이런 욕구를 위해서는 소설이나 수필, 체험 수기 등의 문학 서적이나 문학 잡지들을 선택하는 것이 좋을 것이다.

마지막으로는 여가 시간을 보다 즐겁게 보내고, 머리 아픈 현실을 잊고 잠시나마 휴식을 취하고 싶은 오락 동기이다. 이런 욕구를 위해서는 부담 없이 읽을 수 있는 취미, 오락 관계 잡지나 소설, 수필 등 문학 서적들이 좋을 것이다.

이런 여러 유형의 동기 중 자신이 어떤 동기에서 책이나 잡지를 읽고자 하는지를 분명히 알아야 적합한 잡지나 서적을 선택할 수 있는 것이다. 자신이 원하는 분야에서 비교적 최근의 정보를 얻고자 한다면 잡지를 선택해야 할 것이며, 최근의 정보는 아니더라도 자세하고 충분한 정보를 원한다면 단행본 서적을 찾아보는 게 빠를 것이다.

관심 분야의 잡지나 도서의 목록을 확인한다   자신의 욕구와 필요가 확인되었으면 그 다음으로는 그 분야에 어떠한 잡지가 발행되고 있으며 어떤 책들이 출판되어 있는지를 알아보는 게 중요하다. 이를 위해서는 우선 인터넷을 통해 검색해 보는 방법이 있다. 인터넷 서점이나 포털 사이트 등에서 손쉽게 자신이 관심 있는 분야의 잡지와 책을 검색해 볼 수 있다. 또한 서점에 직접 가서 확인하는 방법도 있다. 인터넷 검색보다 번거롭기는 하지만 책의 내용을 직접 확인해 볼 수 있다는 장점이 있다. 그 밖에도 신문의 신간 안내나 서평란 등 출판 관련 정보를 눈여겨보는 것도 좋은 방법이다.

어떤 독자들을 주된 대상으로 하고 있는가를 확인한다   자신의 관심 분야에 많은 잡지와 책이 발행되고 있을 것이다. 이때는 그중에서도 자신에게 적합한 것을 찾는 일이 무엇보다도 중요하다. 같은 분야의 책이나 잡지라고 하더라도 기본적인 입문서와 고도의 전문서는 그 내용이나 서술 방식, 난이도 등에서 커다란 차이가 난다. 모든 출판 미디어는 특정 유형의 사람을 주된 독자층으로 설정하고 이에 맞춰 내용의 수준이나 서술 체계 등을 기획하고 편집한다. 같은 여성지라 하더라도 그 대상 독자는 미혼 여성을 대상으로 하거나 가정 주부, 그중에서도 각기 중산층의 주부와 상류층을 대상으로 하는 잡지가 있게 마련이다. 따라서 그 대상 독자를 확인하는 것이 매우 중요하다.

이를 위해서는 먼저 차례를 확인해 보는 것이 필요하다. 차례를 확인해 보아도 그 책이나 잡지가 무슨 이야기를 하고자 하는 건지, 무슨 내용이 담긴 건지 잘 모르겠다면 그 책이나 잡지는 자신에게는 맞지 않는 것이라 판단하면 거의 틀림없다. 단행본 서적의 경우, 필자나 편집자의 서문이나 후기 등을 읽어 보는 것이 좋다. 그러면 그 책이 어떠한 의도에서, 어떤 사람들을 대상으로 기획되었는지를 알 수 있을 것이다. 이에 따라 그 책이 자신에게 적합한 것인지를 판단할 수 있다.

필자나 저자, 그리고 발행 주체를 확인해 본다 그 다음으로는 필자나 저자가 어떤 사람인가를 확인해 보는 것이 중요하다. 책의 경우에는 저자나 편자가 과연 그 분야의 전문가인지를 확인해 보면 그 책이 얼마만큼 신뢰할 내용으로 채워졌는지를 짐작해 볼 수 있다. 잡지의 경우도 필자들에 대해 같은 확인을 해보는 것이 필요하다. 이를 위해서는 우선 책이나 잡지에 실리는 필자나 저자에 대한 소개가 기본적인 정보가 될 것이다. 그러나 이것만으로는 불충분한 경우가 대부분이다. 이럴 경우에는 인터넷 검색을 통해 관련 정보를 확인해 볼 수 있다. 잡지의 경우에는 어떤 사람들이 발행하는 잡지인가를 확인하는 것도 필요하다. 발행 주체를 확인하면 그 잡지의 내용이나 정치적인 입장, 방향성 등을 대강 짐작할 수 있기 때문이다. 책의 경우에는 그 출판사의 기존 업적이나 신뢰도를 확인해 보는 것도 중요하다.

베스트셀러의 허와 실 책의 경우 일단 베스트셀러의 목록에 오르기만 하면 더 많은 사람들이 그 책을 찾게 된다. 일종의 군중 심리이다. 그러나 베스트셀러는 글자 그대로 많이 팔리는 책일 뿐이며 반드시 좋은 책이라고 할 수는 없다. 남들을 따라가는 독서보다는 자신의 필요에 따라 책을 선택하는 지혜가 필요하다. 특히 최근 베스트셀러의 목록은 그대로 믿기 어려운 측면도 있다. 일부 보도에 따르면 서점과 출판사가 결탁하여 특정 책을 일부러 목록에 올리기도 하고, 심지어 일부 출판사에서는 각 서점을 돌아 다니며 책 사재기를 하기도한다는 것이다. 따라서 베스트셀러 목록에 좌우되지 말고 자신의 욕구와 필요에 따라 책을 선택하는 게 현명한 방법일 것이다.

어떻게 읽을 것인가?
출판 미디어는 서점에서 구입하는 것만으로 끝나는 것이 아니다. 그것은 새로운 시작일 뿐이다. 이제 그 책이나 잡지를 어떻게 읽을 것이냐 하는 문제가 남는다.

최선의 방법은 정독　가장 좋은 방법이라면 물론 산 책이나 잡지를 처음부터 끝까지 찬찬히 정독하는 방법이다. 정독을 해야만 우리는 그 책이나 잡지가 담고 있는 정보와 가치를 충분히 내 것으로 만들 수 있다.

생각하면서 읽자　정독을 한다 해도 그저 무작정 책을 읽기만 하지 말고 그 내용을 계기로 해서 여러 가지 다양한 사고를 하는 습관을 기르는 것이 좋다. 책의 내용을 자신의 과거 경험이나 생활 주변의 상황과 비교해 보는 것도 좋은 방법이다. 책이나 잡지가 담고 있는 정보를 그냥 받아들이기만 하지 말고 '과연 그럴까' 혹은 '왜 그럴까' 하는 식의 문제 의식을 가져 보는 '비판적 독서'가 필요하다. 이를 통해서 한 권의 책을 읽으면서도 그 책이 담고 있는 이상의 것까지도 얼마든지 얻어 낼 수 있는 것이다.

2007년 독서의 달 포스터

끝까지 다 읽어야 한다는 부담에서 벗어나자 정독이 최선이기는 하나 현실적으로 어려운 경우가 많다. 자신이 산 책이나 잡지를 처음부터 끝까지 정독해야 한다는 부담에서 벗어나지 못하는 것도 현명한 일은 아니다. 이 부담 때문에 아예 시작도 못하고 포기하는 경우도 많다. 따라서 끝까지 다 읽어야 한다는 부담에서부터 벗어나는 것이 현명하고 올바른 독서 방법의 지름길이 될 것이다.

자신의 관심 대상부터 우선적으로 읽자 일단 다 읽어야 한다는 부담에서 벗어나기만 하면 우선적으로 읽고 싶은 내용들이 얼마든지 눈에 띌 것이다. 먼저 자신이 관심 있는 분야에 관한 글부터 읽어 나가는 것이 좋은 방법이다. 차례를 보고 자신에게 우선 필요하고 관심이 가는 글부터 읽어 나가는 것이 좋다.

잡지는 전문과 발문, 중간 제목 등을 이용하자   잡지의 경우, 각 글들에서 자신과 관련이 있거나 관심이 있는 내용을 가려내기 위해서는 각 기사마다 실리는 전문이나 발문, 편집자 주, 중간 제목들을 활용하는 것도 좋은 방법이 된다. 기사 본문에 들어가기 전에 그 기사의 내용을 요약해 놓은 것을 전문이라 하고, 기획 의도 등을 간략하게 밝혀 놓은 편집자 주, 중간 중간에 본문의 주요 내용을 발췌하여 눈에 잘 띄게 편집한 것을 발문이라고 한다. 이것들을 이용하면 그 글이 자기에게 필요한 내용인지를 확인할 수 있는 것이다. 특정 기사 속에서도 중간 중간에 실리는 제목들을 활용하면 자신에게 필요한 부분을 손쉽게 찾아 낼 수 있다.

《메이킹 뉴스》. 게이 터크만 (1995). 박흥수 옮김. 나남.

　　미국의 언론사에서 오랫동안 참여 관찰한 것을 토대로 뉴스가 어떻게 만들어
지는지 연구한 책. 신문뿐 아니라 저널리즘의 고전이라 할 만하다.

《위기의 한국 신문》. 김영욱 외 (2005). 한국언론재단.

　　최근 한국 신문이 처한 위기의 현황과 문제점, 극복 방안을 정리한 책.

《책, 문명과 지식의 진화사》. 니콜 하워드 (2007). 송대범 옮김. 플래닛미디어.

　　파피루스에서부터 전자책에 이르는 책의 역사적 발전 과정을 사진 자료와 함
께 흥미롭게 정리하고 있다.

《언론인 24시》. 미디어오늘 엮음 (1999). 인물과사상사.

　　언론사 각 직종에서 일하는 기자들의 직업 세계를 생생하게 그리고 있다.

《신문 소프트》. 백욱인 외 (1991). 지식공작소.

　　신문에 대한 이해를 돕는 가벼운 감각의 교양 서적.

《신문 읽기의 혁명》. 손석춘 (2003). 개마고원.

　　오랫동안 언론 운동에도 몸 담아온 현직 기자가 신문을 어떻게 읽어야 하는지에
관해 쓴 책. 한국 신문의 보도 사례를 많이 들고 있어 시의성도 있고 흥미롭다.

《민주화 이후의 한국 언론》. 임상원 외 (2007). 나남.

　　최근 한국 언론이 당면하고 있는 여러 가지 문제들을 종합적으로 분석한 책.

《신문원론》. 임영호 (2005). 한나래.

　　신문과 저널리즘에 관해 주요한 쟁점을 종합적으로 정리한 개론서.

《신문》. 채백 (2003). 대원사.

　　한국 신문의 역사적 발전 과정을 다양한 사진과 함께 정리한 책.

《출판학》. 채백 (1999). 한나래.

　　현대 사회에서 출판의 다양한 측면을 조명한 개론서.

《근대의 책 읽기》. 천정환 (2003). 푸른역사.

　　책이라는 새로운 미디어가 한국 근대 사회에 출현하여 정착하는 과정을 깊이
있게 분석한 책.

《포토 저널리즘: 프로 사진가의 접근》. 코브레 (2005). 구자호 외 옮김. 청어람미디어.

　　포토 저널리즘에 관한 개설서로 사진 예가 많아 흥미롭게 읽을 수 있다.

《책은 진화한다》. 한기호 (2008). 한국출판마케팅연구소.

　　디지털 시대 출판의 방향을 모색, 제시하고 있다.

09

방송

방송은 우리 생활 속에 가장 깊숙이 들어와 있는 미디어로서 최근 급격한 기술적·제도적 변화를 보이고 있다. 하지만 우리가 접하는 것은 언제나 TV 수상기와 라디오 수신기일 뿐 그것이 어떤 원리에 의해 작동되며, 어떤 의미를 가지는가에 대한 이해는 그리 깊지 않다. 이 장에서는 방송의 정의는 어떻게 내려지고, 어떤 역사적 과정을 거쳐 현재에 이르렀는지, 그리고 그 기술적 원리와 제작 체계는 어떠한지에 대해 소개하고자 한다.

방송은 단순히 정보와 오락을 제공하는 데 그치지 않는다. 방송 미디어의 특성과 그 제도화 형식에 따라 사회적이고 문화적인 중요한 의미를 갖기도 한다. 방송의 역사를 통해 볼 때 그것은 정치적 의도와 밀접한 관계를 갖고 전개되어 왔고, 현재 우리의 일상 생활에서 여러 가지 복합적인 함의를 갖고 있다. 최근 진행되고 있는 방송의 디지털화, 방송과 통신의 융합 현상은 이러한 함의에 대해 더 심층적인 이해를 요구한다. 그래서 이 장에서는 방송의 즉각성, 광역성, 상업적 논리 그리고 디지털화를 중심으로 방송이 가지는 의미에 대해 상세히 정리하였다.

손병우

현재 충남대학교 언론정보학과 교수이다. 서울대학교 신문학과를 졸업하고, 같은 대학원에서 석사 및 박사 학위를 받았다. 방송통신심의위원회 방송2특위위원장을 역임했고, 2008년부터 충대신문방송사 주간을 맡고 있다. 〈한겨레〉, 〈한국일보〉, 〈PD연합회보〉 등에 방송 비평에 관한 글을 써왔다. 책으로는 ≪풍자 바깥의 즐거움 ─텔레비전 코미디≫, ≪미디어 문화 비평≫, ≪TV를 읽읍시다≫ (공저), ≪라깡 정신 분석 사전≫ (공역), ≪문화 이론 사전≫ (공역) 등이 있으며, 논문으로는 〈텔레비전 방송 체제의 '시청자상'과 시청자의 텍스트 반응에 관한 연구〉, 〈대중 문화와 생애사 연구의 문제 설정〉 등이 있다.

방송이란 무엇인가

방송이란 말을 모르는 사람은 없다. 글자 그대로 보자면 한자로는 放送, 영어로는 broadcasting으로서 '널리 전달한다'는 뜻이다. 개정 이전의 구 방송법에서 내리고 있는 방송의 정의에 따르면 방송의 요건을 세 가지로 정리할 수 있다. 첫째, 수신자 범위의 요소로서 공중 (公衆, the public), 즉 불특정 다수를 대상으로 한다. 둘째, 내용적 요소로서 보도와 논평 등 공적 의견 형성과 관련된 정보와 넓은 의미에서의 문화적 성격의 것들을 광범위하게 포함한다. 셋째, 기술적 요소로서 무선 통신을 미디어로 삼는다는 점이다. 이로부터 널리 전달한다는 의미의 광역성, 메시지가 방송사로부터 시청취자에게로 일방적으로 흐른다는 의미의 일방 통행성, 현장의 소식을 가정에 바로바로 전달한다는 의미의 동시성 등이 지금까지 방송의 특징으로 여겨져 왔다.

　그런데 미디어 기술이 점차 발전하고 방송 문화가 차츰 변화하

여 방송의 정의와 사업 영역도 새로 규정될 필요성이 제기되어 왔
다. 그래서 이제는 방송이라고 할 때 기존의 지상파 방송에 종합 유
선 방송, 위성 방송, 이동 멀티미디어 방송 그리고 인터넷 방송까지
포괄하게 되었다. 또, 방송 수용자들도 방송 내용을 수동적으로 받아
들이는 존재가 아니라 비판적으로 해석하고 능동적으로 선택하는
존재라는 측면이 강조되고 있고, 프로그램 내용도 시사, 오락, 토론
등 공공적인 성격에서 단순 자료에 해당하는 것과 상업적인 성격의
것들이 늘어남으로써 방송의 일방적인 효과에 대한 가정이 많이 약
화되었다.

이러한 방송 환경의 변화에 따라 1980년대 후반부터 일부 국가
들에서 방송 개념이 전면적(프랑스) · 부분적(미국, 독일 등)으로 변화되
어 왔다. 한국에서는 2000년 1월 12일 통합 방송법을 제정하여 방송
에 대한 정의를 새롭게 내리고 있다. 기술적 특성을 무선 통신에 한
정하지 않고 전기 통신 설비로 일반화시킴으로써 지상파 위주의 기
존 방송법에 종합유선방송법과 유선방송관리법을 통합시켰으며, 위
성 방송과 전광판, 이동 통신 수단을 통한 방송 등도 방송법의 적용
대상에 넣었다. 내용에 대한 규정도 삭제하여 방송 환경의 지속적인
변화에 탄력적으로 적용될 수 있도록 하였고, 공중의 개념 속에 미약

주요 국가의 방송에 대한 정의	
미국	직접 또는 중계국의 중계를 통해 공중에게 수신될 것을 목적으로 하여 전달되는 무선 통신
독일	전자적 진동을 이용하여 연결선 없이 또는 선을 따라서 또는 선의 도움으로 말·음향·영상 등 모든 유형의 상연물을 제작하여 일반 공중에게 제공하고 전파하는 것
프랑스	기호·신호·문자·영상·소리 또는 사적 속성을 가지고 있지 않은 모든 종류의 메시지를 통신 방식에 의해 공중 또는 공중의 유형에게 제공하는 것
영국	음향의 일반 수신을 위한 라디오 방식과 영상의 일반 수신을 위한 텔레비전 방식을 병용한 무선 통신
일본	공중에 의해 직접 수신되는 것을 목적으로 하는 무선 통신의 송신

하게나마 시청자 참여의 성격을 부여하고 있다. 이렇게 방송과 통신 기술의 융합이 구체화되면서 2008년 2월 29일 방송통신위원회를 설치하여 기존에 방송위원회와 정보통신부로 분리되어 있던 방송과 통신의 정책 수립 기능을 제도적으로 통합하였다.

방송 기술

방송에서 소리와 영상을 먼 거리로 전달해 주는 기술은 3단계로 구분해 볼 수 있다. 첫째, 소리와 그림을 잡아들이는 기술, 둘째, 그것을 전달하는 기술, 셋째, 전달받은 신호를 다시 원래의 소리와 그림으로 되살리는 기술 등이다.

먼저 라디오의 경우를 살펴보자. 스튜디오에서 출연자들이 내는 음성과 음향들의 음파는 마이크로폰에서 전기 신호로 전환된다(음전변환). 그런데 이 신호는 아주 미약하기 때문에 증폭을 시켜 주게 되는데, 이 신호를 가청주파, 즉 저주파라고 한다. 이 저주파 신호를 중파 송신기에서 고주파(이를 반송파carrier wave라 한다)에 실어 발사한다. 이렇게 전달된 신호는 다시 라디오의 수신 안테나를 통해서 라디오 수신기로 들어온다. 라디오 수신기 안에서는 변조된 고주파를 다시 저주파인 음성 신호로 복조하여 스피커를 통해 처음의 소리를 재생시킨다. 저주파를 고주파에 싣는 것을 변조라고 하는데, 라디오에서 사용하는 변조 방식에는 진폭 변조(AM)와 주파수 변조(FM) 두 가지가

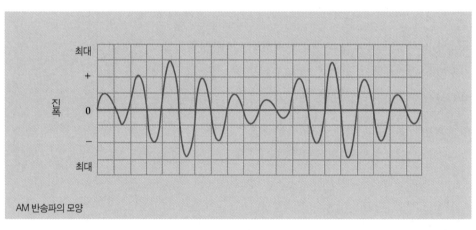

AM 반송파의 모양

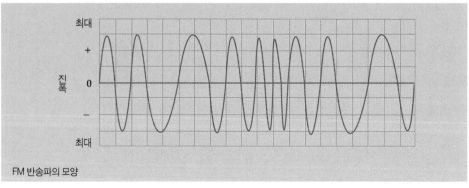

FM 반송파의 모양

있다.

　텔레비전의 경우 영상을 포착하는 도구는 카메라다. 카메라 안
에는 촬상 장치가 있어서 렌즈를 통해 받아들인 대상의 빛을 전기 에
너지로 변환시켜 준다(광전 변환). 이 영상 신호가 스튜디오에서 송신
소로 전달되어 증폭된 다음 송신 안테나를 통해 전파에 실려 각 가정
의 수상기로 전달된다. 이때 영상 전파는 AM 방식을, 음성 전파는
FM 방식을 사용하여 상호 간의 영향을 받지 않도록 하고 있다.

　텔레비전 수상기는 다시 전기 신호를 빛으로 바꾸어 준다. 전자
총이 전자 빔을 발사하면 그것이 브라운관 표면에 부딪쳐 영상으로
나타난다. 브라운관 표면에는 화소picture element라 부르는 많은 점들
이 있어서 광선을 받으면 빛을 발한다. 컬러 수상기에서는 빨강, 녹
색, 파랑 세 개의 전자 빔이 있어서 그 강도 조절에 의해 여러 빛깔이
조성된다. 이렇게 화면을 화소로 분해하거나 조립하여 화면을 재구
성하는 것을 주사scanning라고 하고, 그 주사의 흔적을 주사선이라고
한다. 그리고 완성된 주사 화면을 프레임이라 한다. 한국에서 채택
하고 있는 NTSC 방식에서 한 주사선은 700개의 화소로 이루어져 있

고, 주사선의 수는 525선이며, 프레임 수는 1초당 30프레임이다. 이처럼 전자 빔이 1초에 525줄을 30회나 주사할 뿐 아니라, 수상기 화면의 잔광 현상과 눈의 잔상 현상으로 시청자는 빛의 깜박임을 느끼기보다 현실을 재현한 듯한 움직이는 영상을 체험하게 된다.

방송의 역사

레이먼드 윌리엄스Raymond Williams는 《텔레비전》이라는 책에서 테크놀로지와 사회의 관계를 잘 정리하고 있는데, 어떤 기술이 사회에 정착하려면 세 가지 요인이 작용한다고 한다. 첫째는 기술이 있어야 하고, 둘째는 그 기술의 쓰임새에 대한 사회적인 요구가 있어야 하고, 셋째는 정책 결정권자들의 이해 관계와 맞아떨어져야 한다. 방송의 역사를 살펴보면 정치·경제적 동인이 크게 작용했음을 알 수 있다.

라디오의 기반 기술은 수많은 학자와 발명가들의 노력을 통해서 발전했는데, 선박들 사이의 통신 수단으로서 그 유용성을 인식한 주

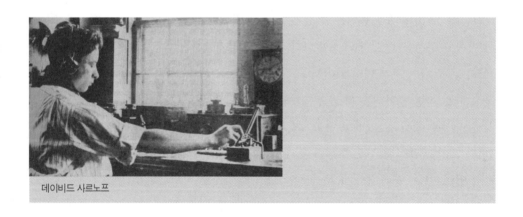

데이비드 사르노프

체는 보험 회사와 해군이었다. 그 계기가 된 사건이 영화로도 유명한 타이타닉호의 침몰 사건이었다. 그 조난 신호를 처음 접한 데이비드 사르노프David Sarnoff는 72시간 동안 교신하면서 그 소식을 세계에 알림으로써 무선 커뮤니케이션의 가치를 입증했다. 그 뒤 1차 대전이 발발하면서 무선 통신의 실용화가 앞당겨졌고, 그 주체는 미국 해군이었다. 군수 산업으로 급속한 발전을 이룬 라디오는 1차 대전이 끝나면서 그 생산 시설 유지가 과제로 제기되었는데, (흔히 사르노프의 메모에서 그 아이디어가 시작되었다고 얘기되는) 가정용 뮤직 박스로 용도가 변경되어 수신기 제작 산업을 유지하게 된다.

또, 독일의 나치 정권은 정치 선전 도구로서 방송의 잠재력을 간파하여 라디오뿐만 아니라 텔레비전에까지 관심을 넓혔다. 그래서 우정성과 제국방송협회의 주도 아래 텔레비전 방송 기술 개발에 박차를 가하였고, 세계 최초로 정규 텔레비전 방송을 시작하게 된다. 1936년에는 게르만 민족의 우수성을 전시하는 장으로 개최한 베를린 올림픽 경기 실황을 텔레비전으로 중계하기도 했다.

방송이 정치적 목적으로 도입되고 활용된 것은 한국에서도 마찬

베를린 올림픽 TV 생중계를 시청중인 시민　　　　베를린 올림픽 경기장 TV 중계 카메라

텔레비전 방송 연표

1884	독일 폴 니프코브Paul Nipkow 기계적 그림 주사 방식 개발
1897	독일 페르디난드 브라운Ferdinand Brown
	전기 방식의 음극선관(Oscillograph, 일명 브라운관) 개발
1900	텔레비전이라는 단어 처음 사용(파리 국제 전기 기술자 총회)
1925	미국의 찰스 젠킨스Charles Jenkins, 영국의 존 베어드John Baird 등의 텔레비전 실험 성공
1928	독일 5개 방송국에서 텔레비전 실험 방송
1930	미국 NBC 텔레비전 시험 운용
1935	독일 텔레비전 정기 방송 실시
1936	독일 베를린 올림픽 실황 중계, 영국 BBC 매일 방송 실시
1939	미국 NBC 텔레비전 뉴욕에서 정시 방송 개시
1954	일본 NHK 텔레비전 방송 시작, 서독 컬러 텔레비전 실험 공개
1964	도쿄 올림픽 때 통신 위성을 이용하여 전 세계 컬러 텔레비전 동시 중계

한국 방송 연표

1927. 2. 16	식민지 조선에서 경성 방송국(JODK) 개국
1935. 9. 21	부산 방송국(JBAK) 개국. 이후 평양, 청진, 함흥, 대구, 이리 등에 방송국 개국
1947. 9. 3	국제 무선 통신 회의에서 한국의 무선 통신 호출 부호 HL 할당받음
1954. 12. 15	민간 방송인 기독교 중앙 방송국(CBS; HLKY) 개국
1956. 5. 12	RCA와 합작으로 상업 TV국 HLKZ-TV 개국(KORCAD) —— 세계 17번째, 아시아 4번째, NTSC 방식 채택
1957. 5. 6	KORCAD 〈한국일보〉에 양도. DBC로 개편
1957. 9. 15	주한 미군 방송(AFKN) 텔레비전 방송 개시
1961. 12. 31	국가 재건 최고 회의에서 HLKZ의 채널 9를 회수하여 KBS-TV 개국

1963. 12. 7   민간 상업 텔레비전 방송국으로서 동양 텔레비전 방송 주식 회사 (DTV, 1965년부터 TBC-TV) 설립

1964   서울 FM 방송 개국

1969. 8. 8   두 번째 민간 상업 텔레비전 방송국으로서 MBC-TV 개국 ── 교육 방송 위주에서 1970년부터 오락 중심 편성으로 전환

1973. 3. 3   한국 방송 공사 창립으로 KBS 공영화

1980. 11. 17   방송사 통폐합── 완전 공영 방송 체제로 전환

      12. 1   컬러 텔레비전 방송 시작

1990   평화 방송, 불교 방송, 교통 방송 개국

      12. 27   한국교육개발원이 KBS-3TV 인수하여 EBS-TV로 독립

1991. 3. 30   상업적 민영 방송인 서울 방송국 개국 공민영 병존 체제로 전환

      12. 29   SBS-TV 개국

1995. 3. 1   종합 유선 방송(CATV) 실시, 지역 민영 방송 시작

1998. 7. 1   위성 시험 방송 시작(KBS, EBS 각 2개 채널)

2000. 1. 12   통합 방송법 제정

2001. 9.   디지털 방송 시작(아날로그 방식과 병행)

2002. 3.   76개 채널의 위성 방송 본방송 시작

2005   공동체 라디오 8개 지역 시범 사업

2005. 5.   위성 DMB, 11월 지상파 DMB 서비스 시작

2008. 2. 29   방송통신위원회 설치 ── 방송과 통신의 제도적 통합

2008. 11. 17   IPTV 본방송 시작

가지다. 한국에서 라디오 방송은 일제하에 시작되었는데, 이는 식민 정책의 효율적인 수행과 일본 방송 산업의 시장을 확보한다는 동기에서 비롯되었다. 또, 텔레비전의 경우에도 1961년 군사 정권은 5·16 이후 7개월 만에 전격적으로 KBS−TV를 개국하였고, 1980년의 군사 정권은 컬러 텔레비전 방송을 시작하였다. 이는 정당성 기반이 미약한 정권이 강력한 홍보 수단을 확보하는 동시에 국민들의 관심을 오락 쪽으로 돌리기 위한 방편으로 TV를 활용했음을 알려준다.

라디오의 특성

라디오는 사람의 감각 기관 다섯 가지 가운데 청각 기관만을 사용하고, 전파 미디어로서 시간의 흐름에 따라 내용이 전달되고, 기술과 기계 설비에 있어서 제작과 수신의 비용이 적게 들고 간편하다는 특성이 있다. 이로부터 여러 가지 라디오 미디어의 문화적인 특성들이 생겨난다.

청각 미디어

라디오는 청각 미디어라서 영상이나 문자 텍스트 없이 음성, 음향, 음악 등을 통해서만 내용이 전달된다. 이러한 약점을 장점으로 전환시키려는 노력에 의해 묘사성과 병행성이라는 특성을 갖게 된다. 병행성은 다른 일을 하면서도 라디오 청취가 가능한 것을 뜻한다. 이런 병행 가능성 덕택에 라디오는 집안일을 하거나 자동차 운전을 할 때, 또 공부를 하거나 공장에서 일을 할 때 많이 활용된다. 묘사성은 소리를 통해 청취자들의 감성과 상상력을 자극해 강력한 정서적 반응을 끌어내는 특성을 말한다. 영상 미디어들이 화면으로 인해 오히려 상상력을 제한하는 반면, 라디오는 소리를 통해 시공간을 초월한 무한한 상상의 세계를 창출해 낼 수 있다. 마셜 맥루언Marshal McLuhan에 따르면 이처럼 라디오는 정세도fidelity가 낮기 때문에 수용자들의 높은 참여를 유발한다. 소리로만 전달되는 메시지의 비어 있는 부분을 수용자들의 적극적인 상상을 통해 채움으로써 내용이 완결될 수 있기 때문이다. 조금 다른 맥락이지만 라디오 프로그램들 가운데 상당수가 청취자들의 참여 형식을 기본 구성 요소로 삼고 있기도 하다. 청취자 엽서, 이동 전화 문자 퀴즈, 노래 경연, 상담, 인터뷰 등 다양한 참여 방식을 채택하고 있다. 이는 라디오가 소리로만 전달되기 때문에 청취자들이 프로그램에 대해 친근함을 느낄 수 있고 또, 대부분의 프로그램들이 생방송되기 때문에 가능하다.

전파 미디어

라디오는 전파 미디어로서 텔레비전과 마찬가지의 장점과 단점을 갖는다. 먼저 장점으로는 신속성 또는 속보성을 들 수 있다. 현장의 소식을 취재 즉시 송신하여 가정에 전달할 수 있는데, 특히 방송에 동원되는 기술 장비가 간편하기 때문에 텔레비전과 비교해서도 그 신속성이 더 탁월하다. 하지만 라디오는 청취자가 방송 시간을 놓치게 되면 다시 접할 수 없다는 일회성이 단점이다. 이런 단점을 극복하려면 녹음기와 같은 다른 기술적 수단을 동원해야 한다.

간편한 미디어

라디오는 제작이나 수용에 있어서 간편한 미디어이다. 따라서 이를 단순성이나 편이성, 경제성으로 달리 부를 수도 있다. 다른 미디어에 비해 상대적으로 복잡한 장비가 필요하지 않고, 적은 비용과 인력으로도 프로그램 제작이 가능하다. 라디오 수신기도 점차 소형화해 왔고, 값이 싸졌기 때문에 개인적으로 소유하고 또 어디나 휴대하고 다닐 수도 있게 되었다. 이러한 간편성과 경제성 덕택에 라디오는 친밀성과 저항적 사용이라는 특성을 띠게 된다. 먼저 친밀성이다. 개인적인 소유에 부담이 없기 때문에 라디오는 주로 개인의 청취를 지향하여 프로그램 제작이 이루어진다. 그래서 프로그램의 전달 방식도 일 대 일의 사적인 느낌을 갖게 한다. 청취자를 2인칭으로 호칭한다든지, "~그대에게," "~편지," "신혼 일기" 등과 같은 프로그램 제목들에서도 알 수 있듯이 사적인 사연을 중심으로 내용이 구성된다.

또, 송신 장비의 설립과 운용이 간편하기 때문에 자본과 권력의 뒷받침이 없어도 방송이 가능하다. 이런 특성을 활용해서 저항 세력들의 주요한 선전 수단, 즉 대안적인 미디어로 활용되기도 했다. 니카라과의 산디니스타 민족 해방 전선이 사용했던 '라디오 산디노Radio Sandino,' 쿠바 혁명 당시의 '라디오 레벨데Radio Rebelde,' 볼리비아 교사 들이 행한 지하 방송 라디오 '수크레Sucre' 등이 유명하다.

라디오의 생존 전략과 가능성

라디오는 이제 대표적인 구 미디어*old media*가 되었다. 그나마 청각 미디어로서 병행성이라는 장점을 살려 사람들이 다른 미디어를 접하기 어려운 상황, 즉 운전 중이라거나 다른 집안일을 할 때 라디오를 사용하는 정도로 그 용도가 제한되어 왔다. 따라서 앞으로의 생존 전략으로서 채널의 차별화와 전문화 그리고 지역화 등이 제안되고 있다. 지역적인 특수성을 살림으로써 지역민들의 관심을 끌어들인다거나, 성·연령·직업·취미 등과 같은 청취자의 인구학적 특성에 따라 특정 청취자 계층을 대상으로 집중 편성을 한다거나, 미국의 경우처럼 단일 방송 형식이라 불리는 전문 편성에 의해 음악 전문, 대담 전문, 뉴스 전문, 종교 전문, 인종 전문 방송을 하는 등이 그것이다. 우리의 경우 교통 방송, 교육 방송, 종교 방송 등이 채널별 전문화를 시도하고 있는데, 대체로 성공적이라고 평가받고 있다.

특히 2005년부터 8개 지역에서 시범적으로 사업을 하고 있는 공동체 라디오*community radio* 방송은 라디오의 새로운 가능성을 보여 준다. 이는 지역화의 모범 사례일 뿐 아니라, 지역 주민이 직접 프로그램 제작과 방송국 운영에 참여하는 점에서 민주적인 방송의 상을 구현한 시도로서 그 의의가 크다. 하지만 공동체 라디오가 제자리를 잡으려면 출력 상향, 공공 자금의 지원, 사업 지역의 확대 등 방송통신위원회의 정책적 지원이 요구된다.

텔레비전 프로그램의 제작

방송국 PD는 젊은이들이 선호하는 직업 가운데 최상위에 꼽힐 만큼 선망의 대상이 되고 있다. 하지만 영상물 제작에 대한 관심은 PD를 지망하지 않더라도 폭넓게 확산되고 있다. 각종 공모전에 방송이나 영화를 전공한 대학생뿐 아니라 일반 시민과 초·중·고등학생들의 참여가 날로 늘어나고 있고, 그 수준도 매년 향상되고 있다. 촬영과 편집 장비를 구하기도 예전처럼 힘들지 않거니와 지역에 따라서는 미디어 센터와 시민 단체가 있어서 교육과 대여도 해주고 있어 마음만 먹으면 누구나 자기만의 프로그램을 만들 수 있다.

제작 과정

프로그램 기획이란 프로그램의 목적과 형식을 정하는 작업일 뿐만 아니라, 방송 시간대와 횟수 그리고 제작진과 예산에 이르는 프로그램 제작의 기반이 되는 모든 요소들에 대한 계획을 세우는 것을 말한

방송 프로그램의 제작 단계	
기획 단계	기획 → 편성 → 영업
기획 작업 단계	스태프 결정 → 스케줄 결정 → 캐스팅 → 예산 결정
주간 정규 작업	구성 협의 → 대본 작성 → 기술 협의 → 대본 연습
제작 단계	세트와 소품 → 리허설 → 촬영
사후 제작	편집 → 심의 → 송출
피드백	시청률 → 제작비 정산 → 기획 변경

다. 프로그램의 최초 아이디어는 이러한 여러 요소들을 고려한 기획서를 통해 제안된다. 이 제안서를 가지고 편성의 주안점, 목표 시청자, 광고주 모집 전망, 스튜디오 스케줄, 다른 방송사에 대한 경쟁력 등에 비추어 구체적인 검토가 이루어진다.

그 결과 신설 결정이 이루어지면 총 책임자인 프로듀서와 연출자가 선정되고, 이들은 다시 조연출과 구성 작가 및 기술 스태프 등과의 협력 계획을 세운다. 또, 주요 출연자 선정과 출연료 등 각종 제작비 지출 계획을 짠다. 그러면 프로그램 제작을 위한 기초 작업이 끝난다.

이제 프로그램 제작과 직접 관련된 작업이 이루어지는데, 먼저 연출자와 구성 작가 그리고 주요 출연자들이 모여 대본 구성 협의를 한다. 매회 어떤 내용을 채우고, 어떻게 영상화할 것인가 하는 아이디어가 요구되기 때문에 이 작업은 산고에 비교될 만큼 지루하고 고통스럽기까지 하다. 하지만 프로그램 제작에서 가장 생동감 넘치는 정신 노동이라 할 수 있다. 대본이 만들어지면 그에 따라 기술진과의 협의, 출연자 섭외가 이어진다. 해당 출연자들이 모두 모이면 대본 연습을 하고, 이와 병행하여 세트와 소품, 장소 섭외 등 방송 준비가 이루어진다.

스튜디오 또는 야외에서 촬영이 이루어지는데, 그에 앞서 리허설을 통해 출연자의 움직임과 카메라 배치를 점검한다. 그리고 녹화에 들어간다.

녹화된 테이프는 여러 가지 효과 처리가 이루어지고 편집을 거쳐 송출되는데, 그전에 방송사 자체 심의를 거치기도 한다. 방송이 나가고 나면 시청자와 광고주들로부터 반응이 들어오고 거기에 따라서 이후의 제작 방침을 수정·보완한다.

텔레비전 영상

텔레비전 시청은 대체로 이야기*narrative*의 흐름을 따라가며 이루어지는데, 숏*shot*, 카메라 각도*angle*, 화면 전환 등을 살피면서 시청하면 그 맛이 더 깊어질 수 있다.

영화와 마찬가지로 텔레비전에서도 영상 표현의 기본 단위는 숏이다. 숏은 연출자의 '카메라~ 스타트!' 신호를 받아 카메라맨이 촬영을 시작해서 다시 '컷!' 신호에 의해 촬영을 마치기까지의 이음새가 없는 프레임들의 한 묶음을 뜻한다. 물론 여러 대의 카메라를 동원해 촬영이 이루어지는 텔레비전의 경우, 숏은 스위처를 통한 카메라 선택에 의해서도 만들어진다. 부조정실에서 카메라와 연결된 모니터들을 보면서 연출자가 '1번 카메라 레디~ 컷, 2번 컷, 3번 레디~ 컷' 하는 식으로 지시를 하면, 옆에 앉은 기술 감독은 능숙한 손놀림으로 스위처를 조작해 화면을 전환시킨다.

이런 기본 영상에 더하여 카메라의 각도와 움직임을 통해서 여러 효과적인 숏을 만들어 낼 수 있다. 카메라의 각도에는 세 가지 유

숏의 종류	
인물의 수	1 Shot / 2 Shot / 3 Shot / Group Shot / Mob Scene
상대적 비례	Long Shot / Medium Shot / Close Up Shot
피사체의 크기	Full Shot: 피사체의 성격을 알려 주는 주위 배경을 포함시킨 숏 Full Figure Shot: 피사체의 머리끝에서 발끝까지를 가득 담은 숏 Knee Shot/Waist Shot/Bust Shot: 화면 아래쪽에 잘리는 신체 부위에 따라 순서대로 Tight Bust Shot: 화면 아래쪽에 어깨의 끝선이 끊어지도록 잡는 숏 Close Up Shot: 얼굴을 화면 가득 담는 숏 Extreme Close Up: 눈이나 입, 가방을 든 손처럼 특정 부위를 화면 가득 담는 숏

형이 있는데, 가장 일반적으로 사용하는 각도는 피사체의 눈높이에 렌즈의 높이는 맞추는 수평 앵글이다. 카메라가 낮은 곳에서 위를 올려다보는 각도를 로 앵글*low angle*이라고 하는데, 이때 피사체는 위엄 있게 보인다. 반대로 높은 곳에서 낮은 쪽을 지향하는 것을 하이 앵글*high angle*이라고 하는데, 이때 인물은 왜소하게 보이고, 상황을 객관적으로 조망할 때에도 많이 사용한다.

카메라의 움직임은 전후, 좌우, 위아래의 세 가지 방향에서 이루어지는데, 이때 삼각대 위에서 카메라 헤드만을 돌려 주는 방법과 카메라 전체를 이동시켜 주는 방법 두 가지가 다시 구분된다. 이런 움직임을 통해 여러 가지 의미를 만들어 낼 수 있다. 빠른 속도의 줌 인은 등장 인물이 큰 충격을 받았음을 나타내고, 느린 줌 인은 사색에 잠긴 모습을 표현한다. 줌 인은 피사체를 확대시키면서 주위 배경을

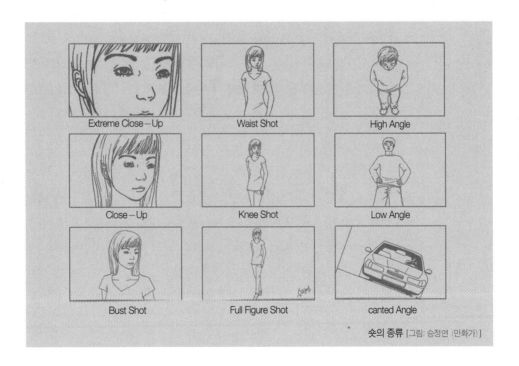

숏의 종류 [그림: 승정연 (만화가)]

카메라 기법		
종류	조작법	효과
패닝 panning left/right	카메라 헤드를 좌우로 돌려 줌	상황을 객관적으로 조망
트래킹 tracking left/right	카메라 전체가 좌우로 이동함	화면의 심도를 만들어 줌
틸트 tilt up/down	카메라 헤드를 상하로 움직임	상황의 조망 또는 발견
붐 boom up/down	카메라 전체가 상하로 이동함	상황의 발견 또는 개입
줌 zoom in/out	줌 렌즈를 사용해 화각의 변화를 줌	관찰, 공감, 충격
돌리 dolly in/out	카메라 전체를 전후로 움직임	다가감, 멀어짐, 화각의 변화 없음

프레임 바깥으로 밀어내기 때문에 특정 등장 인물의 주관적인 느낌이나 상태를 표현하는 데 적절하다. 그에 반해 돌리 인은 화각의 변화없이 피사체에게 다가가기 때문에 1인칭과 2인칭의 시점을 만드는 데 사용할 수 있다. 또, 주밍zooming과 돌링dollying을 동시에 사용함으로써 피사체의 크기는 일정하게 유지하면서 배경을 프레임 아웃시키거나 프레임 인시킴으로써 독특한 느낌을 표현할 수도 있고, 트래킹의 변형인 아킹arcing을 통해서 등장 인물의 내면의 희열을 나타낼 수도 있다.

물론 이와 같은 다양한 화면의 응용에 일정한 공식은 없다. 다양한 숏의 운용을 통해 창조적인 화면을 만들어 내고, 또 그런 화면을 통해 부가적이고 심층적인 의미를 발생시키는 것은 전적으로 연출의 몫이라고 할 수 있다. 다만 그런 응용 숏들은 반드시 필연성을 갖고 시도되어야지 멋 부리기로 활용된다면 오히려 시청자들을 혼란에 빠뜨릴지도 모른다.

텔레비전 미디어의 특성과 문화

텔레비전 기술이 등장한 이후 그 사용 방식이 지금과 같은 형태로 자리 잡게 된 데에는 세 가지 요인을 들 수 있다. 첫째는 미디어의 기술적 요인으로서 전파 미디어가 가지는 즉각적인 전달 가능성과 넓은 지역에 도달하는 광역성이 있다. 둘째는 텔레비전 체제의 상업적 논리이다. 셋째는 앞의 두 요인에 의해 결과적으로 나타난 것이랄 수 있는데, 일상 생활 맥락에서 수용되는 시청 양태이다. 이 세 가지 요인들이 서로 결합해서 이루어지는 텔레비전 시청은 많은 문화적인 함축을 담고 있다.

전달의 즉각성과 수용의 일상성

영상 미디어인 영화와 텔레비전을 비교해 보자. 먼저 관람과 시청을 위한 의례*ritual*에서 차이가 난다. 영화를 관람하기 위해서는 정식으로 의복을 갖춰 입고, 상영관으로 이동하여 부자유스런 자세로 화면을 주목해야 한다. 하지만 텔레비전 시청은 일상 생활 공간에서 그 흐름을 그대로 유지한 채 가장 편안한 자세로 화면을 주목해도 되고, 그저 수상기를 켜놓고 건성으로 보는 둥 마는 둥 해도 된다. 또, 구성 장르에서도 차이를 보인다. 영화가 주로 극 영화와 다큐멘터리에 집중되어 있는 반면, 텔레비전에서는 드라마와 다큐멘터리 외에도 토크와 게임 형식 그리고 리얼리티 양식을 동원한 다양한 장르들이 있다. 드라마의 경우에도 영화가 완결성을 갖는 단막극 형태라면 텔레비전에서는 오히려 연속물*serials*이 더 익숙하다. 또, 텔레비전에는 진행자가 등장해 시청자들을 향해 말을 건네는 형식을 주로 사용한다. 물론 영화와 공유하는 드라마와 다큐멘터리 장르에서는 시청자들과 눈을 마주치지 않지만 말이다.

이렇게 영화와 비교해 볼 때 텔레비전은 시청자와 대면하여 전달하는 특성이 있음을 알 수 있다. 그래서 영화와 달리 텔레비전은 직접성과 현재성의 인상을 강하게 전달하게 된다. 지금 이 자리에서 텔레비전이 나에게 직접 말을 건네고 있는 것처럼 느끼게 만든다. 이는 텔레비전이 전파 미디어의 즉각성을 살려 시청자들과 직접 대면하는 형태의 프로그램 양식들을 계발시켜 온 결과이다.

TV와 시청자의 공존

위와 같은 미디어의 특성에 따라 텔레비전에서는 사회자, 보도자, 진행자, 출연자 등이 시청자들에게 직접적으로 말을 건네는 대화의 형태가 가능해진다. TV와 시청자의 공존을 암시하는 것이다. 생방송은 물론이고 녹화 방송에서도 자신과 눈을 맞추며 "여러분 지난 한 주 동안 편안하게 지내셨습니까?" 하고 말을 건네는 출연자는 바로 지금 시청자 앞에 존재하는 것으로 여겨진다. 이때 시청자들은 마치 현실에서 발생하고 있는 것을 그대로 보고 있는 듯한 착각에 빠진다. 이처럼 전달의 즉각성, 직접 말을 건네는 방식, 일상적 생활 공간인 집 안에서의 수용 등이 결합하여 텔레비전 시청은 친근감의 환상 *illusion of intimacy*을 만들어 낸다.

흐름의 체험

텔레비전 프로그램들은 일상 생활의 리듬에 맞춰 전달되기 때문에 영상과 음향이라는 방송 단위들이 연속된 흐름으로 수용된다. 일정한 흐름을 타기만 하면 이런저런 다른 일을 하면서 시청해도 전혀 무리가 없다. 뉴스의 수많은 아이템들 가운데 중간 중간 몇 개쯤 놓친다고 해도 그다지 문제되지 않는다. 코미디의 한 에피소드나 드라마의 어느 시퀀스, 심지어 한두 회분을 건너뛰어도 괜찮다. 또, 장르를 달리하는 두 개의 프로그램이라 해도, 그 두 프로그램 사이에 다음 회 예고─주제곡─광고─스테이션 브레이크─이어지는 프로그램의 주제곡─광고─본 프로그램 식으로 흐름이 마련되기 때문에 다만 분위기가 쇄신된다고 느낄 뿐 그 시청 흐름이 깨지지는 않는다.

다양성과 반복성

이렇게 텔레비전을 구성하는 각 조각들은 제각기 독특함을 지니기 때문에 전체적으로 볼 때 텔레비전에는 아주 다양한 요소들이 펼쳐져 있다. 그러면서 동시에 그 독특한 조각들이 반복된다. 편성표상의 위치가 반복되고, 프로그램 유형이 반복되고, 개별 요소들의 조직화 방식이 반복된다. 그래서 늘 제자리로 돌아오는 시트콤 형식이나 늘 새로 시작하는 토크 프로그램들이 텔레비전의 전형적인 장르로 자리를 잡게 된 것이다. 이러한 텔레비전의 다양성과 반복성은 TV 시청을 역사적 체험이 아니라 무한한 현재의 체험으로 만든다.

상징적 사회 참여

시청자가 TV 진행자와 직접 대면하는 것 같은 느낌은 사회 상황을 전달받을 때에도 마찬가지로 발생한다. 시위 현장이라든가 불우 이웃의 삶을 시청자들은 다만 화면 속에서 목격할 뿐인데, 마치 그 현실에 참여하고 있는 듯한 느낌을 소비한다. 그것을 통해 참여 욕구를 상상적으로 충족시키게 되고 실제 참여는 오히려 하지 않게 된

걸프전 당시 뉴스 화면. 시청자들은 전장의 모습을 목격하며 마치 현장에 참여하고 있는 듯한 느낌을 받는다.

다. 이를 존 하틀리John Hartley는 '마찰증frotage'에 비유하기도 하는데, 투표하지 않은 시청자들도 국회의원 선거 개표 방송을 보면서 정치 행위에 참여한다고 생각하고, ARS 모금 프로그램을 시청하면서 이웃돕기에 참여한다고 생각한다.

전달의 광역성과 미디어 경험의 축적

텔레비전 방송은 전국을 거의 단일한 망으로 조직화하여 광역성을 띠고 있고, 여기에 텔레비전 시청의 경험이 이제 50년에 다가섬으로써 새로운 문화적인 함축을 갖게 되었다. 텔레비전을 통해 사람들은 거주 지역과 상관없이 같은 화면을 보고 있고, 적어도 40세 이하의 사람들 가운데 다수는 그런 동일한 경험을 태어날 때부터 줄곧 해온 셈이다.

상징의 보편성

이렇게 텔레비전 방송의 동일한 내용이 광범한 지역에 전파됨으로써 여기에 실리는 상징들은 보편성을 띠게 된다. 모든 시청자들이 똑같은 프로그램과 똑같은 연예인, 똑같은 주제들을 공유하게 되는 것이다. 이러한 상징의 보편화 기능은 사고와 지식을 공유하는 공동체 창출에 도움이 되어서 사회적 합의를 이루는 하나의 기반을 마련케 한다는 긍정적인 측면을 갖고 있기는 해도, 그 반대편에서 보자면 체험과 의견의 개인성을 위축시키고 또 표준화된 가치를 조성함으로써 순응주의를 유발하는 부정적인 작용을 하게 된다.

공공성

텔레비전의 광역성은 앞서 언급한 직접성과 결합하여 공적 성격을 파생시킨다. 많은 사람들이 공통된 정보를 갖게 될 뿐 아니라, 텔레비전이 현실을 있는 그대로 전달하는 미디어라고 여기기 때문이다. 이런 특성 때문에 정부의 공식 발표는 흔히 텔레비전을 통해 이루어진다. 국가 비상 사태 때 방송국을 국가에서 관장하는 것도 이런 특성에 기인한다. 하지만 시청자들이 텔레비전에 대해 이런 공공성을 기대하고 있는 점이 정치적으로 악용될 수도 있다. 시청자들의 신뢰를 이용해서 더 효과적인 조작이 이루어질 수 있기 때문이다.

매혹성

텔레비전에 출연하는 사람은 널리 알려질 수 있기 때문에 TV 출연 자체가 그 사람을 중요한 존재처럼 여기게 만든다. 물론 텔레비전의 등장 인물들은 외모가 출중하거나 재주가 뛰어난 사람들이 많다. 또, 그들은 대부분 고소득자이기도 하다. 그런데 그런 측면이 역으로 출연자들의 주가를 높이는 데 기여하기도 한다. 그들이 하는 말은 TV에 출연했다는 이유 하나만으로도 들어줄 만하고 봐줄 만한 것이라는 생각을 갖게 한다. 결국 텔레비전 자체가 매혹성을 발휘하는 권력이 되는 것이다. 국제 경기에서 우승한 스포츠 스타와 대통령이 전화 통화를 한다거나, 선거철이 다가오면 〈체험, 삶의 현장〉 같은 프로그램에 연예인이 아닌 사람들이 출연해 봉사 활동하는 모습을 보여 주는 것도 이런 맥락에서 볼 수 있다. 또, 사람들은 흔히 TV 카메라 앞에서 무척 활성화되는데, 장기간의 시청 경험에 따라 TV가 무엇을 원하는지를 잘 알고 있기 때문에 그렇다. 사람들은 텔레비전에 등장할 자신의 모습을 응시할 수 있게 된 것이다.

상업적 논리

이러한 텔레비전 미디어의 특성은 상업적 논리에 의해 구성된 것들이라 할 수 있다. 대중 문화는 많은 경우 수요와 공급의 법칙에 따라 상품으로 고안되기 때문에 그것의 성공은 예술적이고 문화적인 관점에서가 아니라 다른 상품과의 상대적이고 경쟁적인 기준에 의해 평가된다. 텔레비전도 대중적 체제로 정착해 온 탓에 생산-프로그램-수용의 측면들이 모두 상업적인 논리에 의존한다.

생산

이러한 상업적인 요구에 부응하기 위해 세분화되고 특화된 기능을 가진 개인들이 일련의 제작 공정 속에 배치되어 텔레비전 프로그램이 생산된다. 따라서 TV 제작진은 작가라기보다는 작업자로 여겨지게 된다. 이들은 자신의 생산물에 대한 통제권을 갖지 못하고 다만 최다 수용자를 획득하는 데 동원될 따름이다. 따라서 각 개인이 지닌 창의적인 자원은 미리 마련되어 있는 어떤 흥행 공식에 따라 극도로 제한된다.

프로그램

프로그램 역시 상업적 목표로 인해서 상징의 단순화를 지향하고, 주제와 가치는 보수적 경향을 띠게 된다. 실험적인 시도나 진보적인 관점은 회피된다. 프로그램 형식도 상업적인 동기에 의해 재조직화된다. 드라마의 시퀀스들은 잘게 쪼개져 그 안에서 발단—전개—위기의 형식을 띰으로써 프로그램 중간에 광고를 삽입할 여지를 되도록 많이 마련한다. 토크 쇼나 탐사 보도 프로그램들도 상업적인 동기를 충족시켜 주기 위해 비슷한 형식을 취한다. 윌리엄스가 지적하듯이 그 시퀀스는 프로그램이 진행되면서 더욱 잘게 쪼개져서 나중에는 광고 사이사이에 프로그램을 시청하게 되는 지경에 이르기도 한다.

이러한 텔레비전의 보수적인 성향과 프로그램의 시간 단위별 세분화로 인해 텔레비전에서는 논쟁이나 복합적인 사고가 불가능해진다. 또, 피에르 부르디외Pierre Bourdieu가 지적하듯이 텔레비전에서는 속보 경쟁에서 이겨야 하기 때문에 빠른 전달이 추구되고 있고, 그래서 깊은 사고는 배제된다. 하지만 빠르게 사고하고 논평하기 위해서는 통념에 의존할 수밖에 없고, 따라서 사안에 대한 적확한 논평이나 새로운 관점은 배제되고 기성의 관념이 재생산될 따름이다.

수용

인쇄 미디어의 방대함과 주제의 다양함에 비해 텔레비전에서의 선택의 폭은 극도로 제한적이다. 이것 역시 최대 다수의 수용자를 확보하기 위해 보편적인 상징을 채택한 데 기인한다. 그 결과 시청자들도 그런 보편적인 취향과 흥미를 따를 수밖에 없다. 텔레비전은 대중이 원하는 바를 대중들의 수준에서 제시하고자 하고, 시청자들은 그렇게 하향 평준화된 프로그램을 통해서 세상을 바라볼 수밖에 없는 악순환의 고리에 빠져 있다.

방송의 디지털화

방송의 디지털화란 아날로그 기술에 의해 제작되고 송·수신되던 방송이 디지털 기술에 의해 대체되어 가는 과정을 뜻한다. 기존의 방송 기술이 전기 신호의 진폭과 주파수 변화를 통해 정보를 전달한 반면, 디지털 방송은 1과 0의 연속인 이진수로 신호를 전환하여 전송하는 점에서 차이가 있다.

디지털 방송의 장점

방송 미디어의 디지털화는 기술적인 측면에서 여러 가지 장점을 가진다. 먼저 디지털 신호는 잡음과 신호의 손실이 적고, 신호의 효율적 압축이 가능하다. 그 덕택에 일정한 전송 대역폭에서도 더 많은 정보량을 전송할 수 있어 더 선명한 고화질과 고음질의 서비스를 제공할 수 있고, 다수 채널의 방송이 가능하다. 둘째, 디지털 방송은 모든 데이터를 디지털 신호로 처리하기 때문에 컴퓨터와 통신 네트워크 등 다른 디지털 미디어와 접속하여 이용하는 것이 가능하다. 그래서 방송과 통신이 융합된 다양한 서비스를 통합적으로 운용하는 멀티미디어 기능을 구현할 수 있다. 셋째, 디지털 방송은 방송망의 기술적 고도화와 광대역화에 따라 쌍방향 서비스가 가능해진다. 이는 여유 대역폭을 활용한 상향 채널return channel의 구축이 쉬워진 데 따른 것이다. 그 덕택에 시청자들은 텔레비전을 통해 전자 상거래나 게임, 인터넷 서비스 등 다양한 형태의 상호 작용 서비스를 이용할 수 있게 되고, 방송 프로그램의 선택적 시청 및 의견 전달 그리고 더 나아가 방송 중인 프로그램에 직접 참여할 수 있는 가능성까지 생긴다. 이는 방송사에서 시청자에게 일방적으로 전달되던 방송 구조가 근본적으로 바뀌는 것을 뜻한다.

이러한 가능성으로 인해 디지털 방송은 경제적인 측면에서도 고부가 가치 산업으로 인식되어 각국에서는 정책적 차원에서 기존 방송의 디지털 전환을 적극 추진하고 있고, 이미 일부 미디어들은 본격적인 디지털 방송 서비스를 실시하고 있다.

디지털 방송의 전개

디지털 방송은 먼저 위성 방송에서부터 시작되었다. 1994년 6월 미국 휴즈사의 DirecTV가 고출력 위성인 DBS-1을 이용해 150개 이상의 다채널 위성 방송 서비스를 제공했고, 1996년 4월에는 프랑스의 Canal+가 Astra 1E 위성을 이용해 24개 채널의 디지털 위성 방송을 시작했다. 디지털 라디오 방송은 1995년 9월 영국 BBC에서 처음 시

세계 최초의 디지털 위성 방송인 미국의 DirecTV 사이트

작했고, 디지털 케이블 TV 서비스는 1997년 미국 TCI에서 시작했다.

지상파 텔레비전 방송의 디지털화는 1998년 9월 23일 영국 BBC
에서 제일 먼저 시작했고, 같은 해 11월 1일 미국, 다음 해 4월 1일 스
웨덴이 뒤를 이었다. 한국도 2001년 10월 26일 SBS를 시작으로 주요
지상파 방송사들이 본방송 서비스에 돌입했다.

그 뒤 한국에서는 이동 중에도 높은 품질의 음향과 영상을 수신
할 수 있는 기술 개발과 도입을 추진해 2005년 5월 위성 DMB(Digital
Multimedia Broadcasting), 12월 지상파 DMB 서비스를 시작했다. DMB는
기존 AM, FM의 아날로그 방식과 달리 디지털 신호 압축과 변조 기
술을 사용하면서 이동 중 수신 능력이 탁월하게 좋아졌을 뿐만 아니
라, 음향과 영상, 위치 정보, 문자 방송 등 멀티미디어로서의 기능을
할 수 있다. 이미 우리는 주변에서 이동 전화나 휴대용 단말기를 통
해 텔레비전 방송을 시청하는 모습을 쉽게 볼 수 있다.

또, 2008년 11월 17일부터 초고속 인터넷 망을 통해 방송 서비스를 하는 IPTV(Internet Protocol TV) 본방송이 시작되었다. 그동안 디지털 방송의 이점으로 이야기되어 온 데이터 방송이라든가 쌍방향 서비스가 실제 방송 소비 시장에서 구현되지 않았던 반면, IPTV의 도입으로 시청자들의 피부에 와 닿는 상황으로 전개될 것으로 보인다. 주문형 비디오(VOD), 디지털 영상 저장(DVR) 등의 서비스가 본격화할 뿐만 아니라, TV 모니터와 리모콘을 통해 지금까지는 PC를 통해 접속하여 이용하던 인터넷상의 여러 기능들, 즉 홈쇼핑이나 홈뱅킹, 홈트레이딩, 온라인게임 등 다양한 부가 서비스를 이용할 수 있게 되었다.

방송의 디지털화 뒤집어 보기

방송 기술의 발전과 그것이 사회에 적용되는 양상을 보면 새로운 기술이 사회의 변화에 영향을 미치는 가장 주요한 원인이라고 하는 기술 결정론이 상당 부분 설득력을 가진다. 방송의 디지털화로 인해 더 선명한 화질, 더 많은 채널, 쌍방향성을 통한 참여, 각종 부가 서비스, 이동 중 TV 시청 등 시청자들은 여러 가지 혜택을 누릴 수 있다. 방송과 통신 사업자들은 포화 상태에 이른 기존의 시장 상황을 뛰어넘어 새로운 시장을 창출할 수 있게 되었다. 국가적으로도 방송과 통신이 융합되는 국제적인 기술 개발 대열에 뒤쳐지지 않고 동참하는 바탕을 마련할 수 있다. 하지만 그토록 찬란한 신기술의 빛이라 해도 늘 반대편에 그림자를 드리우게 마련이다. 새로운 미디어의 도입은 산업 기반이 마련될 때까지 초기 사용자들의 충성과 희생을 요구한다. 현재 모바일 시장에서 가장 큰 비중을 차지하는 서비스 가운데 하나는 게임이고, 초창기 인터넷이 대중적으로 확산되는 데 포르노 사이트들이 큰 기여를 했다. 이것들은 하지 않아도 되는 체험, 하지 않는 게 나은 체험을 신기술, 새로운 미디어 때문에 하게 된 '문화적 과잉 체험'이라고 볼 수 있다. 다채널화가 곧 다양성과 같은 뜻이 아님은 CATV의 예가 잘 보여 준다. 일단 새로운 미디어가 사회에 도입되고 나면 그 부작용이 현실화하더라도 업계의 생존을 도외시할 수 없게 된다. 그래서 TV 시청 환경은 더 선정적이고, 더 폭력적인 프로그램들로 채워지는 것이다. 신기술의 초기 정착과 육성에 들어가는 개인의 육체적, 정서적, 경제적 비용에 대해서도 늘 관심을 가져야 한다.

더 알기 위하여

《대중 매체 법과 윤리》. 강준만 (2001). 인물과사상사.

　방송법에 대한 각종 논의와 사례들이 잘 소개되어 있다. 특히 한국 최근 사례들을 보는 재미가 있다.

《방송의 개념과 본질》. 고민수 (2006). 한국학술정보.

　방송의 개념과 본질에 대해 법학적이고 철학적인 관점에서 다각도로 논의하고 있는 책이다. 학부생에게는 조금 어려울 수 있지만 정치한 논의가 돋보이므로 꼭 한 번 읽어 보기를 권한다.

《IPTV의 동향과 전략》. 권호영 (2005). 커뮤니케이션북스.

　인터넷 방송을 PC가 아닌 TV를 통해 볼 수 있게 해주는 IPTV의 기술적 원리와 세계 각국의 정책과 규제, 시장 상황 등을 체계적으로 정리한 보고서이다.

《디지털 멀티미디어 브로드캐스팅》. 박경세 (2004). 커뮤니케이션북스.

　DMB의 미디어적 특성과 외국의 도입 사례, 그리고 주요 쟁점들을 정리한 보고서.

《뉴 미디어 방송 서비스 정책에 대한 연구》. 박명진 · 손병우 등 (2000). 정보통신부.

　각국의 방송의 정의들이 광범위하게 수집 소개되어 있다.

"미국의 TV 산업이 한국의 TV 방송 도입 과정에 미친 영향에 관한 연구," 채백 (1986). 〈서울대학교 신문연구소학보〉 23.

　논문 제목 그대로 한국 TV 방송이 도입될 당시 미국과의 영향 관계가 소상히 밝혀져 있다. 논문이라고 해서 겁먹을 필요 없다. 아주 잘 읽힌다.

Understanding Radio. Andrew Crisell (1986). London and New York: Methuen.

　이 출판사의 커뮤니케이션 연구 시리즈들은 미디어와 대중 문화를 이해하는 데 유용하다.

Sur la tlvision. Pierre Bourdieu (1988). 《텔레비전에 대하여》. 현택수 옮김. 동문선.

　부르디외가 텔레비전에서 텔레비전에 관하여 강의한 내용으로서 프랑스 지식인의 텔레비전에 대한 인식을 볼 수 있다.

Television: Technology and Cultural Form. Raymond Williams (1990). London: Routledge.

　1975년에 처음 나왔고, 각주를 몇 개 추가하여 새로 출판되었다. 테크놀로지와 사회의 관계를 보는 관점을 정립하는 데 많은 도움이 되고, 텔레비전과 영화의 경쟁 관계, 흐름의 문화 개념 등 중요한 내용이 많이 들어 있다.

10

광고

우리들은 항시 수많은 광고물에 둘러싸여 살고 있다. 아침에 배달되는 조간 신문에서 떨어져 나오는 전단 광고를 비롯해 전체 지면의 절반 이상을 차지하는 신문 광고, 라디오에서 흘러 나오는 CM송, 텔레비전에 비치는 수많은 종류의 제품 광고, 여성 잡지를 거의 차지하다시피 하는 여성용 제품 광고, 거리를 지나치며 스치는 수많은 옥외 광고물……. 우리는 알게 모르게 이렇게 수많은 광고들로부터 영향을 받으며 살고 있다. 제품을 구매할 때 적극적으로 광고를 찾아 정보로서 활용하기도 하고, 자신도 모르게 광고를 통해 알게 된 제품을 선택하기도 한다. 또한, 광고는 단지 제품 정보로서만 사용되는 것이 아니라 오락의 대상이 되기도 한다. 광고의 현란한 비주얼과 화려한 모델, 산뜻한 카피는 텔레비전의 드라마나 쇼 못지 않게 감각적 즐거움을 선사하기도 한다. 따라서 광고는 많은 사람들의 관심의 대상이 되고 일상의 화젯거리가 되기도 한다. 친구나 동료들과 텔레비전이나 신문, 혹은 잡지에 나온 광고에 대하여 한 번쯤 평을 해보지 않은 사람은 없을 것이다. 이를 반영하듯 요즈음 웬만한 신문이나 잡지들도 광고에 대한 이야깃거리를 다루는 광고평이나 광고란을 게재하고 있다. 한편 광고는 현대 생활에 있어 텔레비전, 신문, 잡지, 라디오와 같은 미디어 못지않게 우리들의 환경을 이루는 공공 메시지이며 더 나아가서 현대의 소비 대중 문화를 창조하고 이끄는 중심 미디어이기도 하다. 광고는 단지 제품에 대한 객관적 정보뿐만 아니라 문화적 메시지를 포함하고 있다. 우리는 광고를 통해서 사람들이 어떻게 옷을 입고, 어떤 음식을 먹으며, 어떻게 살아가는지를 배운다. 광고는 현대인들의 대중 소비 생활의 중심적 준거틀로서의 역할을 하고 있다.

이혜갑

현재 이화여자대학교 광고홍보학과 교수이다. 연세대학교 법학과를 졸업하고, 미국 텍사스주립대학교(오스틴)에서 광고학 박사 학위를 받았다. 옮긴 책으로는 ≪통합적 마케팅 커뮤니케이션≫(공역), ≪거부할 수 없는 광고 계율≫이 있으며, 논문으로는 〈광고 매체 노출 분포 모델에 관한 연구〉, 〈광고 매체 기획을 위한 평가 지수(AI) 자료의 활용 가능성 검토〉, 〈텔레비전 프로그램 광고 요금 효율성에 관한 연구〉 등이 있다.

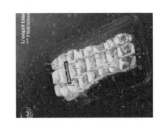

광고란 무엇인가

우리 생활에 깊이 침투해 있는 광고는 무엇인가? 대부분의 사람들은 '광고' 하면 텔레비전 화면에 비치는 화려하고 빠른 영상, 그리고 재치 있는 카피를 떠올린다. 광고는 화려하고 재미있는 것 정도로 단순하게 생각한다. 그러나 우리들이 미디어를 통해 접하는 몇 초 안 되는 짧은 광고물은 몇 사람의 아이디어 싸움의 결과가 아니라 복잡한 과정을 거쳐 수많은 사람들이 노력한 결과물이다. 광고가 텔레비전 화면에 비치기까지 광고주와 광고 대행사는 수많은 협의를 거쳐야 하며, 광고 대행사의 AE, 조사 전문가, 카피라이터, 크리에이티브 전문가들이 오랜 시간 동안 협력 작업을 통해 광고 메시지와 표현 방법을 개발, 제작하고 미디어 담당자들의 미디어 기획 과정을 거쳐야 한다.

이렇게 복잡한 과정을 거치고 다양한 종류의 사람들이 이러한 과정에 관련을 맺고 있기 때문에 광고가 무엇인가에 대한 질문에 대하여 한 마디로 딱 떨어지는 대답을 내놓기는 쉽지 않다. 사람들은 광고 커뮤니케이션 과정상 어느 위치에 있느냐에 따라 광고에 대한 입장이 다르므로, 광고가 무엇인가에 대하여도 다른 대답을 할 것이다.

광고주 입장에서 광고는 제품을 판매하는 여러 가지 마케팅 수단의 하나로서, 제품에 대한 정보를 소비자들에게 알려 자신의 제품을 구매하게 하려는 의도를 지닌 설득 수단이다. 소비자들에게 광고는 필요한 제품을 구매할 때 사용하는 여러 정보 가운데 하나이다. 또한, 텔레비전 드라마나 쇼처럼 오락원들 가운데 하나이다. 한편, 미디어사의 입장에서 광고는 미디어를 경영하는 데 없어서는 안 될 재정적 수입원의 하나이다.

광고의 특성

우선 좁은 의미의 광고는 상업적 교환 활동을 촉진하는 커뮤니케이션 수단이다. 광고는 기업의 제품 판매 활동을 위한 마케팅 수단의 하나로서, 소비자로 하여금 제품이나 서비스를 채택하도록 설득하는 커뮤니케이션 활동이다. 광고는 제품에 대한 메시지를 소비자들에게 전달하여 제품에 대한 호의적인 태도를 형성시키고 제품을 구매하고픈 욕구를 창출하는 광고주의 커뮤니케이션 수단이다.

넓은 의미의 광고는 단지 제품이나 서비스뿐만 아니라 사람들이 가지고 있는 이념이나 신념을 알리는 수단을 포함한다. 즉 정치적 이념이나 종교적 신념을 공중에게 알리고 설득하는 정치 광고나 종교 광고, 또는 사회적인 이슈들을 공중에게 알려 사람들로 하여금 특정한 행동을 하게 하거나 하지 못하게 하는 공공 메시지와 같은 비상업적, 비영리적 광고도 포함한다. 이러한 넓은 의미의 광고는 단지 제품, 서비스의 유통뿐만 아니라 모든 인간의 교환 활동을 돕는 활동을 포함하는 넓은 의미의 마케팅의 정의를 바탕으로 한다. 따라서, 광고는 인간의 여러 교환 활동을 촉진시키기 위한 커뮤니케이션 활동 가운데 하나이다.

기술적으로 광고를 다른 설득 커뮤니케이션과 차별화하는 특성은 광고 메시지가 실리는 미디어의 지면이나 시간에 대하여 대가를 지불한다는 점이다. 광고주는 지불한 대가에 상응하는 지면이나 시간에 원하는 메시지를 담을 수 있는 권리를 보장받는다. 한 마디로 광고는 상업적 미디어 접근권이라고 할 수 있다.

또한, 광고는 미디어를 통하여 다수의 청중에게 메시지를 도달시킨다는 특징을 가지고 있다. 이러한 미디어에는 신문, 잡지, 텔레비전, 라디오, 옥외 광고, 인터넷 등이 있는데, 이들은 불특정 다수의 청중들에게 메시지를 전달하는 미디어이다. 그러나 요즈음의 광고 미디어는 점차 보다 개인적인 미디어로 확장되고 있다. 이는 대량 생산, 대량 유통 방식을 취하는 대중 마케팅 시대에서 세분 시장 소비자의 욕구 충족을 위한 표적 마케팅 시대, 더 나가서 개별 소비자와의 관계를 바탕으로 하는 개인 마케팅 시대로 변화하고 있기 때문이다. 세분 시장, 혹은 더 나아가 개별 소비자와의 커뮤니케이션을 위해 보다 선택적 청중에 접근할 수 있는 미디어가 광고 미디어로서 각광을 받고 있다. 케이블 텔레비전은 물론, 개인적 미디어인 직접 우편direct mail, 인터넷 등이 대표적인 예이다.

다른 설득 커뮤니케이션과의 차이점

우리는 일상 회화에서 '광고,' '선전,' '홍보,' 'PR' 등의 용어들을 같은 의미의 전달을 위해서 혼용해서 사용한다. 이들은 기본적으로는 '널리 알리고,' 더 나아가서는 '상대방을 설득'하는 것을 목적으로 하는 설득 커뮤니케이션이라는 점에서 공통점이 있다. 그러나 이들은 커뮤니케이션의 주체나 대상, 목적, 커뮤니케이션 방법, 사용 미디어에 있어 차이가 있다.

PR(public relations)

조직이 관계를 맺고 있는 다양한 공중과 좋은 관계를 맺고 유지하기 위하여 행하는 모든 커뮤니케이션 활동을 포함한다. 기업은 내부 청중인 기업 내의 근로자는 물론 외부 청중인 소비자, 투자자, 정부, 관련 기업, 지역 주민들과 좋은 관계를 유지하기 위하여 다양한 활동을 전개한다. 이러한 활동들을 소비자 관계, 투자자 관계Investor relation, 지역 관계Community relation라고 부른다.

홍보 / 퍼블리시티

조직은 위에 언급한 다양한 이해 당사자들과 좋은 관계를 유지하기 위하여 여러 가지 PR 수단을 사용한다. 이중에는 사보 발간, 기자 회견, 이벤트 등이 포함되며 기업 광고도 기업에 대한 청중들의 이해를 구하고 좋은 이미지를 구축한다는 측면에서 PR 수단의 하나이다.

이러한 수단들 중 홍보 혹은 퍼블리시티는 제품이나 서비스에 대하여 뉴스 가치가 있는 기삿거리를 만들어 미디어에 배포하고 뉴스로서 다루어지도록 하는 것이다.

홍보 혹은 퍼블리시티는 지면이나 시간에 대한 대가를 지불하지 않는다는 점에서 광고와 구별된다. 퍼블리시티를 통해 다루어진 뉴스 기사는 소비자들로부터 신뢰성을 확보할 수 있다는 장점이 있다. 그럼에도 불구하고 퍼블리시티는 미디어의 지면이나 시간이 확실히 보장되지 않으며, 메시지 내용을 통제할 수 없다는 약점이 있다. 기업의 이벤트 행사도 제품이나 기업에 대한 뉴스를 간접적으로 기사화하는 것을 목적으로 한다는 점에서 일종의 퍼블리시티 활동이라고 할 수 있다.

선전

원래 정보나 의견 유포를 통하여 사람들을 계도하고 설득하기 위한 커뮤니케이션 형태이다. 그러나 선전은 사실을 은폐하고, 허위적이며 오도하는 정보를 유포하여 진실을 왜곡하는 파괴적 활동일 경우가 많다. 일반적으로 PR이나 광고가 상업적 목적을 가진 설득 커뮤니케이션이라면 선전은 주로 정치적인 목적을 가진다. 또한 선전의 메시지 송수신자는 정치적으로, 혹은 이념적으로 대립 혹은 적대 관계에 있는 개인이나 집단이다. 테렌스 쿼터Terence Quater는 다음과 같이 선전을 정의 내리고 있다. "선전은 개인이나 집단이 어떤 주어진 상황에서 그들이 바라는 반응을 다른 사람들로부터 얻으려는 의도를 가지고 커뮤니케이션 수단을 활용해서 다른 집단들의 태도를 형성, 통제, 변화시키기 위한 교묘한 기도이다."

마케팅 맥락에서의 PR

마케팅 PR

원래 PR(Public Relations)은 기업과 다양한 공중 사이의 친선을 유지 확대하기 위해 수행하는 조직 활동이다. PR 활동의 대상은 조직의 활동과 관련한 다양한 공중들이다. 이러한 공중들에는 피고용인, 납품업자, 주주, 정부, 일반 공중, 미디어, 노동 단체, 소비자 단체, 소비자 등이 포함된다. 각각의 공중과의 PR 활동들을 사내 PR, 투자자 관계, 소비자 관계, 지역 관계, 미디어 관계, 정부 관계 등으로 부른다. 이와 같이 PR은 조직과 관련된 모든 공중들과의 관계를 다루는 활동으로 대부분의 일반적인 PR 활동들은 마케팅 활동들을 포함하기보다는 일반적인 경영 관리와 관련한 문제들을 다룬다.

이 장과 관련이 있는 PR 활동은 소비자와의 관계를 다루는 PR 활동의 한 영역으로, 마케팅 PR(MPR: Marketing public relations)이라고 부른다.

오늘날에는 기업의 통합적 마케팅 커뮤니케이션*Integrated Marketing Communication*의 한 부분으로 MPR이 점차 더 중요하게 다루어지고 있다. 광고가 명시된 광고주가 대가를 지불하고 메시지를 미디어에 집행하여 소비자들의 태도나 행동에 직접적인 영향을 끼치려고 하는 데 비해, MPR은 주로 기자들이 작성한 기사를 통해 메시지를 전하려고 한다. 따라서 MPR 메시지는 광고에 비해 소비자들로부터 신뢰도를 확보할 수 있으며, 대가를 지불하지 않으므로 비용이 적게 든다는 이점이 있다.

이렇게 기사를 통해 제품에 대한 정보를 알리는 PR의 수단을 퍼블리시티*Publicity*라고 한다. 이러한 활동을 통하여 기업은 브랜드 인지도를 높이고, 브랜드에 대한 호의적인 태도를 강화시켜 브랜드 자산을 구축하고자 하는 것이다. 이러한 활동에는 보도 자료의 배포, 기자 회견 등이 포함된다.

한편 제품의 마케팅 활동과 관련하여, 예기치 않았던 부정적인 퍼블리시티*publicity*가 발생하거나 부정적인 루머가 유포되는 것 같은 위기 상황이 발행하였을 때 이에 대처하기 위한 활동들도 MPR의 한 부분이다.

이 외에도 MPR에는 제품의 인지도나 이미지를 구축하고 판매량을 늘이기 위한 수단으로 이벤트나 사회 활동을 후원하는 후원 마케팅*Sponsorship Marketing*이 있다. 후원 마케팅에는 이벤트 후원 활동과 사회 활동 후원 등이 있다. 이벤트 후원 활동은 체육, 오락, 문화 등 소비자들의 관심도가 높은 행사와 브랜드를 연결시키려는 목적으로 집행되는 활동들이다. 사회 활동 후원 마케팅(CRM: Cause-related marketing)은 비영리 단체와의 연계를 통해 기업이나 브랜드에 대한 호의적인 이미지를 구축하고자 하는 활동을 말한다.

광고 커뮤니케이션 과정

광고의 집행 과정을 '정보원―메시지―채널―수신자―효과(S-M-C-R-E) 모델을 토대로 살펴보자. 광고 커뮤니케이션의 메시지의 송신자인 광고주가 광고 메시지를 기획하고 제작하는 전문 집단인 광고 대행사를 통하여 메시지를 만들고, 이렇게 만들어진 광고 메시지를 신문이나 방송, 잡지 등의 미니어를 통하여 소비자 혹은 잠재 고객, 또는 소비자들에게 영향을 줄 수 있는 의견 지도자들에게 전달한다.

광고 메시지의 수신자인 소비자는 광고를 통하여 모르는 제품이나 브랜드를 알게 되고, 브랜드에 대한 새로운 태도를 갖게 되거나 기존의 태도를 바꾸고, 광고 제품의 구매 의도를 갖는다.

광고 산업의 세 요소는 광고주, 광고 대행사, 미디어사이다. 광고주는 전체 광고 프로그램을 관리한다. 광고주는 광고 대행사를 선정하고, 광고 대행사가 기획한 광고물을 승인하고 관리하며, 미디어에 집행된 광고에 대한 대가를 미디어사에 지불하는 일을 한다. 광고주는 광고를 통해 제품이 소비자에 의해 채택될 수 있기를 바란다.

광고 대행사는 광고주로부터 의뢰를 받아 표적 소비자들에게 가장 설득력이 있는 메시지를 찾아내고 그 의미를 잘 전달할 수 있는 시청각적 메시지와 기호 및 상징을 선택하여 광고물을 제작한다. 또한, 광고 메시지가 보다 많은 표적 소비자들에게 효율적으로 전달될 수 있도록 미디어를 선정하고 집행하는 일을 한다. 광고 대행사가 메시지를 창조하는 데 있어서 가장 중요한 임무는 제품이 가지고 있는 차별적 특성이 소비자들에게 어떤 혜택을 제공하는지에 대하여 해석해 주는 것이다.

미디어는 광고 대행사가 제작한 광고 메시지를 제품의 표적 청중에게 전달하는 용기 역할을 한다. 미디어는 커뮤니케이션 과정상 광고주와 소비자의 접촉점이다. 따라서, 미디어는 제품의 표적 시장과 일치하는 최대한의 표적 청중을 확보하려고 노력한다.

광고는 특정한 소비자를 표적 청중으로 삼는다. 광고주가 겨냥하는 광고 메시지의 수신자는 광고 제품의 현재 사용자이거나, 잠재 고객, 혹은 이들의 구매 의사 결정에 영향력을 행사할 수 있는 의견 지도자이다. 이들은 광고 메시지를 제품 정보로 적극 활용하기도 하며, 단순히 눈요깃거리로 즐거움을 위해 사용하기도 한다.

광고가 성공적이기 위해서는 광고주가 의도한 메시지가 소비자들에게 같은 의미로 전달되어야 한다. 그러나 광고 메시지를 효과적으로 전달하는 데는 여러 가지 제약 요인들이 작용한다. 우선 광고주 입장에서는 광고 대상 제품의 표적 소비자에 대한 불완전한 지식을 들 수 있다. 광고주와 광고 대행사는 제품의 소비자들이 누구이며, 그들은 어떤 필요와 욕구를 가지고 있으며 제품을 어떻게 구매하게 되는지, 또 어떤 미디어를 주로 사용하는지 등에 대한 충분한 이해를 가질 때 그들에게 가장 어필하는 광고 메시지를 개발할 수 있다. 소비자에 대한 지식을 바탕으로 효과적인 메시지 개발을 위하여 광고주와 대행사는 소비자 조사를 한다.

광고 대행사는 의도한 광고 메시지를 소비자들에게 전달하기 위하여 다양한 시청각적 기호를 조합하여 광고물을 제작한다. 그러나 광고 대행사는 제작한 광고물들이 과연 의도한 커뮤니케이션 목적을 달성할 수 있는지에 대하여 제한적인 지식만을 가지고 있다. 대행사가 제작한 광고물이 광고주가 의도한 제품에 대한 의미를 전달하지 못하거나, 전혀 예상치 못했던 의미를 전달할 수도 있다. 광고 대행사는 이러한 문제를 극복하기 위하여 광고가 집행되기 전에 여러 대안 광고물에 대한 사전 효과 조사_pre-test_를 통하여 의도한 커뮤니케이션 목적을 달성시킬 수 있는 광고물을 선택한다.

광고가 커뮤니케이션 목적을 달성하기 위해서는 기본적으로 광고 메시지가 제품의 표적 소비자에게 전달되어야 하는데, 이렇게 되기 위해서는 올바른 미디어를 선택해야 한다. 올바른 미디어란 광고 제품의 표적 소비자들과 일치하는 청중을 가진 미디어를 의미한다. 또한, 주어진 광고 예산의 범위 내에서 커뮤니케이션 효과를 최대화하기 위해서는 도달하는 표적 청중의 수가 많으면서도 상대적으로

광고 커뮤니케이션 과정				
	송신자	메시지	채널	수신자
주체	광고주	광고 대행사	매체	소비자, 구매자, 의견 지도자
활동	광고 프로그램의 승인 및 관리	시청각 메시지 창조, 매체 선정	메시지를 의도한 청중에게 전달	메시지 해석
커뮤니케이션 의도	소비자들의 상품 컨셉 채택	커뮤니케이션 목적 달성을 위해 메시지 창출	효과적이고 효율적인 메시지 전달	정보 및 오락
효과 제약 요인	수신자에 대한 불완전한 지식 및 시장 경쟁	재정적 제약, 메시지 효과에 대한 불확실한 지식, 경쟁적 메시지	미디어 간 경쟁, 미디어 비용	반응 준비 상태 및 능력, 선택적 노출 및 기억, 상황적 요소

저렴한 미디어를 선정하여야 한다. 가장 효과적이면서도 효율적인 미디어를 선정하기 위해서는 광고 미디어들에 대해 소비자들이 어떻게 반응하고 있는지에 대하여 알아야 한다. 또한, 효과적인 커뮤니케이션을 위해 광고를 어느 정도 집행하여야 하며, 어떤 종류의 미디어를 섞어야 하는지에 대한 지식도 필요하다.

이러한 과정을 거쳐 광고가 올바른 미디어에 집행된다고 할지라도 모든 광고물들이 광고주가 의도한 커뮤니케이션 효과를 얻지는 못한다. 광고의 표적이 되는 소비자들이 미디어에 노출되어 광고를 볼 기회*opportunity to see*를 가질지라도 모든 광고물에 반응하는 것은 아니다. 소비자는 입력되는 수많은 외부 자극물들 가운데 자신에게 관련성이 있거나, 주목을 끄는 정보만을 선택적으로 수용한다. 광고주는 이러한 소비자 측면에서의 효과 제약 요인을 염두에 두고 광고를 기획하고 집행하며, 광고 집행 이후에는 광고가 의도했던 커뮤니케이선 목적을 달성하였는지에 대하여 조사를 실시한다. 그리고 조사 결과를 다음 광고 캠페인에 반영하게 된다.

마케팅과 광고

현대의 기업들은 '소비자 중심주의'라는 마케팅 철학에 기초하여 활동한다. 소비자 중심주의를 채택한 기업은 소비자들의 욕구와 필요를 충족시키기 위한 마케팅 활동을 한다. 이들은 우선 소비자들의 필요와 욕구를 파악하여 시장을 세분화하고, 여러 세분 시장 가운데에서 소비자들의 욕구를 가장 충족시킬 수 있을 것으로 판단되는 시장을 선택하여 그 시장을 대상으로 마케팅 활동을 한다. 기업은 선택 시장의 필요와 욕구를 충족시키기 위하여 그 시장에 속한 소비자들이 원하는 제품을 개발하고, 그들이 지불하고자 하는 가격을 결정하고, 그들이 구매하고자 하는 장소에 제품을 유통시킨다. 그리고 제품에 대한 정보를 소비자들에게 전달한다. 이러한 활동들(제품, 가격, 유통, 촉진)을 마케팅 믹스라고 부른다.

마케팅 믹스 가운데 제품에 대한 정보를 소비자들에게 전달하고 설득하는 커뮤니케이션 활동을 촉진promotion이라고 한다. 촉진 활동은 광고, 퍼블리시티, 판촉, 대인 판매 등으로 이루어지는데, 이들을 촉진 믹스라고도 부른다. 광고는 대가를 지불하고 구매한 미디어의 지면이나 시간에 광고주가 전달하고자 하는 메시지를 실어 소비자들과 커뮤니케이션하는 활동이다. 퍼블리시티는 제품이나 서비스에 대한 정보를 뉴스화하여 미디어에 싣는 활동으로 미디어에 대하여 대가를 지불하지 않는다는 점이 광고와 다르다. 판촉은 단기간에 판매를 증진하거나 매장의 방문객을 늘리는 활동을 말한다. 가격 인하, 경품 행사, 소비자 경연 대회, 견본품이나 쿠폰 제공 등이 판촉 활동에 속한다. 대인 판매는 영업 사원이 소비자나 잠재 고객을 직접 만나 제품이나 서비스에 대한 정보를 전달하고 판매를 위하여 설득하는 활동이다.

이렇게 광고는 여러 가지 마케팅 활동의 하나인 촉진 활동 가운데 하나이다. 따라서, 제품 판매는 광고 활동 한 가지에 의해서 결정되는 것은 아니다. 광고가 아무리 제품에 대한 정보를 표적 청중들에게 잘 전달하고, 설득력이 있다고 할지라도 제품의 품질이나 가격이 소비자들이 원하는 수준에 미치지 못하거나, 소비자가 원하는 장소에 제품이 유통되지 않는다면 구매는 일어나기 힘들다. 설혹 광고 때문에 한번쯤 제품을 구매한다고 할지라도 소비자들이 그 제품에 만족하지 않는다면 그 제품을 다시 구매하지 않을 것이다. 이런 경우 광고는 단발적인 구매는 유발할지언정 기업이 원하는 충성 구매에까지는 영향을 미치지 못한다.

일반적으로 광고가 마케팅 활동의 전부인 것처럼 인식되거나 마케팅의 성공과 실패가 광고에 의해 좌지우지되는 것처럼 인식되는 것은 광고가 기업이 행하는 여러 마케팅 활동 가운데 가장 눈에 잘 띄는 활동이기 때문이다. 이런 의미에서 혹자는 '광고는 빙산의 일각'이라고 한다.

광고의 역할

제품 채택 과정상의 광고의 역할

소비자들은 어떤 제품을 구매하기까지 여러 과정을 거친다. 소비자
들이 내재적으로 어떤 필요가 충족되지 않았다고 문제를 인식하게
되면, 그 필요를 충족시키기 위한 수단을 찾기 위해 정보를 탐색하게
된다. 소비자는 이미 사용 경험을 통하여 기억 속에 저장되어 있는 제
품에 대한 정보나 구매 의사 결정과 관련한 외부의 정보들(광고, 구전, 마
케팅 자극물 등)을 탐색한다. 정보 탐색 과정을 거쳐 소비자는 여러 가지
브랜드에 대하여 인지하게 되고 그들을 평가한다. 평가 과정을 거쳐
기대되는 혜택을 가장 잘 제공할 것으로 판단되는 브랜드에 대해 호
의적 태도를 갖게 되고, 결국 이를 바탕으로 특정 브랜드를 채택(구매)
하게 된다. 제품 채택 과정은 여기서 그치는 것이 아니라 구매한 브랜
드가 기대와 필요를 충족시키는지 평가하는 단계로 연장된다.

 광고는 이러한 제품 채택 과정에서 소비자들을 한 단계씩 끌어
올려 주는 역할을 한다. 제품에 대해 알지 못하는 소비자들에게는

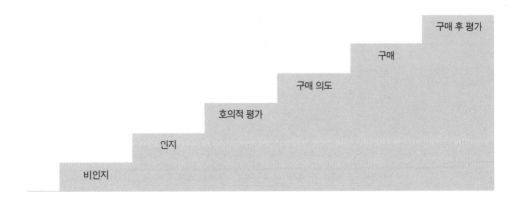

제품에 대하여 알게 하고, 제품에 대하여 알고 있는 소비자들에게는 좋은 태도를 갖게 하고, 그러한 태도를 이미 가지고 있는 소비자들에게는 제품을 구매하고자 하는 의도를 가지게 한다.

브랜드 선호도 개발

자유 시장 경제의 특징은 제품에 대한 수요와 공급이 시장에 의해서 결정된다는 것이다. 소비자는 자유롭게 필요한 제품을 선택하고, 기업은 자신의 제품이 소비자들에 의해 선택되도록 노력한다. 기업은 경쟁 시장에서 우위를 점하기 위하여 소비자들이 자사의 브랜드에 대해 상대적 선호도를 가지기를 기대한다. 이러한 브랜드 선호도를 개발하기 위하여 다른 브랜드가 가지지 않거나 주장하지 않는 차별점을 소비자들에게 알려 준다. 제품의 차별점을 제시하는 방법에는 두 가지가 있다. 우선 제품의 물리적 특성이나 기능적 특성이 타 브랜드와 차별화될 수 있고, 그러한 차별점이 소비자들의 필요를 충족시키는 데 관련이 있는 경우 이러한 점을 차별점으로 제시한다. 물리적 차별점이 존재하지 않을 경우에는 심리적 차별화 전략을 사용한다. 이 전략은 광고 메시지의 반복 제시를 통해 브랜드에 내재하지 않는 개성이나 분위기와 같은 새로운 가치를 소비자들 마음속에 심어 줌으로써 다른 브랜드와 차별화하는 전략이다.

정보 전달

광고주와 소비자 모두가 광고에 바라는 기본적인 기능은 제품 정보의 전달이다. 광고주는 광고를 통해 기본적으로 자신의 브랜드가 다른 브랜드와 어떻게 다르며 왜 더 좋은지를 소비자들에게 알려 주기를 원한다. 또한, 소비자들은 광고를 통해 원하는 제품의 정보를 얻고자 한다.

경제학자들이나 광고 비평가들은 광고의 목적은 소비자들에게 정보를 제공해 제품을 탐색하는 시간을 줄이고 소비자들의 더욱 현명한 구매 결정을 가능케 하는 것이라고 주장한다. 여기에서 이들이 말하는 '정보'란 제품과 관련된 객관적인 정보를 의미하는 것으로서 제품의 기능, 가격, 품질, 특성, 유통 장소 등을 가리킨다.

이러한 관점에서 요즘 광고가 정보 전달의 기본 임무를 수행하지 않고 있다고 비판받기도 한다. 요즘의 많은 광고들은 제품의 가격, 품질, 기능과 같은 객관적인 정보보다는 제품에 대한 독특한 개성이나 이미지를 소비자의 마음에 심어 주려는 '이미지 광고'들이다.

반대의 입장에 있는 사람들은 이러한 비판이 광고의 '정보'라는 개념을 매우 좁게 보기 때문이라고 한다. 광고에 있어서 정보는 단지 객관적인 데이터 이상의 것을 의미하는 것으로, 제품이나 품질, 가격, 기능 외에 광고가 보여 주는 생활 양식, 사회적 지위나 명성 등도 제품의 표적 청중들에게는 중요한 정보로서의 기능을 한다는 것이다. 따라서, 광고의 정보 전달 기능은 광고가 객관적인 정보를 포함하느냐보다는 제품의 표적 청중에게 얼마나 정보성이 있느냐에 의해 판단되어야 할 것이다. 동일한 객관적 정보가 어떤 소비자들에게는 중요한 정보적 가치가 있는 반면, 또 다른 계층의 소비자들에게는 가치가 없을 수도 있다. 거꾸로 객관적인 정보가 포함되어 있지 않은 광고가 어떤 소비자들에게는 매우 중요한 정보를 전달할 수도 있다. 예를 들어 고가의 모피 의류 광고의 표적 시장인 상류층에게 제품 가격은 별로 중요한 정보가 되지 못하는 반면, 그 모피를 입음으로써 자신의 경제적 지위를 과시할 수 있다는 메시지는 이들에게 가치 있는 정보가 될 것이다.

대인 판매의 대체

대인 판매*personal selling*는 가장 효과적으로 소비자를 설득할 수 있는 촉진 방법이다. 대인 판매는 영업 사원이 소비자를 만나 직접 제품이나 서비스에 대해 설명하고 설득하는 촉진 방법이다. 이 방법은 소비자들의 피드백을 얻기 쉽고 메시지의 수정과 보완이 용이하므로 설득 효과가 높다. 그러나 대인 판매는 많은 영업 사원을 필요로 하므로 많은 비용과 시간, 노력을 요하는 촉진 방법이다.

따라서, 광고주는 대인 판매보다 많은 사람들에게 비교적 저렴하게 메시지를 전달할 수 있는 광고를 사용한다. 광고는 미디어를 이용하여 짧은 기간에 많은 표적 청중에게 동일한 메시지를 전달할 수 있는 효율적인 촉진 방법이다.

그러나 광고는 다수의 소비자에게 어필해야 하고, 소비자들의 피드백을 즉각적으로 얻을 수 없으므로 대인 판매에 비해 훨씬 덜 효과적이다. 따라서, 광고가 효과적이기 위해서는 표적 청중 집단이 가지는 공통의 필요와 욕구에 부응하는 메시지를 명확하고 간결하게 제시해야 한다.

부가 가치의 부여

광고는 제품에 내재하지 않는 가치를 창조하고 부여하기도 한다. 특히, 광고 대상 제품이 물리적, 기능적으로 다른 제품과 차별화되기 힘든 경우 광고주는 광고를 통해 제품에 독특한 개성이나 이미지를 부여하려고 노력한다. 소비자들의 마음속에 자리잡은 브랜드에 대한 심리적인 반응을 브랜드 이미지라고 하며, 특정한 브랜드 이미지를 창출하기 위해 집행되는 광고를 이른바 '브랜드 이미지 광고'라고 한다. 최근 이미지 광고가 많은 이유는 대부분의 소비재 제품들이 기능적으로 차별화하기 어려운 등가품*parity product*들이기 때문이다.

소비자 혜택으로 해석

소비자들이 어떤 제품을 구매하는 것은 제품이 가지고 있는 혜택을 얻기 위해서이다. 어떤 소비자가 4분의 1인치짜리 드릴을 구매하는 것은 4분의 1인치짜리 구멍을 뚫기 위한 것이다. 승용차를 구매하는 것은 장소를 쉽게 이동할 수 있는 편안함, 혹은 다른 사람들에게 보일 수 있는 사회적, 경제적 지위의 과시를 구매하는 것이나 마찬가지이다. 커피를 구매하는 것은 목마름을 해소하는 것은 물론, 연인과

소비자들은 제품만을 구매하는 것이 아니라 그로부터 얻을 수 있는 만족이나 혜택을 구매하는 것이다. (맥심 커피)

함께하는 좋은 분위기를 구매하는 것이다. 맥주를 구매하는 것은 친구와의 대화를 구매하는 것이다. 소비자들은 단순히 손에 쥐어지는 제품을 구매하는 것이 아니라 그로부터 얻을 수 있는 만족이나 혜택을 구매하는 것이다.

광고는 단순히 제품의 특성 자체(제품 컨셉)를 소비자들에게 전달하는 것이 아니라 그러한 제품의 특성을 통해 소비자들이 무슨 혜택(광고 컨셉)을 얻게 되는지를 알려 주는 역할을 한다.

소비자 관점에서의 광고

소비자들은 제품 선택을 위해 광고주가 제공하는 정보를 이용한다. 그러나 광고는 이들이 이용하는 단 하나의 정보원이 아니라 수많은 정보원들 가운데 하나이다. 소비자들은 일상 생활에 있어 다양한 제품 정보에 노출된다. 우리가 어떤 제품을 알게 되어 구매하게 될 때까지 얻게 되는 여러 종류의 제품 정보를 생각해 보자. 우선 그 제품이 이미 우리가 사용해 본 제품이라면 그 제품에 대한 사용 경험의 기억이라든가, 미디어를 통해 흘러 나오는 제품 광고, 신문이나 잡지를 통해 전해지는 홍보성 제품 정보, 친구나 친지로부터 전해 듣게 되는 제품에 대한 얘기, 소비자 단체에서 나오는 잡지의 제품 평가 보고서, 매장에서 만나게 되거나 집으로 직접 찾아오는 영업 사원들이 전하는 제품 정보 등등 소비자들은 수많은 정보에 노출된다.

소비자들은 이렇게 수많은 정보들을 모두 처리할 능력을 가지고 있지 않다. 따라서, 소비자들은 자신의 필요를 충족시킬 수 있는 관련성 있는 정보나 다른 정보에 비해 현저히 눈에 띄는*creative* 정보에 대해서만 관심을 갖는다. 소비자들에게 주어지는 많은 정보들은 이러한 스크리닝 과정을 통하여 걸러지는데, 광고 역시 이러한 과정을 거쳐 소비자들의 인식 영역에 들어가게 된다.

소비자가 접하는 제품 정보는 다음과 같이 나눌 수 있다.

① 기업의 마케팅 활동을 통해 전해지는 상업적 정보(광고, PR, 영업 사원 등)

② 소비자 단체나 정부로부터 제공되는 중립적 정보

③ 친구나 친지로부터 얻는 구전적 정보

이들 가운데 소비자들의 제품 선택에 가장 많은 영향을 주는 것은 친구나 친지의 입으로 전해지는 정보이다. 또한, 소비자들이 가장 신뢰하는 정보는 소비자 단체가 발행하는 보고서나 잡지, 정부가 발표하는 통계와 같은 중립적인 정보원들이 제공하는 제품 정보이다. 광고는 주로 제품에 대한 정보를 제공하고 소비자들의 태도를 형성하거나 변형하는 역할을 담당한다. 어떤 이름의 브랜드가 존재하고 있으며, 그 브랜드는 어떤 종류의 제품이고, 어떤 기능을 가지고 있고, 그 제품을 사용함으로써 소비자는 무슨 혜택을 받게 되는지, 또한 그 브랜드의 모양과 포장은 어떻게 생겼는지 등을 알려 주는 역할을 한다. 더 나아가서 광고는 반복 노출을 통해 브랜드에 대해 소비자들에게 친근감을 심어 주고, 브랜드를 상기시켜 줌으로써 소비자들이 제품을 선택해야 할 시점에서 구매하고자 하는 고려 대상 제품군에 밀어넣어 주는 역할을 한다. 또한, 소비자들이 제품을 사용함으로써 얻는 문제 해결과 혜택을 보여 줌으로써 광고 브랜드를 채택하여 얻을 수 있는 처벌에 대한 불안감이나 두려움을 제거하는 역할을 한다.

 소비자들이 광고 브랜드를 구매하는지는 그 다음의 일이다. 광고를 보고 특정 브랜드를 구매하고픈 생각이 들더라도, 가격이 너무 높다든지, 방문한 가게에 그 브랜드가 비치되어 있지 않다든지 하는 상황적 변수들이 구매를 불가능하게 하기도 한다. 일단 그 브랜드를 구매했다고 할지라도 그 품질이나 기능이 기대한 만큼의 만족을 주지 못하는 경우, 재구매는 일어나지 않는다.

광고의 종류

제품 광고와 기업 광고

광고는 광고의 대상물이 무엇이냐에 따라 제품 광고와 기업 광고로 나눌 수 있다.

제품 광고

제품에 초점을 맞추는 광고로서 특정한 기간에 반복 노출을 통하여 제품에 대한 소비자의 지식, 신념, 태도에 영향을 주는 것을 목적으로 한다. 제품 광고는 광고의 내용에 따라 전시 광고*display advertising*와 이미지 광고*image advertising*로 나눌 수 있다. 전시 광고는 제품의 물리적 기능이나 특성을 핵심 내용으로 하는 반면, 이미지 광고는 이미지나 개성과 같은 새로운 가치를 제품에 부여하는 광고를 말한다.

제품 광고의 예 (LG전자)

기업 광고

개별 제품 자체가 아니라 기업 자체에 초점을 맞추는 광고로서 기업
에 대한 정보를 기업 내외의 공중들에게 제공하고 그들의 태도에 영
향을 주는 것을 목적으로 한다.

마케팅적 측면에서는 기업이 현재 혹은 미래에 제공하는 제품이
나 서비스에 대한 통합적인 마케팅 지원을 위해 기업 광고를 사용한
다. 이는 광고를 통해 얻어진 기업에 대한 호의적인 태도가 제품에
전이되도록 하는 우산 광고 전략umbrella advertising의 일환이다.

한편 PR 활동의 맥락에서 기업 광고는 ① 기업이 관련을 맺고 있
는 다양한 공중과 좋은 관계를 유지하거나, ② 기업 이름과 기업이
수행하는 사업들의 성격에 대한 인지도를 높이거나, ③ 기업이 환경

기업 광고의 예 (포스코)

및 중요한 사회 문제에 대해 관심을 가지고 있다는 것을 공중들에게 표명하기 위하여 실시된다.

기본 수요 광고와 선택 수요 광고

기본 수요 광고*Primary demand advertising*

특정 브랜드가 아닌 전체 제품 종류에 대한 수요를 촉진시킬 목적으로 행해지는 광고이다. 이러한 광고는 주로 특정 제품과 관련한 협회 등에서 회원사들이 생산하는 제품 종류*product category*에 대한 기본 수요를 촉진하거나 업계 이미지를 향상시킬 목적으로 행한다. 예를 들어 유가공협회의 '우유를 마십시다'(가상적 예)와 같은 광고가 여기에 속한다. 또한, 소비자들이 전혀 경험하지 못한 새로운 제품 종류의 브랜드를 시장에 소개하는 경우 제품의 용도 및 기능을 소비자들에게 교육시킬 목적으로 사용하거나, 시장 선도자*market leader*의 경우 시장의 전체적인 수요를 확대하여 매출을 증진시킬 목적으로 사용되기도 한다.

선택 수요 광고*Selective demand advertising*

개별 기업들이 자사의 특정한 브랜드에 대한 수요 촉진을 위해 집행하는 광고이다. 선택 수요 광고는 소비자들로 하여금 경쟁 브랜드가 아닌 자사의 브랜드를 선택하도록 설득하기 위한 것들이다. 이들은 자신의 차별적 특성이나 이미지를 이용하여 표적 소비자들에게 특정 브랜드에 대한 선호도를 개발하려고 하는 광고로서 대부분의 제품 광고들은 이에 속한다.

현대 광고의 역사적 변화 과정

미디어와 광고 발전

현대 광고의 역사는 신문이 미디어로서 본격적으로 자리를 잡게 된 19세기 후반부터 시작되었다. 물론 15세기 구텐베르크에 의해 활판 인쇄술이 발명됨으로써 등장한 신문에 광고가 게재되기도 했지만 초기 신문들은 특정 부류만을 구독층으로 하는 정론지적인 성격을 가진 미디어들로서 많은 사람들에게 노날하는 미디어로서의 역할을 하지 못하였다. 따라서, 광고는 주로 전단 형태의 광고였으며, 신문 광고의 경우 개인이나 상점들이 취급하는 품목을 나열식으로 설명하는 고지 광고가 대부분이었다.

광고가 현대적인 모습을 갖추기 시작한 것은 18~19세기에 일어났던 산업 혁명 이후에 이르러서였다. 산업 혁명은 여러 측면에서 광고 산업의 발전에 영향을 주었다. 우선 산업 혁명은 대량 생산을 가능하게 함으로써 시장에서 생산자와 구매자의 관계를 변화시켰다.

산업 혁명 이전 사람들은 자신이 직접 생산한 물품을 다른 생산자의 물품과 직접 교환하는 물물 교환 방식으로 거래를 하였다. 또한, 생산자와 소비자의 뚜렷한 구분도 없었다. 생산자는 동시에 소비자였으며, 소비자는 동시에 생산자이기도 했다. 그러나 산업 혁명으로 인하여 대량 생산이 가능해짐에 따라 더 이상 물물 교환 방식으로 생산 제품을 모두 판매할 수 없게 되었다. 또한 생산자와 소비자의 역할이 구분됨에 따라 지역적으로도 멀리 떨어지게 되었다. 이에 따라 생산자들은 대량 생산으로 인해 생긴 잉여 제품을 판매하기 위하여 보다 먼 지역의 소비자들에게 자신의 제품에 대해 알릴 필요가 생겼으며 이를 위하여 광고를 사용하게 되었다.

또한, 산업 혁명은 신문의 발행 부수를 크게 늘릴 수 있게 하는 기술적 여건을 조성하였다. 산업 혁명으로 인해 증기 기관과 같은 기계를 이용하여 인쇄하게 됨에 따라 인력으로 인쇄하던 종래의 신문에 비해 발행 부수가 크게 증가했다. 따라서, 신문이 미디어로서 자리잡을 수 있는 물리적 여건이 마련되었다고 할 수 있다.

이러한 환경 속에서 19세기 후반에 페니 프레스penny press가 등장하였다. 페니 프레스는 매우 저렴한 가격인 한 부당 1페니로 판매되었던 최초의 대중 신문을 일컫는다. 이 당시 대부분의 정론지들이 구독료를 주 수입원으로 한 데 비해 페니 프레스는 매우 저렴한 가격으로 많은 독자를 확보하였다. 페니 프레스가 이렇게 저렴한 가격으로 대중지로 자리잡을 수 있게 된 것은 광고를 게재함으로써 신문의 주 수입원을 구독료에서 광고비로 돌릴 수 있었기 때문이다. 페니 프레스는 광고와 미디어의 상호 의존적 관계의 효시가 된 신문으로 광고 발전의 큰 전환점이 되었다. 이후 광고는 잡지, 라디오, 텔레비전과 같은 새로 출현하는 대부분의 미디어들을 재정적으로 뒷받침하는 주 수입원으로 자리를 잡게 되었고, 미디어와 상호 의존적인 관계를 맺으며 발전하여 왔다.

광고 대행사의 발전

광고 산업이 제대로 자리를 잡게 된 것은 광고 대행사의 발전에 크게 힘입었다고 할 수 있다. 광고 대행사의 시초는 18세기 중반 나타난 지면 브로커*space broker*이다. 이들은 신문사에서 공백 지면을 싼값으로 구매해 광고주에게 고가로 판매함으로써 차익을 얻는 사업을 하였다. 초기의 지면 브로커(광고 에이전트)들은 이렇게 단순히 신문의 지면을 광고주에게 중개해 주는 지면 중개업자로서의 역할만을 담당하였다. 그러나 점차 이들은 보다 많은 광고주를 유치하고 신문사로부터 보다 많은 지면을 할당받기 위하여 다양한 서비스를 제공하기 시작하였다. 어떤 브로커는 광고주에게 중개한 지면에 대한 광고 요금을 신문 발행인에게 지급 보증을 해주는 서비스를 제공하였다. 이러한 제도는 현재 광고 대행사가 미디어사에게 집행된 광고에 대한 광고 요금을 지급할 것을 보증하는 지급 보증 제도의 효시라고 할 수 있다. 한편 어떤 브로커들은 신문의 기사를 제외한 공백 지면 블록 전체를 구매해서 작은 단위로 쪼개어 광고주들에게 판매하기도 하여 현대의 미디어 렙의 효시가 되었다.

요즈음과 같이 광고 기획, 미디어 기획, 크리에이티브 서비스를 제공하는 풀 서비스*full service* 광고 대행사가 생긴 것은 19세기 후반에 이르러서였다. 1876년 F. 왈란드 에이어*F. Wayland Ayer*라는 사람이 창설한 에이어 앤드 선스N. W. Ayer & Sons는 최초의 풀 서비스 광고 대행사로서 이 당시의 많은 광고 에이전트(지면 브로커)들 가운데 처음으로 광고주들에게 신문의 지면 가격(광고 요금)을 공개하고 광고를 유치하는 공개 계약제*open contract system*를 도입하고, 광고 서비스에 대한 대가로서 광고주가 미디어사에게 지불하는 광고 요금의 일정 부분을 미디어사로부터 제공받는 커미션 제도를 채택하였다. 커미션 제도는 이후 세계적으로 가장 널리 통용되고 있는 광고 대행사에 대한 대가 지불 방법이다. 현재 세계적으로 통용되고 있는 평균 15%의 커미션율도 이때부터 내려온 광고 산업의 전통이다.

광고 기능의 변화

초기 광고의 기능은 정보 전달이었다. 산업 혁명의 결과 생산 체제의 변화로 제품 제조자는 먼 지역에 있는 소비자들에게 자신의 제품을 알리기 위하여 광고를 사용하게 되었다. 이 당시의 광고는 그야말로 제품을 소비자에게 알리는 기본적인 임무만을 수행하였다.

그러나 대량 생산으로 인하여 소비자와 생산자 간의 거리가 멀어짐에 따라 제품이 중간상을 거쳐 소비자에게로 전달되는 새로운 유통 체제가 확립되었다. 이러한 유통 구조에서 중간상(도매상)들은 제품 선택권과 제조업자 선택권을 갖게 되었다. 중간상들은 가장 많은 이윤을 남길 수 있는 제품을 제공하는 제조업자를 선택했고, 소비자는 브랜드와는 상관 없이 중간상이 제공하는 제품을 구매하였다. 이에 따라 제조업자는 시장에서의 지배력을 중간상들에게 잃게 되었다.

이러한 상황에서 제조업자들은 시장 지배력을 확보하기 위하여 점차 자신의 브랜드에 대한 수요를 소비자들 사이에 창출하려고 노력하게 되었다. 제조업자들은 직접 소비자들을 상대로 하는 광고를 통하여 소비자들 사이에 자사의 브랜드에 대한 선호도와 수요를 개발함으로써, 중간상들로 하여금 소비자들이 원하는 브랜드를 비치하도록 압력을 가하려고 노력하였다. 이에 따라 광고는 제품에 대한 정보를 전달 기능의 차원을 넘어 특정 브랜드를 채택하도록 하는 설득 위주의 광고로 변환하였다.

크리에이티브 전략의 발전

크리에이티브 전략이란 소비자들에게 무슨 얘기(핵심 광고 주제)를 어떤 방법으로 전달할 것인가를 결정하는 과정이다. 광고 크리에이티브 전략은 20세기에 이르기까지는 광고주나 광고 대행사의 큰 관심거리가 아니었다. 광고 대행사들은 주로 신문이나 잡지의 지면을 중개함으로써 차익을 보는 데 관심을 갖고 있었으며, 광고 내용은 제품에 대한 나열식 설명 위주였다. 그러나 18세기 후반에 이르러 풀 서비스 광고 대행사들이 생기고 광고의 기능이 정보 전달에서 설득 쪽으로 옮겨 감에 따라 큰 규모의 광고주들은 보다 설득 효과가 높은 광고를 개발할 필요가 생겼고, 그럼에 따라 크리에이티브 전략의 중요성을 인식하게 되었다.

따라서, 20세기 초는 광고 창작면에서 많은 발전이 있었던 시기로서 새로운 크리에이티브 전략들이 제시되었다. 이 당시에 나온 카피 전략들로서는 ① 제품 특성을 기교 없이 평범하고 진실되게 표현하는 직접 설명식 카피, ② 제품의 차별점을 제품 판매원의 입장에서 설득적으로 제시하는 리즌－와이Reason-why 카피, ③ 다른 제품들이 모두 가지고 있는 특성을 먼저 제시함으로써 시장 우위를 점하는 선점 주장 카피 등이 있다. 또한, 소비자들이 좋아하거나 동일시하고자 하는 유명 인사를 이용하는 유명인 광고, 경쟁 제품을 직접적으로 비교하는 비교 광고도 이때에 나타났다.

소비자 중심주의의 마케팅 철학이 등장한 1950년대 이후 광고 크리에이티브 전략은 획기적으로 발전하였다. 1950년대는 USP (unique selling proposition) 전략이 등장하였다. USP 전략은 다른 제품이 갖지 않은 광고 제품의 특유한 혜택을 제시함으로써 제품을 차별화하는 전략이다. 1950년대 중반 이후 1960년대의 광고는 제품에 분위기나 이미지를 부여함으로써 제품에 개성을 창조하는 데이비드 오길비 David Ogilvy의 브랜드 이미지 광고로 대표된다. 뒤이어 1970년대는 소

데이비드 오길비의 해서웨이 셔츠와 롤스 로이스 광고

비자들 마음속에 경쟁 제품과 관련된 광고 제품의 위치를 이용한 포지셔닝 광고가 등장하였다. 1980년대 이후에는 에너지 부족이나 환경 문제, 이러한 문제와 관련한 소비자 운동의 등장으로 기업의 사회적 책임성이나 시민 정신, 환경 등과 같은 사회적 문제들을 다루는 기업 광고가 많이 출현하게 되었다.

광고와 사회

광고는 시장을 활성화시키는 데 없어서는 안 될 사회적 제도이다. 광고의 사회적 역할은 제품 정보를 시장에 제공함으로써 소비자들의 정보 탐색 시간을 줄이고 소비자로 하여금 현명한 선택을 할 수 있게 하여 소비자들의 삶의 질을 높이는 것이다.

그럼에도 불구하고 광고는 사회적, 윤리적 측면에서 항상 비판의 대상이 되어 왔다. 광고는 본성적으로 제품에 대하여 호의적으로 반응하도록 소비자를 설득하여 제품을 판매하려는 의도를 가지고 있기 때문에 소비자들을 오도하여 그들의 소비 행위나 사고에 좋지 않은 영향을 끼칠 수도 있다는 것이 비판의 초점이다. 사회적 측면에서 광고에 대한 비판을 살펴보면 다음과 같다.

광고는 불필요한 제품을 구매하게 한다

광고는 기술적인 조작과 상징 조작 등을 통하여 광고가 없었더라면 존재하지 않을 수요를 만들어 내 소비자들로 하여금 필요하지 않은 물건을 사게 한다. 이러한 비판은 초기 커뮤니케이션 이론인 탄환 이론이나 피하 주사 이론이 주장하는 바와 같이 사람들이 광고에 반복 노출됨으로써 광고 메시지에 의해 무차별적으로 조정될 수 있다는 견해에서 출발한다.

그러나 광고가 사람들이 원하지 않는 물건을 사게 할 수는 없다는 것이 반대편 사람들의 주장이다. 이 비판이 의미하는 바는 광고가 사람들이 진정으로 필요*need*로 하는 것에서부터 욕구*want*하는 것으로 관심을 돌린다는 것이다. 여기에서 필요란 사람들이 가지는 기본적인 욕구를 말하는데 사람들이 어떤 욕구와 관련하여 기대하는 상태와 현재 상태에 차이가 생겼을 때 발행한다. 욕구는 이러한 필요가 발행하였을 때 그 필요를 충족하기 위한 수단을 얻고자 하는 희망이다. 욕구의 대상은 필요를 충족시킬 수 있는 수단들이다. 예를 들어 사람들은 몸을 보호하기 위하여 옷을 필요로 한다. 여기에서 몸을 보호하기 위한 내재적 욕구를 필요라고 하며, 이러한 필요를 충족시켜 주는 여러 종류의 옷이 욕구의 대상이다. 필요를 충족시키기 위하여 사람들이 추구하는 욕구는 사람들이 처한 환경에 따라 다양하다. 어떤 사람은 몸을 가릴 수 있는 기본적 의류를 원하지만, 어떤 사람은 과시할 수 있는 밍크 코트를 원하기도 한다. 사람들은 배고픔을 해소하기 위한 필요를 충족시키기 위하여 밥을 먹거나 피자를 먹거나 떡을 먹는 등의 다양한 욕구를 가지고 있다. 광고는 필요를 충족시킬 수 있는 방법들, 즉 여러 욕구들 가운데 특정한 방법을 채택하도록 설득하는 것이다. 사람들이 채택하는 특정한 욕구가 다른 욕구에 비해 더 바람직한 것인지에 대한 판단은 매우 주관적일 수밖에 없다.

또한, 마케팅 전략 차원에서 광고는 소비자들의 필요와 욕구를 바탕으로 메시지를 개발한다. 광고주는 시장 조사를 통해 동일한 필요와 욕구를 가지는 세분 시장으로 시장을 나누고, 그 가운데 특정한 시장을 선택하여 그 시장에 속한 소비자들의 필요와 욕구를 충족시킬 수 있는 제품을 비롯한 마케팅 전략을 사용하며, 그들의 필요와 욕구에 어필하는 광고 메시지를 전달하려고 노력한다. 따라서, 광고는 소비자들의 없는 필요를 창조하기보다 그들이 가지고 있거나 잠재되어 있는 욕구를 충족시키려 노력한다고 옹호론자들은 주장한다.

광고는 물질주의를 조장한다

광고는 현실과 환상을 교묘히 배합하여 사람들의 실제 필요가 무엇인지 알 수 없게 조정하여 개인은 물론 전체 사회의 가치관이나 우선순위를 왜곡시키며, 결국 물질주의를 조장한다.

광고는 본래적으로 사람들로 하여금 제품을 구매하도록 설득하는 상업적 목적을 가지므로 물질주의를 조장한다는 비판을 피하기 어렵다. 그러나 광고가 물질주의를 조장한다는 그 자체만으로 광고를 비판할 수는 없다. 물질주의는 자본주의 경제 체제가 본질적으로 가지는 기본적 가치관이다. 사회 구성원들의 자유로운 선택에 의한 제품의 소비와 유통은 경제가 유지되기 위해서는 필수적인 것들이며, 광고는 이를 활성화시키는 기능을 사회로부터 부여받고 있다.

우리가 경계해야 할 것은 과도한 물질주의를 조장하는 광고이다. 그러나 적정한 물질주의가 어느 정도인지를 판단하는 것은 매우 주관적인 문제이다. 또한 물질주의를 조장하는 것은 단지 광고뿐만이 아니라 사회적 분위기, 미디어의 내용 등 여러 가지 것들을 포함한다는 점도 염두에 두어야 할 것이다.

광고의 부정적 영향에 대한 비판들은 광고가 사회를 주도한다는 주장을 전제로 한다. 그러나 광고 옹호론자들은 광고가 단지 사회를 반영할 뿐이라고 말한다. 광고는 단지 판매 수단에 불과하며, 사회적 분위기를 따를 뿐이지 결코 앞서지 않는다고 주장한다. 또한, 광고가 사회를 조정하는 것이 아니라 사회가 광고를 조정한다고 주장한다. 광고는 사회적 경향에 반응한다고 주장한다. 이들은 광고에 대한 이러한 비판들은 광고에 대한 비판이라기보다 자본주의 체제 자체에 대한 비판이라고 일축한다.

광고가 먼저인지, 사회가 먼저인지에 대한 논쟁은 닭이 먼저냐, 달걀이 먼저냐는 논쟁처럼 결코 해결할 수 없는 문제인지도 모른다. 그러나 광고가 단지 사회를 반영하는 것이라고 할지라도 광고는 특정한 생활 양식을 보여 주고 그러한 생활 양식을 강화시키는 중요한 요소임에 틀림없다. 문제는 광고가 원인이든 결과이든 우리들의 생활에 많은 영향을 끼친다는 것이다.

광고 윤리

소비자들은 원하든 원치 않든 광고에 둘러싸여 살고 있다. 따라서, 소비자들은 때때로 상업적 목적을 달성하기 위하여 그 내용의 옳고 그름을 가리지 않는, 소비자들의 감정을 상하게 하는 광고물에 반강제적으로 노출되곤 한다. 광고가 윤리적으로 비판받는 것은 바로 이러한 광고의 무차별적 침투성intrusiveness 때문이다. 광고의 윤리성에 대한 논의들은 대체로 광고의 내용, 광고 제품, 광고의 표적 청중을 중심으로 이루어지고 있다.

허위, 기만 광고

광고는 제품 정보를 전달함으로써 소비자들의 현명한 제품 선택을 돕는다. 따라서, 광고는 정직해야 하고 소비자를 오도하지 않아야 한다. 그러나 적지 않은 광고들이 허위거나 기만적이어서 제품에 대한 오해를 불러일으키거나 소비자를 오도한다. 광고의 기만성을 판단하기는 쉽지 않다. 미국의 경우 연방통신위원회(FTC: Federal Communications Commission)는 기만 광고를 기만의 가능성 *likeliness to deceive*이 있는 광고로 정의하고 있다. FTC의 해석에 따르면 광고의 주장이 객관적이든 주관적이든, 암시적이든 직접적이든, 합리적으로 행동하는 전형적 소비자를 오도하여 해를 끼칠 가능성이 있으면 기만적이라고 할 수 있다.

혐오스러운 광고

광고는 다양한 이유로 소비자들의 기분을 상하게 하기도 한다. 대체로 소비자들은 광고의 내용이 저질이거나 혐오스러운 경우, 혹은 광고 제품이 공개적으로 다루기에는 민감한 경우 불쾌한 감정을 느낀다.

오늘날 광고의 윤리성과 관련하여 가장 많이 거론되는 부분은 성적 소구를 사용하는 광고이다. 이러한 광고들은 성적인 상황을 암시적으로 제시하거나 나체 모델을 사용하는데, 주로 소비자들의 주목을 끌기 위한 목적으로 사용된다. 그러나 성적 소구 광고 효과에 대한 연구 결과에 의하면, 성적 소구가 소비자들의 주목을 끌기는 하지만 제품에 대한 이해나 인지, 호의적인 태도 형성에는 별 효과가 없다고 한다. 단지 광고 제품이 성적 소구와 관련이 있는 제품(향수나 디자이너 의류)일 때 가장 효과적이며 또한 불쾌감을 유발할 가능성이 적다.

민감한 제품 광고

담배와 주류 제품의 광고는 소비자들, 특히 청소년이나 사회적으로 광고에 민감한 소비자들이 흡연이나 음주를 하도록 설득하거나, 금연, 금주자들로 하여금 다시 흡연과 음주를 하도록 할 수 있다는 측면에서 비판과 규제의 대상이 되고 있다. 이러한 제품 광고가 흡연자나 음주자는 물론 비흡연자나 비음주자의 건강이나 안전에까지 치명적인 영향을 줄 수 있다고 비판가들은 주장한다. 이들은 이러한 제품의 광고가 전면적으로 폐지되거나 광고 내용이나 집행 미디어 면에서 규제되어야 한다고 주장한다.

그러나 이러한 비판에 대하여 옹호론자들은 담배나 주류 광고가 이들 제품의 전체 소비를 늘린다는 증거가 없으며, 단지 브랜드 간 경쟁을 촉진시켜 현재 흡연자나 음주자에게 영향을 주어 브랜드를 바꾸게 하거나 브랜드 충성도를 높일 뿐이라고 주장한다. 또한, 이러한 제품 광고의 제한은 표현의 자유에 대한 제한이라고 주장한다.

광고와 경제

광고가 경제에 어떤 영향을 주는지에 대한 학자들의 견해는 광고를 시장 경쟁을 촉진하는 정보로 보는 시장 경쟁 학파market competition school 와 설득으로 보는 시장 지배력 학파market power school로 나뉘어진다.

광고를 정보로 보는 학자들은 광고가 시장의 정보원으로서 많은 잠재 구매자와 커뮤니케이션하는 저렴한 수단이며, 시장 경쟁을 자극하고 소비자들의 구매를 도와 생활 수준을 높인다고 말한다. 광고는 소비자들로 하여금 제품 가격과 제품들이 제공하는 속성들에 대하여 더욱 민감하게 만든다. 이에 따라 기업은 가격을 낮추고 품질을 높이라는 압력을 받게 된다. 이러한 상황에서 비효율적인 기업들은 시장에서 사라지며 새로운 기업들이 시장에 등장하게 됨에 따라 시장 집중 현상이 사라진다. 한편 이들은 광고가 생산 및 유통에서 규모의 경제를 실현시켜 제품 가격을 낮춘다고 믿는다.

반면 광고를 설득으로 보는 학자들은 광고주들이 경쟁적인 시장 상황을 왜곡시켜 시장 지배력을 구축하기 위하여 광고를 사용한다고 주장한다. 이들은 광고가 인위적으로 제품을 차별화시켜 특정 브랜드에 대한 선호도를 개발함으로써 소비자들의 가격 민감성을 떨어뜨린다고 주장한다. 시장에 진입하고자 하는 기업은 이미 시장에 확립되어 있는 브랜드 충성도를 극복하기 위하여 상대적으로 더 많은 광고비를 써야 하므로 시장 진입이 어렵게 된다. 따라서, 시장 경쟁이 약화되며 시장 집중 현상이 증가한다. 기업은 이러한 상황을 이용하여 가격을 높이고 품질이나 가격을 가지고 경쟁하지 않는다. 이들은 광고가 시장을 반경쟁적으로 만드는 설득의 형태라고 주장하며, 광고를 시장 효율성에 대한 위험 요소로 본다. 또한, 이들은 광고가 다른 생산이나 유통 비용과 마찬가지로 단지 비용에 속하며, 광고주는 광고비를 회수하기 위하여 제품의 가격을 높인다고 주장한다.

이렇듯 광고의 경제적 효과에 대해 경제학자들이나 실무자들의 의견은 분분하지만, 이에 대한 합의된 실증적 결과가 제시되지 않고 있다. 광고 경제학자인 노리스는 다만 밝혀진 것이 있다면 광고의 경제적 영향에 대해 학자들 간에 불일치가 있다는 것뿐이라고 말한다.

광고를 어떻게 읽을 것인가

특정한 광고물이 좋은 광고인지 혹은 효과적인 광고인지에 대한 판단 기준은 여러 측면에서 고려되어야 할 것이다. 광고도 텔레비전 드라마나 쇼, 신문 기사, 라디오 프로그램들처럼 불특정 다수의 대중이 접촉하는 대중 메시지의 용기라는 측면에서 볼 때, 좋은 광고는 그 내용이 많은 사람들의 공감을 불러일으키고 사회, 윤리적 측면에서 수용자들로부터 거부되지 않아야 한다는 점이다. 즉, 광고는 진실해야 하고, 소비자를 오도하거나 기만하지 말아야 한다. 이러한 조건은 모든 광고물이 갖추어야 할 기본적인 덕목이다.

그러나 마케팅 커뮤니케이션 측면에서 볼 때, 이러한 조건이 효과적인 광고의 충분 요건은 아니다. 대중 메시지로서 광고는 미디어를 통하여 불특정 다수의 청중들에게 메시지를 전달하지만, 마케팅적 차원에서 볼 때 광고는 특정 다수의 청중들에게 커뮤니케이션 목적을 가지고 메시지를 전달한다. 즉, 광고는 표적 청중으로 하여금 제품에 대하여 알게 하거나 호의적인 태도를 갖게 하거나 구매 의도를 갖게 하거나 제품을 구매하는 행동을 하도록 설득하는 목적을 가지고 있다. 따라서, 효과적인 광고는 광고주나 광고 대행사가 의도한 커뮤니케이션 효과의 달성 여부에 의해 판단된다.

광고가 수용자들에게 단지 오락적, 심미적 즐거움만 주는 데서 그쳤다면, 그 광고는 결코 효과적인 광고라고 할 수 없다. 물론 사람들로부터 '재미있는,' '웃기는,' '좋은' 광고라는 칭송을 받을는지도 모른다. 그러나 그러한 칭송의 대상이 광고 제품이 아니라 광고의 배경 음악이라든가, 광고에 출연한 배우라든가, 그 배경이 된 외국의 이국적 풍경이었다면, 그 광고는 결국 제품 광고가 아니라 배경 음악, 출연 배우, 혹은 외국의 풍물만을 광고해 주고 마는 꼴이 된다. 이러한 광고는 광고주에게도 큰 낭비지만 소비자의 입장에서도 별로 득이 되지 않는다. 소비자가 광고 비용을 부담하는 이유는 그 비용에 대한 상대적 보상을 기대하고 있기 때문이다. 상대적 보상이란 제품 정보를 탐색하는 시간의 절약에서부터 보다 좋은 제품의 선택, 궁극적으로는 보다 나은 생활 수준 등일 것이다. 이런 의미에서 커뮤니케이션 목적을 달성하지 못하는 광고는 소비자가 기대하는 최소한의 보상을 제공하지 않는다고 할 수 있으며, 이러한 광고에 대하여 소비자가 부담한 광고 비용은 사회적 낭비가 되고 마는 것이다.

광고가 개별 소비자 차원에서나 사회적 차원에서 기대되는 임무를 제대로 수행하게 하기 위해서는 다원적 노력이 필요하다. 우선 소비자의 차원에서 광고가 소비자가 부담하는 비용에 상응하는 유용한 정보를 제공하기 위해서는 광고주나 광고 대행사들이 광고의 기획, 크리에이티브, 미디어 기획 측면에서 보다 효과적이면서도 효율적으로 광고 메시지를 소비자들에게 전달하려고 힘써야 한다. 한편 사회적 차원에서는 광고가 소비자들에게 기만적이고 오도하는 정보를 제공하지 않도록 소비자들의 광고에 대한 체계적인 감시는 물론 광고 산업이나 미디어의 자율 규제가 절실히 필요하다.

더 알기 위하여

≪거부할 수 없는 광고 계율≫. 마이클 뉴맨 (2007). 이혜갑 옮김. 커뮤니케이션북스.

≪광고 비평: 광고 표현, 그 이론과 원칙≫. 김광수 (1994). 한나래.

≪광고의 사회학≫. 강준만 외 편역 (1994). 한울.

≪광고와 경제: 광고의 경제적 효과에 관한 논쟁≫. 마크 알비온 · 폴 패리스 (1995).
   한상필 옮김. 나남.

≪광고관리≫. 안광호 외 (2004). 법문사.

≪통합적 마케팅 커뮤니케이션≫. 던 슐츠 외 (1993). 문영숙 외 옮김. 범우사.

≪현대 사회와 광고≫. 킴 라츨 외 (1994). 한상필 · 김대선 옮김. 한나래.

Advertising: The Uneasy Persuasion. Michael Shudson (1984). Basic Books.

Advertising: its role in modern marketing. Dean M. Krugman et al. (1994). The
   Dryden Press.

11

영화와
애니메이션

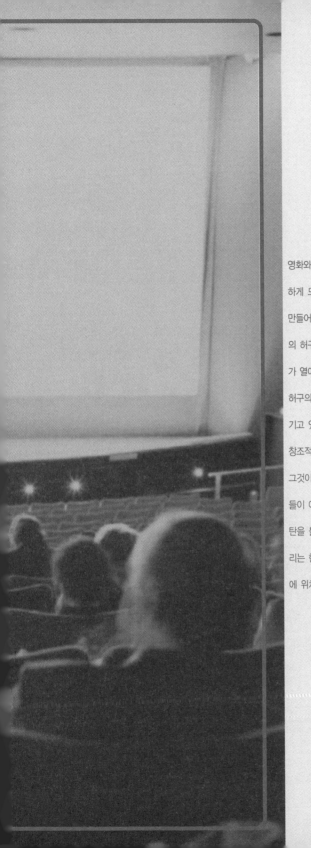

영화와 애니메이션은 누구나 쉽게 이해할 수 있는 미디어다. 현실을 정교하게 모방하기 때문이다. 그러나 이것들이 보여 주는 것은 현실이 아니라 만들어진 허구다. 19세기 말 영화의 등장 이래 수많은 사람들이 스크린 위의 허구에 열광해 왔다. 근래 영화와 애니메이션은 멀티미디어 테크놀로지가 열어 놓은 영상 시대의 주역으로 각광받고 있다.

허구의 산물인 한 편의 영화에서는 적어도 네 가지 힘이 팽팽하게 밀고 당기고 있다. 제작자의 이윤 동기, 감독과 시나리오 작가로 대표되는 작가의 창조적 열망, 관객의 욕망과 기대, 그리고 당대의 정치 사회 문화적 상황이 그것이다. 영화를 제대로 이해한다는 것은 이러한 힘들을 의식하면서 그것들이 어떻게 한 작품 속에서 조화를 이루고 승화됐는지, 또는 좌절하고 파탄을 불렀는지를 따져 보는 것이다. 이렇게 영화를 읽을 수 있게 되면 우리는 한 편의 대중 영화가 왜 '심심풀이 오락'을 넘어서서 '문화의 한복판'에 위치할 수 있는지 더 잘 이해하게 될 것이다.

곽한주

명지대학교 디지털미디어학과 교수이며 문화 비평가로 활동하고 있다. 서울대학교 철학과를 졸업했으며 미국 남가주대학교에서 한국 영화 연구로 박사 학위를 받았다. 책으로는 ≪컬트 영화, 그 미학과 이데올로기≫(엮음), ≪Korean Film: History, Resistance, and Democratic Imagination≫(공저)이 있으며, 논문으로는 〈Discourse on Modernization in 1990s Korean Cinema〉, 〈In Defense of Continuity〉, 〈왜 폭력인가 — 90년대 깡패 영화의 의미 분석〉 등이 있다. 옮긴 책으로는 ≪히치콕과의 대화≫(공역), ≪YU Hyun-mok≫(영역), ≪데이빗 린치의 빨간 방≫ 등이 있다.

영화란 무엇인가

인류 역사상 영화만큼 여러 가지 모습을 지닌 야누스적 미디어도 드물 것이다. 물리적으로 보면 영화는 스크린 위에 단속적으로 빠르게 정사진을 영사해 움직임의 환영을 만들어 내는 것이다. 그러나 영화는 그 형식과 내용, 사회 관계 내의 위치 등에 따라 다양한 모습을 보인다. 대부분 사람들에게 영화는 오락이지만 진지한 감상자에게는 예술로 받아들여진다. 또 제작자에게는 투기적 상품이다. 근대적 기술의 산물이기도 하고 세계적으로 수많은 사람들이 영향을 받는 미디어이기도 하다. 영화는 '또 하나의 현실'이며 집단적 무의식으로서 현대의 신화이기도 하다.

영화는 스크린 위에 펼쳐지는 세계를 현실 그 자체로 착각하게 할 정두의 전례 없는 현실 재현력을 바탕으로 깅덕하고노 보편적인 영향력을 가진다. 한 편의 영화가 나오기까지는 여러 가지 힘이 상호

1895	뤼미에르 형제가 파리 그랑 카페에서 최초로 대중에게 〈기차의 도착〉 등 영화 상영
1902	조르주 멜리에스의 〈달세계 여행〉

1903	에드윈 포터의 〈대열차 강도〉
1910	미국 로스앤젤레스 근교의 할리우드로 영화사들 이주 시작
1912	워너 브러더스 영화 제작 시작. 폭스사와 유니버설사 설립
1915	G. W. 그리피스의 〈국가의 탄생〉

1917	독일에서 UFA 설립
1919	유나이티드 아티스트사 창립. 독일 표현주의 운동 시작, 로베르트 비네의 〈칼리가리 박사의 밀실〉
1922	최초의 극장용 다큐멘터리 로버트 플래허티의 〈북극의 나누크〉
1923	리얼리즘의 효시격인 요셉 폰 스트로하임의 〈탐욕〉
1924	컬럼비아사 설립. MGM 합병 정리
1925	세르게이 에이젠슈테인의 〈전함 포템킨〉
1927	워너 브러더스사가 사운드를 도입한 〈재즈 싱어〉 공개 …

1928	칼 드레이어의 〈잔 다르크의 수난〉, 지가 베르토프의 〈무비 카메라를 든 남자〉
1930	할리우드에 영화 제작 코드 도입, 디즈니의 최초 애니메이션 〈어리석은 교향곡〉
1931	갱스터 장르의 시초가 된 윌리엄 웰만의 〈민중의 적〉, 찰리 채플린의 〈시티 라이트〉
1932	뮤지컬 장르를 확립한 버스비 버클리의 〈42번가〉
1934	스크루볼 코미디의 대표작 프랭크 카프라의 〈어느 날 밤에 생긴 일〉
1936	앙리 랑글루아, 파리에 시네마테크 설립

작용한다. 한 편의 영화는 이윤과 가치, 산업과 예술, 개인적 비전과 다수의 공동 작업의 대립 또는 내적 긴장을 담고 있다. 이러한 복합적 성격 때문에 영화는 그 자체로 이미 '문제적'이다.

근래 영화는 멀티미디어 테크놀로지가 열어 놓은 영상 시대의 주역으로 대접받고 있다. 이제 영화를 살피지 않고 우리 시대의 문화 지형도를 그려 내는 것은 불가능하게 되었다. 영화를 보고 이해하는 것은 이제 '교양 필수'가 되었다. 그런데 영화의 복합성을 알지 못할 경우 영화를 제대로 이해하기 어렵다. 이렇게 해서 우리는 영화를 단지 '보고 즐기는' 것보다 한 걸음 더 나아가 '읽을' 필요가 있다. 영화의 주류를 이루고 있는 극 영화를 중심으로 영화 읽기에 필요한 최소한의 영화사적 지식과 이론적 논의를 개관해 보기로 한다. 애니메이션은 뒤에 별도로 다룬다.

영화의 발명, 변모 또는 발전

영화사 책은 영화가 출현한 시점을 1895년으로 기록하고 있다. 이는 이 해 12월 28일 프랑스의 발명가 뤼미에르 형제(Louis & Auguste Lumière)가 파리 카퓌시네가의 그랑 카페 지하에서 〈기차의 도착〉 등 단편 영화를 유료 상영한 것을 기리는 것이다. 영화의 기술적 시스템 자체의 발명이 아니라 유료 상영이라는 사회 문화 산업적 신기원을 평가한 것이다.

영화는 19세기 프랑스와 영국, 독일, 미국 등에서 개발된 사진술에 그 기원을 두고 있다. 에디슨과 그의 조수 윌리엄 K. L. 딕슨William

〈기차의 도착〉

K. L. Dickson이 만든 키네토스코프Kinetoscope는 영화 촬영기의 시초로 알려져 있다. 당시 영화란 흰 천 위에 초당 18장의 정사진을 영사하여 수초 동안의 움직이는 영상을 얻는 것에 불과했다. 이러한 초기 영화는 미디어나 예술이 아니라 신기한 볼거리에 지나지 않았다.

영화가 신기한 볼거리에서 대중의 오락으로, 그리고 진지한 예술로까지 격상하게 된 것은 영화가 단순히 현실을 그대로 카메라로 찍는 데서 벗어나면서부터다. 프랑스의 마술사 조르주 멜리에스George Méliès는 특수 효과의 대부분을 창안해 영화에 응용했다. 페이드, 디졸브, 고속 및 저속 촬영, 애니메이션 등으로 영화의 표현 영역을 넓혀놓았다. 1902년 그가 만든 〈달세계 여행Le Voyage dans la Lune〉은 기발한 착상과 트릭 효과가 돋보이는 SF 영화의 효시로 알려져 있다.

미국인 에드윈 S. 포터Edwin S. Porter는 1903년 〈미국 소방수의 생활The Life of an American Fireman〉과 〈대열차 강도The Great Train Robbery〉를 통해

편집을 처음으로 선보였다. 이것은 영화가 단순한 사건의 기록에서 벗어나 효과적으로 구성될 수 있는 계기를 마련한 중대한 발견이었다. 소일거리로 치부되던 영화를 진지한 관심의 대상으로 끌어올린 인물은 미국인 영화 감독 D. W. 그리피스D. W. Griffith였다. 그는 미국의 남북 전쟁 전후의 역사적 사건을 다룬 〈국가의 탄생Birth of a Nation〉(1915)을 만들었다. 이 영화는 다양한 숏과 카메라 움직임, 효과적인 편집 등 현대적인 영화 기법을 자유자재로 구사해 무성 영화의 문법을 확립했다는 평을 들었다. 이 작품은 〈불관용Intolerance〉(1916)과 함께 영화적 내러티브를 효과적으로 구축하는 여러 기법을 선보여 이후 영화에 심대한 영향을 미쳤다.

1차 세계 대전 이후 독일에서는 표현주의 영화 운동이 펼쳐졌다. 국가의 지원을 받아 설립된 UFA 스튜디오를 중심으로 제작된 표현주의 영화들은 현실을 있는 그대로 재현하는 것이 아니라 의도적인

〈불관용〉

효과를 내기 위해 음영이 짙은 로키low-key 조명, 기하학적 구도, 표현주의적 세트 등을 이용했다. 〈칼리가리 박사의 밀실Das Kabinett des Doktor Caligari〉(로베르트 비네, 1919)은 대표작으로 꼽힌다.

러시아 혁명으로 사회주의 정권이 수립된 소련에서는 영화를 혁명 전파의 효과적 수단으로 여긴 젊은 영화인들이 창조적 실험을 했다. 세르게이 에이젠슈테인Sergei Eisenstein은 〈전함 포템킨Bronenosets Potemkin〉(1925)에서 숏과 숏의 충돌을 통해 새로운 의미를 만들어 내는 몽타주montage 기법의 위력을 여실히 보여 주었다.

미국이 세계 영화계를 지배하게 된 것은 두 차례의 세계 대전에 힘입은 바 크다. 유럽 대륙이 1차 세계 대전의 전화에 휩싸인 틈을 타 1910년대 중반부터 미국의 영화 산업은 질적 도약을 시작했다. 그것은 로스앤젤레스 근교에 대규모 영화 스튜디오들이 들어서 할리우드를 형성하는 것으로 나타났다. 할리우드에 자리잡은 대규모 영화사들은 마치 공장의 조립 라인에서 제품을 생산하듯 수많은 영화를 만들어 냈다. 여기에서는 스튜디오 소속의 연기자와 시나리오 작가, 감독, 기술 스태프들이 스튜디오의 지휘 아래 일사불란하게 움직였다. 대형 영화사들은 제작을 표준화, 대량화한 데서 더 나아가 배급·상영까지 장악했다. 이렇게 해서 할리우드의 전성기를 만들어 낸 스튜디오 시스템이 확립되었다.

영화는 새로운 기법을 도입하는 한편 신기술을 채용해 현실의 충실한 재현이라는 영화 고유의 '환상'에 더욱 다가갔다. 1927년 워너 브러더스사는 〈재즈 싱어The Jazz Singer〉에서 처음으로 사운드를 본격적으로 도입했다. 1930년에 이르자 할리우드 영화의 95%가 유성 영화로 제작됐다. 영화는 영상과 함께 사운드라는 요소까지 갖춤으로써 다른 미디어가 넘볼 수 없는 월등한 현실 재현력을 갖게 됐다.

독일이 나치의 지배를 받기 시작한 1930년대 중반 이후 유럽의 재능 있는 영화인들이 미국으로 이주했다. 프리츠 랑Fritz Lang, 장 르느와르Jean Renoir, 알프레드 히치콕Alfred Hitchcock 등 유럽 출신 감독들은 할리우드 주류 영화에 독일 표현주의와 프랑스의 시적 리얼리즘을 접목시켜 할리우드 영화를 상업적인 면에서뿐만 아니라 예술적인 면에서도 세계 최고 수준으로 끌어올렸다.

1950년대 초부터 미국을 중심으로 TV가 보급되기 시작했다. TV가 영화를 제치고 최고의 오락 수단으로 등장함으로써 영화 산업은 큰 타격을 받았다. 또 1948년 미국 연방 법원은 메이저 영화사들의 TV 산업 진출을 금지했을 뿐만 아니라 독점적으로 소유하고 있는 극장 체인을 불법화하고, 제작·배급사와 상영 체인을 분리하라는 판결을 내렸다. 이 판결로 스튜디오의 수직적 독점 체제가 무너지면서 할리우드 스튜디오 시스템은 쇠락의 길로 접어들게 되었다.

이러한 영화 산업의 위기를 할리우드는 두 방향에서 극복하고자 했다. 하나는 TV가 보여 줄 수 없는 대형 스펙터클 영화를 제작하는 것이었고 — 예컨대 〈벤허Ben Hur〉(1959), 〈클레오파트라Cleopatra〉(1963) 등 — 다른 하나는 시네마스코프Cinemascope, 시네라마Cinerama 등 와이드 스크린과 입체 영화, 냄새 나는 영화 등 새로운 기술을 도입해 관객을 영화관으로 끌어들이는 것이었다. 그러나 이러한 시도는 발길을 돌린 관객들을 영화관으로 다시 불러들이기에는 역부족이었다.

영화의 위기가 운위되는 가운데서도 유럽을 중심으로 영화의 지평을 넓혀 준 주목할 만한 흐름들이 나타났다. 2차 세계 대전 후 이탈리아의 폐허 속에서는 네오리얼리즘이 피어났다. 로베르토 로셀리니Roberto Rossellini의 〈로마, 무방비 도시Rome Città Aperta〉(1945), 비토리

오 데 시카Vittorio De Sica의 〈자전거 도둑Ladri di Biciclette〉(1948) 등 네오리얼리즘 영화들은 전후의 비참한 현실을 그대로 보여 주기 위해 저예산으로 로케이션 촬영을 하고 아마추어 배우를 기용했다. 마치 다큐멘터리를 연상시키는 이들 영화는 꾸밈없이 현실에 육박하고자 하는 순수한 열정으로 영화의 새로운 가능성을 열었다.

1950년대 프랑스의 영화 잡지 〈카이에 뒤 시네마Cahiers du Cinéma〉를 중심으로 비평 활동을 하던 프랑스의 젊은 지식인들이 1959년부터 직접 영화 제작에 뛰어들었다. 이들은 파격적이고 현대적인 영화를 만들어 새로운 영화 흐름을 주도했다. 이것이 '누벨 바그'라 불리는 프랑스의 영화 운동이다. 이들 가운데서도 특히 장 뤽 고다르Jean-Luc Godard는 영화에 대한 진지한 성찰과 파격적 실험성으로 후대 영화인들에게 결정적인 영향을 미쳤다.

1960년대 할리우드는 스튜디오 시스템이 붕괴하고 메이저 영화사들의 소유주가 수차례 바뀌는 등 큰 변화를 겪었다. 1968년에는 미국 영화계의 자체 검열 체계인 '영화 제작 코드'가 폐지되고 자율적 영화 등급제가 시행되었다. 이를 계기로 영화 표현의 한계가 넓어져 할리우드 영화에 섹스와 폭력이 본격적으로 도입됐다. 한편 관객 구성도 큰 변화를 겪어 10대와 20대가 영화의 주관객층으로 등장했다.

1970년대 들어 〈죠스*Jaws*〉(1975)와 〈스타 워즈*Star Wars*〉(1977)의 대히트 이후 할리우드에서는 블록버스터*blockbuster* 전략이 보편화됐다. 대규모 물량과 특수 효과 등을 동원해 대중에게 어필할 수 있는 흥행 대작으로 승부를 보는 것이다. 이로 인해 영화의 투기적 성격은 더욱 강화됐고 물량이 판치는 영화들이 영화 산업을 지배하게 됐다. 1980년대에 들어서면서 비디오와 케이블 TV가 확산됐다. 새롭게 등장한 이들 미디어가 영화관 흥행 수입 이외의 수입원 역할을 함으로써 영화 산업은 새로운 출구를 얻어 활기를 띠게 되었다.

〈터미네이터 2*Terminator 2*〉(1991)와 〈쥬라기 공원*Jurassic Park*〉(1993)에서 컴퓨터를 이용한 특수 효과가 위력을 보이더니 1995년에 이르러 영화 전체가 컴퓨터에 의해 제작된 완전 디지털 영화 〈토이 스토리*Toy Story*〉가 출현했다. 이것은 멀티미디어 시대의 첨단 기술이 영화를 새로운 차원으로 이끌 것이라는 희망과 함께 과연 21세기에도 현재와 같은 모습의 영화가 살아남을 것인가 하는 영화의 운명에 대한 의문을 제기하는 일대 사건이었다.

한편 할리우드 영화(제1 영화)와 유럽 예술 영화(제2 영화)에 대항하는 제3 세계 영화의 출현은 영화에 대한 기존 관념을 뒤흔들어 놓았다. 1960년대 남미에서 시작된 '제3 영화*Third cinema*'는 서구의 정치, 경제, 문화적 헤게모니에 저항하고 정치적 변혁에 봉사하는 '무기로

서의 영화'를 지향했다. 〈용광로의 시간*Hora de los Hornos*〉(페르난도 솔라나스, 옥타비오 게티노, 1965~68), 〈민중의 용기*El Coraje del pueblo*〉(호르헤 산히네스, 우카마우 집단, 1971) 등을 통해 영화가 오락이나 예술일 뿐만 아니라 정치적 실천임을 여실히 보여 주었다. 1980년대 이후 중국과 홍콩, 대만, 한국, 이란, 인도 등 아시아 영화가 부상하며 새로운 문제 의식과 미학으로 각광받기도 했다.

2000년대 들어 다큐멘터리가 새삼 주목받고 있다. 1922년 로버트 플래허티Robert Flaherty의 〈북극의 나누크*Nanook of the North*〉가 극장에서 상영돼 큰 성공을 거두었으나, 다큐멘터리는 이내 극장에서 사라지고 텔레비전 방송용으로 여겨져 왔다. 그러나 근래 마이클 무어 Michael Moore의 시사 다큐멘터리 〈볼링 포 컬럼바인*Bowling for Columbine*〉 (2002), 〈화씨 9/11*Fahrenheit 9/11*〉(2004)과 남극 펭귄의 생태를 다룬 〈펭귄의 행진*La Marche De L'Empereur*〉(뤽 자케 감독, 2005), 지구 온난화 위험을 경고하는 〈불편한 진실*An Inconvenient Truth*〉(2006) 등이 비평의 호평을 받은 데다 극장 흥행에도 성공함으로써 새로운 인기 장르로 부상했다.

현재 영화는 내용면에서보다 기술면에서 혁명적 변화의 시대를 맞고 있다. 디지털 촬영이 보편화하고 있고 디지털 상영 기술이 도입되고 있는 가운데, 최근에는 인터넷을 이용한 영화 파일의 다운로드가 새로운 영화 유통 방식으로 떠오르고 있다. 영화가 앞으로 어떤 변모를 겪을지 가늠하기 쉽지 않음을 보여 주는 현상이다.

한국 영화의 어제와 오늘

특정 국가에서 특정 민족 문화를 배경으로 생산, 유통, 소비된다는 점에서 모든 영화는 필연적으로 민족 영화*national cinema*일 수밖에 없다. 한 영화가 담고 있는 것은 특정 언어로 표현되는 대사에서부터 풍경이나 건물, 의상, 음식, 정서나 사고 방식, 그리고 의식적이건 무의식적이건 영화의 지향점 등에 이르기까지 특정 민족 문화에 뿌리를 두고 있다. 할리우드 영화가 아무리 세계 공통의 대중 오락이라 해도 '미국적' 요소를 뺀 할리우드 영화는 상상하기 힘들다.

한국 영화는 친숙한 배우들이 우리말로 우리 얘기를 한다는 점에서 우리들에게 강력한 감정을 환기시키는, 각별한 애증의 대상일 수밖에 없다. 한국 영화는 시대의 굴곡을 담아 내면서 때로는 대중의 사랑과 찬사를, 때로는 비난과 멸시를 받아왔다.

1919년 최초의 한국 영화 〈의리적 구투〉가 만들어진 이후 적어도 1980년대까지 우리 영화는 이데올로기에 의해 지배당했던 것으

〈오발탄〉

로 보인다. 일제 식민지 치하에서 한국 영화는 '한국적인' 것을 두드
러지게 드러냄으로써 식민지 지배에 수동적으로 저항하는 영화가
있었던 반면, 우리 영화로 분류하기가 쑥스러울 정도로 일제에 봉사
하는 영화들도 있었다.

　해방과 한국 전쟁을 거치면서 일제의 지배 이데올로기 대신 반
공 이데올로기가 영화계를 옥죄었다. 이는 '애국적' 반전 영화라고
할 수 있는 〈7인의 여포로〉(이만희, 1965)에서 총을 겨눈 인민군의 위협
으로 한 여군이 "김일성 만세"를 부르는 장면 때문에 감독이 반공법
위반으로 고통을 당한 데서 단적으로 드러난다.

　그럼에도 1950~60년대 한국 영화는 대중들의 성원 속에 활기찬
모습을 보여 주었다. 갖가지 제약 때문에 자유분방하고 파격적인 형
태로 펼쳐지진 못했지만, 〈자유 부인〉(한형모, 1956), 〈하녀〉(김기영, 1960),
〈오발탄〉(유현목, 1961), 〈사랑방 손님과 어머니〉(신상옥, 1961), 〈만추〉(이만
희, 1966) 등이 대중의 정서와 사회적 현실을 실감나게 담아 내 관객들
의 사랑을 받았다.

〈그들도 우리처럼〉

　　1970년대 들어서면서 한국 영화는 빈사 상태에 빠졌다. 유신 체제의 정치적 폭압이 사회 전반을 짓누르는 가운데 TV가 폭넓게 보급되면서 영화관을 찾는 관객들의 발길은 멀어졌다. 여기에다 박정희 정권은 연간 외화 수입 편수를 제한하고 우수 반공 영화 제작자에게 외화 수입권을 주는 영화 정책을 펴 영화 문화를 빈혈증에 빠뜨리고 극심하게 왜곡시켰다. 호스티스물이라는 한국적 장르 영화가 성행해 '한국 영화는 저질'이라는 인식을 심어 놓은 것도 이때였다.

　　1980년대 들어 영화 제작이 전보다 자유로워지면서 한국 영화의 숨통이 트이기 시작했다. 임권택(〈만다라〉(1981), 〈티켓〉(1986)) 이장호(〈바람 불어 좋은 날〉(1980), 〈나그네는 길에서도 쉬지 않는다〉(1987)) 등 선배 감독에다 배창호(〈고래 사냥〉(1984), 〈깊고 푸른 밤〉(1984)), 장선우(〈성공 시대〉(1988), 〈우묵배미의 사랑〉(1990)), 정지영(〈남부군〉(1990)), 박광수(〈칠수와 만수〉(1988), 〈그들도 우리처럼〉(1990)), 이명세(〈개그맨〉(1988), 〈나의 사랑 나의 신부〉(1990)) 등 신예 감독들이 속속 등장해 우리 영화의 폭을 넓혔다. 1980년대 후반부터는 비디오가 폭넓게 보급되면서 영상 수요가 폭발적으로 늘었고, 진보적

〈친구〉

영화 운동 출신들이 영화계로 진입해 활기를 불어넣었다.

　'정치의 시대'였던 1980년대를 지나 '문화의 시대'라고 일컬어지는 1990년대로 들어서면서 한국 영화도 크게 바뀌기 시작했다. 우선 압축적 근대화의 그늘에 있던 이전 세대의 '낡은' 감수성에서 벗어나 근대화의 양지에서 자란 신세대의 감수성을 적극 수용하는 영화들이 나타났다. 〈결혼 이야기〉(김의석, 1992)를 기폭제로 로맨틱 코미디가 스크린을 장악했으며 〈비트〉(김성수, 1997), 〈친구〉(곽경택, 2001) 등 깡패 영화가 뒤를 이었다.

　1990년대 중반 이후 '한국 영화의 르네상스'라는 말이 나올 정도로 한국 영화는 양적 질적으로 크게 발전했다. 1990년대 초 20%에 미치지 못하던 한국 영화 관객 점유율이 2000년 이후로는 50%를 넘나들 정도로 경이적인 성장을 보여 주었다. 정치적 제약이 약화되고 대중의 문화적 욕구가 폭발하는 가운데 충무로는 젊은 인재와 자본이 유입에 힘입어 1960년대의 한국 영화 황금 시대를 재연했다.

　이러한 성장을 주도한 것은 젊은 영화 제작자들이었다. 그들은

〈강원도의 힘〉

로맨틱 코미디와 멜로드라마 등 새로운 감각의 장르 영화, '한국적 블록버스터'라고 불리는 대형 기획 영화를 잇따라 제작했다. 〈쉬리〉(강제규, 1999)와 〈공동경비구역 JSA〉(박찬욱, 2000), 〈친구〉는 차례로 한국 영화 흥행 기록을 경신하며 관객들의 열띤 호응을 받았다.

이와 함께 새로운 형식과 주제를 탐색하는 진지한 영화들도 나왔다. 〈서편제〉(1993) 신화를 창조했던 임권택 감독은 〈축제〉(1996), 〈춘향뎐〉(2000)으로·한국적 정체성 탐색을 계속했고, 박광수 감독은 〈아름다운 청년 전태일〉(1995)로 역사와 현실에 대한 발언을 이어 갔다. 장선우 감독은 〈나쁜 영화〉(1997), 〈거짓말〉(1999) 등 파격적 영화 실험으로 한국 영화의 영역을 넓혔다. 기성 감독보다도 더욱 돋보인 것은 신진 감독들의 활약이었다. 홍상수(〈돼지가 우물에 빠진 날〉(1996), 〈강원도의 힘〉(1998)), 이창동(〈박하사탕〉(2000), 〈밀양〉(2007)), 김기덕(〈섬〉(2000), 〈빈집〉(2004)), 허진호(〈8월의 크리스마스〉(1998), 〈봄날은 간다〉(2001)), 봉준호(〈살인의 추억〉(2003), 〈괴물〉(2006)) 등이 독특한 자기 세계를 보여 주었다.

그러나 한국 영화의 미래가 장미빛만은 아니다. 흥행 위주의 대

394

형 영화가 급속도로 스크린을 장악하면서 다양한 영화 문화가 위협받고 있고 아직도 영화를 소비적 오락으로, 투기적 문화 상품으로만 대하는 시각이 만만찮다. 그럼에도 한국 영화는 우리 사회 특유의 역동성을 바탕으로 우리의 삶을 얘기하는 미디어로 발전해 나갈 것이다.

영화를 어떻게 읽을 것인가

우리는 〈괴물〉(2006)을 볼 때 구태여 '읽지 않고 보기만 해도' 어떤 영화인지, 무슨 내용인지 알 수 있다. 그러나 영화 중에는 보는 것만으로는 접근하기 힘들거나 의미를 제대로 파악할 수 없는 영화도 적지 않다. 그리고 〈괴물〉을 두고도 재미있다거나 볼 만하다라는 식의 단순한 인상에서 한 발짝 더 나아가려면 아무래도 영화를 따져 '읽는' 것이 불가피하다.

〈괴물〉을 예로 들자면 영화 읽기는 괴물에 납치된 딸을 구하려는 강두 가족과 이를 막는 정부 기관 간의 갈등을 살펴보는 것일 수도 있고, 봉준호 감독의 연출이나 괴물을 만들어 낸 컴퓨터 그래픽 화면의 미학적 효과를 분석하는 것일 수도 있다. 또 왜 1300만이 넘는 관객들이 〈괴물〉을 보았는지, 당시 시대 상황과의 연관 속에서 '괴물'의 의미를 살펴보는 것도 영화 읽기의 좋은 테마가 될 것이다.

그런데 영화를 읽으려면 우선 영화의 기본 메커니즘을 이해해야 한다. 영화는 이전의 어떤 미디어와 달리 복잡한 기술에 토대를 두고 있으며 제작에는 수많은 사람들이 공동으로 참여한다. 이러한 영

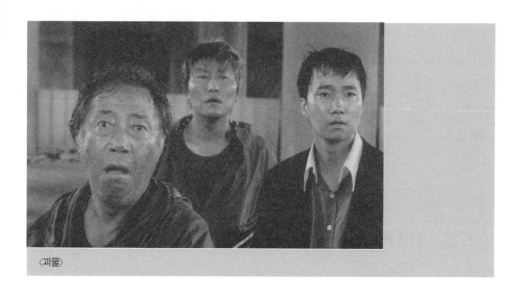

〈괴물〉

화 제작의 복합성 때문에 영화가 어떻게 구성되는지, 어떻게 의미를 만들어 내고 메시지를 전달하는지를 알 필요가 있다. 나아가 영화가 누구에 의해 무엇 때문에 만들어지는지, 기술적으로는 어떤 메커니즘을 통해 제작되고 관객에게 보여지는지, 관객은 왜 영화를 보는지 등등도 살펴보아야 할 것들이다.

언어로서의 영화

우선 영화가 대상을 재현하는 방식부터 살펴보자. 영화는 대개의 근대 소설처럼 이야기를 담고 있지만, 문자로만 표현되는 소설과 달리 영상과 사운드, 그래픽 등을 이용한다. 또 사진이나 그림처럼 2차원의 화면을 통해 표현되지만 시간 속에서 움직이는 이미지를 잡아 낸다는 점에서 그것들과도 다르다. 영화라는 표현 미디어는 다른 어떤 재현 방식과 달리 나름의 독특한 질료를 독특한 방식으로 구성해 의미를 만들어 내는 것이다.

1960년대 이후 기세를 떨치기 시작한 유력한 문화의 분석틀인 기호학은 영화를 일종의 기호 체계, 즉 하나의 언어로 본다. 이 명제는 영화가 다른 문화적 산물과 마찬가지로 언어처럼 작동하는 체계들(예컨대 영화 촬영 기법, 사운드, 편집 등)을 통해 의미를 산출한다는 본질적인 측면을 드러내 준다. 이러한 입장 덕분에 정교한 영화 분석이 가능해졌을 뿐만 아니라 영화를 커뮤니케이션으로 보고 의미를 만들어 내는 보다 폭넓은 커뮤니케이션 체계, 즉 문화 속에 위치시켜 넓은 문화적 맥락에서 그 의미를 파악할 수 있게 됐다.

단어가 글자 그대로의 지시적 의미와 함께 그것이 사용되는 구체적 맥락에 따라 다양한 함축적 의미를 갖는 것처럼, 영상도 피사체 자체가 갖는 지시적 의미와 함께 함축적 의미를 담고 있다. 카메라 앵글이나 특정 측면을 강조한 조명, 색채나 현상을 통해 얻어진 효과 등은 사회적 의미까지 갖게 되는 것이다. 〈괴물〉에서 주인공 강두(송강호)는 현실에서 밀려난 비주류 인간의 생활상, 가족을 유지하고자 하는 염원, 그리고 이러한 소박한 소망을 가로막는 관료주의의 폐해까지도 한꺼번에 보여 준다. 이런 장면에서 어수룩한 의상과 세트 디자인, 빗속의 스산한 조명은 그런 의미들을 생성해 내는 데 기여한다. 이 때문에 우리가 영상을 다룰 때 대상이나 그것이 표현하는 개념뿐만 아니라 영상들이 표현되는 방식도 다루게 되는 것이다. 영상들은 이미 '약호화된' 메시지로서 우리에게 도달하여 특별한 방식으로 의미를 만든다.

초창기 영화는 고정된 카메라로 그 앞에서 펼쳐지는 것을 기록한 데서 출발했으니, 대개의 영화, 즉 영화의 주류 양식으로 자리잡은 극 영화는 하나의 일관된 흐름을 갖는 이야기 형식을 취하게 됐다. 1시간 내외(초기 극 영화)에서 2시간 정도(현대의 극 영화)의 제한된 시간 내에 스크린이라는 제한된 2차원의 공간에서 이야기를 보여 줘 관객들의 욕구를 만족시키려면 영화는 효율적으로, 또 미학적으로 구성되지 않으면 안 된다.

의미를 가지는 영화의 최소 단위인 개개의 프레임frame만 살펴봐도 매우 다양한 요소가 함께 작용하고 있다는 것을 알 수 있다. 즉, 카메라 각도와 움직임, 초점 심도, 조명, 세트 디자인, 의상, 색채 등 수많은 요소들이 함께 작용하여 의미를 만들어 낸다. 여기에다 각 인물의 위치와 포즈, 필름의 광학적 조작(슬로 모션이나 과대 노출 등), 필름의 질 등, 이 모든 것들이 어우러져 무언가를 재현하는 것이다. 이처럼 영화의 여러 요소들로 한 장면을 시각적으로 구성하는 것을 미장센mise-en-scène이라 부른다. 영화의 풍부한 표현력은 현실을 충실히 재현해 내는 능력 때문이 아니라 이처럼 다양한 요소들을 구성하고 조직할 수 있는 데서 나온다.

이들 요소가 어떻게 의미 작용에 관여하는지 알아보기 위해 카메라에 잡히는 피사체의 크기를 예로 들어 보자. 인물의 상반신을 잡은 숏은 미디엄 숏이라 하는데, 이는 인물이 가장 편하고 안정감 있게 제시되는 숏이다. 이보다 피사체와의 거리가 먼 롱 숏long shot은 인물을 그 주변과의 관계 속에서 보여 줄 때 적합하다. 반면 대상과의 거리가 가까워 대상이 크게 잡히는 클로즈업close up은 대상의 미세한 움직임이나 인물의 표정 등을 잡아 낼 수 있어 극적 감정의 효과를 불러일으킨다.

미장센과 함께 영화의 2대 구성 원리를 이루는 것이 편집이다. 영화의 기본 단위는 숏shot이다. 달리 말하자면 영화는 숏의 연결로 이루어진다. 다른 카메라 셋업에서 찍은 각각의 숏을 일정한 목적에

398

따라 — 대개의 경우는 이야기를 효율적으로 전달하기 위해 — 연결하는 데서 편집의 개념이 등장했다. 편집은 일정한 체계와 지속 시간에 맞춰 숏들을 조직하는 작업이다. 이것은 촬영한 전체 테이크에서 필요한 부분을 선택하고, 선택된 숏들을 일정한 차례로 결합하고, 각 숏의 길이를 결정하면서 시선 및 방향의 일치를 확인하는 3단계 과정을 거친다. 이 과정을 거치면서 각기 분리됐던 요소들이 영화적 총체성 속에 유기적으로 포함되는 것이다.

영화학 교과서에는 쿨레쇼프Kuleshov 실험이 빠지지 않고 나온다. 소련의 영화 감독 쿨레쇼프는 한 남자 배우의 똑같은 얼굴 표정 숏을 각각 수프 접시, 관 속의 한 여자, 웃고 있는 한 아기와 병치시켰다. 그 결과 이 세 시퀀스를 본 관객들은 남자 배우의 똑같은 얼굴 표정을 각각 굶주림, 슬픔, 애정을 표현하는 것으로 받아들였다. 이를 발전시켜 에이젠슈테인은 몽타주 이론을 주장했다.

영화에서 편집은 크게 두 가지 기능을 한다. 인과 관계에 따라 행위의 요소들을 연결하는 서술 기능과, 하나의 이미지 자체나 두 개

쿨레쇼프 실험

의 이미지를 충돌시켜 감정이나 사고를 표현하는 표현적 기능이 그
것이다. 대개의 극 영화는 600~700개 안팎의 숏들을 이어 붙인 짜
깁기의 산물이다. 이런 짜깁기를 통해 관객은 스크린에 제시되는 영
상을 실제보다도 더 리얼하게 느낀다. 예를 들어 한 인물이 서울 강
남의 아파트에서 승용차를 몰고 고속도로를 달려 6시간 만에 부산
태종대에 나타났다고 하자. 영화에서 이런 과정은 주인공이 아파트
를 나와 차를 타고 떠나는 장면, 고속도로를 달리는 장면, 태종대에
차를 세우고 차에서 내려 바다로 향하는 장면 등 서너 개의 장면으로
처리될 것이다. 시간으로 치면 10초에서 길어야 1분 남짓이면 표현
이 가능하다. 이것을 실시간대로 6시간 동안 그대로 보여 준다면 그
것은 영화라고 부르기가 곤란한 것이 될 것이다. 이 경우는 편집의
내러티브상의 생략 기능을 보여 주는 것으로 이는 편집의 다양한 기
능 가운데 하나에 불과하다.

영화사에는 편집에 대한 입장에 따라 두 가지 흐름이 존재해 왔
다. 하나는 1920년대 소련 영화로 대표되는 편집 지상주의라 할 수 있
는 흐름이다. 이 입장은 영화는 편집을 통해 의미를 만들어 내는 미디
어라고 생각했다. 다른 하나는 편집의 영향력을 과소평가하는 입장
으로 이는 리얼리즘의 흐름과 연결된다. 즉, 영화의 목표는 현실을 사
실적으로 재현하는 것으로서 영화는 의도된 의미를 만들어 내는 것
이 아니라 현실을 담아 내는 미디어라는 입장이다. 프랑스 비평가 앙
드레 바쟁André Bazin으로 대표되는 이 입장은 편집보다 미장센을 영화
미학의 핵심으로 옹호했다.

영화와 내러티브

초창기에 영화는 나름의 방식에 따라 이야기를 전해 주는 내러티브가 아니라 단순한 기록의 수단으로 여겨졌다. 그러나 영화는 형상을 움직이는 이미지에 담아 연극이나 소설처럼 하나의 그럴 듯한 이야기로 전해 주는 미디어로 발전했다.

서사라고도 번역되는 내러티브는 영화가 생기기 훨씬 전부터 존재해 왔다. 할머니가 들려주던 옛날 얘기에도 시작과 끝이 있고 일관된 흐름이 있었다는 것을 기억하면 바로 알 수 있는 사실이다. 극영화는 하나의 이야기를 전달한다. 영화는 이야기를 전한다는 점에서 소설이나 연극, 신화나 전설과 다를 바 없다. 영화가 전해 주는 이야기를 따라가는 것은 영화를 이해하는 가장 기본적인 방법이다.

구조주의적 방법론을 통해 연구자들은 내러티브가 모든 시대와 모든 사회에 존재하는 인간 정신의 한 속성이며, 인간 공동체에 불가결한 사회적 기능을 수행한다는 것을 밝혀 냈다. 클로드 레비스트로스Claude Lévi-Strauss는 원시 문화의 신화를 연구해 신화가 불가해한 것을 설명하며 피할 수 없는 일을 정당화하는 기능을 한다고 주장했다. 츠베탕 토도로프Tzvetan Todorov는 내러티브를 일련의 과정으로 설명한다. 내러티브의 시작은 안정된 균형 상태인데, 이것이 외부의 힘에 의해 방해받는다. 그러나 이것은 방해 세력에 저항하는 다른 세력을 통해 해결돼 균형이나 질서를 회복한다는 것이다.

이처럼 내러티브는 기존의 질서 잡힌 상태를 바람직한 것, 회복돼야 할 것으로 제시한다. 이것은 암암리에 사회에 대한 특정한 입장, 즉 보수적 이데올로기를 반영하는 것일 수밖에 없다. 1960년대 이래 진보적 영화 작가들 사이에서 꽉 짜인 내러티브에 저항해 이를 해체하거나 완결된 것이 아닌 열린 구조로 표현하려는 움직임이 계속되고 있는 것은 바로 이런 이유에서다.

장르와 스타

우리는 대부분의 영화를 액션물, 코미디, 서부극 등의 유형으로 분류한다. 이것이 바로 장르로서 영화 내러티브의 서로 다른 종류를 구분하는 방법 가운데 하나다. 얼마간 영화 체험을 가진 관객이라면 영화가 시작한 지 10분만 지나면 그 영화의 장르를 분별해 낼 수 있다. 그것은 각 장르마다 독특한 '게임의 규칙'을 갖고 있기 때문이다. 문학 연구에서 빌려 온 장르 개념은 관객들이 보는 내러티브의 종류를 재빨리 파악할 수 있게 하는 약호, 관습 및 시각 스타일의 체계이다. 이러한 장르의 규칙을 알고 있으면 구구절절한 사전 설명 없이도 관객들은 상황을 바로 파악할 수 있다. 또 관객들은 장르의 관습이 어떻게 재현되고 어느 정도나 변용되는지 기대감을 갖게 되고 그것이 충족되는 기쁨을 맛보게 된다.

장르는 적어도 세 가지 힘, 즉 산업과 제작 관행, 관객의 욕망과 기대, 개별 텍스트의 장르 전체에의 기여라는 각기 다른 방향으로 작용하는 힘들이 만들어 내는 상호 작용의 산물이다. 영화 제작자들은 성공적인 대중적 장르를 반복하려는 경향이 강해 종종 속편을 제작한다. 관객은 장르를 통해 자신이 기대하는 바를 쉽게 충족시킬 수 있다.

구조주의적 장르 비평가 윌 라이트Will Wright는 서부극을 연구해 장르가 진화한다는 것을 밝혀 냈다. 그는 전형적인 서부 배경에 선악이 뚜렷이 대립하는 내용의 고전적 서부극(〈황야의 결투*My Darling Clementine*〉(1946), 〈셰인*Shane*〉(1953) 등)에서 기존 틀이 조금씩 바뀌어 과도

〈와일드 번치〉

기적 서부극(〈하이 눈*High Noon*〉(1952), 〈자니 기타*Johnny Guitar*〉(1954) 등)으로 이
행하며 결국에는 전문가적 서부극(〈와일드 번치*The Wild Bunch*〉(1969), 〈내일
을 향해 쏴라*Butch Cassidy and the Sundance Kid*〉(1969) 등)으로 바뀌어 왔다고 주
장했다. 전문가적 서부극에 이르면 이제 서부는 더 이상 정의가 승
리하는 땅이 아니며 선과 악의 구분도 모호해진다. 이처럼 장르는
관객의 입맛에 따라 변화한다. 더 이상 대중의 관심을 끌지 못할 경
우 그 장르는 사멸하고 만다. 1940~50년대 할리우드의 꽃이었던 뮤
지컬을 지금은 찾아보기 어렵게 된 것이 대표적 예이다.

　　우리가 영화를 접하게 되는 가장 친숙한 통로는 스타를 통한 것
이다. 톰 크루즈(〈미션 임파서블*Mission Impossible*〉), 안젤리나 졸리(〈미스터 & 미
세스 스미스*Mr. & Mrs. Smith*〉), 장동건(〈친구〉, 〈태극기 휘날리며〉), 전지현(〈엽기적인
그녀〉, 〈내 여자 친구를 소개합니다〉)은 늘 숱에서 그늘이 맡은 영화 속의 배역
과는 무관하게 그들 자체가 하나의 이미지 또는 기호로서 기능한다.

톰 크루즈 〈미션 임파서블〉

우리는 안젤리나 졸리가 주연한 영화를 보러 갈 때에는 여성 전사의 액션을, 전지현의 영화에서는 섹시하면서도 자신감 있는 신세대 여성을 기대하게 된다. 관객들은 기호로서의 스타를 소비하는 것이다.

관객들은 자신이 열광하는 스타가 나온다는 것만으로도 영화관을 찾는다. 그래서 스타는 영화 산업에서 최소한의 흥행을 보장하는 중요한 존재다. 스타는 관객에 의해 선택된다. 그러나 실은 영화 산업에 의해 만들어진 스타를 관객이 추인하는 것에 불과하다. 한 스타의 이미지는 배역뿐만 아니라 영화사의 선전과 광고를 통해, 각종 인터뷰나 가십 등 치밀한 홍보 전략을 통해 만들어지는 경우가 대부분이다. 물론 스타도 캐스팅과 관객의 반응, 사회 문화적 맥락에 따라 그 문화적 의미가 바뀔 수 있다. 1960년대 초 섹시 스타이던 제인 폰다Jane Fonda가 1960년대 말부터 강인하고 진보적인 여성상으로 바뀐 것이 대표적인 예이다.

영화와 관객

영화를 제대로 이해하려면 적어도 세 가지 점에서라도 관객을 주의 깊게 고려해야 한다. 우선 영화는 관객 없이는 존재할 수 없다. 영화만큼 관객, 수용자 또는 소비자에게 의존하는 미디어도 흔치 않다. TV의 등장 이후 영화 산업이 엄청난 타격을 받은 데서 알 수 있듯이 관객은 영화 산업의 사활을 좌우하는 존재다. 관객이 떨어져 나간다면 영화라는 양식은 아마도 자취를 감추게 될 것이다.

관객은 또 작가와 함께 영화의 의미를 만들어 내는 또 다른 축이다. 롤랑 바르트Roland Barthes는 의미가 작품 속에 들어 있는 것이 아니라 읽기 과정에서 생산되는 것이며 주체가 계속 변화되는 발화 과정이라는 것을 갈파했다. 의미화 작용이라는 것이 고정된 의미가 그대로 관객에게 전달되는 일방적인 과정이 아니며, 최종 수용자인 관객이 적극적으로 의미를 읽어 내고 만들어 내는 능동적 주체라는 주장은 이제 당연한 것으로 받아들여지고 있다. 이런 이론에 의해 텍스트 읽기는 새로운 실천으로 격상됐다.

관객을 다뤄야 하는 또 다른 이유는 '영화관에서 영화를 본다는 체험'의 독특함 때문이다. 이것은 영화의 남다른 매력과 그 이면에 내포돼 있는 사회 문화적 함축을 설명하는 유력한 근거가 되고 있다. 여기서는 소비자로서, 의미의 생산자로서의 관객의 문제는 제쳐 두고 '영화 체험'을 중심으로 관객의 문제를 살펴보자.

사람들은 왜 영화를 보는가? 그 이유로는 영화가 제공하는 대리 체험, 동일시, 해방감, 현실 도피 등 여러 가지가 거론될 수 있을 것이다. 영화학자들은 이것들을 포괄해 영화적 '쾌락'이라고 부르고 그 정체를 밝히려고 노력해 왔다. 우리는 영화를 보면서 이야기의 즐거움에 빠져들고 매혹적인 영상에 도취한다. 또 자신의 분신인 듯한 등장 인물에게서 동일시의 쾌감을 맛본다. 그런데 이 같은 한 영화의 구체적 내용이나 형식이 제공하는 쾌락 이외에 영화 특유의 메커니즘, 상영 및 관람 구조가 제공하는 쾌락도 있다. 개개 영화에서 느끼는 쾌락도 영화가 제공하는 구조적 쾌락에 기반을 두고 있다는 것이 학자들의 주장이다.

관객과 그들이 보는 영화와의 관계를 따져 보려면 먼저 영화 관람이라는 경험을 구성하는 요소들을 살펴보아야 한다. 영화 관람을 일종의 이벤트로 보는 시각은 일반화돼 있다. 영화관에 들어서는 것은 잠시 현실과 결별하고 다른 세계로 들어가는 것이다. 관객은 컴컴한 어둠 속에서 의자에 앉아 움직이지 않은 채 뒤로부터 강하게 영사되는 스크린 위의 영상을 주시하게 된다. 그럼으로써 관객들은 세상사로부터 해방감과 격리감을 맛보며 스크린 위에 펼쳐지는 허상을 현실보다 더 현실적인 것으로 느낀다. 이처럼 상상적인 것과 현실적인 것의 경계가 흐트러지는 것이 영화적 체험의 핵심이다. 이러한 영화 체험은 흔히 관객을 유아와 같은 퇴행적, 유아적 상황에 빠트린다. 실제로는 존재하지 않는 꿈과 같은 것을 실재로 착각하게 만든다.

영화의 현실감은 영상과 음향의 인지적 풍부함에서 기인한다. 관객은 초당 24장의 정사진이 영사되는 것을 보면서 이것을 연속과 움직임으로 재구성한다. 이는 실재하는 간격을 정신 작용으로 채워 넣는 것으로서 '파이 효과*phi effect*'로 알려져 있다. 현실감은 영화를 볼 때 관객이 처하는 심리적 상황에 의해 보강된다. 어두컴컴한 영화관에서 스크린을 마주하고 있다는 사실 자체가 화면을 주시하는 것 이외의 모든 행동을 멈추고 현실 인식을 부분적으로 포기하는 것이다.

정신이 현실에 의미를 부여하는 것과 마찬가지로 영화는 정신 작용에 의해 현실을 조직화하고 기록한다. 이런 점에서 영화는 기억과 상상력, 감정의 예술이라고 할 수 있다. 이 때문에 영화는 필름 속에 존재하는 것이 아니라 영화에 그 사실성을 부여하는 관객의 정신속에 존재한다고 할 수 있다.

영화의 여러 가지 테크닉은 심리학적 투사와 동일시를 유발하고 강화한다. 카메라는 인간의 눈을 흉내 낸다. 그래서 관객은 스크린에 펼쳐지는 장면들을 마치 자신이 직접 보는 것으로, 나아가 자신이 통제하는 것으로 여기게 된다. 할리우드 주류 영화의 경우 카메라의 시선이 백인 남성의 그것이라는 통찰은 이후 페미니즘 비평의 기본 근거가 되었다.

여기에다가 관객이 주인공을 비롯한 등장 인물들과 자신을 동일시하는 것 또한 일반적인 현상이다. 이러한 의도된 테크닉에 의한 동일시는 관객을 주체적 의미의 생산자가 아니라 퇴행적이며 수동적인 수용자로 만들어 버리기 쉽다. 그래서 진지한 영화 작가들은 관객들에게 영화가 객관적 현실이 아니라 만들어진 허구임을 깨닫도록 하기 위해 여러 가지 기법을 개발해 왔다. 등장 인물이 관객을 향해 말하기, 흐름을 깨는 점프 컷, 선형적 이야기 진행의 거부 등은 관객이 영화에 몰입하는 것을 의도적으로 방해하는 기법들이다. 이것은 영화적 쾌락을 거부하는 것이라고 볼 수 있다.

영화 산업

영화 제작은 매우 복잡하고 돈이 많이 드는 작업이다. 감독을 비롯해 연기자, 기술 및 지원 스태프를 한데 끌어모아야 하고 적지 않은 제작비를 들여야 한다. 한국 영화 한 편을 만드는 데 평균 37억 2000만 원

〈플레이어〉

정도가 든다(2007년 기준, 마케팅비 포함). 할리우드 대작의 경우 1억~2억 달러의 제작비를 쓰는 경우도 적지 않다.

그럼에도 영화는 왜 계속 만들어지는 것일까? 영화 제작에 필요한 돈을 대고 공동 작업을 지휘하는 제작자의 입장에서 보면 그것은 이윤을 얻기 위해서다. 할리우드건 충무로건 간에 영화 산업이 존속해 온 것은 영화 제작이 수지맞는 사업이라는 증거다.

제작자가 많은 이윤을 남기려면 많은 관객을 끌어들여야 한다. 많은 관객을 끌어 모으는 공통분모는 무엇보다도 '재미'다. 제작자는 흥행 성공을 위해 관객이 원하는 것을 영화 속에 담으려 한다. 그것은 흔히 고정 팬을 가진 스타를 기용하고, 많은 사람들이 좋아하는 뻔한 스토리를 반복하고, 폭력과 섹스를 버무려 넣는 것으로 나타난다. 이러한 영화 제작의 이면은 〈플레이어 *The Player*〉(로버트 알트먼, 1992)에서 신랄하게 풍자한 바 있다.

영화는 그 성립기부터 돈벌이를 위한 '문화 상품'이었다. 영화가 이윤을 목적으로 생산된 상품이라는 것은 영화의 내용과 형식, 영화 문화를 결정적으로 규정지어 왔다. 영화 상영 시간이 1시간 30분~2시간 안팎으로 표준화된 것, 사운드나 컬러 등 신기술이 본격적으로 채용된 것, 장르 영화가 꽃을 피운 것, 속편 제작이 성행하는 것 등은 모두 더 많은 관객을 모아 더 많은 돈을 벌기 위해 제작자들에 의해 이뤄진 것이다. 영화는 무엇보다도 제작자의 이윤을 위해 생산되고 관객의 욕구를 충족시키기 위해 소비되는 '문화 상품'으로 이해되어야 한다. 이 사실은 대부분의 영화를 분석하고 그 이데올로기를 따지는 데 매우 중요하다.

대중 영화를 읽는다는 것

이제까지 우리는 영화 읽기에 필수적인 최소한의 개념들을 탐색하면서 영화의 의미가 어떻게 형성되는지, 영화적 쾌락이 어떻게 생겨나는지 살펴보았다. 네 살배기 어린아이도 영화의 기본적 내용을 파악할 수 있다고 한다. 영화가 현실을 정교하게 모방하므로 영화 내용을 이해하지 못하더라도 직관할 수 있기 때문이다. 그러나 영화는 현실을 그대로 재현하지 않는다. 또 그럴 수도 없다. 실제로 제작자도 관객도 영화가 현실을 충실히 재현하는 데 만족하지 않았다. 영화는 곧 허구를 창조함으로써 인간의 욕망과 사회적 커뮤니케이션의 세계로 나아갔다. 이렇게 해서 영화에는 갖가지 욕망과 열정, 이해 관계와 이데올로기가 개입하게 됐다.

한 편의 영화에서는 적어도 네 가지 힘이 팽팽하게 밀고 당기고 있다. 제작자의 이윤 동기, 감독과 시나리오 작가로 대표되는 작가의 창조적 열망, 관객의 욕망과 기대, 그리고 당대의 사회 문화적 상황이 그것이다. 영화를 읽는다는 것은 이러한 힘들을 의식하면서 그것들이 어떻게 한 작품 속에서 조화를 이루고 승화됐는지, 또는 좌절하고 파탄을 불렀는지를 밝히는 작업이 될 것이다. 영화를 읽을 수 있게 되면 우리는 한 편의 대중 영화가 왜 '심심풀이 오락'을 넘어서서 '문화의 한복판'에 위치할 수 있는지 더 잘 이해하게 될 것이다.

애니메이션

애니메이션_animation_ 은 보통 한 컷 한 컷 프레임을 찍어 그림이나 사물을 움직이는 것처럼 보이게 하는 영상을 일컫는다. 얼마 전까지만 해도 애니메이션은 영화의 한 장르로 여겨져 온 데에다 어린이 대상 오락물로 인식돼 독자적 예술 미디어로 다뤄지지 않았다. 그러나 애니메이션이 전통적 영화와는 다른 다양한 형식과 기법으로 만들어지는 점에 주목해, 1980년대 들어 이를 학문적으로 연구하려는 노력이 시작되었다.

애니메이션을 특징짓는 제작 방식은 한 프레임씩 촬영한다는 점이다. 카메라로 촬영을 하든, 컴퓨터 모니터에 입력을 하든 개개의 이미지를 제작한 뒤 이를 결합하여 움직임의 환상을 만들어 내는 것이다. 애니메이션 제작은 크게 세 가지 과정으로 구분해 볼 수 있다. 먼저 애니메이션은 정지 동작의 이미지로 나타나는 1차 제작 과정이 선행한다. 2차 제작 과정에서는 이렇게 모아진 1차 시각 자료들을 정지된 영상으로 옮긴다. 이어 이를 미디어에 기록해 영사하면 애니메이션이 탄생하는 것이다.

애니메이션의 종류

애니메이션은 피사체의 성질에 따라 평면(2D) 애니메이션과 입체(3D) 애니메이션으로 나눠 볼 수 있다. 평면 애니메이션으로는 종이 애니메이션(종이 위에 낱장 그림을 그리고 이를 한 장씩 촬영하는 방식)과 절지 애니메이션(종이나 골판지 등에 그려진 캐릭터를 오려 내어 별도로 만든 배경 그림 위에 놓고 오려 낸 그림을 조금씩 위치를 바꿔 가며 프레임 촬영을 하는 방식) 등도 쓰이고 있으나, 가장 흔히 사용되는 방식은 셀 애니메이션cell animation이다. 셀 애니메이션은 화면에서 움직이는 부분을 투명한 셀에 그려, 움직이지 않는 배경 위에 겹쳐 놓고 촬영하는 제작 방식으로 제작 과정을 분업화, 전문화할 수 있는 장점이 있다.

애니메이션의 역사

최초의 애니메이션은 영화가 탄생하기 반세기 전에 이미 등장했다. 1832년 벨기에인 조셉 플라토Joseph Plateau는 골판지 디스크에 일련의 그림을 그려 움직이는 영상을 얻는 페나키스토스코프phenakistoscope를 발명했고, 뒤이어 그림이 그려진 드럼을 회전시키는 조에트로프Zoetrope도 선보였다. 영화 필름이 발명된 이후 1906년 미국인 스튜어트 블랙튼Stuart Blackton은 〈웃는 얼굴의 웃기는 모습Humorous Phases of Funny Faces〉이라는 애니메이션 단편 영화를 내놨다. 윈저 메케이Winsor McCay는 1914년 〈공룡 거티Gertie the Dinosaur〉를 발표했는데, 이 작품은

〈백설공주와 일곱 난쟁이〉　　　　〈공룡 거티〉

생생하게 살아 있는 듯한 공룡이 등장해 큰 인기를 끌었다.

　　애니메이션을 혁신한 인물은 미국인 만화가 월트 디즈니Walt Disney였다. 그는 소리에 맞춰 등장 인물이 움직이는 애니메이션 〈증기선 윌리Steamboat Willie〉(1928)를 제작했다. 1937년 디즈니는 컬러 장편 애니메이션 〈백설공주와 일곱 난쟁이Snow White and the Seven Dwarfs〉를 제작해 대성공을 거두었다. 드라마틱한 스토리를 가진 이 영화는 이후 애니메이션 영화의 전범이 되었다.

　　장편 애니메이션은 막대한 제작비 때문에 한동안 거의 제작되지 않다가 1980년대 들어 부활했다. 디즈니 스튜디오에서 〈인어공주The Little Mermaid〉(1989)를 뮤지컬 형태로 제작해 대성공을 거둔 것이 시발점이었다. 컴퓨터 애니메이션 기술이 발전하면서 새로운 표현 기법이 도입되고 제작 비용이 크게 줄어든 것이 애니메이션 영화의 부활에 크게 기여했다. 미국 애니메이션은 TV 프라임 시간대에 〈심슨 가족The Simpsons〉(1989~현재)이 방송되면서 새로운 영역을 개척하기 시작했다. 신랄한 사회 풍자와 부조리한 웃음을 무기로 삼는 〈심슨 가족〉

은 〈사우스 파크South Park〉 등과 더불어 애니메이션이 어린이용이라는 인식을 털어 냈다.

1980년대부터는 일본의 애니메이션이 전 세계적으로 인기를 끌기 시작했다. 아니메anime라고 불리는 일본 애니메이션은 이전 디즈니 애니메이션과는 달리 성인도 즐길 수 있는 신선하고 치밀한 스토리와 주제로 큰 인기를 끈다. 아니메를 정착시킨 이는 데즈카 오사무로 알려져 있다. 인기 만화가였던 데즈카는 〈우주 소년 아톰〉 시리즈를 제작해 1963년부터 TV로 방영하면서 SF 만화 영화 붐을 몰고왔다. 1970년대에는 〈마징가 Z〉 등 거대한 로봇이 등장하는 아동용 아니메가 지배적이었다. 1980년대 들어서면서 이러한 흐름은 바뀌기 시작했다. 미야자키 하야오가 따뜻하면서도 환상적인 내용의 〈바람 계곡의 나우시카〉(1984), 〈이웃집 토토로〉(1988) 등을 내놨고 오토모 카츠히로의 〈아키라〉(1988), 오시이 마모루의 〈공각 기동대〉(1995) 등 성인용 주제의 애니메이션도 선보였다. 여기에다 흔히 폭력적이고 선정적인 내용을 담은 비디오용 아니메(OVA)가 출시되면서 전성기를 맞고 있다.

한국에서 애니메이션의 시초는 1956년 제작된 럭키 치약 CF로 알려져 있다. 최초의 극장용 애니메이션은 1967년 개봉된 〈홍길동〉이었다. 한국 애니메이션의 개척자인 신동헌 감독이 제작한 이 영화는 놀라운 작품의 수준을 보여 주었다. 그러나 TV를 통해 외국 만화 영화가 방영되면서 국산 애니메이션은 거의 맥이 끊겼다가 1976년 김청기 감독의 〈로보트 태권 V〉가 나와 히트한 이후 로봇 애니메이션이 여럿 제작되었다. 이후 한국은 세계 최대의 애니메이션 하청 기지로 전락해 〈은하철도 999〉, 〈무적의 라이온 용사〉 등을 수주해 제작했다. 1990년대 이후 몇몇 애니메이션 영화가 제작되었으나 흥행 · 비평 양면에서 아직 돌파구를 찾지 못하고 있는 실정이다.

- 데쿠파주 *découpage* (콘티 *conti*) : 대본 분석. 대본을 분석하여 촬영 대본으로 옮기는 과정.

- 돌리 숏 *dolly shot* : 촬영 기사가 카메라와 함께 타고 이동 화면을 촬영할 수 있는 돌리를 사용해 촬영한 숏. 트래킹 숏, 트래블링 숏.

- 디졸브 *dissolve* : 한 장면이 사라짐과 동시에 다른 화면이 서서히 나타나는 장면 전환 방식.

- 딥 포커스 *deep focus* : 카메라 앞의 모든 피사체가 초점 거리 내에 포착되어 선명하게 보이도록 촬영하는 기법.

- 롱 숏 *long shot* : 대상에 대해 넓은 시야를 보여 주는 화면. 관객으로 하여금 화면 내의 여러 요소들의 상대적인 크기, 형태, 위치 등을 알게 하기 때문에 일종의 개요를 소개한다고도 볼 수 있다.

- 롱 테이크 *long take* : 장시간 촬영. 컷하지 않은 단 한 번의 촬영이 평균적인 화면의 길이에 비해 상대적으로 길게 촬영되는 촬영 기법.

- 몽타주 시퀀스 *montage sequence* : 다수의 영상이 빠르게 연속적으로 연결되어 시간의 경과 따위를 나타내는 시퀀스를 말한다.

- 미장센 *mise-en-scène* : 장면화. 공간·조명·색·운동 등을 이용한 한 화면 내부의 이미지 구성.

- 보이스 오버 *voice over* : 연기자나 해설자가 화면에 보이지 않는 상태로 대사나 해설 등 목소리가 들리는 것.

- 부감 : 피사체 위쪽에서 촬영하는 각도와 그 장면. 일반적인 특징은 해당 피사체를 특권적, 지배적 시점으로 바라보도록 하는 데 있다.

- 사운드트랙 *soundtrack* : 영화 필름 중의 녹음된 부분. 보통 영화의 음악, 음향 효과 등을 의미하는 말로 쓰인다.

- 소프트 포커스 *soft focus* : 특수 필터나 거즈, 또는 확산 물질 따위를 렌즈 앞에 부착하여 영상의 선명도를 일부러 감소시켜 우아하고 낭만적이며 신비스러운 분위기를 표현하는 기법.

- 숏 *shot* : 영화 구조의 문법적 기본 단위로서 한 번의 테이크를 통해 촬영된 장면. 컷과 컷 사이의 장면, 또는 컷과 동일한 개념으로 사용되기도 한다.

- 슬로 모션 *slow motion* : 고속 촬영한 것을 영사할 때 화면 위의 행위가 정상보다 느리게 나타나는 것.

- 시네마스코프 *Cinemascope* : 1953년 20세기 폭스사가 발표한 애너모픽 렌즈를 이용한 와이드 스크린의 한 방식. 가로 대 세로의 화면비가 2.35 : 1.

- 시점 화면 : 일명 포브(POV: *point of view*) 라고 한다. 등장 인물의 시점으로 촬영된 장면.

- 시퀀스 *sequence* : 장소, 액션, 시간의 연속성을 통해 하나의 에피소드를 이루는 이야기가 시작되고 끝나는 독립적 구성 단위. 일련의 장면이 모여서 하나의 시퀀스가 된다.

· 앙각 *low angle shot* : 카메라 위치를 눈높이보다 아래쪽에 설치하여 대상을 올려다보는 인상을 느끼도록 하는 촬영 또는 그렇게 촬영된 화면.

· 예술 영화 *art film* : 1950년대 이후 상업적인 할리우드 영화에 대하여 예술적 가치가 뚜렷한 영화, 특히 유럽 영화를 가리키는 용어.

· 와이프 *wipe* : 뒤에 오는 화면이 앞의 화면을 밀어 내면서 장면을 전환하는 기법.

· 작가주의 *auteur theory* : 감독은 보통 한 편의 영화에서 예술적인 면을 책임지며 시각적 스타일, 주제 등에서 자신의 개인적 세계관을 담아 내므로 소설의 소설가와 마찬가지로 영화의 진정한 작가는 감독이라는 주장.

· 장면 *scene* : 영화를 구성하는 단위의 하나로 동일 장소, 동일 시간 내에서 이뤄지는 일련의 액션이나 대사. 숏과 시퀀스의 중간에 해당한다.

· 점프 컷 *jump cut* : 비약 전환. 화면 연결시 연기 동작이 급격하고 부자연스럽게 변화하는 장면 전환.

· 컷 *cut* : 와이프, 페이드, 디졸브 등의 광학 효과를 사용하지 않고 화면을 연결시키는 방법.

· 컨벤션 *convention* : 영화 일반이나 특수한 영화 유형에서 보편화된 극적 요소나 제재, 또는 양식화된 표현 방법.

· 클로즈업 *close up* : 카메라와 피사체 간의 거리가 가까운 화면. 또는 피사체의 특정 부위가 화면 가득히 나타나는 장면 일반을 말한다.

· 패러디 *parody* : 심각한 내용의 영화에서 가볍게 웃을 수 있는 장면을 삽입하는 것. 이따금 진지한 작품의 스타일이나 관습, 또는 모티브를 조소하는 데도 쓰인다.

· 팬 *pan* : 지지대를 고정시킨 채 카메라를 수평으로 회전시키는 촬영. 그렇게 찍은 장면을 패닝 숏이라 한다.

· 페이드 인 *fade in*, 페이드 아웃 *fade out* : 화면이 점차 밝아지기 시작해 완전히 선명하게 나타나는 것을 페이드 인, 반대로 점차 어두워져 완전한 암흑 상태로 바뀌는 것을 페이드 아웃이라 한다. 장면 전환 기법의 일종.

· 풀 숏 *full shot* : 사람을 기준으로 할 때 머리부터 발 끝까지, 또는 풍경의 전체 모습을 화면 가득히 채운 화면.

· 프레임 *frame* : 필름상에서 영상이 담기는 개개의 단위 구역. 또는 영화적 움직임의 환상을 주는 연속적인 영상들 가운데 독립된 공간의 하나로서 정사진이나 그림 한 장에 해당되는 영화의 시각적 최소 단위.

· 플래시백 *flashback* : 영화에서 과거를 제시하는 일련의 숏. 현재 시점과의 단절을 나타낸다.

· 필름 느와르 *film noir* : 잦은 밤 장면과 그림자가 짙은 조명, 비관적이고 냉소적인 내러티브 등이 특징인 1940년대 초부터 1950년대 중반까지 할리우드가 만들어 냈던 일련의 영화 유형.

· 후시 녹음 *postsynchronization* : 적절한 음향 조건에서 대사나 음향을 재녹음하는 것. 촬영 도중 만족스럽게 녹음되지 못했거나 음향과 대사를 동시에 녹음하기가 곤란한 경우에 주로 사용된다.

더 알기 위해

《대중 영화의 이해》. 그래엄 터너 (1994). 임재철 외 옮김. 한나래.
　문화 연구의 성과를 동원해 영화를 오락으로, 내러티브로, 문화적 이벤트로
　설명하고 있는 빼어난 영화 입문서.
《한국 영화사》. 김미현 책임편집 (2006). 커뮤니케이션북스.
　개항기부터 현재까지 한국 영화사를 개관한 책. 역사 서술 외에 다양한 내용
　을 담았다.
《영화 예술》. 데이비드 보드웰 · 크리스틴 톰슨 (1993). 주진숙 · 이용관 옮김. 이
　론과실천.
　영화를 주로 미학적 차원에서 다룬 책 가운데에서 가장 널리 알려져 있다.
《현대 영화 이론의 이해》. 로버트 랩슬리 · 마이클 웨스트레이크 (1995). 이영
　재 · 김소연 옮김. 시각과언어.
　기호학, 마르크시즘, 구조주의적 정신 분석 등을 원용한 현대 영화 이론이 잘
　정리돼 있다.
《어휘로 풀어 읽는 영화 기호학》. 로버트 스탬 (2003). 이수길 옮김. 시각과언어.
　기호학을 중심으로 영화 이론을 다룬 이론서.
《베트남에서 레이건까지 ― 할리우드 영화 읽기: 성의 정치학》. 로빈 우드 (1994).
　이순진 옮김. 시각과언어.
　영국 출신 평론가의 비평집. 할리우드 영화를 성의 정치학의 시각에서 분석
　하고 있는 이데올로기 비평의 한 모범.
《스타 ― 이미지와 기호》. 리처드 다이어 (1995). 주은우 옮김. 한나래.
　스타 현상과 스타의 의미를 다룬 이론서.
《영화 사전 ― 이론과 비평》. 수잔 헤이워드 (1997). 이영기 옮김. 한나래.
　영화 연구 및 문화 연구의 성과를 수용해 영화 관련 용어를 깊이 있게 해설한 책.
《당신의 징후를 즐겨라 ― 할리우드의 정신 분석》. 슬라보예 지젝 (1997). 주은
　우 옮김. 한나래.
　헤겔과 마르크스주의, 라캉을 자유자재로 오가며 할리우드 대중 영화를 읽은
　저서.
《영화란 무엇인가》. 앙드레 바쟁 (1998). 박상규 옮김. 시각언어.
　영화 평론가이자 이론가인 바쟁이 영화의 의미를 천착한 저술 모음.
《한국 영화사 공부 1960~1979》. 이효인 외 (2004). 이채.
　1960~70년대 한국 영화사를 체계적으로 서술한 책.

416

《한국 영화사 공부 1980~1997》. 유지나 외 (2005). 이채.

　　1980년대 이후 한국 영화사를 체계적으로 서술한 책.

《애니메이션의 장르와 역사》. 이용배 (2003). 살림.

　　이름난 애니메이터이기도 한 저자가 애니메이션을 쉽게 설명한 개설서.

《애니메이션 교실》. 일본 애니메이터 6인회 (2005). 조경수 옮김. 은행나무.

　　애니메이션의 기본 사항을 설명한 개론서.

《세계 영화사》. 잭 C. 앨리스 (1988). 변재란 옮김. 이론과실천.

　　영화 역사를 포괄적이고도 쉽게 서술했다.

《옥스퍼드 세계 영화사》. 제프리 노웰 스미스 책임 편집 (2006). 이순호 외 옮김. 열린책들.

　　세계 각국의 영화사를 전문가들이 나누어 서술한 책. 영화를 정치 사회 문화와의 연관 속에서 고찰하는 서술 방식이 돋보인다.

《세계 영화사》(1~3). 크리스틴 톰슨 외 (2000). 주진숙 외 옮김. 시각과언어.

　　미학적 관점을 앞세운 세계 영화사 저술로 교과서로 널리 쓰인다.

《할리우드 장르의 구조》. 토마스 샤츠 (1995). 한창호 · 허문영 옮김. 한나래.

　　서부극, 갱스터, 뮤지컬 등 할리우드 장르 영화에 대한 이론서이자 역사서.

《히치콕과의 대화》. 프랑수아 트뤼포 (1994). 곽한주 · 이채훈 옮김. 한나래.

　　트뤼포가 알프레드 히치콕을 50시간 동안 심층 인터뷰한 인터뷰집. 구체적 작품에 대한 논의를 통해 영화에 대한 이해를 넓힐 수 있다.

《보이는 것의 날인》. 프레드릭 제임슨 (2003). 남인영 옮김. 한나래.

　　마르크스주의 문화 비평가 제임슨의 영화 관련 논문집. 대중 문화와 영화에 대한 통찰이 번득인다.

Questions of Third Cinema. Jim Pines, Paul Willemen (eds.) (1999). London: BFI.

　　제3세계 영화을 이해하는 데 필수적인 이론 및 비평 모음.

The Cinema Book. Pam Cook (ed.) (2007). 3rd ed. London: BFI.

　　영화사 및 영화 이론 전반을 정리한 책. 관련 논의를 잘 정리하고 있을 뿐 아니라 풍부한 영화 정보도 담고 있다.

12
인터넷과 포털

1960년대 말 미국에서 안보상의 이유로 탄생한 인터넷은 이후 거듭된 성장으로 전 세계를 연결하는 단일한 커뮤니케이션 하부 구조로 확산되었다. 놀라운 속도로 발전하는 인터넷은 정보의 바다로 불리면서 인류 역사상 어떠한 미디어보다 빠른 속도로 커나가고 있으며 잠재적인 영향력 또한 가히 혁명적이라 할 수 있다. 2000년대 중반부터 참여, 개방, 공유 등의 가치를 앞세우는 웹2.0 시대를 맞이하여 사용자들 간의 관계를 중심으로 네트워크화된 정보의 흐름이 더욱 중요해지고 있다.

인터넷이 커뮤니케이션 분야에 가져 온 변화의 정도는 패러다임의 대전환이라 할 수 있을 만큼 지대하다. 고전적으로 커뮤니케이션 현상을 설명해 온 SMCR 모델은 더 이상 상호 작용성과 선택적 수용성을 특성으로 하는 인터넷을 통한 커뮤니케이션 현상을 설명하는 데 적합하지 않다. 또한 인터넷은 지속적으로 논의되어 온 통신과 방송의 융합을 실현하는 미디어로서 컴퓨터 네트워크를 통해서 문자, 이미지, 동영상 등의 다양한 컨텐츠를 제공하고 있다. 인터넷의 관문 역할을 하는 포털의 영향력이 지속적으로 확대되면서 이에 걸맞는 공적 책임성의 제도화 필요성이 제기되고 있다.

도준호

현재 숙명여자대학교 언론정보학부 교수이다. 서울대학교 독어독문학과를 졸업하고 미시간 주립대학교에서 텔레커뮤니케이션 석사와 언론학 박사 학위를 받았다. 미시간 주립대 텔레커뮤니케이션과에서 초빙 교수와 정보통신정책연구원에서 연구위원을 지냈다. 책으로는《디지털 컨버전스》(공저),《매스커뮤니케이션 이론》(공역) 등이 있다.

인터넷 — '정보의 바다'

전 세계를 연결하는 하나의 커뮤니케이션 하부 구조로서 인터넷은
우리에게 수많은 변화를 가져 왔다. 인터넷은 지금까지 인류에게 소
개되었던 어떠한 미디어보다 빠른 속도로 확산되고 있으며 인터넷
이 인류에게 미치는 영향력은 가히 혁명적이라고 할 수 있다. 커뮤
니케이션뿐만 아니라 정치, 경제, 교육, 오락 등 우리 삶의 거의 모든
부분이 활동 영역을 인터넷이 제공하는 공간으로 옮겨 가고 있다.
인터넷이 제공하는 이러한 공간은 현실과 다르다는 의미에서 흔히
가상 공간 혹은 사이버스페이스로 불려 왔다. 하지만 인터넷은 이제
더 이상 현실과 분리된 공간이기보다는 오히려 현실의 연장선상으
로 파악하는 것이 더 타당할 것이다.

　　인터넷은 흔히 '정보의 바다' 혹은 '네트워크의 네트워크'라는 말
로 표현된다. 인터넷은 기본적으로 중앙에서 전체 네트워크의 운영

을 통제하는 기관이 없고 공통의 통신 규약을 따르면 세계의 어떤 컴퓨터라도 인터넷으로 편입될 수 있는 분산형, 개방형 컴퓨터 네트워크이다. 이렇게 누구나 자유롭게 접근할 수 있는 컴퓨터 네트워크를 통하여 많은 양의 정보를 신속하게 서로 나누어 가질 수 있는 공유의 정신은 지금의 인터넷 발전이 있게 한 근본 정신이라 할 수 있다. 네트워크의 또 다른 특성인 상호 작용성은 인터넷을 구성하는 클라이언트 서버client-server 체계에 반영되고 있다. 이러한 시스템은 사용자가 정보를 요구하면 해당 정보를 갖고 있는 서버가 요청된 정보를 제공하는 형태를 말한다. 인터넷을 통한 새로운 커뮤니케이션 현상을 볼 때 이러한 체계가 중요성을 갖는 이유는 인터넷상에 연결된 클라이언트는 항시 잠재적으로 서버의 역할도 할 수 있다는 점이다.[1] 기존의 미디어 환경에서 송신자와 수신자의 구분이 뚜렷했던 것에 비해서 인터넷에서는 수신자들도 항시 피드백 채널을 갖고서 잠재적인 메시지의 생산자가 될 수 있다는 점이다. 이러한 점은 우리가 인터넷 상에서 구현되는 새로운 미디어를 기존의 미디어와 차별화해서 볼 수 있는 가장 근본적인 차이가 될 수 있을 것이다.

인터넷의 역사 — 아르파넷부터 웹2.0까지

인터넷은 미국과 소련 간의 냉전 상태가 첨예하게 지속되던 1960년대 말, 미국과 소련 간에 핵 전쟁과 같은 대규모 전쟁이 일어날 경우 컴퓨터 시스템이 일시에 사용 불능에 이르는 것을 막고 전쟁을 계속 수행할 수 있는 분산처리 시스템을 개발하려는 미국 국방성의 연구 프로젝트에서 시작되었다. 이 연구 과제는 1969년 미국 국방성 산하에 설립된 아르파(ARPA: Advanced Research Project Agency)가 추진하였는데, 이들은 미국의 중요 컴퓨터 정보를 하나의 중앙 집중 컴퓨터에서 관리하지 않고 지역별로 운영되는 컴퓨터 시스템에 분산하고, 이들 각 컴퓨터 시스템을 네트워크로 연결하여 원격적으로 관리함으로써 어느 한 시스템이 두절되더라도 컴퓨터망 자체에 영향을 주지 않도록 하는 방법을 고안하게 되었다.

이 새로운 네트워크의 개념이 처음으로 적용된 것은 1969년 미국의 로스앤젤레스 캘리포니아 대학(UCLA), 스탠포드 대학, 산 버나디노 캘리포니아 대학(UCSB), 유타 대학 등 4개 대학을 연결하는 네트워크망인 아르파넷(ARPANET: The Advanced Research Project Agency Net)이 운영되면서부터이다. 이렇게 오늘날 인터넷의 모체라고 불리는 아르파넷은 패킷 통신 네트워크를 개발하기 위한 미국 정부의 실험적 모델로서 출발하게 되었고 그 후 또 다른 종류의 망들과 연동하면서 지속적으로 확장되었다.

1973년에는 아르파넷이 영국과 노르웨이에 최초의 해외 접속을 개시하였으며, 1974년에 이르러 패킷 교환망 프로토콜인 TCP (Transmission Control Protocol)가 고안되었다. 그리고 1982년에 접어들면서 오늘날 인터넷의 가장 핵심적인 요소라고 할 수 있는 TCP / IP라는 통신 규약이 완성되어 네트워크 간의 연결이 가능하게 됨으로써 이러한 네트워크를 통칭하여 인터넷이라고 지칭하기 시작하였다. 이러한 1980년대 초반까지의 발전과 더불어 1986년에는 미국 국립과학재단이 미국 내의 슈퍼 컴퓨터들을 연결하는 NSFNET(National Science Foundation Network)을 구축하였다. 이 NSFNET의 출현으로 인하여 인터넷은 획기적인 변화를 맞이하여 네트워크의 용량이 급격히 증대되었을 뿐만 아니라, 각 지역 네트워크의 적극적인 참여 등을 유도하여 인터넷의 급속한 양적·질적인 성장을 유도하였다.

이러한 변화 속에서 세계 각국에서도 미국의 인터넷과 유사한 네트워크가 구축되어 인터넷과 상호 연결됨으로써 미국 지역 외의 인터넷 기간망을 구축할 수 있게 되었을 뿐 아니라, 인터넷에서 제공되는 정보의 측면에서도 미국 내 정보로만 한정된 것이 아니라 세계 각국의 정보가 함께 존재하게 되었다.

1990년대 들어 나타난 인터넷의 중요 발전 실태를 살펴보면 가장 두드러진 사건은 인터넷의 이용의 패턴을 바꿔 놓은 월드 와이드 웹(World Wide Web: WWW)의 출현이다. 1991년에 등장한 월드 와이드 웹 서비스는 하이퍼텍스트(hyper-text markup language: HTML)를 이용하여 음성·화상·문자 등을 동시에 전송할 수 있는 서비스로 이 서비스의 확산으로 인터넷은 획기적인 발전을 이루게 되었다. 웹 서비스를 통해서 전문적인 컴퓨터 지식이 없는 일반인들도 손쉽게 다양한 형태의 정보를 주고받을 수 있는 기틀이 마련되었고 이는 인터넷에 대한 접근성을 향상시켜 인터넷 이용자의 폭발적인 증가를 가져오게 되었다.

전문가 집단에서 시작한 인터넷 이용자가 일반 대중으로 확산됨에 따라서 1990년대 말부터 인터넷을 통한 각종 비즈니스 모델이 등장하게 된다. 이때부터 인터넷 기업의 가치가 과대평가되는 이른바 닷컴 버블 시대를 맞이하게 되는데 뚜렷한 수익 모델을 가지지 못한 인터넷 기업들이 퇴출되면서 2000년대 초에는 닷컴 버블이 붕괴되기 시작한다. 닷컴 붕괴를 거치면서 살아남은 인터넷 기업들은 참여, 개방, 공유 등의 가치 등을 앞세우는 웹2.0web 2.0 시대를 이끌어 가고 있다. 초기 인터넷 형태가 URL을 통해서 저장되어 있는 정보를 찾아

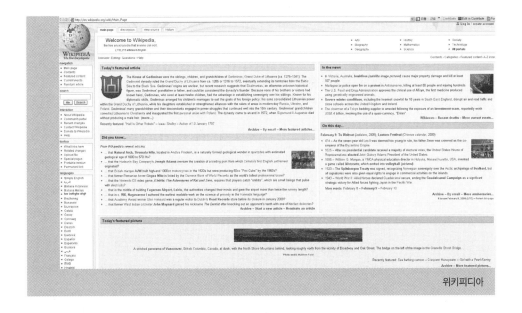

위키피디아

가는 창고형 웹 형태라면 2000년대 중반부터 시작된 웹2.0 시대에는 사용자들 간의 관계를 중심으로 네트워크화된 정보의 흐름이 인터넷의 새로운 흐름으로 자리 잡고 있다. 사용자들이 직접 참여하여 만드는 온라인 백과사전 위키피디아(www.wikipedia.org)는 집단 지성의 가능성을 제시하였고, 이용자들이 직접 만든 동영상을 공유하는 유튜브(www.youtube.com)는 하루 1억 회 이상의 동영상 스트리밍 트래픽을 발생시키고 있다. 창고형 웹 체제에서는 정보를 창고에 쌓아 놓고 필요할 때 이를 찾아보는 방식으로 이용자 개인의 중요성이 적절하게 반영되지 못하는 구조였다. 생태계형 웹이라 불리는 웹2.0 시대는 사람과 정보의 관계가 중요하게 되며 이용자가 각자의 방식으로 생태계를 조직화하고 이런 개별적인 생태계가 모여 전체적인 웹의 생태 흐름을 만들어 가고 있다.

패러다임의 대전환

상호 작용성과 수용자 선택성

인터넷의 보급 확산은 커뮤니케이션 패러다임의 대전환을 가져왔다. 전통적인 커뮤니케이션학에서 SMCR(Source-Message-Channel-Receiver) 모형이 미디어를 통한 커뮤니케이션 현상을 설명하는 대표적인 이론이었다. 송신자가 메시지를 만들고 이것을 특정한 채널을 통하여 수용자에게 전달하는 모형이 일반적 매스 미디어를 통해서 이루어지는 커뮤니케이션 현상을 가장 적절하게 설명하고 있다고 받아들여졌다. SMCR 모델을 통해 본 매스 커뮤니케이션 현상의 특징은 메시지를 만들어 내는 송신자가 소수이며 수용자가 송신자가 보내온 메시지에 대한 피드백을 줄 수 있는 경로가 제한된다는 점에서 찾아볼 수 있다. 이러한 특성은 메시지를 전달할 수 있는 채널의 한정성으로 인하여 매스 커뮤니케이션의 송신자의 절대 수가 제한되고 있으며 수용자에서 송신자로의 피드백 채널의 확보가 어려운 일방향 커뮤니케이션이라는 점에 기인한다.

하지만 인터넷을 기반으로 하는 커뮤니케이션 현상은 전통적인 SMCR 모델로는 적절하게 설명하기 어려운 특성을 갖게 된다. 피드백 통로가 제한되는 기존 매스 커뮤니케이션의 특성은 네트워크의 미디어적 특성인 상호 작용성으로 인하여 인터넷에 적용되기 힘들다. 인터넷 미디어의 수용자들은 게시판을 이용하거나 채팅 혹은 이메일 등을 통해서 송신자 혹은 같은 수용자 간에 커뮤니케이션할 수 있는 채널을 갖고 있다. 예를 들어서 인터넷 방송에서 나오는 음악 프로그램을 들으면서 인터넷 자키와 청취자들 간의 실시간 채팅을

통한 의견 교환이 가능하며 게시판을 통하여 프로그램에 대한 이용
자들의 생각을 전달할 수도 있다.

인터넷에서 수용자는 기존 미디어의 수용자보다 훨씬 적극적으
로 메시지에 반응한다. 메시지를 피동적으로 받아들이는 것이 아니
라 적극적으로 해당 웹 사이트를 찾아 들어간다. 수용자가 커뮤니케
이션 과정을 시작하며 송신자가 전달하는 메시지에 선택적으로 반
응하게 된다. 방송의 〈9시 뉴스〉처럼 시작부터 끝까지 순차적으로
내용을 받아들일 필요 없이 수용자의 흥미에 맞는 내용을 선택적으
로 골라서 볼 수 있다. 인터넷에서 이러한 선택적 수용성은 하이퍼
텍스트의 이용으로 더욱 확대되었다. 이용자들은 송신자가 전달하
려는 메시지를 순차적으로 받아들일 필요도 없고 하이퍼링크된 텍
스트를 클릭함으로써 관련 정보가 담긴 다른 사이트로 손쉽게 이동
할 수 있다.

통합적 미디어

인터넷은 커뮤니케이션 분야에서 오랫동안 이야기해 온 통신과 방송
의 융합을 실현한 미디어라고 할 수 있다. 컴퓨터 네트워크를 통해서
문자, 이미지, 동영상 등의 컨텐츠를 디지털 신호라는 단일화된 정보
처리 방식을 이용하여 통합적으로 제공하는 것이 인터넷의 미디어적
특성이다. 신문, 방송 등의 전통적 미디어는 미디어 고유의 속성에
따라서 미디어를 전달하는 방식이 상이하였다. 뉴스의 경우 신문은
방송 뉴스보다 속보성에서 뒤질 수는 있지만 지면을 통해서 전체 사
건이나 이슈를 보다 심층적으로 보도하는 특성을 갖는다. 방송 뉴스
의 경우 생생한 동영상을 통하여 안방의 시청자들이 즉각적으로 반

응할 수 있는 이미지를 전달할 수 있는 강점이 있지만 방송 시간의 제약 때문에 사건에 대한 보다 자세한 정보를 전달하는 데 한계를 갖는다. 전달되는 채널 역시 신문은 발행 시간에 맞추어 기사가 인쇄된 지면을 물리적으로 독자들에게 전달하는 반면에 방송은 전파 자원을 이용하여 전체 방송 시간 편성에 맞추어 내용을 전달하게 된다.

이러한 미디어 고유의 속성은 인터넷을 기반으로 한 미디어에는 더 이상 일률적으로 적용되기 힘들다. 인터넷 방송은 전통적 방송의 속성인 동영상 제공 외에도 신문에서 가능한 사건의 심층 보도가 가능하다. 인터넷 신문 역시 전통적으로 행해 오던 심층적인 기사 제공 이외에도 인터넷을 통한 동영상 제공이 가능해져 형식 면에서 두 가지 미디어를 구분하는 일은 큰 의미가 없게 되었다.

인터넷을 통한 컨텐츠 유통 체계의 변화

인터넷을 기반으로 하는 미디어는 기존 방송이나 신문과 같은 미디어와는 컨텐츠가 만들어지고 유통되는 모습이 상이하다. 컨텐츠가 제작되어서 최종 이용자에 의해서 수용되기까지 과정을 하나의 가치 사슬로 볼 수 있다. 인터넷을 기반으로 한 미디어와 전통적 미디어의 컨텐츠 유통 측면에서 차이점은 이러한 가치 사슬을 비교해 보면 쉽게 알 수 있다. 인터넷 환경 이전의 전통적 미디어 산업의 가치 사슬 구조의 이해를 위하여 공중파 방송 시청자가 특정 가수의 뮤직 비디오를 시청하는 경우를 가치 사슬 구조에 따라서 분석해 보자.

먼저 컨텐츠 창작 단계는 뮤직 비디오라는 컨텐츠를 생성하기

428

위한 가장 초기 단계로서 노래의 작곡가, 작사가, 노래를 실연하는 가수, 악단 등이 이 과정에서 부가 가치를 생성하게 된다. 이 밖에 노래를 바탕으로 뮤직 비디오를 만드는 데 시나리오 작가, 촬영진 등이 컨텐츠를 만드는 과정에 참여하게 된다. 둘째, 컨텐츠 기획, 제작 단계에서는 작곡가, 작사가, 가수, 시나리오 작가 등 각종 재능이 있는 사람들을 모아서 실제로 컨텐츠를 생성할 수 있도록 전반적인 기획과 제작 작업이 이루어진다. 뮤직 비디오의 경우는 음반 기획사가 이러한 역할을 수행하게 되며 능력이 있는 여러 사람들을 찾아내고 연결하여 하나의 상품으로 만들어 내는 작업을 하게 된다. 뮤직 비디오라는 컨텐츠가 만들어지면 이를 시청자에게 전달하기 위해서는 공중파 방송 환경에서는 뮤직 비디오를 공중파 방송의 전체 프로그램 편성에서 특정 시간대에 편성하는 기능이 필요하게 된다. 패키징 기능을 수행하는 공중파 방송 사업자는 특정 시간대에 방송되는 프로그램 안에 특정 가수의 뮤직 비디오를 편성하는 역할을 하게 된다. 유통 단계에서는 공중파 방송 사업자에 의해서 편성된 프로그램의 송출이 이루어진다. 공중파 방송국의 경우 자사의 자매 방송국을 통하여 편성한 프로그램을 방송하게 된다. 이용 단계에서 시청자는 공중파 방송을 시청하게 되고 공중파 방송에 편성한 특정 가수의 뮤직 비디오를 시청할 수 있다.

위의 예를 살펴보면 인터넷의 보급이 확산되기 이전에 컨텐츠 산업의 가치 사슬 구조상에서 병목 현상이 나타나는 과정은 유통 단계임을 알 수 있다. 배급 통로를 소유하고 패키지된 프로그램을 수용자에게 전달하는 역할을 하는 유통업자에는 공중파 방송 사업자, 케이블 TV 사업자 등이 해당된다. 인터넷으로 대변되는 디지털 시대의 도래 이전에는 유통 단계는 컨텐츠 제작자들이 최종 수용자들에

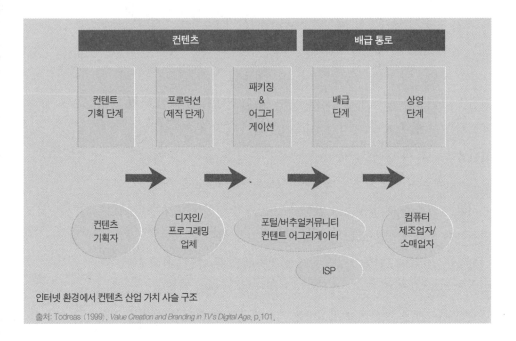

컨텐츠			배급 통로	
컨텐트 기획 단계	프로덕션 (제작 단계)	패키징 & 어그리 게이션	배급 단계	상영 단계

컨텐츠 기획자   디자인/ 프로그래밍 업체   포털/버추얼커뮤니티 컨텐트 어그리게이터   컴퓨터 제조업자/ 소매업자

ISP

인터넷 환경에서 컨텐츠 산업 가치 사슬 구조

출처: Todreas (1999), *Value Creation and Branding in TV's Digital Age*, p,101,

도달하기 위해서 통과해야 되는 병목 구간이었다. 방송의 경우 유통 단계에 있어서 3~4개의 공중파 방송과 케이블 TV의 경우 특정 지역에는 독점적 지위를 가진 케이블 TV 사업자가 있으며 이들의 편성 시간에 포함되어야만 컨텐츠 제작자는 그들의 프로그램을 최종 수용자들까지 전달할 수 있었다. 하지만 인터넷이 범 세계적인 커뮤니케이션 하부 구조로 등장하고 망의 고도화가 지속적으로 이루어지면서 전통적인 컨텐츠 산업의 가치 사슬 구조에는 근본적인 변화가 초래되고 있다. 이러한 현상은 지금까지 존재해 왔던 미디어 산업의 컨텐츠 유통 구조를 혁신적으로 변화시키고 있으며 앞으로 이러한 추세는 더욱 가속화될 것으로 예상된다.

    인터넷이 컨텐츠 산업의 가치 사슬 구조에 가져온 가장 큰 변화는 유통 단계에서 공중파 방송 사업자, 케이블 TV 사업자, 음반 기획 제작사 등이 주도했던 병목 현상을 상당한 정도로 완화시키고 있다는 점에서 찾을 수 있다. 인터넷의 등장과 더불어 유통 단계에 존재했던 병목 현상은 급격히 감소하고 있으며 결국에는 컨텐츠의 배급 통로는 일용품화되는 현상을 보일 것으로 예상할 수 있다. 복수의 광대역 정보 통신망 사업자 중에서 수용자가 배급 통로를 선택하며 이 통로를 통해서 컨텐츠 제공자는 유통의 병목 현상없이 수용자에게 다가갈 수 있는 환경이 조성될 것이 예측된다.

전통적 미디어 산업에서는 유통 단계에서 병목 현상을 이용해서 많은 이윤 창출이 가능했다. 하지만 유통 단계의 병목 현상이 누그러지면서 유통 단계에서 창출되던 부가 가치는 줄어드는 양상을 보이고, 보다 많은 부가 가치를 창출할 수 있는 주체로 컨텐츠의 제작자들이 주목받고 있다. 이러한 변화는 컨텐츠 산업의 부가 가치 창출에 있어서 커다란 패러다임의 전환으로 받아들여질 수 있다.

종이에 인쇄된 신문과 인터넷 신문은 각기 다른 미디어적 속성을 가지고 있다. 종이에 인쇄된 신문은 독자들이 손쉽게 페이지를 넘겨가며 전체 주요 내용을 파악할 수 있고, 또 쉽게 가지고 다니며 읽을 수도 있다. 이에 비하여 인터넷 신문은 인쇄된 신문에 비하여 기사의 물리적 인쇄, 배포 과정을 생략하여 보다 빠르게 뉴스를 전할 수 있으며 상호 작용성을 이용한 검색 기능 등의 부가 서비스를 제공할 수 있는 장점이 있다.

인터넷 신문이 기존 신문과 가장 근본적으로 차별되는 점은 발행 주기성의 파괴에서 찾을 수 있다. 인쇄 신문은 하루에 한 번 발행되어서 물리적으로 배달되는 특성을 갖는다. 하지만 인터넷 신문의 기사는 마감 시간이라는 개념 없이 수시로 갱신될 수 있는 상섬이 있다. 따라서 기존의 신문과 같이 발간 시간에 맞추어 뉴스의 내용을 보는 방식이 아니고 인터넷 신문의 이용자들은 지속적으로 발생하는 뉴스를 즉각적으로 확인할 수 있다.

인터넷 신문이 기존 신문과 차별화되는 또 다른 점은 상호 작용적 서비스 제공에서 찾아볼 수 있다. 인터넷 신문의 대표적 상호 작용적 서비스로 맞춤 뉴스 제공 서비스를 들 수 있다. 이용자들이 미리 개인의 선호나 관심 분야에 대한 정보를 송신자에게 전달하고 송신자는 이용자가 제시한 기준에 합당한 내용만 전달하는 방식이 맞춤 뉴스 서비스이다. 이러한 서비스를 통해서 이용자는 송신자가 전달하는 전체 메시지를 살펴보는 것이 아니고 선택적인 메시지 이용이 가능해진다. 인터넷 신문이 제공하는 검색 서비스도 기존 신문에서 제공될 수 없는 상호 작용적 서비스의 예이다. 기사 검색 서비스를 통해서 이용자는 관심 있는 주제어를 입력함으로써 필요한 뉴스 기사만을 신속하게 찾아볼 수 있고, 기존 인쇄 신문에서는 스크랩을 통해서 가능했던 과거 기사의 검색을 손쉽게 할 수 있다.

반면에 수용자가 메시지를 수용하는 측면에서 보면 인터넷 신문은 인쇄 신문과 비교해서 가독성이 떨어진다. 인쇄 신문에서 편집 데스크가 생각하는 기사의 중요도에 의해서 기사가 보도될 면의 배정 및 기사의 크기 등이 정해진다. 독자들은 기사의 중요도를 신문 면에서 기사의 배치 위치, 제목 활자의 크기, 사진 게재의 유무 등으로 판단한다. 하지만 인터넷 신문에서는 편집 양식에 따른 기사의 중요도 제시가 제한적으로만 가능하기 때문에 수용자가 기사의 중요도를 파악하는 데 더 많은 노력이 필요하다.

인터넷 신문이 지속적으로 새로운 컨텐츠를 제공하기 때문에 수시로 인터넷 이용자들이 방문하는 사이트가 되면서 인터넷 신문의 포털화가 추진되었다. 〈디지털 조선일보〉 등을 위시하여 주요 일간지의 인터넷 신문들은 여러 부가 서비스를 제공하면서 인터넷 신문만의 독창성을 구축해 나가고 있다. 인물 정보, 영화, 부동산 정보, 실시간 주식 정보 등 다양한 정보를 인터넷 신문 사이트에서 제공하면서 이용자들의 인터넷 신문 방문을 극대화시키려는 노력을 하고 있다. 실제로 인터넷 신문이 얼마나 인쇄판과 차별화된 서비스를 제공할 수 있느냐가 인터넷 신문 사업의 성패를 가늠하는 중요한 요인으로 평가되기도 한다.

기존 신문사가 온라인으로 사업 영역을 넓힌 형태의 인터넷 신문 이외에도 순수하게 온라인에서 출발하면서 차별적인 미디어적 속성을 갖는 인터넷 신문도 등장하였다. 〈오마이뉴스〉로 대표되는 이러한 종류의 인터넷 신문은 기존 언론사의 게이트키핑 과정을 전면적으로 탈피한 경우이다. 일반 시민들이 신문 기사들을 발굴하고 작성하고, 공개적인 편집 회의를 통해서 이러한 기사들의 출판이 결정된다. 기존의 주류 언론의 시각과는 상당히 다른 각도에서 기사들이 작성되며 인터넷에서 출판된다. 인터넷에 출판된 기사에 대하여 이용자들은 그들이 기사에 대하여 갖고 있는 의견을 같은 사이트에 제시할 수 있다. 인터넷 상의 이러한 대안 미디어들은 기존 언론사들이 갖고 있는 뉴스의 게이트키핑 과정에서의 영향력에 대응하면서 나름대로의 목소리를 네티즌에게 전달하고 있다. 이러한 인터넷 기반 미디어의 등장은 사회의 다원적인 목소리와 의견을 대변한다는 점에서 새로운 형태의 대안 미디어의 가능성을 제시하고 있다.

포털 사이트의 성장

인터넷 포털이란 인터넷 상에서 관문의 역할을 하는 사이트로서 월드 와이드 웹이 본격적으로 보급되기 시작한 1990년대 중후반부터 웹사이트에 대한 검색 서비스를 제공 서비스를 제공하면서 시작되었다.

인터넷 이용이 활성화되면서 포털 사이트는 이메일, 메신저, 커뮤니티 등의 커뮤니케이션 기능을 제공하고 뉴스, 게임, 교육, 지역 정보, 온라인 쇼핑 등으로 서비스 영역을 확장하였다. 특히 2006년 부터는 참여와 개방을 가치로 내세우는 웹2.0 환경 속에서 개인 블로그의 운영, UCC 제공 등을 통하여 네티즌들의 참여가 지속적으로

인터넷 포털의 발전 과정		
구분	특징	사례
태동기 (1996~)	· 웹사이트 단위의 디렉토리 검색 · 전문가들의 주제 분류	야후, 심마니, 까치네
침체기 (~2002)	· 웹페이지 단위의 검색 · 포털화(이메일, 홈페이지, 뉴스 서비스 등 제공) · 컴퓨터에 의한 키워드 방식	라이코스, 알타비스타
성장기 (~2005)	· 검색에 가치 부여 (이용자 평가＋컴퓨터 분석) · 서비스와 검색 연계(블로그, 뉴스, 지식 등) · 광고 중심의 수익 모델 장착	구글, MSN, 네이버, 다음
전환기 (2006~)	· 웹 2.0형 (참여, 공유, 개방) 포털로 전환 － 공개 API, Tag, RSS 등의 기능 도입 · 검색 서비스의 개인화 전문화 · UCC, 소셜 미디어 서비스의 폭발적 증가	구글, 네이버

출처: 한국인터넷진흥원 (2007. 5), 〈2007 한국인터넷백서〉 인터넷 포털의 발전 과정.

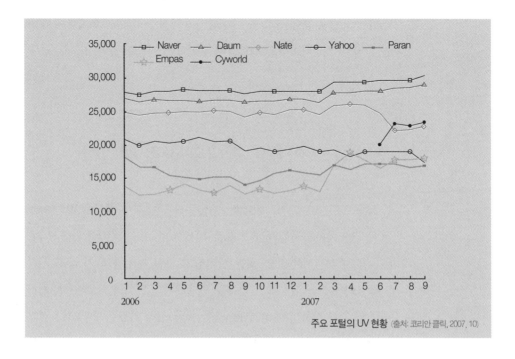

주요 포털의 UV 현황 (출처: 코리안 클릭, 2007. 10)

늘어나는 추세이다. 이용자는 미디어 선택 과정에서 가장 큰 충족감을 얻을 수 있는 채널을 선택하게 되는데 포털이 제공하는 다양한 서비스는 복잡한 웹 환경에서 이용자의 거래 비용을 감소시키는 한편 반복적인 이용을 확대하면서 점차 영향력을 확대해 오고 있다.

2007년 10월 코리언클릭이 조사한 UV(unique visitor) 현황을 보면 국내 포털 시장에서는 검색 서비스에서 우위를 점하고 있는 네이버가 1위를 차지하고 있고 다음과 네이트가 그 뒤를 따르고 있다. 네이버는 전환 비용이 가장 크다고 볼 수 있는 개인 블로그 포스팅 서비스에서도 1위를 차지하면서 국내 포털 업계에서의 영향력을 지속적으로 이어 가고 있다.

이렇게 포털의 영향력이 확대되면서 과도한 영향력 행사에 대한 규제 이슈도 제기되고 있다. 특히 기존 미디어들의 영향력이 감소하는 반면에 포털을 통한 뉴스 이용이 증가하면서 포털의 뉴스 제공에 따른 공적 책임성을 제도적으로 보장해야 한다는 여론이 높아지고 있다.

포털 뉴스 이용의 확대와 공적 책임성

뉴스를 실시간으로 업데이트할 수 있는 인터넷의 속성상 포털의 뉴스 서비스는 이용자들이 반복적으로 이용할 수 있는 컨텐츠이다. 다음 Daum을 제외한 대부분의 포털은 직접 기사를 작성을 하지 않고 기존 언론사의 뉴스를 선택해서 전달하는 매개자의 역할을 하고 있다. 처음 에는 단순히 기사의 데이터베이스를 통한 검색 기능이 주였으나 점차 로 포털을 통한 뉴스 이용이 확대되면서 2003년을 기점으로 포털을 통한 뉴스 소비가 언론사 사이트를 앞지르기 시작했다. 이렇게 포털 뉴

연 / 월	포털 뉴스			언론사 닷컴 합계		
	UV(명)	PV(명)	DT(분)	UV(명)	PV(명)	DT(분)
2002 / 01	10,174,721	773,067,346	4,338	16,493,491	2,670,971,365	9,715
2003 / 01	15,337,178	1,583,741,675	6,139	17,531,414	3,827,585,912	9,882
2004 / 01	21,152,465	4,341,584,250	11,782	17,988,193	2,657,208,814	6,700
2005 / 01	24,408,664	6,208,854,213	15,593	19,524,896	2,420,218,795	6,671
2006 / 01	26,335,409	8,004,400,091	17,387	19,119,967	2,294,886,957	5,726
2007 / 01	26,605,743	8,535,319,933	19,292	20,789,056	1,929,542,268	5,073

포털 뉴스와 언론사 닷컴의 뉴스 이용량에 대한 연도별 비교(자료기준: 월)

출처: 코리안클릭 (2002년 1월~2007년 1월)

* UV(Unique Visitor, 순이용자: 한 달에 한 번 이상 방문한 이용자 수), PV(Page view, 페이지 뷰),
DT(Duration Time, 체류 시간) 포털 뉴스와 언론사 닷컴의 뉴스 이용량에 대한 연도별 비교

스 이용이 확대되자 언론사와 포털 간의 시장 갈등, 포털 뉴스의 품질, 포털 뉴스의 댓글 관리 등에 관련된 여러 가지 이슈가 제기되었다.

포털은 직접적으로 기사를 작성하지는 않지만 이를 배포하는 과정에서 면 배치 기능을 통하여 실직적인 언론사의 편집 기능을 수행하고 있다. 특히 젊은층들이 점점 종이 신문을 외면하는 추세를 감안할 때 주요 포털이 행하는 편집 행위는 상당히 영향력 있는 의제 설정 기능을 행한다고 볼 수 있다. 하지만 일부 포털이 상업적 이익을 위하여 기사의 제목을 일부 선정적으로 수정하거나 연성 기사를 전면 배치하는 행태를 보여 이에 대한 비난의 목소리가 커지고 있다.

일반 신문과는 달리 인터넷 뉴스는 댓글을 통해서 수용자의 즉각적인 피드백이 가능하다. 이러한 인터넷 뉴스 미디어의 양방향성은 기존의 일방향 미디어의 소통 구조를 혁신적으로 바꾸는 현상을 가져왔다. 사회적으로 논쟁이 될 수 있는 뉴스에 수백 건의 댓글이 달리면서 댓글을 통한 여론 형성의 장이 만들어진 것이다. 이러한 댓글 소통 구조는 사회 이슈에 대한 다양한 여론을 반영할 수 있는 장이기도 하지만 악의적인 댓글로 인한 여러 가지 사회적 부작용을 불러일으키고 있다.

포털은 이렇게 실질적으로 언론의 역할을 하고 있지만 실정법상으로는 언론사로 분류되지 않기 때문에 언론사들에게 요구되는 공적 책임성 문제에서 직접적으로 구속 받고 있지 않는 상황이다. 현재 포털은 부가 통신 사업자로 신고만 하면 사업을 할 수 있고 신문법이나 언론 중재법에서 포털은 언론사로 분류되지 않는다. 신문법의 경우 3인 이상의 직원이 30% 이상 자체 뉴스를 생산하는 인터넷 미디어를 언론으로 분류하기 때문에 인터넷 포털은 규제 내상에서 제외된다. 이처럼 신문법에서는 인터넷 신문과 같이 정기적으로 자

체 기사를 생산하는 인터넷 사업자는 대상으로 하고 있지만 인터넷
포털은 규제 대상에서 제외된 상황이다. 언론사 보도로 발생하는 명
예 훼손 등 법적 갈등을 조정 중재하는 언론중재법 역시 방송, 정기
간행물, 뉴스 통신, 인터넷 신문 등을 대상으로 하지만 인터넷 포털
은 중재 대상에서 제외되어 있다.

반면에 공직선거법은 인터넷 포털에 대하여 다른 기준을 적용하

인터넷 언론의 분류			
인터넷 언론의 형태	분류	예	관련 협회
주류 미디어 인터넷 신문 (오프라인 종속형)	언론사닷컴	동아닷컴, 조선닷컴, 조인스 등	한국온라인신문협회
	방송사닷컴	KBSi, iMBC, SBSi	–
	신문사 / 방송사 명과 다른 인터넷 뉴스 사이트 운영	쿠키뉴스, 노컷뉴스	–
독립형 인터넷 신문 (온라인 독립형)	시사형	오마이뉴스, 프레시안, 데일리서프라이즈 등	한국인터넷신문협회, 한국인터넷기자협회
	전문 뉴스형	INews24, 이데일리, 머니투데이 등	
	지역형	부천타임즈 등	한국지역인터넷언론연대, 한국인터넷기자협회
인덱스형 (포털) 인터넷 언론	자체 뉴스 생산 포털	다음	–
	뉴스 편집 포털	네이버, 네이트, 파란, 엠파스 등	–
비영리재단 인터넷 신문	비영리법인 (종교법인, 사단법인, 재단법인 등)	–	

출처 : 황용석 (2005), "한국 인터넷 신문의 특성과 지원 제도 연구," 〈위기의 한국 신문〉, 김영욱 외. 한국언론재단 인터넷 언론의 분류.

고 있다. 공직선거법은 인터넷을 통하여 보도뿐만 아니라 매개하는 홈페이지를 관리하는 사업자도 언론으로 분류하고 있다. 따라서 공직선거법은 포털을 인터넷 언론으로 간주하고 공정 선거와 관련된 일반 언론에 부과되는 의무를 적용시키고 있다. 이처럼 현행 법 체계에서 포털에 대한 언론의 지위는 체계적으로 정리되지 않은 채 혼선을 보이고 있어 이에 대한 체계적인 법적 대응 방안의 필요성이 제기되고 있다.

　　포털이 현재 언론으로서 법적으로 명확하게 정의되고 있지 않기 때문에 포털 뉴스로 인한 피해가 발생했을 경우 언론중재위원회를 통한 신속한 구제가 어려운 상황이다.

블로그 저널리즘

블로그*blog*는 인터넷 환경을 의미하는 웹*Web*과 기록을 뜻하는 로그*log*의 합성어인 웹로그*Weblog*를 줄인 말이다. 블로그가 처음 등장했을 때는 개인의 일상을 기록하거나 취미 생활과 관련된 내용이 주를 이루었다. 하지만 파워 블로거로 불리는 블로그 운영자들은 전문화된 지식이 담긴 내용을 바탕으로 하루 수만 명의 방문자를 가지고 있는 경우들도 있다. 파워 블로그는 기존의 미디어 영역을 확장시킨 1인 미디어로 불리며 새로운 여론 권력으로 불릴 만큼 영향력이 커지고 있다.

　　블로그가 가진 미디어적 특성은 기존 미디어의 저널리즘 특성을 뛰어넘는 참여 미디어적인 성격을 갖는다. 기존의 언론사가 기사에 대한 신뢰와 권위를 바탕으로 의제 설정을 해왔다면 블로거들은 자신들만의 공간에서 인터넷을 통한 사회적 네트워크를 바탕으로 저 널리스트 역할을 하고 있다. 포털 다음의 경우 개인 블로거들의 뉴스를 블로그 뉴스(bloggernews.media.daum.net)라는 코너를 통해서 소개하고 있다. 2008년 현재 약 9만 명이 넘는 블로그 기자들이 활동 중이며 많이 본 블로그 뉴스의 경우 조회 수가 수십만 건을 넘어 가고 있다. 올블로그(www.allblog.net)와 같이 블로거들의 글을 모아서 포스팅하는 메타블로그 사이트도 미디어적 역할이 두드러진다.

블로그의 영향력은 흔히 퍼가기라고 불리는 스크랩 기능을 통해서 커져 왔다. 관심을 끄는 블로거의 글은 스크랩 기능을 통해서 단시간 내에 인터넷에서 노출을 확대시킬 수 있었다. 2000년도 중반부터는 웹사이트를 굳이 방문하지 않더라도 관심 있는 블로거의 글을 구독할 수 있는 RSS(Real Simple Syndication) 기능과 원격 사이트에서 댓글을 달 수 있는 트랙백trackback 기능이 보급되면서 블로그의 영향력은 더 한층 커져 갈 수 있는 기반을 가지게 되었다.

블로그의 그 유형은 크게 사적 커뮤니케이션을 지향하는 블로그와 공적 미디어 형태를 표방하는 블로그로 나누어 볼 수 있다. 사적 커뮤니케이션을 지향하는 블로거들은 자신 삶에 대한 기록을 남김으로써 자기와의 커뮤니케이션을 할 수 있는 사적 공간으로 블로그를 작성한다. 또 다른 사적 커뮤니케이션 형태의 블로그의 유형은 대인관계를 유지 확대하는 수단으로 블로그가 이용되기도 한다. 공적 미디어 형태를 지향하는 블로그는 시사, 경제, 스포츠 등 전문적인 분야에 대한 컨텐츠를 제공하면서 대안적 미디어 기능을 하고 있다.

이라크 전쟁이나 런던, 뭄바이 테러 사건 등에서 현지에서 생생한 소식을 전해 준 블로거들의 영향이 커지면서 블로그는 점차 미디어로서 주목받기 시작했다. 이처럼 기존 미디어 보다 현장에 밀착된 취재를 바탕으로 대안 미디어의 역할을 해내면서 파워 블로거의 여론 형성에 대한 영향력은 점차로 확대되어 왔다. 하지만 기존 신문 방송 뉴스에서 기본적으로 뉴스의 신뢰성을 확보해 줄 수 있는 게이트키핑 시스템이 개인 블로그에서 작동하지 않기 때문에 기본적인 사실fact의 확인에 있어서 오류를 나타내는 등 뉴스 미디어로서 부작용을 불러오기도 한다.

개인의 취미나 의사 표현을 위해 시작한 블로그가 많은 이용자를 불러 모으면서 파워 블로거들은 기업의 마케팅 전략에 이용되기도 한다. 예를 들어 IT 제품의 구매와 사용 후기에 관련된 파워 블로거에 전자 제품 제조 기업이 자신들의 최신 기기를 공급하고 이에 대한 품평을 블로그에 싣도록 하기도 한다. 이처럼 잘 기획된 블로그 마케팅은 기존 미디어를 통한 광고와는 달리 이미 네티즌 사이에 특정 분야에서 파워 블로거가 쌓은 신뢰를 바탕으로 비용 대비 높은 효과를 발휘하기도 한다.

올바른 인터넷 미디어 읽기:
디지털 리터러시의 함양

살펴본 것처럼 인터넷은 미디어 환경에 막대한 영향을 미치면서 빠르게 성장하고 있다. 기존 미디어 산업처럼 전파 자원의 희소성이나 독점적인 배급망의 구축이 필요하지 않기 때문에 인터넷을 기반으로 하는 미디어 산업은 상대적으로 진입 장벽이 낮다고 할 수 있다. 인터넷이 자체 유통망을 확보해 주고 있고 디지털 제작 기기의 보급이 확대되면서 제작 비용 역시 낮아지고 있다. 이러한 면에서 인터넷은 많은 예산을 들여 만든 컨텐츠가 유통될 수 있는 또 다른 창구임과 동시에 저예산으로 만들어진 컨텐츠를 수용자에게 전달할 수 있는 대안 미디어의 성격을 갖고 있다.

문제는 인터넷에는 우리가 소비할 수 있는 정도보다 훨씬 많은 양의 정보가 존재한다는 점이다. 정보 사회의 역기능을 이야기할 때 단골로 등장하는 문제가 정보 과잉이다. 누구나 개인 방송국, 신문사를 가상 공간에 가질 수 있게 되면서 수많은 종류의 메시지들이 인터넷에서 네티즌들의 클릭을 기다리고 있다. 이중에는 광고에 의존하면서 대중들의 선호에 부합하는 통속적인 컨텐츠를 제공할 수밖에 없는 기존의 미디어와는 다른 성격의 컨텐츠들을 제공하는 인터넷 사이트들도 존재한다. 이렇게 미디어가 다루기 어려운 소수 취향의 컨텐츠를 제공하면서 사상의 자유 공개 시장이 지향하는 다양한 목소리를 키우는 데 도움을 주는 긍정적인 사이트들이 있는 반면에 인터넷을 통해서 음란물이나 불법 저작물을 여과 없이 유통시키는 부작용도 나타나고 있다.

이러한 상황에서 수용자들에게 요구되는 자질은 정보의 바다에서 자신에게 필요한 메시지를 찾아서 효과적으로 이용하는 것이다. 기존 미디어 교육의 목표가 미디어가 만들어 내는 메시지의 현명한 소비자를 만드는 데 있었다면 이제는 사이버 시대를 맞이하여 디지털 리터러시*digital literacy*를 키우는 능력에 초점을 맞추어야 할 때이다.

주

1. 성동규 · 라도삼, 《인터넷과 커뮤니케이션》, 한울아카데미, 2000, p.54.

더 알기 위하여

《인터넷 저널리즘과 여론》. 강미은 (2001). 나남.

　　인터의 미디어적 특성을 CMC 측면에서 살펴보고 인터넷 저널리즘의 영향
　　력을 분석한 책.

"인터넷 미디어 뉴스 형식 연구." 권상희 (2004). 〈한국방송학보〉 18-4호.

　　전통적 언론사 웹사이트와 온라인 미디어의 웹사이트의 비교 연구.

"30대 블로거들의 블로그 매개 커뮤니케이션 연구." 김경희 · 배진아 (2006). 〈한
　　국언론학보〉 50-5호.

　　30대 블로거들과의 인터뷰를 통하여 그들의 커뮤니케이션 양식 분석.

《인터넷 커뮤니케이션 연구》. 김성태 (2008). 나남.

　　인터넷 커뮤니케이션의 연구 동향을 정리하고 온라인 의제 파급 행위에 대한
　　분석 제시.

"인터넷상에서의 컨텐츠 비즈니스 유형 변화에 관한 연구." 도준호 · 김병준 · 조
　　지원 · 박지희 (2000). 정보통신정책연구원, 〈연구보고〉 00-18.

　　인터의 기존의 미디어 유통 체계에 미치는 영향 연구.

《사이버커뮤니케이션》. 성동규 (2006). 세계사.

　　언론학적 관점에서 사이버상에서 일어나는 사회 현상을 분석한 인터넷 관련
　　된 미디어학 분야의 체계적인 입문서.

《인터넷과 커뮤니케이션》. 성동규 · 라도삼 (2000). 한울아카데미.

　　인터넷을 통한 새로운 정보 질서 흐름에 주목한 책.

《인터넷과 커뮤니케이션 패러다임 변화》. 윤준수 (1998). 박영률출판사.

　　기존의 커뮤니케이션 현상을 이해했던 패러다임이 인터넷의 출현으로 어떻
　　게 변하는가에 대한 고찰을 시도한 책.

《인터넷 방송》. 최영 (1999). 커뮤니케이션북스.

　　인터넷 방송의 개념과 특성 및 관련 이슈를 다룬 인터넷 방송 입문서.

《사이버 공간, 사이버 문화》. 홍성태 (1996). 문화과학사.

　　사이버 공간에 대한 이데올로기적 함의와 인터넷을 통한 정치 경제의 변화를
　　다룬 사이버 문화에 대한 고찰서.

13
디지털 시대의
미디어 융합

미디어 융합은 기본적으로 디지털화가 가져오는 미디어 현상이다. 그 현상의 특징은 다양하게 이야기될 수 있으나 미디어 간 경계가 허물어지는 것이 가장 큰 특징이다. 미디어 융합은 협의로는 단말 융합을 의미하고 광의로는 방송 통신 융합이나 디지털 미디어 융합을 의미하는데 전자의 경우는 기능적 멀티미디어화를 가져오지만, 후자는 시장의 변화, 이에 따른 정책과 규제의 변화를 수반하게 된다.

전자의 단말 융합은 이미 보편화되고 있지만, 오히려 단말의 고유한 기능만을 중시하는 경향도 여전히 존재한다. 후자의 디지털 미디어 융합은 기존 사업자들이 시장과 고객을 공유하면서 다양한 문제들을 야기하고 있는데 특히 시장 지배력 확보를 위한 규모의 경제 추구가 두드러진 양상이다. 규모의 경제를 추구할 만한 시장력이나 자본을 갖지 못한 경우는 전략적 제휴가 불가피하게 된다.

김국진

현재 (사) 미디어미래연구소 소장이다. 한국외국어대학교 신문방송학과를 졸업하고, 고려대학교 신문방송학 석사 및 박사 학위를 받았으며, 18년간 정보통신정책연구원에서 연구했다. 고려대, 서강대, 연세대, 외국어대 대학원에서 강의하였으며, KBS, MBC 자문위원, 디지털방송추진위원회 위원, 방송통신융합추진위원회 위원 및 미래기획위원회 위원 등을 지냈다. 책으로는 ≪현대 방송의 이해≫, ≪디지털 방송≫, ≪데이터방송시스템론≫, ≪방송 통신 융합의 이해≫, ≪IPTV≫ 등이 있으며, 미디어 전문지인 〈Media + Future〉를 발행하고 있다.

미디어 융합이란 무엇인가

미디어 융합이라고 하면, 협의의 정의와 광의의 정의를 구분하여 볼 수 있다. 협의의 미디어 융합이라고 하면, 흔히 우리가 단말이라고 하는 단말기의 제반 기능 통합을 의미하는 경우이다. 오늘날 미디어 서비스를 받기 위해 수용자들이 보유하고 있는 수신기는 이미 송신기 기능도 함께하고 있으며 여기에 기존의 고유 기능 이외에 다양한 기능들을 함께 가지고 있다. 예를 들어 휴대폰은 전화 서비스를 위한 기능과 TV 수신 기능, 더 나아가 DMB라는 모바일 방송 수신 기능, 그런가 하면 녹음, 녹화 기능을 하는 MP3, 디지털 카메라까지 통합하여 가지고 있다. 이러한 물리적으로 통합된 기능의 단말 현상을 협의의 미디어 융합이라고 일컫는다. 이는 수용자 측면에서 접하게 되는 융합 현상으로서 단일한 단말로 다양한 미디어 행위를 하게 되어 단말 융합은 수용자의 융합적 미디어 행위로 연결된다. 그림 1에

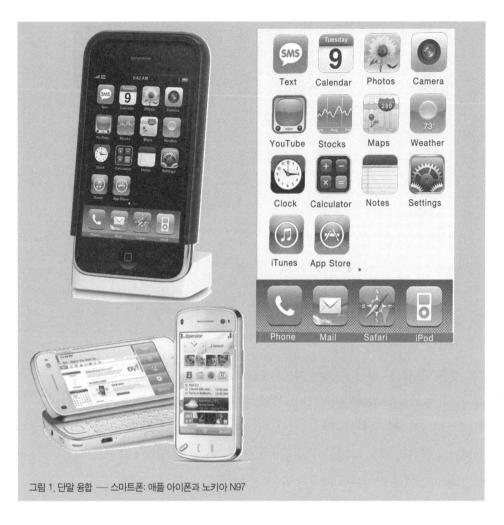

그림 1. 단말 융합 —— 스마트폰: 애플 아이폰과 노키아 N97

서 보는 바와 같이 노키아의 N97이나 애플의 아이폰은 음성 전화, 카
메라, 데이터 통신, 인터넷 및 제반 정보, 영상, 오락 기능을 가지고
있어 스마트폰이라고 하는데, 이들의 기능은 이미 컴퓨터 수준이다.

　이러한 미디어 융합은 비단 휴대폰 중심으로만 일어나는 것은
아니다. 그림 2에서 보는 바와 같이 게임기를 중심으로도 동일한 현
상이 확산되고 있다. 마이크로소프트사의 XboX360이나 소니의 PS3

그림 2. 단말 융합 —— 게임기: XboX와 PS3

는 게임기로서의 기능 이외에 수십GB의 용량을 가지고 있으며 TV 수신 기능, 인터넷 접속 기능, DVD 플레이어 등 별개의 미디어로 제공되던 것들을 통합하고 모든 영상 서비스 구현이 가능하다. 시장성의 문제로 크게 부각이 되지 아니한 것 중에서도 보면 일체형의 HDTV 수상기들은 더 이상 단순 방송 수신기로서의 기능을 넘어 다양한 미디어 기능을 가지고 있으며 일체형이 아닌 경우에는 다양한 미디어 기능을 가진 STB(*set top box*)가 개발되어 보급되고 있다. 이러한 미디어 융합은 수용자로 하여금 언제*any time*, 어디서나*any where*, 어떤 컨텐츠나*any content* 하나의 단말로 즐길 수 있도록 해준다.

미디어 융합을 협의로 단말 융합으로 보는 시각 이외에, 미디어 융합을 방송 통신 융합의 동의어적으로 사용하거나 제반 미디어 부문의 융합인 디지털 융합으로 언급하는 경우가 있다. 방송 통신 융합은 기존의 방송이라는 메커니즘과 통신이라는 메커니즘이 결합되는 것을 의미하는데 여기에는 상당히 많은 갈등이 내포되어 있다. 그림 3에서 보는 바와 같이 방송의 경우는 단방향적이고 하나의 정보원*source*으로부터 다수의 수신자에게 획일화된 상품으로서 제공되

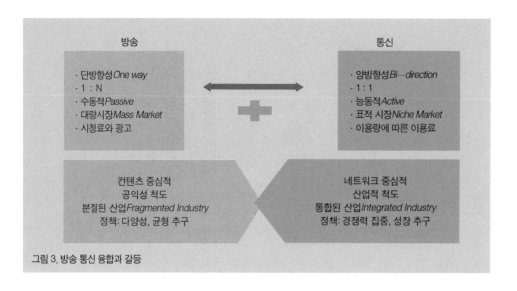

방송 | 통신

· 단방향성*One way*
· 1 : N
· 수동적*Passive*
· 대량시장*Mass Market*
· 시청료와 광고

· 양방향성*Bi—direction*
· 1 : 1
· 능동적*Active*
· 표적 시장*Niche Market*
· 이용량에 따른 이용료

컨텐츠 중심적
공익성 척도
분절된 산업*Fragmented Industry*
정책: 다양성, 균형 추구

네트워크 중심적
산업적 척도
통합된 산업*Integrated Industry*
정책: 경쟁력 집중, 성장 추구

그림 3. 방송 통신 융합과 갈등

고, 대량의 시청자들이 수동적으로 접한다. 그리고 이 같은 서비스는 시청료와 광고를 재원으로 이뤄진다. 그런가 하면 근본적으로 통신은 양방향적이고 하나의 송신자와 하나의 수신자로 이뤄지는데, 그러한 의미에서 능동적인 이용자 개념이 작용하고 이용량에 따른 이용료로 운용된다. ●

디지털화에 의해 방송 부문도 디지털 방송으로 전환되면서 이미 디지털화된 통신 부문과 방송 부문이 급속하게 융합되는 현상이 야기되고 있는데 문제는 이 두 부문은 각각 이해 집단이 상이하고 운영 논리가 상이한

● 통신에는 1980년대의 정보 처리 부문과의 통합 현상을 거쳐 정보 통신이라는 이름으로 같이 혼용하고 있는데 오늘날에는 통신 사업자들의 서비스 실태를 반영하여 통신이라고 하면 컨텐츠를 다루는 개념도 포함된 정보 통신 그 자체로 사용하고 있다.

제도와 정책, 그리고 거대한 사업자들이 각각 서비스 주체로 시장을 점유하고 있었다는 것이다. 방송 부문은 컨텐츠 중심적인 산업 구조로 공익성을 핵심 척도로 하여 분절된 산업이라는 특징과 아울러 정책적으로 다양성이 중요한 목표로 되어 있었다. 반면에 통신은 네트워크 중심적인 산업 구조와 규모의 경제와 효율성 추구라는 산업적

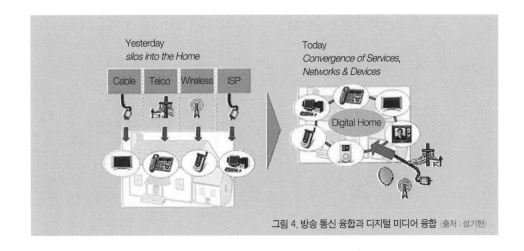

그림 4. 방송 통신 융합과 디지털 미디어 융합 (출처 : 성기현)

척도가 적용되는 통합된 산업이라는 특징과 정책적으로 사업자들의
경쟁력 확보와 국가 경제 성장 기여를 중요하게 다뤄 왔다. 방송 통
신 융합으로 방송도 망 구성에 따라서 얼마든지 쌍방향적으로 서비
스를 할 수 있게 되면서 방송 사업자도 기존에 통신 영역이었던 음성
전화 서비스나 초고속 인터넷 서비스도 제공이 가능하게 되었고, 통
신 사업자도 망 업그레이드에 따라 기존에 방송 영역이었던 대용량
의 방송 서비스를 제공하는 것이 가능해졌다. 그리고 이들은 각자가
제공하는 서비스들을 결합하여 결합 상품으로 경쟁하는 양상으로 가
고 있다. 이러한 방송 통신 융합이 방송 산업과 통신 산업의 이해의
공유라면, 더 나아가 디지털 미디어 융합이란, 방송과 통신 이외에도
다양한 디지털 미디어들이 융합되는 양상을 의미한다. 현재의 상황
은 방송 통신 융합 현상과 디지털 미디어 융합 현상이 동시에 진행되
고 있는데, 그림 4에서 보는 바와 같이 방송과 통신 이외에 제반 정보
미디어와 오락 미디어가 연동되는 디지털 홈 환경을 만들고 있다.

이처럼 미디어 융합은 단순히 단말 융합으로부터 방송 통신 융

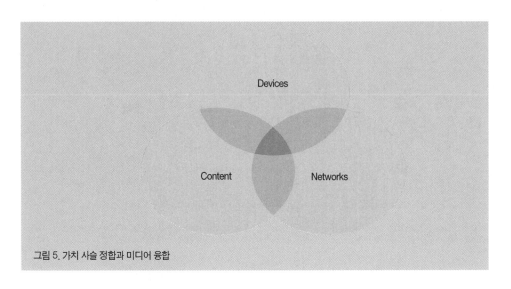

그림 5. 가치 사슬 정합과 미디어 융합

합, 그리고 디지털 미디어 융합까지 포괄적으로 함축한 개념으로 사용되고 있다. 따라서 보다 광의의 개념으로 사용하는 것이 타당할 것이다. 이러한 미디어 융합을 가치 사슬상의 주요한 가치인 컨텐츠, 단말, 네트워크의 관계로 표현하면 그림 5와 같이 나타낼 수 있는데 융합은 각 가치 사슬 간에 그리고 각 가치 사슬 내에서 각각 진행된다. 따라서 이러한 관점에서는 광의의 미디어 융합 개념 아래에는 단말 융합, 컨텐츠 융합, 네트워크 융합●이라는 소개념이 있을 수 있다. 그런데 미디어 융합 상황에서는 기존의 통신 부문에 적용되었던 규모의 경제성과 효율성이 대단히 중요하게 적용되게 되므로 각 가치 사슬상의 기업들은 경쟁력을 확보하기 위하여 가치 사슬 내에서는 M & A나 제휴로 크게 몸집을 늘리고, 가치 사슬 간에는 활발한 협력 구도를 만든다. 이 과정에서 단말 사업군과 컨텐츠 사업군, 그리고 네트워크 사업군이 서로 정립적으로 협력하는 상황이 되어야만 진정한 의미의 새로운 융합 서

● 엄밀한 의미로 네트워크에는 융합이라기보다는 통합이 타당한 표현이다.

452

비스가 등장하게 된다. 현실적으로 미디어 사업자 간에 경쟁은 치열해졌는데 새로운 융합 서비스는 없어 보인다는 경우는 바로 이같이 가치 사슬상의 정합 현상이 이뤄지지 못한 경우이다.

미디어 융합과 시장

디지털 미디어 트렌드

미디어 소유 집중 및 협력 증가

디지털 미디어 융합에 따라 미디어 시장에 두드러지게 나타나는 현상 가운데 하나는 미디어의 소유 집중 및 제휴가 증가한다는 것이다. 미디어 기업들 간의 인수 · 합병이 활발하게 전개되고, 전략적 제휴 관계 역시 복잡하게 전개되고 있다. 앞서 언급한 바와 같이 컨텐츠와 단말, 네트워크 간에 정합적 협력 모델을 만들지 못하면, 진정한 융합적 서비스는 등장하지 못하는데, 이에 대해 가치 사슬상 자본력 있는 사업자는 타 가치 사슬상의 주요 기업을 합병하는 전략으로 접근하므로 기업 집중 현상이 두드러지게 된다. 그런가 하면 타 가치 사슬상의 주요 기업을 합병할 정도로 자본력을 갖추지 못한 사업자의 경우는 각 가치 사슬상의 유력 사업자와의 협력 관계를 구축하여 경쟁력을 갖추고자 한다. 그리고 이 두 가지 경우 모두 질적인 변화가 수반된 융합 서비스보다는 기존 서비스를 통합한 서비스로 경쟁하는 것을 우선적으로 선택한다. 현재 TV, 초고속 인터넷, 전화(유선, 무선)를 결합한 TPS(Triple Play Service)나 QPS(Quadruple Play Service)는 대표적인 사례가 되는 결합 상품이다.

국내의 대표적인 통신 기업인 KT와 SK텔레콤의 사업 영역을 보면, TV 포털, 초고속 인터넷, 유선 전화, 이동 전화, 인터넷 컨텐츠, 영화 제작사 등 각종 미디어 자회사를 두고 있다. 이미 각 부문별로 지배력이 상당한 수준이다. 그럼에도 불구하고 이들 기업들은 비미디어 기업과의 결합 상품도 개발하여 제공한다. KT의 경우를 좀더 살펴보면 미디어 기업뿐만 아니라 각종 기업과의 서비스 제휴도 활발하게 전개되고 있다. KTF의 3G 서비스인 '쇼Show'를 중심으로 KT의 초고속 인터넷 서비스 '메가패스Megapass,' KT 유선 전화, 무선 인터넷(Wi-Fi) 서비스 '네스팟Nespot'과 KT 와이브로WiBro, IPTV 서비스인 '메가TVMegaTV' 등 자회사를 중심으로 한 미디어 서비스가 결합 상

KT와 SK텔레콤의 서비스 현황 (2008년 현재)		
	KT	SKT
IPTV	Maga TV	SK broadband TV
위성 방송	Skylife	TU Media
인터넷 비지니스	KTH (No. 5) KT Mall (No. 8)	SK Communication (No. 3) Melon (No. 1) 11st Street (No. 3) Morning 365 (No. 3)
미디어 자회사	Sidus FNH Olive Nine KTF Music Nas Media The content entertainment	IHQ Seoul Records N Treev Air Cross YTN Media
이동 전화	KTF	SK Telecom
유선 전화	KT	SK Broadband SK Networks
초고속 인터넷	Mega Pass	SK Broadband

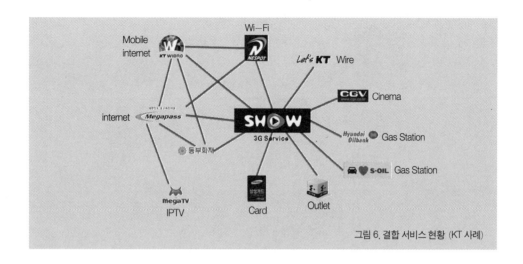

그림 6. 결합 서비스 현황 (KT 사례)

품으로 제공되고 있다. 뿐만 아니라 CJ의 영화 서비스인 CGV, 현대
오일뱅크, S-Oil, 이마트, 삼성카드, 동부화제 등과 제휴를 맺고 결합
서비스를 제공하고 있다.

컨텐츠 플랫폼의 다변화

디지털 융합에 따라 컨텐츠를 이용할 수 있는 플랫폼이 다변화
*divergence*되고 있다. 예를 들어 지상파 방송 컨텐츠는 케이블 TV,
DMB, IPTV, 인터넷, 무선 인터넷, PMP 등의 다양한 플랫폼을 통해
소비된다.

　　이는 모든 컨텐츠가 모든 플랫폼에서 그대로 공유되어 제공된다
거나 되어야 한다는 의미는 아니다. 단지 시장 논리에 따라 양질의 혹
은 이용자에게 선호되는 컨텐츠들은 어느 플랫폼이나 단말로도 접하
게 된다는 것이다. 다른 각도에서 보면, 오디오, 비디오, 정보 미디어
들이 다양한 형태로 분화될 것이나. 소비자의 새로운 수요 변화는 기
존 미디어의 사멸을 초래하는 것이 아니라, 새로운 요구와 경험을 포

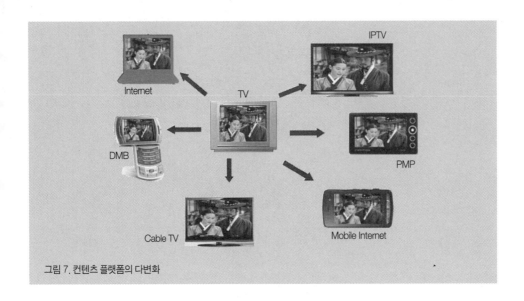

그림 7. 컨텐츠 플랫폼의 다변화

괄하여 다양한 서비스로 분화divergent하게 된다. 어떤 의미에서 미래의 미디어 융합 현상은 미디어들이 소비자들의 새로운 수요/개별화된 수요를 충족시키기 위해 다양한 서비스로 분화되는 과정이라고도 할 수 있다.

미디어 이용자의 변화

한편 정작 미디어의 공급적 측면을 넘어 수요적 측면에서 보아도 기존 수용자는 급격하게 변하고 있다. 이른바 수용자라는 명명보다는 이용자라고 불리는 현상이 일반화되고 있는데 1981년 이후 출생자들에 해당되는 이른바 디지털 세대들에서 두드러진 현상이다. 1995년부터 2005년까지의 미디어 이용 실태 변화를 보면,● 1995년에는 대체로 지상파 TV를 주미디어로 사용하고 부미디어로 라디오와 신문을 사용하는 경향을 보였다. 그런데

● 서울대-KBS의 국민 생활 시간 조사(1995~2005년) 중, 미디어 변인을 통해 10년간 미디어 이용 유형의 변화를 추적했다(1995(N=3382), 2000(N=3460), 2005(N=3520), 체계적 충화표집) 7개로 분류된 미디어(지상파 TV, 인쇄 미디어, 라디오, 뉴 미디어 방송(케이블, 위성), 영화(DVD, 비디오, 영화 관람), 인터넷(컴퓨터 게임, PC 통신 포함), 휴대 전화 중 가장 많은 시간 이용한 미디어를 주이용 미디어, 두 번째로 이용하는 미디어를 부이용 미디어로 정의했다. 조사는 1995년, 2000년, 2005년 세 차례에 걸쳐 이뤄졌다. 1995년 조사 대상 미디어는 인쇄 미디어, 라디오, 지상파 TV, 영화 & 비디오 & DVD, 인터넷 & 컴퓨터(1995년에는 PC 통신과 게임으로 구성)이며, 2000년 조사 대상 미디어는 1995년 조사 대상 미디어에 뉴 미디어 방송(케이블, 위성)을 추가했다. 이후 2005년 조사 대상 미디어는 2000년 조사 대상 미디어에 휴대 전화를 추가했다.

2000년에는 1995년 케이블 TV 방송 시작과 1999년 초고속 인터넷 보급 시작 등으로 이들 미디어에 대한 의존층이 등장하기 시작하였고, 2005년에는 휴대 전화 사용 인구 급증 추세 속에서 인터넷 영향력이 증대되고, 휴대폰 사용 시간이 전반적으로 증대되었다.

디지털 세대라고 하는 1981년~85년생만을 살펴보면, 2000년 조사에서부터 인터넷을 가장 많이 이용하고 다음으로 지상파 TV를 많이 이용하는 비율이 12.5%, 지상파 TV를 가장 많이 이용하고 다음으로 인터넷을 많이 이용하는 비율이 40%로 나타났다. 지상파 TV와 인터넷을 주된 미디어 이용 조합으로 가진 비율이 절대 과반수를 넘

미디어 이용 행태 변화			
	1995년	2000년	2005년
전체 이용자	· 주 이용 미디어는 TV	· TV, 라디오 이용 감소	· TV 이용 시간 급감, 인터넷 급증
	· 라디오, 신문	· 인터넷, 케이블 TV가 주이용 미디어로 등장 · TV, 인터넷 동시 이용 비율 14.9%	· 케이블(주), 인터넷(부) 집단 등장 · 인터넷(주), 휴대전화(부) 집단 등장 · TV(주), 휴대 전화(부) 집단 등장
1981~85년 출생	· 조사 당시 10~14세 · 주 이용 미디어는 TV, 라디오, 신문	· 조사 당시 15~19세 · TV(주), 인터넷(부) 40% · 인터넷(주), TV(부) 12.5% · 라디오(주), 케이블(부) 집단 등장	· 조사 당시 20~24세 · 인터넷(주), TV(부) 집단과 TV(주) 인터넷(부) 집단 모두 20.8% · 신문(주), 인터넷(부) 집단 등장 · TV(주), 휴대 전화(부) 집단 등장
1986~90년 출생		· 조사 당시 10~14세 · TV(주), 인터넷(부) 40.7% · 인터넷(주), TV(부) 18.6% · 케이블(주), 인터넷(부) 집단 등장 · 인터넷만 이용 집단 등장	· 조사 당시 15~19세 · 인터넷만 이용 증가 3% · 휴대 전화(주), TV(부) 집단 등장 · 인터넷(주), 휴대 전화(부) 집단 등장

는다. 라디오를 가장 많이 이용하고 뉴 미디어 방송을 두 번째로 많이 이용하는 유형도 나타났다. 2005년 조사에서는 인터넷을 가장 많이 이용하고 지상파 TV를 두 번째로 이용하는 집단의 비중과 지상파 TV를 가장 많이 이용하고 인터넷을 두 번째로 많이 이용하는 집단의 비중은 같은 것으로 나타났다. 이를 통해 볼 때 1981~85년생들에게는 인터넷의 영향력이 최소한 지상파 TV와 같거나 더 크다고 말할 수 있다. 또한 휴대 전화를 가장 많이 이용하고 다음으로 지상파 TV를 이용하는 유형도 등장했다. 다른 미디어보다 휴대 전화를 가장 많이 이용하는 집단이 등장했다는 의미는 이 세대의 미디어 이용 맥락이 집안 정지 맥락에서 집밖 이동 맥락으로 급격히 바뀌고 있다는 점을 시사한다. 특히 사용량 기준으로 휴대 전화의 이용량이 가장 많기 때문에 지상파 TV 혹은 인터넷과 휴대 전화의 요금 체계를 감안했을 때, 미디어 소비의 규모도 다른 세대에 비해 클 가능성 혹은 향후 커질 가능성이 높다.

한편 이보다 더 젊은 1986년~90년대생만을 살펴보면, 2005년 조사에서는 휴대 전화를 가장 많이 이용하는 집단의 비중이 이전 세대보다 증가하고, 인터넷만 사용하는 집단의 비중 역시 커졌다. 이 같은 양상은 일본에서도 마찬가지로 나타나는데, NHK의 조사에 따르면, 중고생의 최고의 미디어는 휴대폰이다.

이제 소비자들이 더 이상 전통적인 미디어에만 의존하지 않는다는 것이 수치로 나타나고 있다. 한국언론재단의 '2008 언론 수용자 의식 조사'에 따르면, 지상파 TV의 경우 10년 전인 1998년 하루 평균 3시간 이상(193.6분) 시청하던 것에 비해 2008년은 2시간이 안 되는 116.7분을 시청하는 것으로 나타났다. 신문은 1998년에는 하루 평균 40.8분을 열독했으나 2008년에는 16.8분이 줄어든 24.0분을 열독하는 것으로 나타났다.

　미디어 소비의 개인화 경향은 국내 한 조사를 통해서도 나타났다. 한국방송광고공사가 매년 실시하는 소비자 행태 조사(MCR)에 따르면 2000년에는 TV를 "가족 모두 함께 시청(34.0%)"한다는 응답이 가장 많았고, "본인 혼자 시청(18.9)"은 비교적 적었다. 그러나 2007년 조사에서는 오히려 "본인 혼자 시청(35.6%)"한다는 응답이 "가족 모두 함께 시청(20.2%)"보다 많은 것으로 나타났다. 이른바 '나홀로 세대'가 증가하면서 평균 가족 구성원의 수가 줄어들었을 뿐만 아니라, 라이프스타일 자체가 개인주의적으로 변화하는 추세에 따른 것으로 풀이된다. 이는 전통적인 미디어인 TV 시청 행태의 개인화와 더불어 인터넷, MP3, PSP, DMB, 와이브로 등 개인 휴대 미디어의 증가와 맞물려 나타나는 현상이다.

　이에 따라 커뮤니케이션 모델에도 변화가 나타나고 있다. 기존의 매스 커뮤니케이션 모델mass communication model은 매스 커스터마이제이션 모델mass customization model로 변화하고 있다. 기존의 매스 커뮤니케이션 모델은 미디어가 중심에 위치하여 소비자들에게 정보를

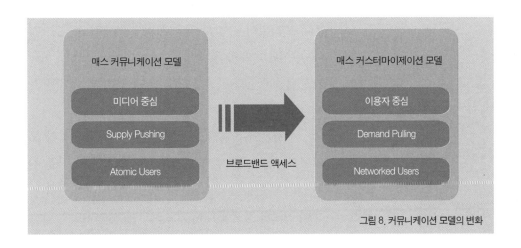

매스 커뮤니케이션 모델

미디어 중심

Supply Pushing

Atomic Users

브로드밴드 액세스

매스 커스터마이제이션 모델

이용자 중심

Demand Pulling

Networked Users

그림 8. 커뮤니케이션 모델의 변화

공급하는 푸시 모델pushing model이었다. 그러나 점차 브로드밴드 네트워크로의 망 고도화와 웹2.0을 통해 소비자들이 다양한 미디어를 자신만의 서비스, 자신만의 네트워크를 형성하는 도구로 사용한다는 점에서, 소비자의 요구에 따라 정보가 생성, 공급, 배포되고, 소비자 스스로 정보를 재창조할 수 있는 미디어 시스템으로 변화하게 된다.

따라서 정보의 통제력controllability은 미디어로부터 소비자로 옮겨가게 되었다. 과거에는 미디어가 정보 네트워크의 중심에 있다면, 앞으로는 개개의 소비자들이 정보 네트워크의 중심에서 마이 미디어My Media를 구성하게 될 것이다.

미디어 융합과 정책

디지털 융합 시대의 미디어 시장은 '언제Anytime 어디서나Anywhere 어떤 단말기든지Any device'로 요약된다. 시간과 공간(장소)에 구애받지 않고 모든 형태의 단말기를 통해 개인화된 모바일 서비스와 멀티미디어, 상호 작용 서비스를 즐길 수 있는 것이다. 이른바 유비쿼터스ubiquitous라는 개념으로서, 이용자들에게 공간의 자유, 시간의 자유, 단말의 자유를 가져다준다. ●

● 한편 방송 통신 융합의 연장선에서 언급되는 가정의 오락화 내지 정보화 개념인 홈 네트워크는 '언제 어디서나 어떤 단말기든지'라는 유비쿼터스 시대에 가장 대표적인 트렌드 중 하나로 지적된다. 홈 네트워크는 TV나 세탁기, 에어컨, 오디오, 전화기, PC 등 가정의 모든 전자 제품과 전등, 출입문, 수도, 가스 기기들 등 생활 시설 및 주거 시설 등 제반 가정 내 물품들을 네트워크로 연결해 집 밖에서 마스터키나 휴대 전화 등으로 조작할 수 있게 해준다.

이 같은 유비쿼터스 환경은 미디어의 개인화와 모바일화, 멀티미디어, 상호 작용성을 강화하고, 각종 결합 상품을 만들어 내고 있다. ●● 이러한 미디어 융합 시대에 필요한 정책에 대해서도 고민이 필요하다.

국가 브로드밴드 정책: 오락 중심 미디어 영역을 넘어서

미디어 융합은 각각 분리되어 있던 시장의 경계를 모호하게 함으로써 경쟁을 야기한다. 방송 사업자나 통신 사업자 모두 QPS(초고속 인터넷 + 방송 + 유선 전화 + 무선 전화) 결합 서비스를 추구하며 KT, LGT, SKT는 방송 부문으로, 방송 부문에서 케이블 방송은 통신 영역으로 진입을 확대하고 있다. 이러한 QPS 복합 서비스는 플랫폼 간 경쟁을 유발시키고 있다.

●● 이동 통신사들은 이미 포화된 이동 전화 시장에 3G라는 새로운 서비스를 도입하여 휴대 전화로 영화나 TV 뉴스, 뮤직 비디오를 즐기고 상대방을 보며 영상 통화를 할 수 있으며 멀티미디어 동영상 메시지(MMS)도 보낼 수 있게 한다. 이동 전화 단말기로 각종 금융 업무를 볼 수 있는 모바일 금융, 음식점이나 길 등을 찾아주는 위치 기반 서비스(LBS) 등도 제공되고 있다.

그런데 각 미디어 사업자들은 오락적인 컨텐츠에 치중하는 경향을 보이고 있다. 이는 미디어가 한 사회와 국가, 인류의 정보 생산과 축적, 유통을 담당하는 것이라는 점에서 보면, 심각한 불균형을 야기한다. 산업적으로만 보더라도 미디어 산업이 오락적 서비스에만 한정된다면 이러한 경쟁이 제로섬 게임이 될 우려가 있다. 예를 들어 현재 정부 차원에서 적극적으로 추진하고 있는 IPTV의 경우도 오락적 컨텐츠를 제공하는 것에 머문다면 그 발전 가능성이 제약될 수밖에 없다. 그러므로 단순한 엔터테인먼트 수준을 넘어서 디지털 경제, 디지털 문화, 디지털 민주주의를 구현하는 방향으로 미디어 정책이 추진되어야 한다.

미국에서는 초고속 인터넷broadband을 저렴한 가격에 보편적으로 보급한다는 목표를 세우고 강력한 정책을 추진해 왔다. 국가 브로드밴드 정책national broadband policy의 핵심 부문으로 e러닝e-Learning, e헬스e-Health, 텔레워크Telework, 내셔널 시큐리티National Security를 제시하고, 이를 통한 성장과 고용을 추구하는 것이다. 미국의 부시 대통령은 2004년 연설을 통해 "정부가 부富를 만들지는 못하지만, 그러한 환경

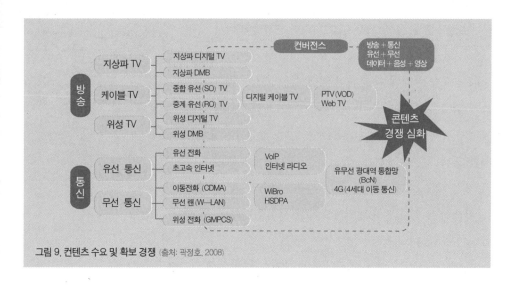

그림 9. 컨텐츠 수요 및 확보 경쟁 (출처: 곽정호, 2008)

은 만들 것"이라면서 국가 브로드밴드 정책을 강조했다. 새로 대통령으로 취임한 오바마도 그동안 성과가 미진하였던 국가 브로드밴드 정책을 획기적으로 전환하여 인터넷을 보편적 서비스화하겠다고 밝히고 있다.

유럽도 성장과 고용을 브로드밴드 정책에서 찾고 있다. 초고속 인터넷은 지난 2005년까지는 한국이 가장 앞서 가던 부문이지만, 유럽은 e유럽e-Europe 전략으로 2년 전부터 한국을 추월하는 국가가 속출하고 있다. 나아가 브로드밴드(초고속 인터넷망)를 활용한 지식 정보 사회 구현을 위해 i2010 전략인 K유럽(knowledge-Europe)을 전개하고 있다.

한국 역시 브로드밴드를 제대로 활용한 융합과 신산업 육성이 필요하다. 지식 정보 사회 구현 차원의 정책으로 융합적 접근이 요구되는 것이다. 하드웨어 중심이 아닌 지식 정보 컨텐츠 산업을 육성해야 한다. 그리고 보편적으로 공유하여야 할 가치로서의 공공 컨텐츠에 대한 개발, 보편적 제공이 대단히 중요하게 된다.

이용자 중심 서비스 및 정책

미디어 이용자들은 각각 마이 폰, 마이 TV, 마이 웹, 마이 게임, 마이 오디오, 마이 비디오 등의 다양한 퍼스널 미디어*Personal Media* 혹은 마이 미디어*My Media*를 통해 다른 이용자들과 교류하게 된다. '퍼스널 미디어의 집합적 이용'이라고 할 수 있다. 퍼스널 미디어는 개인을 고립시키는 것이 아니라 원하는 때, 원하는 곳에서 원하는 모습*persona*으로 다른 개인과 온라인 상태로 접속할 수 있게끔 한다.

　　디지털 융합에 따라 개인화된 서비스가 제공되면서 이용자의 개인 정보가 유출될 가능성은 그만큼 높아졌다. 이를테면 텔레마케팅TM 등의 정보가 웹상으로 유출되는 등의 사고가 발생할 수 있는 것이다. 그러므로 디지털 융합 시대의 미디어 정책은 이용자의 개인 정보를 보호하는 방안에 일대 변혁이 필요하다. 단순히 보호 차원이 아니라 이용자에게 개인 정보 통제권을 부여하는 정책 변화가 필요하다.

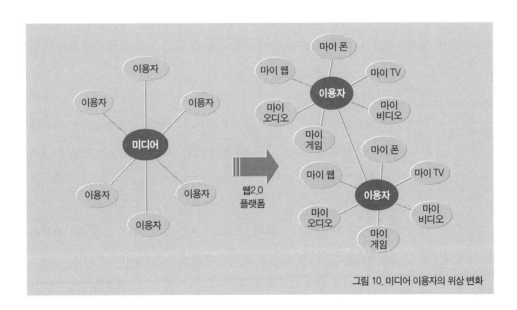

그림 10. 미디어 이용자의 위상 변화

미디어 리터러시 정책

한편 디지털 디바이드는 기존의 사회 경제적 불평등이 디지털 정보 격차로 이어지고, 이것이 다시 구조적 불평등으로 연결된다는 점에서 중요한 정책적 과제로 대두된다. 디지털 디바이드는 일종의 장애로까지 인식된다. 단순한 불평등 요인이 아니라 다른 사회적 불평등 요소와 맞물려 사회적 불평등을 심화시키고 사회 갈등을 야기할 수 있다는 것이다.

한편 디지털 미디어의 보급에 따라 인터넷상의 토론 등 이용자들의 참여가 활발해지고 있으나, 아직까지는 본격적으로 건설적인 토론 문화가 형성되지 않고 있다. 온라인 사이트의 토론 게시판에서는 자신과 같은 의견을 갖고 있는 의견에 대해서 동조하며 자신의 입장을 강화할 뿐, 반대 의견에 대해서는 듣지 않는 경향이 두드러진다. 디지털 미디어 보급은 많이 되었지만, 진정한 토론과 타협의 과정이 전개되기보다는 오히려 갈등을 심화시키는 공간이 될 위험성도 증가하고 있다. 이 같은 현상은 미디어 리터러시를 단순히 디지털 미디어에 대한 접근성이나 이용 방법의 문제로 국한시켜서는 안된다는 점을 알게 해준다.

기존에는 디지털 디바이드를 해소하기 위한 목적으로 미디어 기기를 보급하고 이용 방법을 교육하는 등 미디어 액세스를 개선하는 데 주력하여 정책적인 노력이 전개되어 왔다. 그러나 디지털 시대의 미디어 리터러시 정책은 미디어 액세스 차원의 격차를 해소하는 것이 아니라, 수용자들이 디지털 능력*Digital Competence*을 갖추도록 하는 방향으로 추진되어야 한다. 더 나아가 단순히 미디어 기기에 접근하고 이용할 수 있는 방법을 교육하는 수준에서 벗어나 컨텐츠 액세스 차원의 접근 방식이 중요하다.

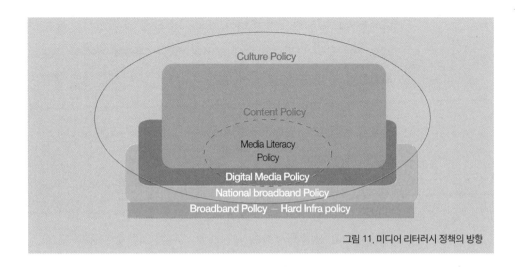

그림 11. 미디어 리터러시 정책의 방향

　유럽의 경우 미디어 리터러시를 증진하기 위하여 정책, 기술적 혁신, 창의성, 활발한 시민 의식, 교육 등 5개 영역에 대하여 각각 전략적 목표를 수립하고 권고 사항을 제시하고 있다. 뿐만 아니라 유럽 각국별로 미디어 리터러시 담당 기관을 규정하고, 정규 교육 과정에 미디어 리터러시를 포함시키는 등 다양한 노력이 이뤄지고 있다.

　따라서 미디어 리터러시 정책은 제반 미디어 정책과 조화를 이루고 적극적으로 강구되어야 한다. 현재 우리나라의 미디어 정책은 그림 11과 같이 브로드밴드를 중심으로 종합적으로 재편될 필요가 있다.

추구 가치 정립과 공동 규제 시스템의 구축

기존에 분절적으로 존재하던 정보 수집 미디어, 정보 처리 미디어, 정보 유통 미디어, 정보 축적 미디어가 디비 니시널로 통합되는 양상이 전개되어 왔으며 오늘날에서는 이들 각각의 미디어에 속하는 미디어들끼리도 통합되고 미디어 가치 사슬상에 집중 양상이 두드러지고 있는데 이는 풍부함 속에 오히려 빈곤을 우려하여야 할 정도로 획일화의 경향도 두드러져서 다원성, 다양성의 위기를 낳고 있다는 평가도 있다. 따라서 미디어의 다원성을 지켜 낼 수 있는 가치의 정립이 우선적으로 이뤄져야 하며 이를 바탕으로 한 규제 시스템이 작동되어야 한다.

미디어 융합 시대에 바람직한 미디어 규제는 탈규제deregulation가 아니라 재규제Re-regulation이며, 이는 공동 규제Co-regulation로서 정부의 공적 규제와 산업계의 자율 규제self-regulation가 조화를 이루는 것이다. 최소한의 정부 규제가 이뤄지도록 하되 미디어 시장에 사회적 책임이 요구된다. 이때 정부는 산업계의 자율 규제 시스템을 인증하는 역할을 담당하는 것이 바람직하다. 산업계의 자율 규제가 제대로 작동하지 않으면 정부가 이를 보정하는 개입이 필요하기 때문이다. 한편 공동체가 되기 위해서는 다음과 같이 세 가지 필수적인 전제 조건이 충족되어야 한다. 첫째, 시장의 구조 규제에서 시장의 성과 규제로 전환되어야 한다. 둘째, 시장성과에 대한 평가 기준을 개발해야 한다. 셋째, 필수 설비 원칙을 철저히 적용해야 한다.

산업화 시대를 이미 넘어서서 자생적으로 성장하고 발전하는 융합 시대에는 관련 정책이 소비자 중심으로 수립되지 않으면 연관 산업의 활성화는 사실상 불가능하다. 지나친 정부의 간섭은 오히려 관련 산업의 성장을 둔화시키고 발전을 저해하는 요인으로 작용할 수 있다. 반면, 시장 경제 원리를 지나치게 중시하면 공정 경쟁 환경 조성이 이뤄지지 않고 거대 기업의 독점화 및 그에 따른 부작용이 발생할 수 있다. 따라서 바람직한 시장 성과를 중심으로 시장을 보정하도록 하여야 하는데, 이를 위해서는 앞서 언급한 대로 이용자들의 미디어 리터러시가 있어야 하며 아울러 사업자들의 높은 윤리 의식이 보편화되어야 한다. 이 수준에서 공동 규제가 가능하다.

공동 규제 체계는 1단계로 정부 규제와 산업계 자율 규제로 이뤄지도록 하고, 자율 규제의 성과가 양호하게 나타난다고 평가되면 2단계로 공공 규제와 산업계 자율 규제로 진입하는 것이 바람직하다. 단, 1단계, 2단계 공히 미디어 리터러시를 위한 미디어 교육이 필수적으로 도입되어야 한다. 한편 모니터링 부문도 필요한데, 1단계에서는 정부가 담당하더라도 2단계에서는 공공 부문이 담당하도록 하는 것이 바람직하다.

최근의 미디어 관련 정책 이슈로는 저작권, 사이버 인격 침해, 개인 정보 보호 등이 있으며, 이에 대해서도 역시 정부 규제(공공 규제)와 자율 규제가 조화를 이루는 공동 규제의 접근 방식이 요구되며,

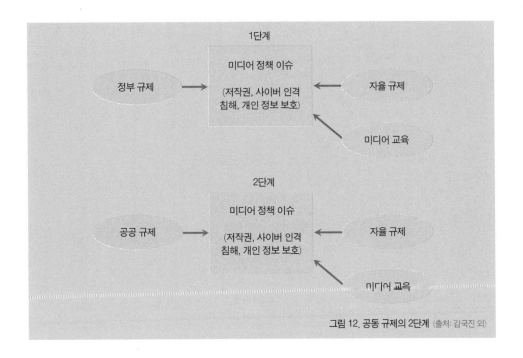

그림 12. 공동 규제의 2단계 (출처: 김국진 외)

동시에 미디어 교육을 통한 미디어 리터러시의 증진이 이뤄질 필요가 있다.

디지털 융합 시대의 규제 정책은 정부 규제와 자율 규제가 유기적으로 조화를 이루어 관련 산업의 성장을 발전적으로 모색할 필요가 있다. 특히 향후 규제 정책은 규제 완화 조치가 핵심 이슈로 부각될 것으로 전망되는데, 단순한 규제 완화가 아닌 실질적으로 효과적인 규제 완화를 위해서는 결국 별도의 모니터링 시스템과 함께 산업계의 자율 규제 방안이 적절하게 수립되어 도입되는 것이 바람직하다.

비록 정부 규제와 자율 규제가 상호 유기적인 협력 국제 모델로 개발되더라도 전체적인 맥락이 산업적인 측면에서 사업자의 자유에 중심이 주어지기보다는 이용자의 자유에 중심이 주어져야 하며 이용자의 선택권과 역량이 향상될 수 있는 정책 지향이 필요하다고 하겠다. 미디어 융합 시대의 시장과 사회 문화는 별개로 작동하지 아니하고 융합적 이용자에 의해 융합적으로 인식되고 다뤄질 것이기 때문이다.

《방송 통신 융합의 이해》(개정판). 김국진 (2007). 나남.

　　융합에 대한 이해를 돕는 자세한 내용을 담고 있는 전문서이다.

《IPTV》. 김국진 · 최성진 (2007). 나남.

　　대표적인 방송 통신 융합 서비스라고 하는 IPTV에 관한 자세한 내용을 담고 있다.

〈Media+Future〉. 미디어미래연구소 (2006~). 미디어미래연구소.

　　미디어 부문의 전문 월간지로 미디어 부문의 융합은 물론이고 미디어 시장과 컨텐츠에 대한 전반의 주요 이슈를 체계적으로 다루고 있어 미디어 융합을 이해하는 데 최적의 정보원이 된다.

New Media Worlds: Challenges for Convergence. Virginia Nightingale (ed.) (2007). London: Oxford University Press.

　　융합을 미디어를 둘러싼 이해 당사자 측면에서 체계적으로 다루고 있어 미디어 융합을 이해하는 데 도움이 된다.

《디지털 크로스로드》. 조나단 넥터라인 · 필립 와이저 (2007). 정영진 옮김. 나남.

　　디지털 융합을 미국 시장을 배경으로 해서 체계적으로 설명하고 있다. 주로 융합과 관련해서 미국의 통신 시장의 변화와 그 의미를 이해하는 데 도움이 된다.

디지털 시대의
미디어의 올바른 수용과 이용

현대 미디어에 대한 이해는 곧 우리가 살아가고 있는 사회에 대한 이해이기도 하다. 미디어에 대한 올바른 이해는 현대 사회에 대한 올바른 이해의 한 방법인 셈이다. 1부에서 현대 사회와 미디어의 관계를 종합적으로 이해하고, 2부에서 중요한 미디어들에 대해 보다 구체적으로 분석한 것을 바탕으로, 3부에서는 우리와 주변에서 가용한 미디어를 올바르게 수용하고 또 적극적으로 활용하는 실천 방안들을 제시하고자 했다.

여기서는 크게 미디어 교육(14장)과 미디어 운동(15장)으로 나누어 먼저 그 개념과 특성을 간단히 살펴보고, 우리 사회에서의 그간의 경험을 근거로 하여 여러 유형의 미디어 교육 방식과 미디어 운동 방법 등을 소개하고 있다. 그리고 최근의 급속한 미디어 환경 변화 속에서 '수용자' 개념이 '이용자' 개념으로 전환되고 있고 디지털 시대의 미디어 교육 및 미디어 운동의 패러다임이 바뀌고 있다는 점을 고려하여 시민 미디어 운동의 새로운 방향과 과제를 제시해 주고 있다.

14
디지털 시대의
미디어 교육

미디어 교육은 곧 커뮤니케이션 교육이다. 미디어를 올바르게 이해하고 활용하는 능력은 인간과 사회와의 관계에 있어서 인간이 소외되거나 왜곡되지 않는 커뮤니케이션 질서를 회복하기 위한 적극적인 대안 중 하나이기 때문이다. 인간의 필요에 의해 만들어진 미디어를 제대로 다룰 줄 아는 주인으로서의 능력을 갖추기 위해 필요한 교육이라고 할 수도 있다.

초고속으로 달릴 수 있는 고속도로를 건설하면 그 위를 달리는 자동차들의 평균 주행 속도는 빨라지지만 모든 자동차의 속도가 함께 빨라지는 것은 아니다. 디지털 시대의 풍요롭고 화려한 세계로 이 시대를 살아가는 모든 사람들이 초대는 받았지만 그렇다고 해서 그 혜택을 모두 고루 누릴 수는 없다. 디지털 미디어 교육을 통한 세련된 디지털 이용 문화가 개인 및 사회 전반에 정착되어야만 비로소 완성된 디지털 민주주의가 실현될 수 있다.

김기태

현재 호남대학교 신문방송학과 교수이다. 한국미디어교육학회 회장, 한국방송
비평회 부회장, 학부모정보감시단 이사장 등을 맡고 있으며 주로 미디어 교육,
미디어 운동, 미디어 비평 관련 연구 및 현장 활동을 하고 있다. 서강대학교 신
문방송학과를 졸업하고 같은 대학원에서 석사 및 박사 학위를 받았다. 한국방
송개발원 정책연구실장, 서강대-KBS 방송아카데미 교수 부장 등을 역임했
고, MBC〈TV 속의 TV〉, KBS〈시청자 의견을 듣습니다〉, iTV의〈터치 iTV〉 등
각종 방송 비평 프로그램의 진행을 맡기도 했다. 책으로는《새로운 세상을 위
한 디지털 패러다임》(공저),《현대 사회와 미디어》(공저),《우리 아이들에게
인터넷을 어떻게 가르칠까》,《시청자 주권과 시청자 운동》,《기독교 커뮤니케
이션》(공저),《텔레비전 어떻게 볼 것인가?》 등이 있다.

커뮤니케이션의 회복과 미디어 교육

미디어 교육은 곧 커뮤니케이션 교육이다. 미디어를 올바르게 이해하고 활용하는 능력은 인간과 사회와의 관계에서 인간이 소외되거나 왜곡되지 않는 커뮤니케이션 질서를 회복하기 위한 적극적인 대안 중 하나이기 때문이다. 미디어의 영향력이 막강해짐에 따라 자연스럽게 수동적이고 소극적인 수용자로 전락하기 쉬운 현대인들에게 필요한 주체적인 커뮤니케이션 능력을 기르기 위한 교육이 바로 미디어 교육이다. 따라서 미디어 교육은 미디어의 다양한 역할과 기능은 극대화하는 반면, 각종 역기능적 폐해나 문제점들은 최소화하고 이를 올바르게 사용하는 힘을 기르는 교육이다. 즉 현대인들에게 능동적이고 적극적인 수용자 의식을 토대로 스스로 미디어를 선택하고 활용할 줄 아는 주체적 능력을 배양시키기 위해 필요한 교육이다. 결국 인간의 필요에 의해 만들어진 미디어를 제대로 다룰 줄 아는 주인으로서의 능력을 갖추기 위해 필요한 교육이라고 할 수도 있다.

미디어 교육은 미디어의 긍정적 기능을 보다 적극적으로 발휘하기 위한 창조적 활용 교육과 역기능적 폐해를 최소화하기 위한 보호적 예방 교육의 두 가지 형태로 진행될 수 있을 것이다. 그런데 미디어 교육에 관한 논의는 특정 사회의 미디어 환경에 따라 다양하게 이루어질 수 있다. 특정 국가나 사회의 미디어 발달 수준을 비롯하여 이를 둘러싼 정치, 경제, 사회, 문화적 환경에 따라 미디어 교육의 개념, 정의, 범주 등에 관한 이론 및 논의가 상이하게 전개될 수밖에 없기 때문이다. 예컨대, 상업적 언론 시장 중심의 미국과 미디어의 공공성을 중시하는 유럽에서의 미디어 교육이 같을 수 없다. 미디어 교육의 기본 이해를 위해 필요한 미디어 교육의 요소 및 내용을 정리하면 다음과 같다.

첫째, 미디어 교육은 기본적으로 비판적 수용*critical viewing skill* 교육의 성격을 지닌다. 대부분 미디어 수용자들은 맹목적이고 수동적이며 소극적인 수용 행태를 보이고 있다는 문제 인식에서 출발하는 정의이다. 따라서 이를 극복하기 위해 미디어를 비판적으로 수용할 수 있는 능력을 기르는 교육으로 이해하는 입장이다. 미디어 교육이란 미디어에 대한 주체적이고 능동적이며 적극적인 수용자로서의 자질을 함양시키기 위한 교육으로 보는 견해이다.

둘째, 미디어 교육을 미디어 리터러시*media literacy* 교육으로 보는 경우이다. 인간이 사용하는 모든 언어에 일정한 법칙이나 규칙이 있듯이 모든 미디어도 그 나름대로의 사용 법칙, 즉 일정한 질서가 있다는 것이다. 따라서 미디어를 올바르게 이해하고 파악하기 위해서는 바로 이러한 미디어 언어 또는 문법이라는 미디어마다 지닌 독특한 구조적 특성을 이해해야 한다는 것이다.

셋째, 시민 교육으로서의 미디어 교육에 대한 이해이다. 현대 사회는 곧 시민 사회라고 부를 만큼 시민의 주체적이고 적극적인 참여를 바탕으로 형성되고 이끌어지는 시민 참여형 사회이다. 그런데 오늘날 시민 사회는 미디어가 제 역할을 다할 때라야 비로소 가동이 가능한 사회이다. 특정 사회의 각종 의제agenda를 설정하는 과정에서부터 이를 여론을 통해 공론화하는 단계에 이르기까지 미디어의 역할은 지대하다. 따라서 미디어 교육은 곧 능동적이고 적극적인 시민 의식 함양을 통한 참여 유도 방안이라는 점에서 시민 교육이라는 입장이다.

넷째, 미디어 교육을 하나의 소비자 교육으로 이해하는 견해이다. 오늘날 미디어를 통해 생산되고 유통되는 모든 메시지, 즉 컨텐츠는 상품이다. 따라서 이를 선택하고 향유하는 모든 수용자들은 곧 소비자인 셈이다. TV 프로그램을 시청하고 신문과 잡지를 읽으며 인터넷을 통해 정보를 얻는 모든 행위는 곧 소비 행위라는 것이다. 그런 만큼 미디어 교육은 곧 능동적이고 적극적인 소비 생활을 할 수 있는 능력을 기르는 소비자 교육과 다를 게 없다는 시각이다.

다섯째 수용자 운동으로서의 미디어 교육이다. 적극적인 미디어 수용 능력 배양은 곧 수용자 운동이라는 집단적 행동을 통한 미디어 감시 또는 실천 행동 양식과 직간접적인 관계를 가진다. 따라서 미디어 교육은 곧 수용자 운동을 위한 의식화 교육인 동시에 실천 프로그램의 하나라는 입장이다. 우리나라의 초기 미디어 교육은 곧 수용자 운동이라고 할 정도로 미디어 교육과 수용자 운동은 서로 밀접한 관련을 맺으며 진행되어 왔다.

여섯째, 인성 교육으로서의 미디어 교육이다. 오늘날 미디어는 청소년을 비롯한 수용자들의 가치와 규범에 결정적인 영향을 미치는 막강한 존재로 자리 잡고 있다. 따라서 미디어를 통해 유포되고 강조되는 각종 가치관과 규범들은 자연스럽게 현대인들의 인성을 좌우하는 강력한 메시지로 작용하고 있다. 그런 만큼 미디어 교육은 곧 오늘날 미디어 수용자들의 인성 교육에 다름 아니라는 입장이다.

일곱째, 미디어 교육을 올바른 문화 향유 및 생산 교육으로 이해하는 입장이다. 현대 사회의 문화적 표현이나 생산물은 미디어와 밀접한 관련성을 지닌다. 그런 만큼 미디어 교육은 곧 문화 교육 또는 문화 예술 교육이라는 차원에서도 접근이 가능하다. 최근 디지털 신기술과 결합한 새로운 미디어 문화의 출현에 따른 올바른 대응 차원의 디지털 미디어 교육도 여기에 해당된다.

디지털 시대의 빛과 그림자

초고속으로 달릴 수 있는 고속도로를 건설하면 그 위를 달리는 자동차들의 평균 주행 속도는 빨라지지만 모든 자동차의 속도가 함께 빨라지는 것은 아니다. 우수한 도로 여건에도 불구하고 자동차의 성능이 미치지 못해 주행 속도가 따라가지 못하는 경우도 있고, 변화된 도로 여건에 맞는 주행 수칙이나 정보에 대한 이해가 부족해서 제 속도를 내지 못하는 운전자도 생겨나기 마련이다. 아울러 멋진 고속도로 위를 신나게 달리고 싶지만 고성능 자동차 가격이 워낙 비싸서 마음뿐인 가난한 운전자들에게 고속도로는 그림의 떡일 수밖에 없다. 이런 현상들은 결국 고속도로 건설 이전보다 자동차들의 주행 속도 격차가 더 벌어지는 결과를 초래할 수도 있다. 디지털 시대의 풍요롭고 화려한 세계로 이 시대를 살아가는 모든 사람들이 초대받았지만 그렇다고 해서 그 혜택을 모두 고루 누릴 수는 없다. 오히려 그 이전 아날로그 시대가 훨씬 살기 좋고 평안한 세상이었다는 생각을 하는 사람들도 많다. 최첨단 디지털 시대에 초대받은 사람들은 그만큼의 정치, 경제, 사회, 문화, 교육 등 비용을 지불해야 하기 때문이다. 그런 비용을 지불할 만한 능력이 없는 사람들은 디지털 시대의 장밋빛 미래가 오히려 그들을 괴롭히는 괴물로 다가올 수도 있고, 결코 가까이 할 수 없는 환상의 세계일 수도 있을 것이다. 여기서 화려한 빛으로 포장된 디지털 시대의 어두운 그림자를 만나게 되는 셈이다.

오늘날 인터넷과 디지털의 등장과 확산으로 대변되는 정보화의 거대한 물결은 사회 전반의 총체적인 변화를 야기하면서 과거와는 전혀 다른 새로운 세계를 창출하고 있다. 지식과 정보의 가치를 중심으로 부가 가치가 높은 새로운 정보 상품화가 이루어지고 있을 뿐 아니라 최첨단 정보 기술의 발달과 전자 유통의 급속한 성장은 그동안 경험해 왔던 삶과 일의 방식과 가치를 근본적으로 바꾸어 놓았다. 따라서 디지털 기술이 지배하는 새로운 시대에는 결국 디지털 관련 지식과 정보에 얼마나 효율적으로 접근하고 이를 생활에 적절히 활용하느냐가 곧 삶의 질을 결정하는 중요한 요소가 되는 것이다. 그러나 실제로는 이러한 접근과 활용의 가능성이 모든 사람들에게 동등하게 열려 있지 않다는 점에서 문제가 발생한다. 결국 무서운 속도로 등장하고 보급되는 각종 디지털 정보 미디어에 접근성을 지닌 사람들과 그렇지 못한 사람들과의 격차가 점점 더 벌어지게 된다. 그런데 디지털 시대에는 이런 새로운 디지털 정보 미디어에의 접근성과 활용성이 세상을 살아가는 기본이 되는 생존 조건으로 작용한다는 점에서 문제의 심각성이 있다. 즉 단순히 개인의 취향과 흥미에 따라 디지털 정보 미디어에의 접근과 활용 여부를 결정할 수 있는 선택 상황이 아니고 이 시대를 살아가는 데 필수적인 생존 조건으로 작용하고 있기 때문이다.

디지털 격차의 문제점

디지털 격차라는 말이 오늘날과 같이 일상적인 용어가 된 것은 그렇게 오래된 일이 아니다. '정보 격차*Digital Divide*'라는 말은 1990년대 중반 미국에서 처음 사용한 용어로, 디지털 경제 시대의 경제적·사회적 불균형 측면을 강조한 개념이다. 정보 선진국인 미국에서 디지털 경제로의 이행 과정에서 정보 격차가 심화될 것이라는 우려가 대두되었으며, 지식 정보를 공유하지 못한 다수의 노동자 계층이 중산층에서 탈락함으로써 빈부 격차가 심화되어 사회가 극단적으로 양분되는 사태가 일어날 수도 있다는 의미이다. 디지털 격차는 각종 신기술 디지털 정보 미디어에 접근할 수 있는 능력과 사용할 수 있는 능력의 소유 여부를 가르는 개념으로 관련 지식과 정보에 대한 접근과 활용이 지역별, 계층별, 성별, 소득별로 차별적으로 나타나는 격차 현상을 가리킨다. 한편, OECD는 '디지털 격차는 여러 사회, 경제적인 계층의 개인 간, 가정 간, 기업 간 그리고 지역 간 나타나는 정보 기술에 대한 접근 기회 및 다양한 형태의 활동을 위한 인터넷 활용 수준에서의 차이'로 정의하고 있다. 또한 '정보 격차'란 정보 사회에서 정보의 불균등한 배분이나 활용을 가리키는 말로써 정보 기술의 접근이나 활용의 격차로 인하여 디지털 네트워크의 다양한 정보에 접근하고 이를 활용하는 데 나타나는 격차, 또는 정보에 접근하고 정보를 이용하는 데 있어서 정보 부자와 정보 빈자 간의 사회적 격차를 지칭한다. 또한 정보화의 빠른 발전에 따라 정보 소외 계층의 사람들이 정보화의 혜택으로부터 멀어지는 현상을 지칭하기도 하며 정보의 접근 및 이용이 모든 사회 집단이나 계층에 동등한 수준으로 진행되지 않는 현상으로 정의하기도 한다.

한편, 정보 격차는 정보에 자유롭게 접근하지 못하는 사람들의 경제적 측면을 강조하는 입장을 비롯하여 정보화 과정에서 뒤쳐진 사람들의 사회적 고립과 소외를 강조하는 경우도 있다. 또한 교육적 측면을 보다 강조하여 정보 격차 문제에 접근하는 사람들도 있고 국가 간 정보 격차 문제를 보다 심각한 문제로 인식하는 입장도 있는 등 현재 정보 격차의 유형에 관한 논의는 매우 다양하게 전개되고 있다. 따라서 디지털 격차는 디지털 정보에의 접근, 이용, 컨텐츠의 활용에 이르기까지를 모두 포함하는 총체적인 개념으로 이해할 필요가 있다. 즉 디지털 격차는 정보 접근과 관련하여 정보 기술과 서비스 접근의 격차, 사용 능력과 관련하여 정보, 인터넷 및 다른 관련 기술을 이용할 수 있는 능력의 격차 마지막으로 정보 서비스의 활용과 관련한 격차까지를 모두 포함하는 개념이라고 정리할 수 있다.

디지털 시대 미디어 교육의 필요성

디지털 시대 미디어 교육의 과제는 곧 디지털 격차 해소를 위한 대안 모색을 통해 해결 방안을 찾을 수 있다. 다만, 디지털 격차 해소 문제는 다양한 차원에서 논의될 수 있다. 그중에서 물론 일차적인 디지털 격차 해소는 다양한 디지털 미디어에의 접근을 확대하는 데 초점을 맞추어야 하지만 보다 넓은 의미에서는 총체적인 미디어 교육이 필요하다. 지금까지 디지털 격차 해소 문제는 주로 각종 신기술 디지털 정보 미디어를 구입하고 사용할 수 있는 경제적 능력 중심의 논의가 주류를 이루었다. 이른바 정보 부자, 정보 빈자 구분에 따른 디지털 정보 격차 해결 방안의 모색도 바로 이런 논의의 흐름에 바탕을 이루고 있다. 그러나 여기에서는 진정한 의미의 디지털 격차 해소를 세련된 디지털 문화 정착이라는 보다 광범위하고 근본적인 차원에서 접근하고 그 해결책의 하나로 미디어 교육을 대안으로 제시하고자 한다. 다양한 디지털 미디어에 대한 올바른 이해를 바탕으로 보다 주체적이고 능동적인 수용자 또는 이용자로서의 세련된 안목을 가지고 적극적인 디지털 정보 미디어 이용자가 되도록 안내하는 교육이라 할 수 있다. 궁극적으로 미디어 교육을 통한 세련된 디지털 이용 문화가 개인 및 사회 전반에 정착되어야만 비로소 완성된 디지털 민주주의가 실현될 수 있을 것이기 때문이다. 디지털 신기술의 개발과 보급을 통한 정보 통신 강국의 이미지와 함께 세련된 미디어 교육을 통한 질적 변화가 뒷받침되어야 한다.

인간은 다양한 모습의 세상과 만난다. 단순히 만날 뿐 아니라 그 다양한 세상 속에서 존재한다. 즉 세상과 만나고 대화하면서 인간은 자신의 존재를 확인하고 동시에 나아가야 할 방향을 모색한다. 그 세상의 한가운데 인터넷을 비롯한 새로운 디지털 미디어 환경이 자리 잡고 있으면서 인간과의 만남을 지배하고 있다. 그만큼 각종 디지털 미디어가 우리의 지배적인 생활 환경이 되어 가고 있다는 의미이다. 디지털 정보 미디어로 생각하고, 소통하는 디지털 세대가 등장하였다. 디지털 정보 미디어에 정보, 가치, 규범, 오락을 비롯한 우리들 삶의 대부분을 의존하고 있다. 인간이 디지털 정보 미디어를 만들어 활용하고 있는 게 아니고 오히려 디지털 미디어가 인간을 지배하고 조종하며 때로는 파괴까지 하고 있다는 주장이 나오는 이유도 여기에 있다.● 그러나 이렇듯 확대되고 있는 디지털 미디어 영향력의 크기에 비해 올바른 활용을 위한 교육 등 실천을 위한 구체적인 대안 마련에 대해서는 소홀하기 짝이 없는 게 오늘의 현실이다. 디지털 시대의 대표적 소통 수단인 인터넷, 즉 사이버 공간에서 지켜야 할 일정한 양식과 규칙이 제대로 지켜지지 못하는 데서 비롯되는 다양한 역기능적 폐해가 나타나고 있다. 이른바 네티켓이라고 하는 사이버 공간에서의 시민 의식이 부족하다는 것인데 인터넷 미디어가 지니는 강력한 기술적 힘에 비해 이를 제대로 활용하고 세련되게 이용할 줄 아는 인터넷 활용 문화 의식은 매우 부족한 것이다. 익명의 공간에서 시민 윤리 의식이 없는 이용자들이 많아지면 자연스럽게 인터넷은 욕설과 비방 그리고 근거없는 소문으로 가득 찬 쓰레기통으로 변할 수밖에 없다. 개인이나 집단의 명예와 사생활을 훼손하는 내용들을 근절할 수 있는 구체적이면서도 실효성 있는 방법을 고안하여 수시로 인터넷 공간을 깨끗하게 만드는 노력을 계속해야 하는 이유도 바로 여기에 있다. 아울러 시민 의식이나 윤리 의식에 호소힐 수준을 넘어 이미 범죄 수준으로까지 나아간 경우에는 보다 과학적

● 인간의 마음속에는 누구나 '인지 지도cognitive map'가 있어서 이전에 직접 경험해 보지 못한 상황이나 환경에 처하게 되면 바로 그 '인지 지도'에 그려진 방식으로 생각하고 행동한다는 논거에 기초해서 보면, 오늘날 각종 디지털 미디어는 바로 그 '인지 지도'를 그려 주는 데 가장 결정적인 영향을 미치는 변인이라 할 수 있을 것이다.

인 수사를 통해 신속하게 처벌하는 시스템을 구축함으로써 인터넷 공간의 안전성을 확보해야 한다는 주장까지도 나온다.

　　인터넷에 의해 만들어지는 이른바 사이버 세상은 논리적으로는 존재하지만 실제적으로는 존재하지 않는 가상의 세상이다. 얼핏 '꿈'의 세계나 '판타지'와도 통하는 개념이다. 그러나 사이버 세상이 꿈과 다른 점은 꿈은 무의식의 세계에서 잠시 들렀다 나오는 세계이지만 사이버 세상은 현실 속에서 일상적으로 드나드는 실제적 공간이라는 점이다. 그만큼 사이버 세상은 현실과 가까이 존재하는 가상의 세계라는 점에서 현실과의 교호성이 강하다. 사이버 세상에서의 경험과 기억을 현실 세계에서도 그대로 간직하며 살아갈 가능성이 많은 이유도 여기에 있다. 특히 어린이·청소년들의 인지 세계에 사이버 공간에서 얻은 지식과 경험은 매우 중요한 위치를 차지한다. 채팅을 통해 이성 친구를 만나고, 인터넷을 이용해 숙제를 할 뿐 아니라 컴퓨터 게임의 세계에 깊숙이 빠진 어린이들의 모습이 바로 지금 우리 자녀의 모습이기 때문이다. 일부에 해당되는 일이지만 음란 사이트를 이용하고 심지어는 인터넷 관련 범죄 행위를 저지르는 어린이·청소년들도 갈수록 늘어가는 형편이다. 물론 우리 주변에는 인터넷을 자신의 필요에 따라 효율적으로 이용하고 있는 현명한 사람들도 얼마든지 많다. 이른바 정보의 바다라고 일컬어지는 인터넷을 자유롭게 항해하면서 자신이 필요로 하는 정보와 오락을 얻어 내는 등 능동적으로 이용하는 사람들도 늘고 있기 때문이다. 우리 사회는 그동안 숨 가쁘게 컴퓨터, 인터넷 등 새로운 디지털 신기술 정보 통신 미디어를 신속하고 효율적으로 도입하고 보급하는 일과 이를 능숙하게 다루는 기능 교육에 매달려 왔다. 그러는 동안 그 안에 담긴 메시지의 내용과 이를 활용할 줄 아는 성숙하고 세련된 인터넷 이용 문화 교육, 디지털 미디어 교육은 상대적으로 매우 소홀히 다뤄온 경향이 있었다. 따라서 미디어에 대해 제대로 이해하고 이를 올바르게 활용할 줄 아는 교육, 즉 미디어 교육을 디지털 정보 미디어에도 적용해야 한다는 것이다. 그동안 판매와 보급 등 확산에만 치중해 왔던 디지털 미디어 정책을 올바른 디지털 문화 정착이라는 차원으로 전환해서 인터넷 교육 초기부터 기술 교육 못지않게 미디어교육을 병행 실시해야 한다. 디지털 미디어 세상을 아름답고 유쾌하게 가꾸어 가기 위해서는 이 공간을 거니는 모든 시민들에게 각종 디지털 미디어를 자발적으로 깨끗하게 이용할 줄 아는 능력을 기르게 만들어 주는 디지털 미디어 교육이 필수적이기 때문이다. 궁극적으로 디지털 미디어의 미래는 이를 이용하는 사람들이 얼마나 수준 높은 이용 문화를 지니고 이를 실천에 옮기느냐에 달려 있다. 앞으로 진정한 의미에서의 디지털 미디어 강국은 단순한 기술적 능력보다는 얼마나 세련된 이용 문화를 가지고 있느냐에 따라 판가름난다는 사실에 주목할 필요가 있다.

미디어 교육의 현황 및 특성

한국 미디어 교육의 가장 큰 특성 중 하나는 대부분 시민 사회 단체를 중심으로 이루어져 왔다는 점이다. 시민 언론 운동의 실천 방식 중 하나로 미디어 교육을 채택하였다. 시민들의 언론에 대한 올바른 이해와 능동적 수용자 의식의 함양이 곧 효율적인 언론 운동을 벌이는 데 필수적인 전제 조건이었기 때문이다. 1980년대 중반 이후인 미디어 교육 실시 초기부터 언론 수용자 운동 차원의 모니터 운동 또는 모니터 요원 양성을 위한 훈련 프로그램과 미디어 교육이란 개념이 거의 동일하게 사용되었다. 이런 전통은 그후 한국의 미디어 및 교육 환경이 크게 변한 오늘날까지도 그대로 이어져 내려오면서 여전히 우리나라 미디어 교육의 내용과 형식을 지배하고 있다. 최근 한국에서 이루어지고 있는 학교 미디어 교육 프로그램의 대부분이 시민 사회 단체의 미디어 교육 프로그램과 직간접적으로 관련이 있다는 점이 이를 잘 말해 주고 있다. ●

다음으로는 국가 및 공공 기관의 지원 하에 이루어지고 있는 미디어 교육 사례들이다. 가장 규모가 큰 대표적인 공공 기관 지원 사례는 방송통신위원회(구 방송위원회)의 미디어 교육 및 시청자 단체 지원 사업이다. ●●

그 외에 '방송문화진흥회,' '한국언론재단,' '한국방송영상산업진흥원,' '국가청소년위원회,' '정보통신윤리위원회,' '한국통신문화재단,' '문화체육관광부' 등에서도 각 기관이나 단체의 성격에 맞는 미디어 교육 지원 사업을 벌여 왔다.

또한 신문·방송 등 미디어사가 수용자 서비스 차원에서 미디어 교육을 지원하거나 직접 시행하는 경우도 있는데 그중 문화방송(MBC)이 가장 활발하게 지원 또는 시행해 왔다. MBC는 방송문화진흥회의 지원 아래 다양한 미디어 교육 지원 및 진흥 사업을 지속적으로 시행해 왔으며, 최근에는 지역 방송사의 제작 시설을 시청자미디어센터로 개방하여 시청자들의 참여를 유도하는 미디어 교육 프로그램을 적극적으로 전개하고 있다. 한국방송공사(KBS)는 미디어 교육 전담 부서를 만들고 시청자를 대상으로 제작 중심의 미디어 교육

● 공공 기관에서 지원하는 미디어 교육이나 정규 학교에서 시행하는 미디어 교육까지도 기존 시민 사회 단체 중심의 미디어 교육 경험이 밑바탕을 이루는 경우가 많다. 미디어 교육 강사 등 지도자 교육이나 관련 교재 및 교육 방법에 이르기까지 다양한 분야에서 영향을 미치고 있다.

●● 새로운 방송법 제정과 함께 2000년부터 시작된 미디어 교육 및 시청자 단체 지원 사업은 그동안 미디어 교육에 대한 공적 지원 사업의 가장 대표적인 사례로서 우리나라 미디어 교육 발전에 크게 이바지한 바 있다.

을 실시하기도 하였으며, 서울방송(SBS)의 경우는 직접 미디어 교육을 실시하지는 않았지만 관련 학계나 기관에 대한 지원 형식으로 미디어 교육에 간접적인 참여를 하였다. 한편 교육방송(EBS)은 방송 프로그램을 통한 미디어 교육을 가장 적극적으로 실시해 오고 있는 방송사의 경우에 해당된다.● 신문사의 경우는 〈중앙일보〉, 〈경향신문〉, 〈동아일보〉, 〈조선일보〉를 비롯한 대부분 신문사들이 신문을 활용한 교육 즉, NIE(Newspaper in Education)를 실시하고 있다.

> ● 교육방송은 중고생 대상 미디어 교육 프로그램 〈미디어가 보인다〉를 주간 프로그램으로 총 54회 방송한 바 있으며 어린이 대상 미디어 교육 프로그램인 〈와우 미디어 탐험〉을 총 20회 방송한 바 있다.

그런데 미디어 교육의 제도적 활성화 여부는 교육 실천의 주체인 일선 학교 교사들의 의식과 실천 역량에 달려 있다고 해도 과언이 아니다. 따라서 개인 차원의 실천 외에 조직적, 집단적 활동을 통한 미디어 교육 실천 사례가 중요한데 현재 한국에서는 미디어 교육에 관심이 있는 교사들 외에 전국교직원노동조합(전교조) 산하 과목별 협의체, 전국국어교사모임, 전국미디어교육교사연합회,●● 깨끗한미디어를위한교사운동(깨미동), 서울중등미디어교육연구회●●● 등이 미디어 교육을 이끌어 온 대표적인 단체들이다. 이 외에도 과목별, 지역별, 분야별, 미디어별, 지원 단체별 학교 미디어 교육 실천 사례들이 해마다 늘고 있는 실정이다.

> ●● 1997년 12월 제1회 미디어 교육 전국 대회 개최와 함께 창립되었으나 현재 활발한 활동을 전개하지 못하고 있다.

> ●●● 1994년 8월 서강대 커뮤니케이션센터 미디어 교육실에서 개최한 중등 교사 미디어 교육 연수에 참가한 현직 교사들이 중심이 되어 설립한 미디어 교육 교사 단체로서 1999년까지는 방학마다 미디어 교육 자율 연수를 실시하는 등 활발한 활동을 전개하였으나 현재는 활동이 중단된 상태이다.

여기에 소개한 사례 외에도 그동안 미디어 교육 관련 활동이 이루어진 사례는 매우 많다. 소리 없이 사회 및 학교 현장에서 미디어 교육을 실천하고 있는 지도자들이 적지 않기 때문이다.●●●●

한편, 그동안 우리나라에서 전개되어 온 미디어 교육을 통해 다음과 같은 특성을 찾을 수 있다. 첫째, 미디

> ●●●● 1997년 12월부터 2008년 12월까지 12년 동안 한국미디어교육학회 주최로 열린 미디어 교육 진흥 대회에서는 매년 한 해 동안 이루어진 미디어 교육 현장 사례 및 논문 발표가 이루어져 왔다.

다양한 미디어 교육 활동을 펼치고 있는 시청자미디어센터

어 교육이 주로 텔레비전을 비롯한 영상 미디어에 집중되는 특성을 나타내었으며 갈수록 인터넷을 둘러싼 비롯한 각종 멀티 미디어 등 디지털 미디어로 확산되는 경향이 있다. 둘째, 미디어 교육의 내용은 전반적으로 '미디어에 대한 지식 및 정보 습득'에 가장 큰 비중을 두고 이루어지고 있다. 그 다음으로 '미디어 컨텐츠 제작'과 미디어 내용 비판적 읽기'순으로 나타났다. 셋째, 미디어 교육 현장에서 사용되고 있는 교육 방법은 메시지 분석 중심의 교육이 가장 많고 그 다음으로는 미디어 감시 활동 중심 교육과 제작 활동 중심의 미디어 교육이다. 넷째, 교육 대상 연령층에 있어서는 초등학생 대상 교육이 가장 많고 다음으로 중학생, 고등학생 등의 순이었다. 다섯째, 우리나라 미디어 교육은 대부분 비정기적으로 이루어지고 있다. 대부분교육이 재원을 지원하는 기관의 지원 정책이나 제도 또는 예산 확보 상황에 따라 가변적이기 때문에 정기적으로 교육을 기획, 실행하는데 한계가 있다. 여섯째, 현재 가장 많은 현직 교사들이 학교 현장에

서 실시하고 있는 미디어 교육 유형은 계발 활동을 통한 교육이며, 다음으로는 창의적 재량 활동이다. 방과 후 특기 적성 교육을 통한 미디어 교육은 방과 후에 희망하는 학생들을 대상으로 학교 안에서 교육을 시행하는 경우이며 정규 교과 시간을 이용한 미디어 교육은 현재 국어 과목 교사들 중심의 미디어 교육이 가장 활발하게 전개되고 있다. ●

● 전국국어교사모임을 중심으로 다양한 미디어 교육 교과 과정, 교재, 교육 방법 개발 등이 이루어지고 있다. 특히 인터넷을 통한 지역 모임까지 생겨나 활발한 자료 및 의견 교환이 이루어지고 있다 (www.naramal.or.kr 참조).

디지털 시대, 미디어 교육 실천 방안

그동안 우리나라 디지털 기술과 산업은 세계 최고 수준의 디지털 강국으로 성장하였다. 이제 디지털 기술과 산업의 발전에 걸맞는 디지털 이용 문화 선진국으로 제2의 도약이 필요한 때가 되었다. 이를 위해 보다 체계적이고 지속적인 디지털 미디어 교육의 기획과 실천이 요구되는데 이를 위한 우리 사회의 바람직한 실천 방안을 정리해 보면 다음과 같다.

첫째 유해 디지털 미디어 보호 대책에서 적극적인 활동을 병행하는 육성 대책으로의 전환이 필요하다. 각종 디지털 미디어의 유해성을 부각시키고 이의 문제점을 고발하는 식의 보호 교육에서 이용자 스스로가 이런 디지털 미디어 환경에 대한 이해를 바탕으로 감시하고 스스로 생산해 보는 활동을 포함하는 적극적인 활동 교육, 즉 육성 교육으로 전환할 필요가 있다. 이미 각종 디지털 미디어의 폭발적 보급과 확산은 이용자의 선택적 사항이 아니라 이미 필수적, 강제적 사항이기 때문에 역기능적 폐해와 문제점을 강조하고 이를 감시, 고발하는 차원의 문제를 넘어 이에 대해 근본적인 선별 능력과 퇴치 능력을 기르는 육성 정책이 필요하기 때문이다.

둘째, 기존 미디어 교육 기관에 대한 체계적 지원과 유사 기관 간 상호 교류 방안을 적극적으로 마련해야 할 것이다. 즉 현재 활발하게 전개되고 있는 다양한 디지털 미디어 교육 현장의 특성을 지원하고 상호 교류, 보완할 수 있는 방안 마련이 시급하다. 중복된 사업이나 교육은 일원화하고 이미 좋은 평가를 받고 있는 기관이나 단체의 프로그램에 대해서는 보다 적극적인 지원을 하고 다른 단체나 기관으로 확산될 수 있도록 하는 대책 마련이 필요하다.

셋째, 미디어 교육의 전문성이나 체계성이 확보될 수 있도록 유도하기 위한 사회적 대책이 필요하다. 다양한 기관에서 산발적으로 교육이 실시됨으로써 나타나는 교육의 비전문성이나 비체계성을 극복할 수 있는 대안이 시급하기 때문이다. 주먹구구식 교육이 낳는 오류를 최소화하고 보다 효율적이고 효과적인 디지털 미디어 교육을 시행할 수 있도록 교육 내용 및 추진 방법상의 전문성과 체계성이 보장되어야 할 것이다.

넷째, 종합적 미디어 교육 센터 설립을 통한 체계적인 교육이 필요하다. 현재, 문화체육관광부, 방송통신위원회, 교육과학기술부 등 여러 정부 부처와 각종 시민 사회 단체 및 공공 기관 등에서 산발적으로 전개되고 있는 각종 미디어 교육 관련 프로그램이나 사업을 종합적으로 지원하는 디지털 교육 지원 센터의 설립이 필요하다. 개별 분산적이고 산발적으로 전개되고 있는 우리나라 미디어 교육을 종합적으로 관리하고 지원할 수 있는 종합 미디어 교육 센터를 설립하는 방안은 자원의 낭비를 막고 효율적인 사업 시행의 효과를 내는 유용한 방안이 될 것이다.

다섯째, 미디어 교육의 정규 교과목화 추진이 필요하다. 교육의 연속성과 체계성을 위해 디지털 미디어 교육을 학교의 정규 교과목화하는 것은 필수적인 과제이다. 당장 독립 교과목화는 한국의 교육 현장을 감안할 때 어려운 일이지만 현재의 여건에 맞는 도입 방법을 검토하여 이의 실현을 위해 노력할 필요가 있다. 교육과학기술부를 비롯한 유관 정부 부처 및 단체들과 지속적인 협의를 거쳐 실현 가능한 교과목화를 추진해야 할 것이다. 현재도 부분적으로 실시하고 있는 특별 활동 교과목화, 방과 후 교과목화, 통합 교과목화 등을 보다 체계적으로 활성화할 수 있는 적극적인 대책이 필요하다.

여섯째, 현재 시행되고 있는 미디어 교육의 교육 대상 및 기관의 확대가 필요하다.

디지털 미디어 이용 연령층이 갈수록 낮아져서 이제는 유치원 어린이들의 이용률이 급격히 높아지고 있는 실정을 감안하면, 디지털 미디어 교육의 연령 확대는 매우 시급한 과제가 되었다. 따라서 저연령층 대상 디지털 미디어 교육 프로그램을 시급히 개발해야 함은 물론 이들을 교육할 수 있는 교사 대상 미디어 교육과 저연령층 자녀를 둔 부모 대상 교육이 필요하다.

일곱째, 체계적인 미디어 교육 지도자 양성 시스템이 도입되어야 할 것이다. 현재, 교사, 학부모, 사회 단체 지도자 등으로 분산되어 있는 디지털 미디어 교육 지도자 양성 시스템을 체계화하여 수준 높은 지도자를 배출할 수 있는 방안을 추진해야 한다. 특히 현단계 미디어 환경을 고려하여 각종 디지털 정보 미디어를 중심으로 하는 미디어 교육 지도자 양성을 우선적으로 실시할 필요가 있다. 좋은 지도자가 좋은 교육을 실시할 수 있을 것이기 때문이다. 대학의 미디어 관련 학과 전공 교과목에도 디지털 미디어 교육 과목이 포함되어 졸업 후 미디어 교육 지도자로 활동할 수 있는 길을 열어 주는 것도 필요하다.

여덟째, 다양한 미디어 교육 현장의 실천 사례를 체계적으로 축적하고 관련 시민 사회 단체 지도자들 간 실질적 논의가 이루어질 수 있는 토론의 장을 지속적으로 마련할 필요가 있다.

일방적 강의나 행사 성격의 모임보다는 워크숍 중심의 밀도 있는 논의의 장을 만들어 다양한 미디어 교육 경험이 공유되는 생산적인 공간을 조성할 필요가 있다. 그렇게 함으로써 한국의 미디어 및 사회 환경에 걸맞는 미디어 교육 실천 프로그램을 창조해 낼 수 있을 것이다.

미디어 교육에 참여하고 있는 관련 단체 지도자 그리고 각종 사회 운동 단체의 활동가들이 모두 함께 또는 단체 성격별로 참여하는 네트워크를 구성하는 역할을 할 수 있을 것이다.

매년 12월에 열리는 한국미디어교육학회 주최, '미디어 교육 전국 대회'의 활용을 높이는 방안을 강구할 필요도 있을 것이다.

아홉째, 현 상황에 맞는 단계별, 장별, 미디어별, 주제별 미디어 교육 교과 과정 및 교재 개발이 필요하다. 교과 과정 및 교재 개발은 미디어 교육의 내실화와 발전을 위해 필수적으로 해결해야 할 과제가 아닐 수 없다. 따라서 그동안 이루어진 성과를 종합적으로 분석, 정리하고 이를 바탕으로 우리나라 학교 현장에 알맞은 교과 과정과 풍부한 교재들이 개발되어야 한다.

마지막으로 미디어 교육과 관련한 체계적인 연구가 이루어지고 그 성과가 축적, 정리되도록 해야 할 것이다. 미디어 교육에 관한 이론적 연구는 물론 관련 학계가 해야 할 가장 시급하면서도 중요한 과제임은 더 말할 나위가 없는 일이다. 예컨대 미디어 교육 효과 연구, 미디어 교육 방법론, 미디어 교육 교과 과정 연구, 미디어 교육 교재 개발 등은 언론학계의 연구 성과를 통해서만 실천 가능한 과제인 셈이다. 이때 교육 공학 등 인접 관련 학계와의 학제 간 연구도 필요하다.

급변하는 각종 디지털 신기술 미디어는 이용자들의 선택과 활용 여하에 따라 그 가치가 새롭게 규정된다. 그런 만큼 보다 다양하고 창조적인 미디어 이용 및 활용을 통해 디지털 시대를 살아가는 데 필요한 미디어 이해 및 커뮤니케이션 능력을 기를 필요가 있다. 각종 신기술로 무장한 디지털 미디어가 홍수처럼 쏟아져 나오고 현실에서 이제는 신기술과 디지털 미디어의 '보급과 확산' 못지않게 이용자들의 올바른 '선택과 절제'를 위한 교육과 실천이 시급한 시대가 되었다.

"돼지털 아니 디지털?: 디지털 디바이드," 김기태 (2007). 최창섭 편저. 《새로운 세상을 위한 디지털 패러다임》. 진한M&B.

정보 격차 또는 디지털 격차에 대한 이론 및 실제에 대한 내용으로 디지털 시대 미디어 교육에 관한 기본적인 이해를 위해서는 친절한 안내 역할을 할 수 있을 것이다.

"미디어 수용자와 리터러시," 김기태 (2006). 《현대 사회와 미디어》. 한균태 외. 커뮤니케이션북스.

미디어 교육, 미디어 리터러시에 대한 필요성, 기본 개념, 이론적 배경 등에 대해 정리해 놓은 글로 디지털 시대 미디어 교육의 전반적인 이해를 위해 필요한 책이다.

《우리 아이들에게 인터넷을 어떻게 가르칠까》. 김기태 (2006). 커뮤니케이션북스.

인터넷 즉, 사이버 공간에서 어린이들의 올바른 미디어 이용 요령을 부모의 입장에서 정리해 놓은 책이다. 사이버 공간에서 나타날 수 있는 각종 역기능적 폐해에 대해 살펴보고 이를 극복 또는 예방, 해결할 수 있는 구체적인 실천 과제나 수칙을 모아 놓은 책이다.

《시청자 주권과 시청자 운동》. 김기태 (2004). 한나래.

한국 언론 수용자 운동 20년 역사를 기록한 책으로 시청자 주권 시대, 미디어 운동의 중요한 부분을 차지했던 시청자 운동 및 미디어 교육의 구체적인 사례와 자료를 종합적으로 정리해 놓은 책이다.

《텔레비전 어떻게 볼 것인가?》. 김기태 (1999). 한나래.

시청자들의 입장에서 텔레비전을 제대로 읽고 해석할 수 있는 요령을 안내하기 위해 구체적인 사례 중심으로 방향 및 과제를 제시한 책이다.

《미디어 교육과 비판적 리터러시》. 정현선 (2007). 커뮤니케이션북스.

영국에서 공부한 필자가 자신의 박사 학위 논문을 바탕으로 한국 상황에 맞게 집필한 책으로 현장에서 다양하게 전개되고 있는 미디어 교육의 뿌리가 어디이고 한국형 미디어 교육 실천 방법이 무엇인지를 친절하게 안내하는 책이다.

〈미디어교육전국대회 발제집〉. 한국미디어교육학회 (1997~2008). 제1회~12회.

1997년부터 2008년까지 12년 동안 실시된 우리나라 미디어 교육 현장 사례를 종합적으로 정리해 놓은 책으로 현장 중심의 한국 미디어 교육을 한눈에 파악할 수 있는 자료집이다.

〈미디어 교육 교재와 커리큘럼의 방향〉. 한국언론재단 (2003).

우리나라에서 발간된 미디어 교육 교재의 내용 및 형식을 분석하고, 이를 바탕으로 외국 미디어 교육 커리큘럼과 비교하여 표준 교과 과정을 제안한 책으로 미디어 교육 관련 연구에 관심이 있는 연구자나 지도자들에게 필요한 책이다.

〈미디어의 이해〉, 〈미디어의 활용〉. 한국언론학회 미디어교육위원회 (2007). 미디어 교육 종합 자료집1, 2.

미디어 교육 지도자들을 위한 종합 자료집으로 '미디어'에 대한 이해와 활용을 위해 필요한 기본적인 지식과 활동을 모아 놓은 지침서 성격의 개론서이다.

15

디지털 시대의
미디어 운동

현대 사회에서 언론의 중요성은 새삼 강조할 필요가 없다. 반면 언론이 반드시 바람직한 모습을 띠고 있는 것은 아니다. 언론의 수혜자이면서 동시에 피해자일 수 있는 수용자들이 수동적 존재를 벗어나 적극적이고 능동적으로 자신의 이해는 물론 사회 이익을 위해 언론의 내용을 비판하고 더 나아가 구조 변화를 요구하기 시작했다. 이것이 미디어 운동이다.

미디어 운동은 언론의 문제점을 인식한 언론인, 수용자 또는 대안 언론 등의 활동을 총체적으로 일컫는 것이다. 이 장에서는 미디어 운동을 어떻게 정의하고 그 유형은 무엇인지, 그리고 한국에서 이러한 미디어 운동은 어떤 형태로 발전해 왔는지를 살펴보고자 했다. 그리고 현재 미디어 운동이 진보하기 위해 해결해야 할 과제와 장기적인 방향에 대해서도 서술하였다.

김서중

현재 성공회대학교 신문방송학과 교수이다. 서울대학교 신문학과에서 박사 학위를 받았다. 한국언론정보학회 이사, 민주언론시민연합 공동 대표를 지냈으며, 책으로는 ≪통합과 배제의 사회 정책과 담론≫(공저), ≪한국 언론 산업의 역사와 구조≫(공저), ≪시민 사회의 구성 원리 전환과 사회 정책의 대안적 프레임≫(공저), ≪촛불이 민주주의다≫(공저) 등이 있으며, 논문으로는 〈시청자 참여 프로그램 활성화 방안 연구〉 등이 있다.

미디어 운동의 개념과 유형

미디어 운동의 개념

언론이 발달할수록 수용자가 세상을 바라보고 이해하는 창으로서 언론의 역할이 증대하는데, 언론은 오히려 수용자보다는 언론을 소유하거나 지배하는 소수 계층을 대변하는 경향을 보인다. 그래서 언론은 수용자를 능동적이고 주체적으로 세상을 이해할 수 있는 존재가 아니라 미디어의 내용을 그대로 수용하는 수동적 존재로 만들어 버린다는 비판을 받고 있다.

이러한 상황을 극복하고 수용자 자신의 권리를 제대로 찾는 것이 바람직하다. 그래서 언론을 올바로 이해하고 언론이 개인에게 미치는 각종 영향에 대해 체계적으로 인식한 후 이를 능동적으로 선택, 수용함은 물론 나아가서는 언론의 구조와 내용을 수용자 중심으로 개선하고자 노력하는 지속적, 집단적 행동이 수용자 운동이라고 할 수 있다.

　물론 언론을 개선하려는 노력은 수용자에 의해서만 이루어지는 것은 아니다. 언론 종사자 즉 언론인들 내부 자정 노력도 있다. 언론 민주화(노동) 운동이다. 또 언론의 변화를 위해 다른 언론을 감시 견제하거나 모범적인 언론을 만들어 내려는 노력도 있다. 대안 언론 운동이다. 미디어 운동은 이러한 운동들과 수용자 운동을 포괄하는 개념이다.

미디어 운동의 유형

미디어 운동은 당시 언론 상황과 운동의 주체들의 성장 정도에 따라 다양한 방식으로 발전해 왔다. 시민 운동이 활성화되지 않았던 시기에는 언론 내부에서 언론인들에 의한 언론 민주화 운동이 주를 이루었다. 시민들의 의식이 성장하고 집단화하여 시민 운동이 발전했던 1980년대 중반을 전후한 시기부터는 시민 언론 운동이 본격화하였다. 1990년대 들어서는 기존 언론의 편파 왜곡 보도가 심해지는 반면 새로운 미디어의 창간이 쉬워지면서 기존 미디어의 한계를 극복하려는 대안 언론 운동이 활성화되기도 하였다. 한국에서는 이러한 운동들이 시기를 달리하여 발전하였으며 지금은 공존하는 상황이다.

　이중에서도 미디어 운동의 중심을 이루는 시민 언론 운동의 유형을 세분하면 언론 모니터 운동, 미디어 교육 운동과 같은 기능주의적 운동과 언론 환경을 바꾸려는 제도 개혁 운동을 펼치는 구조적 운동으로 나눌 수 있다.

　언론 모니터 운동은 언론 내용을 분석하여 문제점을 지적하고 그 결과를 공개하여 언론의 변화를 요구하고, 수용자의 올바른 이해를 돕는 활동이다. 시민 언론 운동의 기본이며 가장 활성화된 운동 유형이다. 시민 사회 단체들도 자신들의 고유 활동과 관련하여 영향력이 있는 언론의 내용을 분석하는 것이 중요하기 때문에 더욱 확산되고 있는 운동이라 할 수 있다.

미디어 교육 운동은 수용자가 언론의 피해로부터 자유롭기 위해서는 비판적인 미디어 읽기가 가능해져야 한다는 취지로 미디어의 본질과 속성을 이해하고 주체적으로 내용을 이해하는 능력을 길러주고자 하는 것이다. 수용자가 능동적 존재로 성장하도록 하는 것으로 점점 그 중요성이 커지고 있다.

제도 개혁 운동은 모니터 운동이나 미디어 교육을 통해 언론의 피해를 줄일 수는 있지만 근본적으로 언론의 변화를 일으킬 수는 없기 때문에 제도 변화를 통해 언론의 성격을 바꾸고자 하는 운동이다. 정치 경제적 제도와 연결되어 있는 언론 제도 변화가 쉽지 않기 때문에 그 목표 달성이 어렵지만 그 효과는 커서 개별 시민 언론 운동 단체를 넘어서 시민 언론 운동 단체들은 물론 정치, 경제, 사회 영역의 제 사회 단체들과 연대 운동을 벌이기도 한다.

수용자 운동은 집단이 아닌 개인 영역에서도 이루어진다. 연구자나 비평가들의 활동도 미디어의 올바른 인식에 영향을 미친다는 점에서 중요하다. 더군다나 최근에 인터넷의 발달로 시민들이 미디어에 대한 자신들의 견해를 공표하는 것이 쉬워지면서 중요한 수용자 운동의 한 부분을 차지하게 되었다.

한국 미디어 운동의 역사

최근에 볼 수 있는 미디어 운동들은 과거 미디어 운동들을 계승하거
나 진화 발전한 것이므로, 미디어 운동의 역사를 통해서 현재 미디어
운동의 여러 유형들의 활동의 성격과 그 의의를 발견할 수 있다.

언론 자유 수호를 위한 언론 민주화 운동

한국에서 미디어 운동의 연원은 1964년까지 거슬러 올라간다. 1964년
박정희 대통령 시절 국회가 언론을 통제하는 언론윤리위원회법을 통
과시키자 언론계의 다양한 반대에 부딪혔다. 언론계가 결사, 집회, 취
재 보도 활동 거부, 청원, 건의 성명서 채택, 대항 선전 등의 방법으로
저항하자 정부는 언론윤리위원회 소집에 응하지 않은 언론사에게 금
융 제재 조치 등을 취하였고 이에 정계, 법조계, 학계 등의 대표가 모
여 자유언론수호국민대회를 결성하여 반대 운동을 벌였다. 이 운동에
는 법조계가 별도로 언론윤리위원회법의 위헌성을 밝히려 노력하였
고, 대학 신문 기자들, 한국예술문화단체 총연합회 등도 가세하였다.
정부가 언론윤리위원회법 시행을 유보함으로써 이 단체들도 해산하
였다.

    1970년대 전후하여 언론에 정보 기관원이 수시로 출입 상주하면
서 기사를 축소시키거나 빼도록 제작에 간여하여 언론이 제 역할을
하지 못하자, 대학생들이 언론에 항의하기 시작하였다. 1971년 3월
24일에는 서울대 법대 학생총회의 언론 화형식, 25일에는 문리대 학
생총회의 "언론인에게 보내는 경고장" 채택, 이어 26일 서울대학교
문리대, 법대, 상대의 학생회장단 30여 명이 동아일보사 앞에서 "언

1974년 〈동아일보〉에서 있었던 자유 언론 실천 선언 운동, 이 운동은 곧 다른 언론들에 확산되었다.

론인에게 보내는 공개장," "언론 화형 선언문," "언론인에게 고한다"는 유인물을 배포하는 등의 활동을 하였다. 1974년 11월 천주교 정의구현전국사제단이 2차 시국 선언을 발표하면서 언론에 대한 통제가 있음을 지적하는 것이나 한국기독교교회협의회의 언론 자유 수호 운동 지지도 같은 맥락이었다.

　1970년대 가장 중요한 미디어 운동은 언론인들의 언론 자유 수호 운동과 〈동아일보〉 광고 격려 운동이었다. 각 언론사마다 언론 자유 수호 실천 선언을 하고, 조직적으로 대항하기 위하여 노조 결성을 시도하였다. 언론 민주화 운동이 가장 강했던 〈동아일보〉는 주요 광고주들이 광고를 거의 철회하는 광고 탄압을 당하였다. 이것이 국민들에게 알려지자 제 단체들은 물론 주부, 학생, 교수 등 개인들이 〈동아일보〉에 격려 광고를 냈다. 이들 중에는 현역 군인과 경찰들도 포함되어 있었다.

　즉 초기의 미디어 운동은 언론 자유 수호 운동의 차원에서 언론

탄압 사건을 중심으로 발생한 일회적 운동 형태를 띠었다. 하지만 이런 운동 사례들은 범국민적인 관심과 참여를 모은 것들로 한국 미디어 운동의 중요한 역사이다. 특히 광고 탄압에 무릎을 꿇은 〈동아일보〉와 언론 민주화 운동을 부담스러워 한 〈조선일보〉에서 강제 해직된 언론인들은 1980년 신군부 정권이 강제 해직시킨 언론인들과 결합하여 1984년 민주언론운동협의회(민언협)를 발족시켜 언론 운동에서 중추적 역할을 수행한다.

해직 언론인들의 대안 언론 운동

언론 운동을 하다 해직된 언론인들은 정부의 탄압과 이에 순응하는 언론의 실체를 드러내는 한편 이를 극복하기 위한 대안 언론을 모색하기 위하여 민언협을 발족시켰다. 민언협은 대안 언론을 만들기 위한 예비 시도로 1985년 기관지 〈말〉지를 창간하였다. 〈말〉지의 편집, 제작, 배포 등은 해직 기자들이 맡았으며 기존 언론에서 다루지 않는 기사들을 통해 진실을 알리려는 미디어 운동을 펼쳤다.

대안 언론의 중요성을 보여 준 대표적인 사례는 보도 지침 폭로 사건이다. 5공화국 정부는 문공부 산하 홍보조정실을 통해 언론사에 기사의 크기와 제목까지 지시하는 '협조 요청(보도 지침)'을 하였다. 언론은 이에 익숙해져 나중에는 지침이 내려오지 않으면 먼저 지침을 확인한 후 기사를 제작하는 정도로 순응해 갔다. 이로 인해 수용자는 천편일률적인 기사를 접하게 된 것이다. 〈말〉지는 1986년 9월 보도 지침의 존재를 폭로하였다. 수용자들이 익숙해진 기존 언론의 문제점을 드러내고 대안 언론의 존재 이유를 보여 준 것이었다.

그리고 1987년 민주화 이후 해직 기자들과 민주 인사들은 국민주를 모아 1988년 5월 15일 대안적 종합 일간지 〈한겨레신문〉을 탄생시켰다. 대안 언론 운동의 큰 성과이었다. 이후 방송개혁국민회의가 주축이 되어 시도했던 '국민주 방송 설립 운동'이 안타깝게 실패했던 것과 비교하면 더욱 중요한 의미를 지닌다.

언론의 왜곡 보도 감시와 저항 운동

1980년대 들어와 해직 언론인들이 아닌 일반 시민들도 일회성 운동을 넘어서 조직을 갖추고 특정한 목표를 달성하기 위해 활동하기 시작했다. 대표적인 사례가 왜곡 보도에 저항한 시청료 거부 운동이다. 5공 정부 시절 언론의 왜곡 보도가 심해지자 1984년 천주교 전주교구 고산천주교회와 한국가톨릭농민회 전주교구연합회는 고산 지역 주민들을 중심으로 시청료 거부 운동을 시작하였다. 1986년에는 'KBS-TV 시청료 거부 범국민운동본부'를 결성하고 운동을 더욱 확산시켜 나갔다. 애초 이 운동은 진보적 개신교 단체를 중심으로 시작하였으나, 여성 단체들이 'KBS-TV 시청료폐지운동 여성단체연합'을 결성하는 등 여러 사회 단체로 확산되었다.

1990년대 가장 중요한 미디어 운동은 민언협을 비롯한 각 단체들의 모니터 운동과 선거보도 감시연대회의의 선거 보도 감시 활동이다. 시청료 거부 운동 이후 YMCA, YWCA, KNCC 언론대책위원회, 여성단체협의회, 한국여성민우회 등이 미디어 교육과 모니터 운동을 펼쳤다. 이들은 1987년 대통령 선거에서 신문들이 왜곡 보도를 통해 특정 후보를 지지했다는 판단을 하고, 1992년 총선과 대선에서 공정한 선거가 이루어지기 위해서는 선거에 가장 큰 변수가 되는 언론의 선거 보도를 감시해야 한다는 공감대 아래 선거보도 감시연대회의(선감연)를 조직했다. 선감연은 선거 보도를 모니터하고 결과를 보고서로 발표하였으며, 왜곡 편파 보도를 하는 방송사와 〈조선일보〉 등을 항의 방문하였다. 이 과정에서 신문의 왜곡 보도가 심각함을 분석을 통해 확인할 수 있었고 이후 제도 개혁 운동의 필요성을 인식하는 계기가 되었다. 선감연은 지금까지도 선거를 앞두고 이에 동의하는 단체들을 중심으로 결성하여 모니터와 더불어 선거 보도 준칙을 발표하는 등 활동을 확대하여 이어 오고 있다.

시민 단체의 연대와 제도 개혁 운동의 성과

1990년대에 이루어진 또 하나의 흐름은 제도 개혁 운동의 중요성에 대한 인식의 확산이다. 모니터 운동과 미디어 교육도 중요하지만 공정한 언론 구조가 만들어지지 않고는 언론의 변화가 힘들다는 인식을 하기 시작한 것이다.

1998년 8월 민주언론운동시민연합(민언련, 민언협의 후신), 시청자연대회의 등 시민 언론 운동 단체와, 참여연대, 경제정의실천시민연합, 한국여성민우회, 민주노총 등 시민 사회 단체, 그리고 전국언론노조연맹(언노련), 한국방송프로듀서연합회, 한국기자협회 등 현업 단체를 포함 33개 단체가 참여하여 언론개혁시민연대(언개연)을 결성하였다. 언개연은 언론의 왜곡 보도 실태를 시민들에게 알리고, 이를 궁극적으로 해결하기 위해 신문방송관련법들을 개정 운동을 펼치고자 하였다. 이를 통해 방송의 독립성을 확보하고 방송의 공공성을 강화하며, 신문의 왜곡된 소유 구조와 불공정한 시장을 정상화하자는 목표로 출범한 것이었다.

방송의 경우 1990년대 설립된 시청자연대회의, 방송개혁국민회

1998년 말 언론개혁시민연대는 방송법 개정을 유보하려는 정치권에 대해 방송 공공성 확보를 위해 개혁적으로 방송법을 개정할 것을 촉구하였다. 이후 1년여에 걸친 사회적 논의를 거쳐 2000년에 개혁적인 방송법 개정이 이루어졌다.

의, 국민주방송추진위원회 등 시민 언론 운동 단체들과 이들이 결합한 언개연 등이 중심이 되어 공영 방송 중심의 공민영 체제인 방송의 공공성을 높이려는 방송 민주화 개혁을 추진하였다. 이 미디어 운동에는 시민 단체는 물론 방송사 노조도 적극 동참하였다. 이런 노력의 결과 1998년 당시 전문가와 시민 단체들이 참여한 대통령 직속 방송개혁위원회를 설치하였다. 위원회는 방송 개혁 과제를 제시하고, 이에 대한 각계각층의 여론을 수렴하여 2000년에 방송법을 통과시켰다. 이때 방송법에는 시청자 주권 개념과 그 실천 방안들이 포함되어 시청자 주권 보장을 크게 향상시켰다. 시청자위원회의 법제화, 시청자 평가원 제도 도입, 시청자 평가 프로그램 확대 의무화, 시청자 제작 프로그램 방송 도입 등이 그 예이다. 특히 지상파인 KBS에 대해 월 100분 이상 시청자 제작 프로그램을 방송하도록 한 것(《열린 채널》)은 세계적으로 유래가 없는 조치로서 퍼블릭 액세스 운동의 가장 큰 성과이다.

반면 사회 각계각층이 민주화를 경험하는 1990년대를 지나면서도 신문은 개혁의 길을 걷기보다 오히려 소수 신문들의 불공정 거래를 통한 시장 집중 현상만이 가속화되고 사주의 영향을 받아 왜곡 보도가 늘었다는 비판을 받았다. 이에 저항하여 신문 개혁이라는 미디어 운동이 일어났다.

당시 신문 관련 법인 '정기간행물의 등록 등에 관한 법률(정간법)'의 개정을 통해 재벌과 대주주의 소유 지분 제한, 편집권의 독립, 경

1980년대 이후 시민 언론 운동 사례		
구분	목표	목표
내용 감시 운동	저질 프로그램 감시 및 고발 편파·왜곡 보도 비판 소수자 권익 옹호	TV 끄기 운동(1993) 선거 보도 감시 운동(1992년 이후)
언론사 감시 운동	언론사의 경영 및 편집(성) 감시	시청료 거부 운동(1986~1988) 정보 공개 운동(2001~)
법제 제·개정 운동	저질 퇴폐 방송 퇴출 어린이·청소년의 보호	방송개혁국민회의, 언론개혁시민연대의 미디어 관련법 개정 운동 여성민우회 어린이 텔레비전법 제정 운동(2001~)
미디어 교육 운동	비판적 미디어 읽기 미디어 리터러시 교육 미디어 제작 교육	민언련의 언론학교 YMCA, 여성민우회, 영상미디어센터 등 수많은 단체들의 강좌 프로그램
대안 교육 운동	시민 참여 영역 확보 시민 사회 미디어 허가	국민주 방송 설립 운동(1996~1998) 액세스 채널 설립 운동(1999~) 미디어센터 설립 운동(2000~)

출처: 최영묵, 2005, p.38에서 인용하였다.

영의 투명성 확보 등을 이루고자 하였고, 신문 고시 제정 등을 통해 경품·무가지 제공 등 불공정 시장 경쟁을 해소하고자 하였다. 신문 고시는 제정되었고, 정간법도 2005년 불완전하나마 '신문의 자유와 기능보장에 관한 법률(신문법)'로 개정되었다.

　　미디어 운동은 다양한 주체에 의해 다양한 방식으로 이루어지는 것으로 앞에서 주요하게 언급한 운동만이 존재했던 것은 아니었다. 최영묵은 한국에서 미디어 운동을 표와 같이 정리하였다.

미디어 운동의 과제

미디어 운동의 역사가 깊어지고 성과가 축적이 되면서 미디어 운동의 분야가 확대되고 미디어 운동의 영향력도 커지고 있다. 그리고 그만큼 운동의 전문성과 책임성에 대한 요구도 늘어나고 있다.

제도 개혁 운동의 전문성 증대

1990년대 후반 이후 미디어 운동의 중심에 있었던 제도 개혁 운동은 미디어 운동의 성장을 보여 주는 대표적인 영역이다. 미디어 제도와 관련한 다양한 논의의 장에 미디어 운동 단체들이 참여하여 수용자를 대신하여 의견을 제시하는 것은 이제 관례화되다시피 하였다.

　　하지만 그야말로 구색 맞추기 식의 관례화에 머무를 수 있는 위험도 높아지고 있다. 정부나 국회가 미디어 운동 단체의 의견에 귀를 기울여 정책에 반영하려는 의지를 높이는 것이 중요하다. 미디어 운동 단체는 정책 수요자의 의사를 반영하는 것이기 때문이다.

반면 새로운 미디어 환경의 변화에 따라 정책의 영역의 논의가 더욱 복잡해짐에 따라 미디어 운동 단체도 전문성을 높이기 위해 노력해야 한다. 미디어 운동 활동가들의 전문성 증대는 물론 의견을 제시하는 일반 수용자의 전문적 식견도 같이 올리기 위한 대 공중 활동도 중요하다. 더불어 미디어 운동 단체와 전문 연구 단체의 결합도 강화할 필요가 있다.

또 미디어는 민주주의의 초석과 같은 것으로 특정 이념이나 정파만을 대변해서는 안 된다. 마찬가지로 미디어 제도 개혁 운동도 특정 정파 이념의 실현은 아니다. 정파적 시민 단체의 출현은 바람직하지 않을 뿐만 아니라 정부나 수용자 모두 이런 단체를 경계해야 한다.

모니터 운동의 전망 확대

가장 보편적이고 오랜 역사를 지닌 모니터 운동은 여전히 많은 수용자의 참여를 유도할 수 있고, 수용자들이 미디어를 올바르게 수용할 수 있도록 도와주는 구체적이고 실질적인 혜택을 줄 수 있는 운동이다. 모니터 운동의 활성화는 시민 사회 단체들이 자신들의 활동 영역과 관련한 언론 보도가 왜곡되고 있음을 절실히 느끼고 스스로 관심 분야의 기사를 모니터하기 시작하면서 더욱 활발해지고 있다.

모니터 운동이 활발해진 반면 언론인들이 다양하고 많은 모니터 결과들에 대해 무시하는 경향 또한 늘고 있다. 언론인들의 자세는 반성해야 하지만 모니터의 수준도 높여야 할 필요가 있다. 모니터는 구체적인 기사를 대상으로 하기 때문에 관련 분야에 대한 전문적인 지식이 필요하고 동시에 적절한 대안의 제시를 위해서는 언론의 작동 방식을 알아야 한다. 따라서 시민 언론 운동 단체는 사회 각 분야에 대한 지식을 늘리고, 시민 사회 단체는 언론에 대한 이해를 높여야 한다.

모니터는 언론을 비판적으로 이해하기 위한 기본 활동이지만 동시에 매우 따분하고 힘든 작업이다. 따라서 모니터 요원들이 모니터의 수준을 높이고 모니터를 통해 확보한 결과를 활용하여 더 높은 수준의 언론 비평 활동을 할 수 있는 기회를 갖도록 하는 것이 필요하다. 다양한 미디어를 활용한 언론 비평의 장을 확대하는 것이 중요하다.

수용자의 적극적 의견 제시와 그 통로 확대

2000년 방송법은 방송에서 다양한 시청자의 의견 반영의 길을 열어 주었다. 시청자위원회 권한 강화, 주요 방송의 옴부즈맨 프로그램의 의무화, 시청자 평가원 제도 도입, 시청자 제작 프로그램 방송 등의 길을 열어 주었다. 2005년 신문법도 비록 권고 사항이지만 독자권익위원회, 고충 처리인 제도를 규정하고 있다.

각 제도에 참여하는 것이 중요하다는 인식을 가질 뿐만 아니라 참여의 기회를 요구하는 적극성을 발휘하는 것이 필요하다. 가장 중요한 시청자위원회의 경우 여전히 위촉 권한을 갖는 사장의 자세에 따라 다양한 집단을 대표하여 구성할 수도 있고, 특정 세력에 편중되게 구성할 수도 있다. 다른 제도 역시 경영진의 성격에 따라 달라질 수 있다. 시청자 의견 수렴 제도의 활동에 대한 수용자 단체의 감시와 적극적 참여 기회 요구가 중요하다.

방송법은 시청자 제작 프로그램을 방송할 기회를 열어 놓았다.

하지만 운동 단체나 의식 있는 개인들의 프로그램 제작 능력이 미치지 못한 경우들도 있다. 단체들의 프로그램 제작 교육을 확대하고, 제작 능력을 가진 새로운 세대들에게 사회 의식을 갖도록 하는 등 전문적 능력 확보가 중요하다. 동시에 언론이 퍼블릭 액세스의 중요성을 알고, 일반 수용자의 전문적 능력 향상을 위해 노력해야 한다. 과거 방송위원회나 방송사들이 미디어센터를 확대하려 했던 노력이 지속되어야 한다.

2000년 방송법의 정신에 따라 탄생하였던 소출력 공동체 라디오 역시 수용자가 곧 생산자가 되는 미디어 운동 영역이다. 방송위원회의 지원에 따라 전국적으로 확산되어 가고 있었다. 하지만 방송통신위원회의 정책 변화에 의해 지원이 끊기고 확산이 멈추고 있다. 일반 수용자의 더 많은 관심이 필요하고, 정책 기관의 재인식에 대한 요구가 이루어져야 한다.

언론 피해 구제를 위한 미디어 운동

'언론중재 및 피해구제에 관한 법률'(언론중재법)은 언론 피해 구제에 관한 쉽고 빠른 구제 제도인 언론 중재 제도를 규정하고 있다. 일반인들이 언론으로부터 받은 자신의 피해에 대해 권리 구제를 받을 수 있다는 인식을 갖도록 하는 것이 중요하다. 또한 언론인권센터 같은 피해 구제 전문 미디어 운동 단체가 활발하게 활동하는 것은 물론 일반 미디어 운동 단체도 일반인들이 자신의 피해를 구제할 길을 안내하려는 노력이 필요하다.

또한 미디어 운동 단체들은 언론중재법에 따른 언론중재위원회만이 아니라 언론사 스스로 피해를 구제하도록 압력을 넣고, 피해자들의 피해 사례를 집적하여 언론의 변화를 유도하려는 노력도 기울여야 한다. 언론으로서도 수용자에게 피해를 준 것을 인정하는 것이 단기적으로는 손해일 수도 있지만 장기적으로 신뢰를 확보하는 길임을 인식하도록 도와주는 일도 미디어 운동 단체의 역할이다.

디지털 시대 미디어 운동의 확대를 위하여

기존의 미디어 운동은 여전히 중요한 역할을 수행할 것이다. 아직도 정치 권력이나 자본 권력은 미디어에 대한 영향력을 확대하려는 유혹에서 자유롭지 못하다. 이에 대한 미디어 운동의 적극적인 대응은 더욱 필요하다.

하지만 다양한 미디어의 등장과 특히 인터넷의 보편화는 기존 미디어 운동을 넘어서는 새로운 운동의 등장을 필연적으로 요구하고 있다. 광범위하게 새롭게 등장하는 미디어들에 대한 감시, 비판을 전통적인 운동 단체들의 역량으로 감당할 수는 없다. 또 수용자의 다양한 관심을 하나의 목표로 묶을 수도 없다. 또 개인의 존재 양식도 과거와 달리 수평적 네트워크 형식으로 바뀌고 있다. 따라서 사안에 따라 유연하게 모이고 흩어지는 누리꾼들의 자발적인 미디어 운동의 등장은 필연적이다.

2008년 촛불 정국에서 촛불들의 언론에 대한 인식이 고양되고, 언론에 대한 다양한 압력 수단을 고안해 내는 방식은 기존의 오프라인과 사뭇 다른 양식을 보였다. 어느 특정 활동가의 노력과 동조하는 회원의 활동이 아닌 다양한 의견의 교환을 통해 정교해지고 확정

2008년 광우병을 일으킬 수 있는 미국산 쇠고기 수입 반대 촛불 문화제. 이 과정에서 시민들은 일부 언론이 촛불의 의미와 현실을 왜곡함을 지적하며 언론 운동을 펼쳐 나갔다.

되는 민주적 의사 결정 구조의 경험이었던 것이다. 그중에서 특정 신문들의 의미 왜곡에 대항해 새롭게 등장한 '언론소비자주권 국민 캠페인(언소주)'은 기존 미디어 운동 단체의 선도적 역할 없이 광고주 불매 운동에 참여했던 누리꾼들의 자각에 기초해서 결성된 새로운 미디어 운동 양식의 전형이다. 기존 목표에 동의하는 회원의 확대가 아니라 목표를 구성하고 만드는 회원들의 참여를 통해 단체가 결성되고 운영된다는 점에서 기존 미디어 운동 단체와 분명한 활동의 차이가 발생한다. 인터넷에 기반한 활동을 통해 회원의 수적 증대는 물론 참여 역시 더욱 활발해질 가능성을 가지고 있는 것이다.

기존 운동 단체의 경우도 인터넷을 통한 네트워크의 확대에 관심을 가져야 한다. 홈페이지나 인터넷을 통한 홍보 활동의 강화는 물론 회원의 확보도 이 공간을 활용해야 한다. 조직의 확대뿐만 아니라 활동의 영역을 확대하고 활동 결과를 확산시키기 위해서도 인터넷은 중요한 기반이 될 것이다. 언론 혹은 방송 통신에 대한 국내

외적인 쟁점들이 온라인상에서 자연스럽게 쟁점이 될 것이고 논의 과정에서 다양한 대안에 대한 모색이 가능해질 것이다. 기존 오프라인의 전문가적 견해가 심층성이 있는 반면 사고의 경직성이 있었다면 이의 수정이 가능해질 것이다. 기존의 활동가는 이들을 연결시키고 그들의 의견을 다양하게 수렴하는 네트워크의 중심이 아니라 관리자 역할을 수행하게 될 것이다.

또한 전통 미디어의 수용자뿐만 아니라 이제는 인터넷이라는 커뮤니케이션 수단과 이 속에 존재하는 다양한 컨텐츠의 수용자, 즉 이용자의 권리 보장이 새로운 미디어 운동의 영역이다. 누리꾼의 표현의 자유 보장, 개인 사생활 보호, 소비자로서 권리, 강력한 포털의 공정한 운영, 인터넷의 자유롭고 창조적인 문화 확대와 보장, 상업화를 통한 자본의 인터넷 공간 통제 등등이 새로운 미디어 운동의 영역으로 등장하고 있다. 인터넷 이용자들의 자발성이 중요하지만 인터넷 이용자들의 바람직한 이용 환경을 보장하기 위한 노력은 집단적 노력을 통하지 않으면 해결하지 못할 수도 있다. 인터넷 환경을 개선하기 위한 것도, 인터넷을 통제하기 위한 것도 입법 활동을 통해서 이루어지고 입법 활동은 국회의원 개개인이 인터넷 이용자의 의견에 영향을 받을 수도 있지만 유권자로서 구체화된 개인의 집단적 압력에 영향을 받을 가능성이 높기 때문이다.

따라서 기존의 오프라인 미디어 운동과 새롭게 등장할 온라인 미디어 운동은 상보적 관계에 있다. 기존 운동 단체는 온라인의 속성에 대한 이해와 활용을 고민하고, 새로운 인터넷 기반의 자발적 이해 집단들은 유연성을 기반으로 하되 오프라인 활동의 중요성을 간과해서는 성공적인 결과를 얻을 수 없음을 인식해야 하다.

그러나 무엇보다도 중요한 것은 모든 운동은 선도적 운동가가 아닌 이해 당사자인 시민의 적극적인 참여를 통해 역량이 증대되고, 명분도 축적되는 것임을 깨닫는 것이다. 따라서 미디어 운동가는 미디어 운동에 대한 이해를 확산시키고, 시민의 참여에 기반한 활동 영역을 넓혀야 한다.

동시에 일반 수용자는 미디어 내용을 비판적으로 인식하기 위해 노력해야 하는 것은 물론 다양한 층위에서 현실 가능한 참여의 방법들을 고민하려는 노력을 기울이는 것이 필요하다. 단순한 제보에서 회원 가입을 통한 물질적·정신적 지원, 한시적인 또는 정기적인 모니터 참여, 구조 개혁 운동 동참 더 나아가 미디어 운동가로서 자신의 미래 계획 등 다양한 참여가 가능하다. 미디어 운동은 전문 운동가들의 영역이 아니라 이해 당사자들의 자기 권리 찾기 운동이기 때문이다. 그리고 디지털 시대는 이 모든 참여를 더욱 용이하게 하는 인프라를 제공하고 있다.

《시민의 힘으로 언론을 바꾼다》. 강명구 외 (1999). 언론개혁시민연대.

　　언론 개혁을 위한 시민 사회 운동의 대안으로 신문 개혁 운동, 방송 개혁 운동, 수용자 운동, 대안 미디어 운동 등으로 나누어 그 필요성과 구체적인 실천 방안을 제시한 책.

《언론과 수용자》. 김기태 (1994). 한국언론연구원.

　　능동적 수용자론의 이론서, 커뮤니케이션 이론 속에 수용자론, 특히 능동적 수용자론의 논리적 근거를 다룬 논문을 비롯하여 미디어 교육, 수용자 운동에 대한 국내외 사례들을 분석한 논문 등을 묶은 책.

《시청자 주권과 시청자 운동》. 김기태 (2004). 한나래.

　　능동적 수용자론의 이론서, 커뮤니케이션 이론 속에 수용자론, 특히 능동적 수용자론의 논리적 근거를 체계적으로 정리하고 미디어 교육, 수용자 운동에 대한 국내외 사례들을 분석한 종합서.

《21세기 시민 언론 운동》. 언론개혁시민연대 엮음 (2001). 언론개혁시민연대.

　　시민 언론 운동의 변천, 지향, 운동 방식, 대안과 언론 노동 운동의 역사, 의의, 목표, 전망 그리고 언론 운동의 대안 등을 시민 언론 운동 전문가, 학자 등의 글을 통해 종합적으로 조망하고 있는 책.

《시민 미디어론》. 최영묵 (2005). 아르케.

　　시민 미디어의 필요성을 시민 언론 운동의 역사 속에서 찾고, 시민 미디어의 가능성과 그 전망을 조망하고 있는 책.

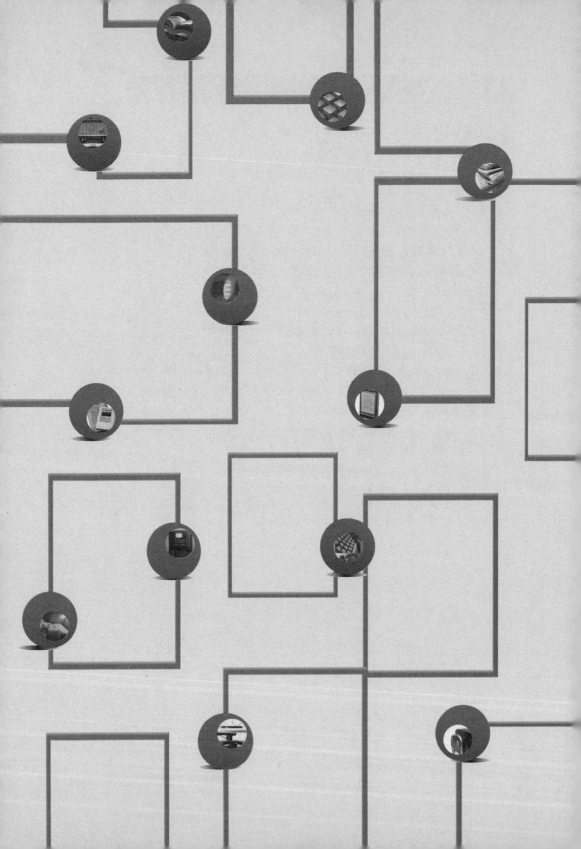

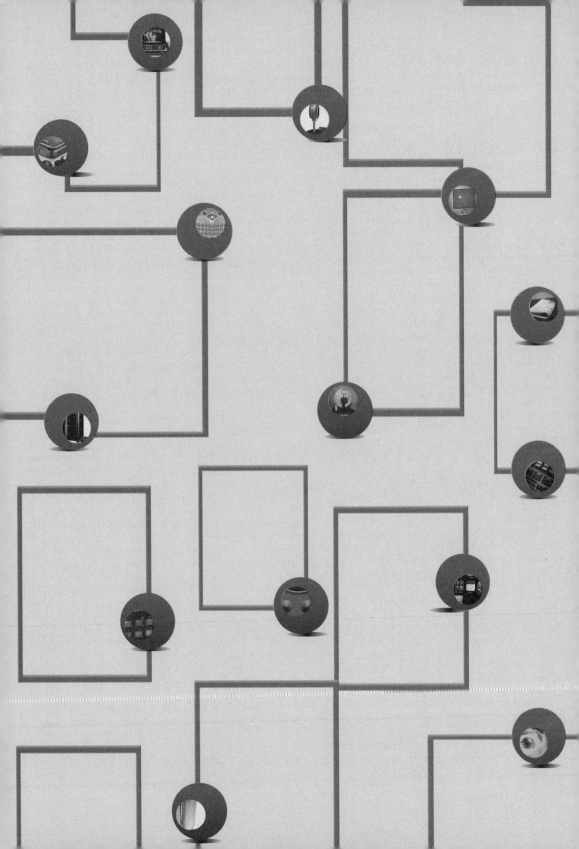